华章经典 · 金融投资

日本蜡烛图
交易技术分析

READING PRICE
CHARTS BAR BY BAR

The Technical Analysis of Price Action for the Serious Trader

[美] 艾尔·布鲁克斯 著　金鞠 译
AL BROOKS

机械工业出版社
CHINA MACHINE PRESS

Al Brooks. Reading Price Charts Bar by Bar: The Technical Analysis of Price Action for the Serious Trader.

ISBN 978-0-470-44395-8

图书在版编目（CIP）数据

日本蜡烛图交易技术分析 /（美）艾尔·布鲁克斯（Al Brooks）著；金鞠译 . —北京：机械工业出版社，2024.4

书名原文：Reading Price Charts Bar by Bar: The Technical Analysis of Price Action for the Serious Trader

ISBN 978-7-111-75421-3

I. ①日… II. ①艾… ②金… III. ①股票交易 – 基本知识 IV. ① F830.91

中国国家版本馆 CIP 数据核字（2024）第 059073 号

机械工业出版社（北京市百万庄大街 22 号　邮政编码 100037）
策划编辑：顾　煦　　　　　责任编辑：顾　煦
责任校对：曹若菲　丁梦卓　　责任印制：郜　敏
三河市宏达印刷有限公司印刷
2024 年 6 月第 1 版第 1 次印刷
170mm×230mm·33.25 印张·1 插页·439 千字
标准书号：ISBN 978-7-111-75421-3
定价：129.00 元

电话服务　　　　　　　　网络服务
客服电话：010-88361066　机　工　官　网：www.cmpbook.com
　　　　　010-88379833　机　工　官　博：weibo.com/cmp1952
　　　　　010-68326294　金　书　网：www.golden-book.com
封底无防伪标均为盗版　　机工教育服务网：www.cmpedu.com

本书献给我三个可爱的、聪慧的、美丽的女儿，Meegan、Skylar和Tess，你们的到来是我人生中最大的喜悦。我非常爱你们，每天一想到你们，我就嘴角上扬，内心骄傲无比。

| 绪　　论 |

我撰写本书的目的，在于阐述我对交易的理解。

以图 0-1 为例，我想解释清楚为何图中标注的交易具有非常理想的盈亏比，再向读者列举类似的、可以从股票和期货交易中实现盈利的其他开仓结构。在我看来，交易中最重要的事情，就是要专注于绝对优质的交易，避免绝对糟糕的开仓，致力于不断扩大交易开仓的手数。我也乐于承认，对于每一个开仓结构的理解，仅仅是我一家之言，我对于交易在原理层面上的认识，也可能是完全错误的。但不要紧，重点是读者要明白价格行为是非常有效的交易方法，我对于特定盘面现象何以发生作用也做了非常深入的思考，目前阶段对盘面的解释程度已足以令我满意，能给我开仓的信心。

不过归根结底，市场原理和交易执行是两码事，所以对这个市场的解释在终极的认识论层面是否正确，其实不重要。就好比我开仓后，可以马上推翻之前对市场的观点，因此如果我找到更合理的解释，或是发现了自己逻辑上的漏洞，我当然也能欣然否定之前所有关于价格形态的观点。我将在本书中展示我对价格行为的观点和解释，因为它们看起来有用，一方面，这种解释或许可以帮助读者更加从容地处理特定的开仓结构；另一方面，做这样的解释和分析也能提供一点智力上的愉悦感，尽管这两点在交易中都不是必要的。

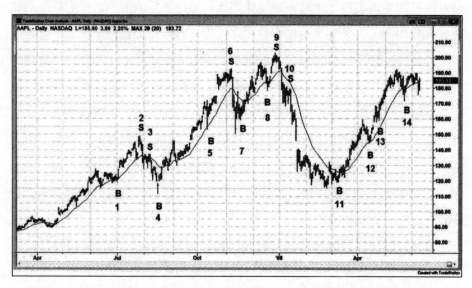

图 0-1　AAPL 的截至 2008 年 6 月 10 日的日线图（本图带有趋势线的版本也出现在最后 1 章，并且会详细解释每一笔开仓的思路）

　　本书是理解价格行为的详尽指南，主要面向专业和资深的交易员。不过，本书提出的概念对各阶段的交易员都会有意义。本书将借用不少爱德华兹（Edwards）和迈吉（Magee）以及很多其他专家描述过的分析技术，但我更关注单根的 K 线，并证明若我们能理解每一根 K 线所传递的信息，交易的盈亏业绩将会得到显著的改善。大多数讲交易的书，在一张走势图中最多会指出三四个交易机会，似乎暗示图中其他 K 线是无法理解、没有意义、风险巨大的噪声走势。但我认为，日内交易中每一跳成交都有它的意义，每一张走势图所能提供的交易机会，要比最明显的那几个要多得多。不过要想发现它们，读者必须彻底搞懂价格行为，也不能武断地把任何 K 线都看作无关紧要。在精心复盘了几千次交易以后，我认识到，很多最重要的信息就蕴藏在 K 线的细节中。

我会观察走势图中的每一根 K 线，寻找每一根 K 线所传递的信息。它们都很重要。每一根 K 线收线以后，大多数交易员会想"刚刚发生了什么？"大多数 K 线令他们过于迷惑，所以他们选择等待熟悉的形态。他们似乎对这些 K 线视而不见，又觉得是机构程序化行为，对普通交易员来说是不值得交易的机会。他们不会觉得这些 K 线是市场有意义的走势的一部分，尽管这些 K 线构成了日内走势的主要部分。从成交量来看，被他们无视的 K 线也贡献了至少和所谓有意义的 K 线一样多的成交量。显而易见，大量的交易正在这里发生，但他们理解不了这一点，于是他们假装这里不存在什么交易。但这是自欺欺人。每一根 K 线都在发生交易，理解价格行为，从中找出赚钱的办法，是交易员的责任。K 线语言的学习非常费时费力，但这种学习会为你交易的成功打下坚实基础。

读者在阅读其他以 K 线为主题的书时，似乎会认为有必要去记忆形态。但本书不需要，相反，我会阐释为何特定的形态是可靠的开仓结构。本书出现的术语或许对市场图表分析师来说有特定的含义，对交易员来说又是另一种理解。我写这本书完全是以交易员的视角为出发点。我敢肯定有相当数量的交易员已经完全懂得本书传递的一切信息，只不过面对同样的价格行为，他们的理解与我有出入。所有成功的交易员都是大同小异的，他们都知道共同的交易结构，甚至给每种结构都各自起了名字。成功的交易员差不多会同时买入或者卖出，捕捉同样的波段，尽管每个人的开仓都有属于他自己风格的一套解释。也有不少交易员靠直觉交易，他们也不觉得有必要去解释特定开仓结构产生作用的原理。我希望这类交易员在阅读本书时能对我的解释感到满意，我更希望我的解释能够给他们已经成功的交易事业锦上添花。

绝大多数交易员的目标，是通过实践与自己个性特点相匹配的交易手法，实现利润最大化。如果手法和个性不匹配，我怀疑交易是无法取得长期成功的。很多交易员都在纠结交易需要多少年才能取得成功，他们愿意为这一事业付出一段时间的学费，哪怕是好几年。不过，对我来说，我花了十多年才实现了稳定盈利。我们每一个人都会面临很多顾虑和分心的干扰，所以掌握交易这门手艺的时间长短是不一样的。任何交易员要想实现稳定盈利，都要克服重重困难。对我来说，需要克服的困难包括养育三个出色的女儿，她们总是填充我的脑海，包括我对她们的思念，还有作为人父的义务。当她们陆续长大，变得更独立以后，这个问题得到了缓解。然后我用了很长时间才认识到很多我个人的特质是真实存在、难以撼动的（或者至少我自己不愿意改变它们）。最后到了和信心有关的问题。我在很多方面都很自信，甚至发展到了自大的程度，所有认识我的人都会惊讶于我竟然在这里承认我有自信上的问题。但内心深处，我怀疑我最终无法提出能稳定盈利并被我长期坚持使用的方法。所以，我购买了各种系统，编写并测试了无数的指标和系统，阅读大量的图书和杂志，参加论坛，雇用导师，加入聊天室，并且和很多表现得像是成功交易员的人士交流，尽管我从未看过他们的账户表现，也怀疑他们大多数人的交易水平恐怕不及教学的水平。在交易的世界，往往是知者不言、言者不知。

一切的挫折都有意义，因为它们给我指出了为了取得成功必须规避的陷阱。对交易一无所知的人，看了走势图往往会觉得交易极其简单，这也吸引他们投身交易。每个交易日结束后，任何人都自信能够清晰地指出进出场位置。但要在实时走势中做到这一点，难度相当大。我能理解交易者倾向于在最低点买入，希望市场一涨不回头。如果走势确实折返，新手会及时止损来避免更大的亏损，但这种做法会导致一连串的亏损，最终账户爆仓。设置宽幅止损在某种程度上能解决点问题，但交易者迟早会遇到几次重大损失，令他们身陷险境，最终不敢再自行其是。

为什么如此多的商学院一致推荐爱德华兹和迈吉的著作，尽管它蕴含的理念非常简单，不过是在交易中应用趋势线、突破、回调⊖这些基础概念而

⊖　在本书中，pullback 这个术语大部分情况下被译为回调，表示趋势中的反向运行，但在一些语境中若要强调运行的目标位，也会将其译为回踩。——译者注

已，但它们推崇这本书，因为它过去一直有效，未来还将继续有效。由于现在所有的交易员都可以用电脑获取日内行情，因此书中的很多技术也可以适用于日内交易。另外，K线图会给出多空双方强弱的额外信息，这也能帮助我们更精准、风险更受控地进出场。爱德华兹和迈吉关注的是整体大趋势，而我用的虽然是同样基本的概念，但会更关注走势中的每一根K线，来改善交易的收益风险比，我为日内走势已经付出了大量的心血。

我认为，如果交易员可以在走势起爆一去不返前精准进场，这明显会给交易带来巨大的优势。他的胜算会很高，与此同时，少数的亏损会非常受控。我把这一点当作交易的基础，我发现只要能做到这一点，对交易来说已经足够了。实际上，除此以外任何认知上的增加都会造成分心，降低盈利能力。这一点听起来如此直白和简单，以至于几乎没有人相信。

我作为一名日内交易员，完全依靠价格行为来交易迷你标普500股指期货（简称"Emini"），我认为读懂价格行为对任何交易员来说都是无价的技能。初学者总是对更多的信息心存执念，比如渴望只有极少数人能搞懂并运用的神秘复杂的数学公式。高盛那么富有、专业，想必他们一定有超级计算机和强大的软件系统，散户在他们面前就是班门弄斧。于是他们寻找各式各样的指标，调整参数让指标适应行情。但我认为，每一个指标都只能在某段时间发挥作用，对我来说，指标不是简化而是复杂化了走势，还不如不看走势图，随便下一个买单，这还能有50%的胜算！

我绝不是因为无知，在这里对指标和交易系统大言不惭。这些年来，我花在编写和测试指标上的时间不少于10 000小时，可以说在这方面我比绝大多数交易员经验更丰富。大量的处理指标和系统的经验对我交易的成功是有益的。很多交易员都觉得指标有用，但我认为交易的成功最终要靠交易员找到和他个性相匹配的交易方法。我自己在指标和系统上最大的问题是，我无法真正地彻底信任它们。每一个指标给出的进场位置，我都发现存在例外，需要被调试。我总是想尽办法从市场中赚取收益，所以我无法对交易系统满意，因为似乎总是存在边际上的改动能让它产生更大的回报。我就是太偏执、控制欲太强、太善于观察、太多疑多虑，因此我没有办法长期依靠指标和系统赚钱。当然像我这种算是极端个例，大多数人没有这样的问题。

很多交易员，特别是初学者，他们迷恋指标，希望指标告诉他们何时该进出场。但他们没有意识到，大多数的指标都是基于简单的价格行为，当我在交易时，我没有办法足够快地想清楚这些指标同时向我传递的信号，并且，摆动类指标倾向于让交易员寻找反转结构，而忽视了图表本身。这些摆动类指标或许在大多数交易日有用，在这些交易日里市场有两三次反转，每次都能够持续一两个小时以上。但当趋势很强时，问题就出现了。如果你过分关注摆动类指标，你会发现它们一直在给出超买信号，你发现自己因此在反复进行逆势交易，持续地亏钱。当你最终认识到市场其实是在走趋势时，这一天时间已经所剩无几，没有足够的行情走势来补回亏损了。但是，若你仅仅依靠观察 K 线和蜡烛图，你会很清楚地看到市场处于趋势当中，你也就不会受到指标的误导去参与反转交易。通常，最成功的那类反转交易，要先等到趋势线被强劲的动能突破，然后出现对原有走势极限点的回测，才能参与反转。如果交易员过分关注所谓的背离现象，他就会对这些基本道理视而不见。没有以强力的逆势动能突破趋势线作为大前提而去参与所谓的背离交易，就会导致亏损。正确的做法是先耐心等待趋势线的突破，然后观察回测原有极限点的走势，看原有趋势是否被逆转，或者原有趋势能否继续。不必借助指标，你就知道这种情况下的反转是胜算非常高的交易，至少值得短线交易，并且这里一定会有所谓的摆动类指标的背离信号出现，既然如此，何必要多考虑一个指标，给你的交易思维增加不必要的复杂度呢？

有些交易大师会推崇多时间周期、多指标、波浪理论、斐波纳契回撤和延展的组合运用，但到了要开仓交易的时候，他们又会仅仅因为价格行为结构表现良好而开仓交易。此外，当他们看到不错的价格行为结构出现以后，他们会开始观察指标是否显示背离信号或者不同时间周期中均线回测的表现，或是对波浪进行计数，或是运用斐波纳契的结构来确认那些已经在眼前出现的事物。实际上，他们就是价格行为的交易者，他们交易的对象就是价格行为本身，并且观察的就是一幅走势图，但他们不愿意承认这一点。他们将交易复杂化，以至于他们必定会错失很多交易机会，因为每次开仓要花太多的时间进行详尽的分析，因此他们不得不等待下一次开仓结构的出现。把简单的事情复杂化并没有什么逻辑可言。当然，我承认多一点信息总是能提升决策的质量，并且我确实相信很多人能做到在交易时同时处理大量的信息。因此，如果只是为了简单化，而忽视数据和信息，这算是一种愚蠢的行为。既然我们的目标都是在市场中赚钱，那么交易员应当尽量尝试各种办法，来使自己的盈利潜能最大化。只是对我来说，同时处理多个指标，妥善应对多个时间周期，并及时做出正确的开仓决定，这就是不可能的任务，并且我发现研读单一的时间周期图表对我来说更具备获利潜能。另外，如果我依赖指标所给的信息，我就会发现自己懈怠于研读价格行为，常常会对最显而易见的信息视而不见。要知道价格行为信息比其他信息重要得多，如果你无视了价格行为向你传递的信息，反而从其他对象中获取信息，你很可能会做出糟糕的交易决策。

在交易股票和 Emini 合约时，有无数种交易的思路。但无一例外，都需要价格的运动（除了卖出期权）。如果你学会理解走势图，你就能在每一天捕捉到无数个可以盈利的机会，而不必知晓为什么机构的交易单驱动了这种趋势，也不必关注技术指标给出了什么信号。你不再需要他们提供的软件和分析服务，因为价格行为已经向我们展示了机构的行为。你要做的事情就是乘上机构的东风，顺势而为就能赚钱。价格行为理论会告诉你机构在做什么，并且给你提供趋势早期的低风险进场点。

我发现，当我将交易开仓要考虑的因素最小化以后，我总是能够赚更多的钱。我唯一需要的，就是我笔记本电脑上展示的单一时间周期的走势图，其中不需要任何指标，除了一条 20 周期 EMA 均线，这不会牵扯到太多的分析介入，而且能够在每一天过滤出很多很好的开仓结构。有时候我甚至都不使用均线，不过均线能够提供不少好的开仓结构，因此均线还是值得使用的。1 分钟走势图上的成交量指标有时候也能发挥一点作用，它可以作为揭示趋势反转将要临近的线索。但我几乎不怎么关注，因为我的交易对象是 5 分钟周期的走势图（我很少从 1 分钟走势图中提前去把握 5 分钟走势图的架构）。在下跌趋势的末端，我们能观察到 1 分钟走势图的成交量突然异常放大，在接下来的一两个波段低点通常会给出有盈利潜能的做多机会。不过，这仅仅是一种观察到的现象，它不够稳定，不足以将其纳入我们交易的一部分，因此不应当特别去关注它。有时候，在日线图上如果抛售过多，也能够看到成交量异常放大的现象。

即便是参考指标做交易的交易员，在开平仓时，也通常会观察价格行为表现。如果要在下跌背离中买入，在低点位置又有一个强力的反转结构，难道不会感觉更好吗？图表能够提供大量丰富的多空双方孰强孰弱的信息，而市场中大多数交易员并没有意识到这一点。几乎每一根 K 线都可以提供关于市场下一步动向的关键线索，而将一些价格行为走势看作市场噪声的观点，显然只会令你错失很多本可令你赢利的交易机会。

作为交易员，我习惯于将一切市场现象视为灰色地带，我也习惯于以概率的方式思考问题。如果形态正在形成，即便不够完美，但近似于一个可靠的开仓结构，十有八九，这种近似完美的走势结构的后续表现，也会接近完美的形态结构。接近完美便已足够完美。形态看起来近似于教科书般完美的 K 线结构，通常后续走势的展开也会类似于教科书般完美的 K 线结构。这就是交易的艺术。善于在灰色地带把握住交易的机会，需要经年累月的练习。没有人不喜欢可靠的形态、清晰的规则或者指标、聊天室、研究报告、头条新闻，交易导师确切告诉他们何时该进出场来实现收益最大化、风险最小化。但长期来看，这些都帮不了你。你必须学会为自己的决策承担责任。不过首先你要学会如何做决策，这意味着你要习惯于在灰色地带中处理走势。这里不存在非黑即白的清晰界定，我在这一行的从业时间足够长，我已经充分领略到，任何事情，无论可能性多么微乎其微，实际上都有可能发生。这有点像量子力学，每一起事件都有它的概率，交易中你所能设想的各种走势的可能性也是如此。你要不带情绪地客观处理走势的各种可能性，并且特定的走势现象得以发生的原因其实无关紧要。你眼巴巴地等待美联储的利率决议，其实是浪费时间，因为不管美联储的决议是什么，市场里总是会同时存在看涨和看跌两种解读的方式。关键还是要看市场本身，而不是美联储的行动。记住在交易期间，永远不要去看实时新闻。如果你想知道一起特定的突发事件究竟对市场有何影响，你面前的图表会告诉你。如果 CNBC 上某个投资大师正在信誓旦旦地解读报告是利空的，而价格一涨再涨，你要不要做空呢？还是只关注图表吧，它会给你提供做交易决策的足够信息。图表才能最终决定你是赚钱还是赔钱，因此在交易时图表才是你唯一需要考虑的对象。如果你身处交易大厅，即便是最知心挚友的所作所为也不足以令你取信。或许表面上他卖出了大量的橙汁看涨期权，但私下里委托经纪商悄悄买回了十倍。你朋友明面上的行为其实是在制造恐慌来让价格下跌，这样才能在私下里，通过经纪商在更好的价格位置大量吸筹。

关于这些新闻事件，还有一个问题。每当市场出现了大幅的波动，媒体机构总是能采访到一些信誓旦旦、大言不惭的专家，他们总是声称自己早已预见到这起事件。这使得投资者相信这个专家有什么神秘的预测市场的能力，但实际上可能这个专家过去 10 次的预言都错了，只是这些事件不为人知罢了。这些专家接下来会表达对未来价格的看法，天真的投资者会对这些预测信息视若珍宝，这无疑只是干扰了交易员自身水平的发挥。另外，投资者不知道的是，一些专家是一直看涨的，而一些专家是一直看跌的，还有一些专家是两面派，不时做一些耸人听闻的论断。媒体不过是找到观点接近当前市场运行现状的那类专家来夸夸其谈，这样的信息对交易来说显然是毫无用处的。实际上这类信息还相当有害，因为它会影响交易员的交易，并令他质疑和偏离自己的交易方法。所以，如果你非得在交易时看电视的话，我建议还不如看点卡通片或者外语节目，这样这些电视节目就不太可能影响你的交易了。

朋友和同事总是会无偿提供观点，但它们通常不值得一听。有时候，交易员会告诉我，他们想到好的交易结构，想要和我探讨。而我回答我对此毫无兴趣时，总是会令他们出离愤怒。他们马上将我看作自私自利、冥顽不灵、头脑封闭的人。要是进入交易的领域，我完全就是这样的人，并且有过之而无不及。就交易方法而言，通常是"汝之蜜糖，彼之砒霜"。为什么我不再阅读和交易有关的图书和文章，或者和别的交易员探讨交易理念了？因为我说过，图表已经向我传递了一切我需要掌握的信息，其他信息都只能起到干扰作用。我这副无所谓的态度已经冒犯了好几个人，不过我觉得问题出在我拒绝了他们的提议，他们将自己想提供的内容包装得好像对我有用一样，实际上他们的想法是给我提供点什么，希望换取我能以互利互惠的方式给他们提供点交易上的指导。当我旗帜鲜明地表达我不想再了解别人的交易技术时，他们觉得既沮丧又愤怒。我告诉他们，我甚至都没有完全掌握自己的方法，可能永远也不能完美地掌握，不过我很有信心，如果我不断精进自己已经掌握的技能，相比于将其他与价格行为无关的信息纳入交易决策，我能实现更大的盈利。我问他们，如果詹姆斯·高威送了马友友一支非常漂亮的笛子，并且建议马友友开始学习吹笛子，因为高威通过吹笛子赚了很多钱，那么马友友是否该接受这个建议呢？显然不该接受。马友友应该继续专注于大提琴的练习，相比于开始练习吹笛子，通过演奏大提琴他会赚到更多的钱。我不是高威，也不是马友友，但道理是相通的。价格行为才是我唯一想要演奏的乐器，我坚信通过掌握它，相比于借鉴其他成功的交易员的交易技术，我能够赚到更多的钱。

昨天，Costco 的财报盈利比上季度上涨了 32%，大幅好于市场分析师的预期。今天，它大幅高开，第一根 K 线回测了缺口，然后在 20 分钟里，上行幅度超过 1 美元（参见图 0-2）。然后价格向下漂移，回测昨日的收盘位置。后面有两次上行突破下跌趋势线的尝试，但都没有成功。这就构成了熊市双顶旗形形态（K2 和 K3）或者三重顶部形态（K1、K2 和 K3），接下来市场价格大幅下跌了 3 美元，跌破了昨天的低点。如果你对昨天的财报情况一无所知，你便应该在 K2 和 K3 的下跌趋势线上破失败的位置开空，而在 K4 这个突破后的回调结构中，增开更多的空头。你也应该在 K5 这个大幅的反转结构出现后，调转仓位做多，这已经是跌破昨天的低点以来的第二次上行的尝试，并且是对这个陡峭的下行通道线下沿构成的高潮式的反转。如果你没有这样做，你可能已经在开盘时因为这个错误报告的发布而进场做多了。然后你开始担忧为什么股价一跌再跌，而没有如电视中分析师信誓旦旦声称的那样，开始上行，并且你很可能在到 K5 的第二段的价格跳水中，对多头仓位进行止损卖出。

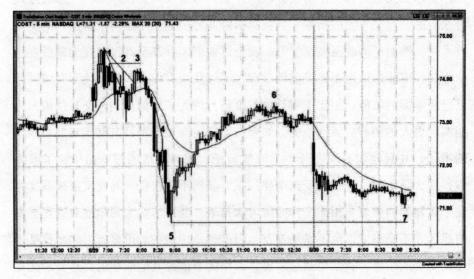

图 0-2　应该基于远超预期的财报进行买入，还是基于价格行为表现开空

每当出现趋势行情，几根 K 线里运行了很大的波动幅度，这意味着走势由大幅的 K 线构成，而 K 线之间几乎没有重叠。但这样大幅的行情走势最终会迎来回调。不过这些走势的动能非常强劲，因此在回调之后，发生对趋势极限点回测走势的概率很高，并且通常之前的极限点会被越过，前提条件是回调走势没有成为新的反向的趋势，并且没有突破原有趋势的启动点。一般来说，回调走势如果回撤幅度达到 75% 以上，接下来回到并且突破原有趋势极限点的概率就会大大降低。对下跌趋势来说，如果回调达到这么大的幅度，交易员最好把回调走势看作新的上涨趋势，而不是原有下跌趋势中的回调反弹。K6 的回调幅度达到了 70%，然后在下一个交易日开盘以后，价格测试了原有下跌趋势的高潮式低点。

图表走势是我们唯一可以信赖的信息。如果你不确定当前图表正在向你传递的信息，那就不要交易，等待走势明朗。合适的交易机会最终一定会来。但当机会出现的时候，你一定要敢于开仓，并承担止损风险，遵循你的交易计划。不要随意切换到 1 分钟走势图，据此收紧你的止损，因为长期这么做你亏损的概率更大。1 分钟走势图的问题在于，它给你展示了太多的进场机会，在诱惑和误导你。但是，你不可能每次都参与，因此你渐渐形成了对交易机会挑剔的习惯，这最终会导致你交易账户的金额逐渐蒸发。你最终精挑细选出了很多糟糕的机会。在 1 分钟走势图里，最好的交易机会通常发生的时间非常短暂，你来不及设置进场条件单，这意味着你将不得不在众多不太理想的交易机会中做选择，因此会更频繁地陷入亏损。而当你以 5 分钟走势图展开交易时，你的理念是基于你对 5 分钟走势图的分析，此时你对 1 分钟走势图的情况一无所知。此时你要依靠的是 5 分钟走势图里的止损和止盈条件单，并且你要接受 1 分钟走势图中的价格行为可能会对你的仓位不利这个事实，而且在 1 分钟的交易世界里，止损单会被更加频繁地打到。如果你开始看 1 分钟走势图，你应该就不会全身心地投入到 5 分钟走势图的分析中来了，那么我将无情地把你收割，用盈利填充我的交易账户。如果你确实想赢，你应该最大程度地排除所有的干扰信息，除了你面前的图表，你不应该再接收额外的信息。你要坚信如果你选择这么做，你最终会赚到一大笔钱。这听起来不太现实，但这就是现实。永远不要质疑这一点。作为交易员，你要做的事情就是尽可能保持一种简单的状态，遵循简洁明了的交易规则。持续地维持简洁明了的交易规则是极度困难的事情，但在我看来，这就是开展交易的最佳方式。最终，随着交易员对价格行为理念越来越精通，交易的压力开始减轻，并且会变得有点无聊，但盈利效果会好很多。

我从不参与赌博，因为我知道赌场的概率对我不利，我从来不想在胜算很小时下注。但交易在某种程度上和赌博有相似之处，特别是对那些没有做过交易的赌徒来说。比如，有些交易员使用简单的博弈论，在发生交易亏损后逐渐扩大下一次交易的仓位。对二十一点记牌的赌徒和面对横盘区间的交易员很相似。记牌的赌徒要分析数学概率是否对特定的结果有利。特别是，他想要知道牌堆中剩余的牌，花牌的比例是否可能特别高。如果他的记牌结果表明这个情况很有可能发生，他就会基于接下来大概率会出现花牌而下注（交易开仓），这样会增加他取胜的概率。而面对横盘区间，交易员要寻找的机会是，他认为市场已经向一个方向运行得足够远了，因此他要开设反向交易的仓位。

不幸的是，交易中有一些特点和赌博非常相似，其中最重要的一条相似之处就是，很多亏损的游戏中赢的次数足够多，令你相信最终可以找到一个长期实现盈利的办法。因此你顽强地和铁面无私的概率战斗，你尝试击倒客观规律，最终因此破产。最明显的例子就是在1分钟走势图中交易。由于1分钟走势图看上去和5分钟走势图别无二致，并且你可以在1分钟走势图中每天实现很多盈利，因此你觉得可以把1分钟走势图作为交易的主要对象。但是，在这个走势图中，好的机会运行的速度太快，无法被你捕捉到，只能剩下一些一般的交易机会供你选择。长此以往，要么你会因此而破产，要么就赚得比你本该在5分钟走势图上的盈利少得多。

很多不做交易的人，认为所有的日内交易员，都是成瘾的赌棍，是有精神问题的。我怀疑很多交易员是为了寻求刺激而不是利润才进行交易，他们愿意参与低胜算的交易机会，并且因为偶尔一两次盈利时能够感觉到的巨大快感而损失大笔资金。但是，大多数成功的交易员本质上都是投资者，就像那些买入商业地产或小型企业的投资者一样。日内交易员和这些投资者唯一的差别在于，日内交易员的交易周期更短，而使用的杠杆更大。

关于赌博还要讲一点。蒙特卡罗技术[⊖]只在理论上有效，但在实践上是无效的，这是因为客观的数字概率和主观情绪会产生巨大的冲突。比如你在每次亏损后，双倍（甚至三倍）反向下单，理论上来说可以赚钱。尽管在5分钟的 Emini 交易中，连续亏损四次是非常罕见的现象（尤其是如果你避开了位于窄幅横盘区间中日内价格区间中位交易机会的前提下）。但这种现象的确有可能发生，而且有可能连续亏损六七次甚至更多，尽管我没有遇到这种情况。但不管怎么样，如果你正常情况下习惯于交易 10 手合约，你决定在每次亏损后加倍反向下单，起步是 1 手，那么连续四次亏损就会导致你的持仓达到 16 手，此时下单数量已经远远超出了你感觉舒适的持仓量，四次亏损以后你就很难再下单了。此外，如果你习惯于交易 10 手合约，那么你就不会满足于交易 1 手合约所获得的利润，但按照蒙特卡罗技术，大多数情况下你只能交易 1 手。

不懂交易的人也会担心价格崩盘的风险，由于这种风险，他们会把交易看作赌博。价格崩盘在日线图上是非常罕见的现象（但是在日内走势图中比较常见）。不懂交易的人害怕他们在极端情绪事件发生时，没有能力采取有效的应对措施。虽然说崩盘这个概念一般是用在日线图表中，并且用于熊市行情，即短时间内下跌幅度达到 20% 以上的行情走势，比如 1927 年股灾和 1987 年股灾，但如果我们把它理解为简单和常见的图表形态，则会更有帮助，这样可以撇开情绪的影响，帮助交易员遵循交易的规则。如果你把时间和价格两个坐标轴盖住，单看价格行为的话，你会发现日内走势图的市场运行轨迹和经典的股灾崩盘时的价格轨迹其实别无二致。如果你能排除情绪的扰动，你就有机会从这种价格崩盘中赚钱，因为在所有的时间周期里，它们都展现出了具备交易价值的价格行为结构。

图 0-3（来自"交易站"行情软件）展示了价格在各种时间周期图表中崩盘的样子。左边是 1987 年股灾期间 GE 的日线图，中间位置是 COST 在强劲的财报公布后的 5 分钟走势图，右边是 Emini 的 1 分钟走势图。虽然"崩盘"这个概念一般特指日线图上短时间 20% 以上的跌幅，过去一百年里被广泛使用的情况也只有两次，但是价格行为交易员会观察走势形态，在他们眼中，同样的"崩盘"形态，在日常的日内图表中非常常见。由于在日内图表中，价格的"崩盘"是非常常见的现象，因此没有必要使用这个概念，因为从交易的视角来看，这些不过是下跌的波段走势，其中产生了具备交易价值的价格行为结构而已。

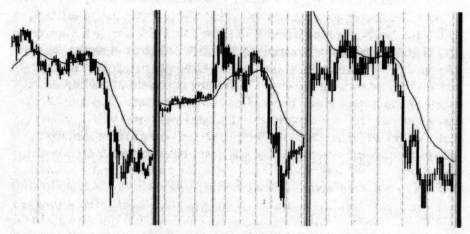

图 0-3　价格崩盘在各种时间周期图表中的形态都是相似的

大多数交易员仅仅在交易背离和趋势回调时，才会关注价格行为表现。他们希望看到大幅的强力反转 K 线，收线位置强势，但是实际上，这种完美的 K 线是很罕见的。要想理解价格行为走势，最有用的工具是趋势线、通道线、前期高点和低点、突破和突破的失败、K 线的幅度和影线的长短以及当前 K 线和过去数根 K 线的相互关系。特别是，当前 K 线相比于之前数根 K 线，最高价、最低价、开盘价、收盘价有怎样的表现，会给我们传递很多市场下一步动向的信息。本书中大多数的盘面分析是直接和交易下单相关的，但是也有很少一部分内容仅仅是出于对价格行为原理纯粹的好奇探索，并不具备足够的交易依据。

对我个人而言，我主要依靠蜡烛图做 Emini 交易，依靠竹线图做股票交易，但大多数信号在其他图表类型中也是可见的，不少甚至在简单的线形图中也是明显的。我将主要关注 5 分钟蜡烛图，阐述基本的价格行为原理，但是也会详细地探讨日线图和周线图。除此之外，我每天都在几只股票中进行波段交易，偶尔还会基于日线图开展期权交易，我将会在本书中探讨如何单纯运用价格行为开展上述交易。

本书中大多数的图表都可以展示很多不同的交易理念，但我标注的都是最醒目、最重要的价格行为轨迹。基于这个原因，本书中基本上任何图表都可以出现在任何一页上，但是我考虑到它们可以以最合适的方式阐述一个观点，我基于这个考虑安排了图表的顺序。很多图表中展示了本书后文才会涉及的开仓结构，但是只要它们是清晰的、重要的开仓结构，我就会在前文中指出来，这对于读者的二次阅读会很有帮助。此外，基本上每一个你在日内图表中看到的价格形态，都可以归类于本书中的不止一个走势类别。所以，不要把时间浪费在判断走势到底是双底回调结构，还是冲击和横盘区间构成的底部结构，抑或是稍高的低点。你是一个交易员，不是档案管理员。如果你看到一个反转形态，你要做的就是把握住交易的机会，而不是花时间纠结到底这个形态属于哪一类。另外，本书中的各章节并非同等重要。有些内容对你交易的成功非常关键，有些内容仅仅是为了框架的完整性。如果你是初学者，应当先关注第 15 章，因为这一章展示了交易的最佳实践，然后你再回到前面相应的章节以求进一步学习。不要花太多时间思考像"磁吸效应"和"等距运行"这些概念，因为交易的盈利不是从这些地方产生的。它们被我收入本书，仅仅是因为它们展示了价格行为的一些特点，但是还不足以提供可靠的交易形态。

由于我生活在加利福尼亚州，所有的图表使用的都是西部标准时间，所有的图表都是由"交易站"这个行情终端导出的。

第 1 章

价 格 行 为

　　对交易员来说，需要反复面对的最根本的问题，就是市场是不是处于趋势中。如果市场处于趋势中，便假定趋势将要延续，很自然他要挑选与趋势同向的进场机会。如果市场没有处于趋势中，他便要寻找与最近的走势反向的进场点。一段趋势可以浓缩到一根 K 线中（比如小时线的长阳 K 蕴含一段强劲的上涨趋势），或者以 5 分钟 K 线的视角看，它可以持续一整个交易日甚至更久。交易员该如何研判趋势？自然是通过识别屏幕中的价格行为。

　　什么是价格行为？对交易来说，最有用也最直白的定义是：任意图表或任意时间框架中，价格的变动轨迹。价格变动的最小单位是"一跳"，一跳在不同的市场中对应了不同的金额。顺便指出，一跳有两种意思，它既是市场可以实现的最小价格变动单位，也是每一笔交易实际发生的载体

（若你买入，买入订单会出现在成交列表中，无论你的订单数量是多是少，你填充的都只能是一跳）。由于价格随着每一跳交易的开展而波动，因此每一次价格波动就构成了价格行为的实例。价格行为不存在被普遍接受的定义。你总是需要留意市场中最不起眼的信息，因此对价格行为做一个宽泛的定义没坏处。你不能忽视任何信息，往往是小的细节最终构成了一笔伟大的交易。我们在这里提出的最宽泛的价格行为的定义，已经涵盖了交易领域中所有的价格波动，不限市场，不限图表，也不限时间周期框架。

这个定义本身无法告诉我们该如何交易，每一根 K 线都是潜在的做多或者做空信号。总会有交易员等着在下一根 K 线开空，认为价格再也不会上涨一跳了，也有交易员等着开多，认为价格再也不会下跌一跳了。其中一方是对的，另一方是错的。如果多头错了，价格跌了一跳又一跳，他们就会开始思考自己判断错误的可能性。价格跌到某个程度，他们会选择止损卖出，这个行为令他们由买入者转变为卖出者，也驱使价格进一步走跌。空头持续进场，一部分是新开的空头，另一部分是被迫止损的多头，直到价格跌到某个低点，吸引大量的买入力量进场。买入者的结构是：新入场的多头、止盈的空头，以及进场位置不理想而被迫做止损买入的空头。市场会持续上涨，直到这一过程再次逆转。

一切都是相对的，即便没有经过价格运动，市场也会瞬间向反方向运行。比如你偶然看到趋势线在当前 K 线高点上方 7 跳的位置，（因为距离较远）你不想做空，反而转手做多，期待一次对趋势线的回测。总是沉湎于过去的交易，注定要给你带来更多亏损。你必须面向未来，不要纠结于之前犯的错。它们绝不会影响下一跳的走势，所以你要无视它们，不断分析市场当下的价格行为，而不是你一天中的盈亏。

每一跳都会影响每张周期图的价格行为，从闪电图或 1 分钟走势图到月线图，不论图表是基于时间、成交量、固定跳数还是其他任何东西。当然，一跳对于月线图的影响是很有限的（也有例外，比如月线关键位置上的一跳突破，然后马上折返），时间周期越短，一跳的影响力便越大。道理显而易见，比如目前 Emini 的 1 分钟走势图的平均波幅是 3 跳，那么一跳便是一根 K 线 1/3 的波动，这就构成一次显著的波动了。

价格行为中最有用的部分，是观察价格在突破前高、前低或趋势线后市场的反应。一方面，比如当价格突破前期重要的高点，接下来的系列 K 线形成了稍高的低点和稍高的高点，这个价格行为就预示着市场可能持续走高，即便近期回调了数根 K 线。另一方面，如果市场突破前高，紧跟着一根更小的孕线（高点未过突破 K 的高点，低点高于突破 K 的低点），紧接着一根 K 线击穿了孕线的低点，那么突破失败构成反转的概率就会显著增大。

从长期来看，基本面主导了股价，价格由机构交易员主导（例如共同基金、银行、经纪商、保险公司、养老基金、对冲基金，等等），它们是体量最大的交易者。在机构交易员寻找价值的过程中，持续产生了价格行为。当机构认为价格过高，它们会平掉多头仓位甚至转手做空。当机构觉得价格过低，它们会平掉空仓或者进场做多。尽管市场中阴谋论大行其道，但众多机构确实没有开会，密谋决定操纵价格到什么水准，以便从无知、善良的散户交易员账户中获利。众多机构的决定是独立分散且机密的，会以买入和卖出的行为表现出来，但行为的结果已经在价格图表中一览无遗了。机构或许可以短期操纵股价，尤其是在流动性不足的条件下。但它们若这么做，会比正常交易赚得更少，因此，在股市或其他交易体量巨大的市场，比如迷你标普 500 股指期货、权重股票、债券和货币中，操纵价格的担忧会小很多。

为什么价格会向上运行一跳？那是因为在当前价格的买入量要多于卖出量，一部分买入者甚至愿意付出比当前更高的价格来获得仓位。这种现象也被描述为市场中买入者人数多于卖出者，或是多头控盘，或是买压驱动。一旦当前价格下所有的买单被执行，剩下的买入者就得决定他们是否愿意在更高一跳买入。如果愿意，市场就会持续产生更高的价格。逐渐走高的价格也会使得市场参与者重新评估对走势的认识。如果持续供不应求，价格就会持续走高。价格到达某个高位，多头开始止盈，卖出部分头寸。空头会认为价格很有放空的价值，开始供应更多的合约，超出多头的承载能力。一旦空头（多头获利平仓或者新空头进场）提供了更多的合约，当前价格的买单会全部成交，但一些空头将无法找到足够的多头。买入报价的最前沿就下滑了一跳。如果有空头愿意在这个低一跳的价格上成交，就会产生市场最新价。

由于绝大多数市场是由机构下单驱动的，我们很自然要关心究竟是价格行为的信息决定了机构的开仓，还是机构的行为本身构成了价格行为？实际上，机构并不会逐跳盯着苹果 AAPL 或者 SPY 基金，等待看到 1 分钟 K 线出现两段回调再开始买入。它们有大量的订单要成交，因此会以可得到的最优价格加快成交。价格行为不过是机构众多考量中的一种，有些机构会依赖它多一点，也有机构不怎么关注甚至完全不关注价格行为。很多机构都用数学模型和程序决定何时以多少量做买入卖出，并且所有的机构都会持续从各自的客户那里接收订单。

所以，交易者观察到的价格行为，是机构行为的结果，而不是机构行为的原因。因此，当一个高盈利潜能的开仓结构逐渐展开，在过程中会融入很多未知和不可控的因素，导致最终价格或盈或亏。所谓开仓结构，是价格大幅波动的第一阶段，而价格行为主导的开仓点使得交易者能够尽早参与一波走势。随着更多价格行为的展开，越来越多的交易员会被吸引到顺势交易中，这就产生了图表中的动能，也使得更多交易员进场。各种交易员，包括机构，开仓的理由各式各样，这些理由大多互不相关。然而，确实存在一条相关的理由，对于睿智的价格行为交易员来说，利用其他交易员踏入陷阱的机会是显而易见的获利方式。比如你很清楚买入的多头普遍在信号 K 一跳以下设置止损，你就应该在这个位置开空，利用被套的多头止损离场的机会获利。

机构的行动实际上主宰了市场。它们的成交量如此巨大，大多数下单都是为了持仓几个小时以上，甚至长达几个月。所以机构不会去刻意追求做短线差的机会，并且会尝试捍卫初始的进场点位。例如先锋基金或者富达基金需要为它们管理的基金买入一只股票，它们的客户更愿意看到基金持有这只股票直到收盘。要知道客户买入基金不是为了让基金去做日内短线交易，并且在收盘前清仓的。这些基金的投资策略就是持有优质股票，这决定了它们必须买入并持有，而不是买入后做一波短差。因此，它们进场买入以后，很可能会持续买入，利用任何回调的机会加仓。如果等不到回调，就不得不在市场走高时追加买入。

有些新手交易员不太理解，为什么有人愿意在市场直接走高时买入，而不是耐心等一个回调买入的机会。道理很简单。这是因为机构需要尽快以最优价格完成它们接收到的订单，因此它们在市场持续上扬的环境中会分多次仓位进行买入。类似这样的交易，大多由机构的量化程序完成，并且会持续到当天收盘。所以，如果一笔交易以亏损告终，与其认为是机构改变了想法，在启动交易程序后短时间内就改变了想法，不如说是图表交易员自身误读了价格行为。

我们要认识到是机构在产生价格行为，这个认识唯一的重要性在于它使得基于价格行为理解上的交易开仓更加可靠。绝大多数机构不打算在日内交易的层面进进出出，也没有兴趣在你开仓后马上让市场反转。你基于对价格行为的理解做出的开仓，不过是在搭乘机构的顺风车。你和机构的差别是，你可以用全部或部分的仓位做短差，灵活进出。

当然，也有机构在大量开展日内交易。不过像这种大体量的机构，要想通过短差盈利，就需要更大的市场波动空间。而价格行为的交易者，会在这种波动的早期，就读出潜在波动的可能性，这个认知上的优势使他可以尽早进场，非常自信地从短线交易中获利。而对于做短差的机构来说，如果它们只想通过短线交易赚 4～8 个点，就很难容忍市场回调 15 个点。因此，它们只在认定逆势波动的风险足够小的时候才进场做短线。所以若你在价格行为上读出了机构要进场的信号，你也同样应该对这笔交易充满信心，不过永远要记得设一个止损，以避免读盘失误造成巨大亏损。

此外，由于进场的 K 线端点经常被精准地回测，而止损单没有被触发，有理由相信是机构那种体量的委托单在保护这个止损价格，而它们基于价格行为的分析做了这样的决策。在迷你标普 500 股指期货的 5 分钟走势图中，会出现一些特定的走势，能够改变聪明的交易者的认知。比如，如果突破第二高点的回调做多机会失败，聪明的交易者就会假设市场还要至少再走出两段下跌。所以如果你是机构交易员，在突破第二高点的位置进场了，你就不想看到这个形态失败，你会在价格下行时一直买入，并牢牢守住价格端点，不让止损盘被触发。这样，机构就是在利用价格行为的规律来支撑它们的买入交易。

大级别的波段走势很难被机构操纵，但是小级别的价格行为可以被机构逐跳进行微调。有时候市场给出一个 5 跳风险度的下破失败引发的做多结构，价格一直上行 5 跳，但就是达不到第 6 跳，使你无法盈利 4 跳离场。这时突然出现 250 手迷你标普 500 股指期货的成交，而价格纹丝不动。总的来说，对现在的股指期货市场来说，任何超出 100 手的报单就可以被看作机构单。即便它实际上是散户交易者报出的，这样的散户也很可能已经具备了机构层次的认知，既然他交易的是机构的体量，那么他的行为就和机构别无二致了。由于此时价格还停在 5 跳的位置，可以肯定刚刚的 250手是机构买入。因为如果刚刚是机构在卖给散户多头，市场应该撑不住，价格会很快下跌。当机构在市场刚刚上行 5 跳时才开始买入，它们期待的是价格会在 1 分钟左右走出至少 1 跳，价格会突破第 6 跳甚至更多。机构在高位买入，这意味着它们认为价格会继续走高，而它们也很可能在价格走高时买入更多。另外，由于 4 跳左右的短差交易在市场中发生得如此频繁，我们有理由相信这些是机构在做短差，这些机构的选择对市场大多数短差交易产生了重要的影响。

交易者会密切关注关键时间周期的收盘点，尤其是 3 分钟、5 分钟、15 分钟和 1 小时 K 线的收盘点。这个道理对于等成交量 K 线图的关键成交量也是成立的。例如，很多交易员会在长期国债期货市场中跟踪 10 000 手等量 K 线图，当这根 K 线快要收盘时（它会在任何成交导致这根 K 线蕴含的成交量超过 10 000 手时收线，所以这根 K 线很少会刚好蕴含 10 000 手），市场中会出现躁动，各种力量尝试影响 K 线的收线位置。有些交易员想通过 K 线收线位置的强弱来向市场传递强弱的信号。最直白地说，一根强势的大阳线表示多头掌控这根 K 线。即便是最强的趋势，也常常出现几根 5 分钟 K 线在收线时改头换面的现象。比如，在一段较强的下跌中，出现了一根反包阳线，和前面的 K 线组合构成第二高点突破做多的机会，但就在这根阳线还差几秒收线的时间里，价格大幅跳水，最终收线在低点，套住了不少抢跑做多的交易员。记住，当你的交易方向与当前强势的趋势相反时，在最终开仓时要耐心等待信号 K 收线，这一点非常重要，并且在真正发生一跳突破的位置开仓（比如你做多，就在价格越过前高一跳的位置开多）。

怎样才是解读价格行为的最佳方式呢？那便是将走势打印出来，并且寻找每一处可以盈利的开仓机会。比如你想要在苹果公司股票中盈利 0.5 美元，或者在谷歌公司股票中盈利 2 美元，那就在日内走势中找到每一处这种级别的波动产生的位置。用不了几周，你会开始注意到特定的形态，使得你能够在承担同等风险的前提下做出这样的交易。如果说你的盈利和亏损的空间一样，你就要努力将胜率提升到 50% 以上，使得这样的交易有利可图。然而，存在不少胜率在 70% 以上的形态，并且在你等待价格走到止盈位置的持仓过程中，你能够将止损单从信号 K 的极限点移动到你进场 K 的极限点，这样便降低了风险。此外，你应该不断尝试那些有机会远远超过你止盈位置的交易，到目标位后你便做部分止盈，剩下的继续持有。实际上，交易生涯的最开始你应当只关注这样的交易机会。将你的止损移动到盈亏平衡点，然后让市场自由奔跑。这样你每周很可能做出几次超过你初始止盈空间四倍的波幅，然后价格才出现反转形态。

斐波那契回撤和延展，是价格行为的一部分，但由于大多数斐波那契形态仅仅是价格的近似估计，并且大多会失败，因此请不要把它们用在交易上。如果一个开仓结构确实好用，那必然和K线形态本身有关，独立于斐波那契测量或其他技术指标。艾略特波浪理论也属于价格形态分析，但对绝大多数交易员来说，波浪理论是无法用来交易的。这些波浪结构在过程中不甚清晰，直到理想的进场点过去很多根K线之后，才会渐渐清晰起来。在市场的每一个瞬间，波浪理论都能提供截然相反的解释。它需要交易员进行太多的思考，处理太多的不确定性，所以对大多数日内交易员来说不适用。

也许你担心我在本书中提供的信息会批量造出很多厉害的价格行为交易员，他们在同样的时间节点做同样的交易，从而扭转了市场参与者的心态，而他们本应该成为驱动市场价格向你的目标价格前行的力量。请不必有这样的顾虑，因为市场真正的驱动力量来自机构，它们已经聘用了世界上最厉害的交易员，这些交易员已经掌握了本书的一切知识，（就算他们没看过本书）至少直觉上已经有这方面的认识。我们在本书中所介绍的形态，之所以会以我们熟悉的方式展开，是因为无数的交易员基于各种不同的理由下单，而控盘的机构成交量总是基于合理的逻辑，因此在有效的市场中，价格就一直以这样的方式运行。市场运行的原理就是这样，它也将永远持续下去。在全球所有的市场中，同样的价格形态在不同的时间周期上，各自独立运行着，任何机构想要在这么多时间层次中同时掌控盘面，不异于痴人说梦。

假设每个交易员突然都变得擅长做价格行为交易，这可能导致最小级别的价格形态一时扭曲，但长期来看，市场的有效性会最终胜出，所有交易员的选择最终会汇聚成价格行为形态。因为价格行为本身就是无数交易员合乎逻辑的交易行为所导致的必然结果。另外我必须指出，交易是很困难的活动，尽管基于价格行为的信息来交易是很好的思路，但要想在实盘中实时做到这一点仍很不容易。所以在出现价格行为揭示的交易形态时，不可能有足够的交易员能够及时识别出来，并同时进场。因此对价格行为的辨认，也就不会对形态产生持续的显著影响。以爱德华兹和迈吉为例，他们是世界上最棒的交易员，过去几十年一直运用这样的交易理念，而这些理念能一次又一次产生作用，道理很简单。因为市场中海量的、聪明的交易员，运用各自的方法和不同的时间周期，尽其所能，在市场中开仓赚钱，他们就会共同构成有效的市场，价格行为就是市场中永恒不变的基因。

1.1　趋势 K 和十字星

屏幕中的价格行为，要么在趋势中，要么不在。如果不在趋势中，那就必然在某个横盘区间里，而这个横盘区间一定是由更小级别的趋势构成的。对于一根 K 线来说，它要么代表更小级别的趋势，要么代表更小级别的横盘走势。换句话说，一根 K 线所代表的时间里，要么是多头或者空头在控盘，要么是双方力量大致均衡（此时这根 K 线就代表一个横盘交易区间）。

对于交易员来说，把任意 K 线都看作趋势 K 或者非趋势 K（横盘 K）是很务实的思路。后者有点拗口，大多数这种形态类似十字星，所以简单起见，我们可以把非趋势 K 称作十字星（见图 1-1）。如果实体看起来很小，或者根本不存在，这样的 K 线就叫作十字星，在这根 K 线所代表的时间里，多头和空头都没能够控盘，这根 K 线本质上代表了一根 K 线时长的横盘区间。在 5 分钟级别的 Emini 走势图中，十字星的实体一般只有一两跳的高度。而对于日 K 线或者周 K 线来说，实体可能达到几百跳（高度），但整体 K 线仍然能够表现出十字星的效果。因此把这样的 K 线都看作十字星是合理的。当然,这种判定是相对的、主观的,它取决于市场走势背景和所观察的时间周期。

图 1-1　十字星举例

反之,如果 K 线有明显的实体,这代表收盘时价格相对于开盘价走出了一段趋势。这样的 K 线就称为趋势 K。显然,如果 K 线的波幅很大而实体很小,其中的趋势性力量就显得不足。或许在这根 K 线里(观察它更小的时间周期走势),存在来回的大幅摆动,但这和你无关,因为你应该只关注一个时间周期(也就是你交易的时间周期)。大致说来,更大的实体代表更强的趋势力量,然而过犹不及,如果在一段已经延长的趋势行情或者突破行情中产生了一根实体极其巨大的 K 线,这很可能代表走势动能的衰竭,此时不应该采取交易行动,除非我们观察到更多的走势线索。一连串强健的趋势 K 代表健康的趋势,通常会使走势的极限点被不断延伸,即使突然发生回撤也大概率不会立刻改变趋势方向。

最理想的趋势K，实体不大也不小，表明市场在这根K线收线时相对于开盘价走出了一段趋势。其中上涨K线的实体部分，本书中用白色蜡烛图表示。若出现实体比过去 5 ～ 10 根K线的平均尺寸更大的上涨K线，代表多头正在展开更强力的控盘。还有一些表明多头强弱的信号，比如开盘价和最低价的距离，收盘价和最高价的距离，K线的收盘价、最高价相对于过去数根K线收盘价、最高价的位置，以及影线的长短。如果K线过大，它可能代表力量的衰竭或者单根K线构成的假突破，吸引了新多头进场，但接下来一两根K线里就会反转下行。对阴线来说，同样的道理也是成立的。

市场中一切都是相对的，观点需要经历不断的再评估，到某一时刻你要重新判定市场趋势是否已经改变方向。每一根K线不是趋势K就是十字星，十字星意味着多头和空头处于相对平衡的状态。不过，有时候一连串的十字星也可以表明趋势的存在。比如，一连串走高的十字星，其中收盘价、最高价和最低价都在走高，此时市场呈现的就是正在形成趋势的收盘价、最高价、最低价，本质上这就是趋势（见图1-2）。

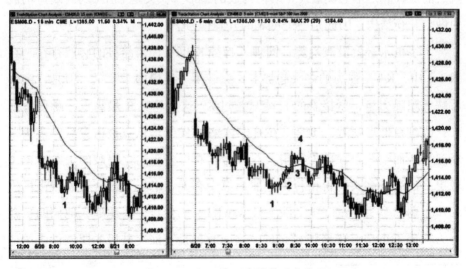

图1-2　一组正在形成趋势的十字星

对交易来说，将所有的 K 线看作趋势 K 或十字星（或非趋势 K，见图 1-1 中标注"D"的 K 线）是很务实的思路，不过两者的界限并不总是清晰的。同样地，小实体的 K 线，在一个 K 线组合中可以看作十字星，而到另一个 K 线组合里就成为小型趋势 K。做这种划分的唯一意义，在于让交易员把握当前多空双方中，有一方是否正在强力控盘。在图 1-1 中，也确实存在模棱两可的 K 线。

图 1-2 右侧展示的是 5 分钟 K 线走势，标注的 K1 代表连续四个十字星的起点，它们产生了趋势性走高的收盘价、最高价、最低价。在图 1-2 左侧的 15 分钟 K 线走势里，这四根 K 线构成的是反转 K，处在波段的低点，并且处在下跌通道下沿"射击过头"的位置（未画出）。单个十字星，代表多头和空头都无力控盘，但形成趋势的一组十字星，能表现出多空其中一方的强势地位。

K4 也是十字星，表示它在一根 K 线时间长度的横盘走势，但从所处的走势背景来看，它仍可以构成相当不错的开仓信号 K。在这里，它既是失败的最终旗形形态突破（ii 结构构成的旗形⊖），又是 EMA 均线缺口构成的做空开仓结构，因此是一个可靠的开仓信号。

十字星未必就没有趋势，同理，趋势 K 也不代表趋势的必然存在。在图 1-3 中，K1 是强力的多头趋势 K，突破了一连串的十字星。但是，突破后缺乏跟随力量，紧接着的 K 线只越过 K1 这个趋势 K 最高点一跳便收回来，收盘在低点附近。于是，在这根休整的 K 线最低点被击穿后，多头果断离场，而空头也在此处开空，双方将它看作多头向上突破的失败。在出现更多的属于多头的价格行为之前，很少有人考虑买入，这就导致市场进一步走弱。多头尝试守护上涨突破 K（K1）的低点，在此处，他们的护盘努力构成了小型上涨趋势 K（K2，这同时也是上涨突破后的回调做多的信

⊖　ii 结构或 iii 结构，是指 2 根或 3 根 K 线的组合，其中后一根 K 线的高低点被前一根 K 线的高低点范围所包含，作者在后续篇幅中会介绍。——译者注

号K，不过它的信号没有被后续走势触发），然而市场又击穿了 K2 低点，导致过早入场的多头不得不再次离场，同时更多的空头加入进来。到这里，多头已经失败了两次，他们暂时不想再买入了，除非看到明显的有利于做多的价格行为。此时多空双方已经就价格达成了共识，走势至少要向下再运行两段。

图 1-3　趋势 K 的存在，不代表趋势的必然存在

1.2　K 线基础：信号 K、进场 K、开仓结构、K 线形态

交易员一直在寻找合适的开仓结构。所谓开仓结构，是指单根或一组

K线的出现，让交易员相信市场已经具备了开仓条件，并且存在较高的盈利可能性。实际上，走势图中任意一根K线，都可以构成开仓结构，因为下一根K线可能是上涨或者下跌的启动点。如果开仓结构的方向是顺着最近的趋势，就称作顺势结构，如果方向和最近的趋势相反，就称作反转结构。比如，最近的趋势是上涨，你做了买入，你采取的就是顺势结构。反之，若你做空，你采取的便是反转结构，这个开仓是一次反转交易。

信号K总是事后才被确立，只有在这根K线收盘，后面交易实现进场后，我们才能把它认作信号K。当你进场的单子成交，前一根K线就从开仓的结构K转变为信号K，而当前的实现进场的K线就是进场K。初学者应当在信号K顺着他交易的方向时，再考虑进场。比如，他的计划是开空，他应该将开仓信号限制在那些下跌的趋势K中，因为此时市场已经证明了抛压的存在，相较于阳K线，阴K线后面发生跟随下跌的概率更大。同理，若交易计划是做多，他应当只寻找阳线之后的开仓机会。

几乎每一根K线都可以作为信号K，不过绝大多数不会带来进场，因此它们不会自发成为信号K。对日内短线交易来说，你下的很多条件订单没有成交的机会。通常，在前一根K线上方或者下方超出一跳的位置设置条件单进场，是不错的选择，如果条件单没有触发，就撤单并寻找下一个开仓点。对股票来说，因为"一跳陷阱"的存在，也就是市场常常突破前期K线一跳就立刻反转，市场将设置了条件单进场的交易员套住，因此对股票来说，进场条件单设置在信号K的几跳以外可能是更好的选择。

如果进场的条件单被触发成交，你的这笔交易就是基于前一根K线，因此它便成为信号K（给你提供进场所需的信号）。有时候一根K线可以同时构成两个方向的信号K，你就可以在信号K的两个端点都设置条件单，任何一个方向的突破都会导致你自动进场。

目前，和K线形态相关的资料已经太多，这些别出心裁的日本名字让人感觉像是某种神秘的古代智慧的萃取结果，具有神秘的力量。这满足了很多初学者的渴求，即有一个权威的意见来指导他们怎么做，而不是依靠自己的辛勤工作。交易员所面对的最重要的问题，是判定市场处于趋势中还是横盘中。面对单根 K 线，也存在判定其是否处于趋势中的问题。如果多空双方有一方在控盘，K 线就有明显的实体，这是一根趋势 K。如果多空双方力量大致均衡，K 线的实体就不明显，这就是一个十字星。有很多蜡烛图交易员会把实体外的部分叫作"蜡烛芯"，从而同蜡烛的概念一致，也有人叫它们"影线"。由于我们总是在寻找反转 K 线，这种 K 线看起来更像是蝌蚪或者小鱼，因此我觉得"尾巴"是个更恰当的描述。⊖

我建议读者以价格行为的视角来看待 K 线，而不去计较那些无意义、误导性极强的蜡烛图形态名称（这些奇怪的名字会让我们误认为它们具有某种神秘的力量）。每一根 K 线只有在和价格行为关联起来考虑时才有意义，走势图中绝大多数的 K 线形态没有太大的帮助，因为它们出现的位置不具有高概率的预测价值。因此，这种形态的名字只会给出太多的无关信息，让交易复杂化，让你的关注点偏离市场走势本身。

图 1-4 展示了对下跌趋势线的向上突破，然后出现两段下跌，并且跌穿了昨日的低点。第一段下跌被 K2 这里的 iii 结构终结。K3 是强力的多头反转趋势 K，它既收回了昨日的低点，又完成了对向上突破的下跌趋势线的回测动作，使得它成为潜在的多头开仓结构。在它上方一跳位置设置买入条件单，后面会成交，然后 K3 就成为信号 K（而不仅仅是开仓结构 K），而下一根实际发生进场开仓动作的 K 线，就成为进场 K。

K4 是 ii 结构后的进场 K，成为第二段上行的起点。

K5 是对孕线突破后的回踩构成的进场 K（市场稍微突破了 K2 的 iii 结构）。K5 附近的两个横盘 K 的实体进一步构成孕线，因此这也是 ii 结构。K4 和 K5 同时也都是第一高点的突破做多点。

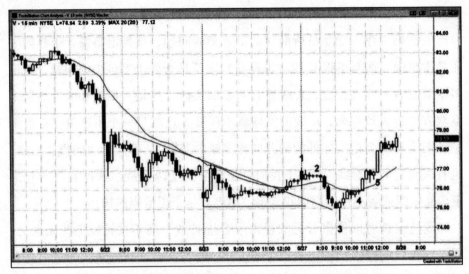

图 1-4　Visa 的 15 分钟走势图，其中带有完美的反转趋势 K

1.3　信号 K：反转 K

市场的上涨和下跌可以发生在任何一根 K 线之后，因此每一根 K 线都有机会成为开仓结构 K。但只有紧接着的 K 线（进场 K）触发了交易的进场信号，才会使开仓结构 K 转变为信号 K。开仓结构 K 本身不足以成为进场的理由，它必须要置于前面 K 线组合的背景中审视，只有当它是趋势持续形态或反转形态的一部分时，才构成进场交易的理由。

由于顺势交易总是明智的选择，因此，当信号 K 是强力的趋势 K 并顺着交易的方向时，它便具有较高的胜算。尽管你跟随仅有一根 K 线的趋势进场，但你期待的是在这个方向上走出更多的趋势 K。你等到价格突破信号 K 的端点出现才进场，这种等待也需要市场向你的交易方向运行，这就提高了胜算。但是，一根背离当前趋势方向的趋势 K 也可以是一根不错的信号 K，这取决于走势图中其他 K 线的价格行为。总的来说，十字星或者和交易方向相反的趋势 K，作为信号 K 失败的概率更大，原因在于，你想要加入的那一方阵营还没有在当前 K 线的力量中证明自己的存在。所以，交易员等待趋势中顺势的那一方明显控盘后再进场，是更明智的选择。而这根趋势 K，会让交易员更加自信地进场，采取更加从容的止损方式，交易更大的手数，这些因素都会导致止盈目标点位被触及的概率增大。不过，在特定的走势背景下，十字星也可以是绝佳的信号 K。

最重要的一类信号 K 要属反转 K，最佳的多头反转 K 具备以下至少一种特点：

- 开盘价接近或略低于上一个收盘价，而收盘价高于当前开盘价，且高于上一个收盘价。
- 下影线占据 K 线幅度的 1/3 ～ 1/2，上影线很小或为光头上影线。
- 和左侧 K 线的重叠部分非常少。

最佳的空头反转 K 具备以下至少一种特点：

- 开盘价接近或略高于上一个收盘价，而收盘价低于当前开盘价，且收盘价低于上一个收盘价。
- 上影线占据 K 线幅度的 1/3 ～ 1/2，下影线很小或为光脚下影线。
- 和左侧 K 线的重叠部分非常少。

反转 K 的上述特征可以表明走势的强度。我们最熟悉的多头反转 K，具备阳线的实体（收盘价远高于开盘价），底部连着大小适中的下影线。这样的结构表明价格先下跌，然后反弹至高点再收线，多头已经控制了这根 K 线，并且保持强势到最后一跳。单独一根反转 K 不足以成为开仓的理由，交易员必须将它置身于价格行为的背景中来理解。

当交易员考虑在强力的趋势中做反转交易时，他最好先等待趋势线被突破，然后等待后续价格回测之前趋势的极限位置，出现强力的反转 K 时再开仓，否则，他的胜算就太渺茫了。另外，不要考虑参与 1 分钟级别的反转，因为大多数这样的反转都会失败，成为一种顺势的开仓结构。尽管 1 分钟级别的交易的亏损会很小，但是如果 10 次交易亏损 8 次，当天就很难回本了（警惕频繁的小止损构成大亏损）。

为什么我要强调对于原有趋势极限点的回测？举例来说，在下跌趋势的末尾，多头开始控盘，市场反弹。当市场又回落到之前下跌趋势最低点附近时，其实这是在测试多头是准备再一次大举买入，还是被空头压制住，进而跌破低点。如果空头无法在第二次反扑中将价格压下去，那后续就很可能会至少上涨一段时间。记住这个规律，无论何时，当市场尝试多次进攻一个方向而没有成功时，就很可能招致反向的进攻。这就是双重顶底形态有效的内在原因，这也是为什么交易员不会轻易相信反转形成，除非见到原有趋势的极限点被回测过。

如果反转 K 和前面的 K 线重叠部分很多，或者影线只超过前面 K 线几跳，这很可能是一个横盘区间。若真如此，那就算不上反转，因为当前市场只是处于横盘状态，没有趋势。在这种情况下，这个貌似反转 K 的形态就不该被视作信号 K，甚至，如果被套住的（判断反转成立并开仓进场的）交易员足够多，它还要进一步被看作顺势开仓的结构。这是因为，尽管此时这根 K 线具有漂亮的多头反转 K 形态，但由于没有空头被套住，因此接下来缺少买入的跟随力量，而新开仓进场的多头会等待几根 K 线，希望市场反弹回到进场点，让他保本离场。这就是进一步下跌力量累积的过程。

如果 K 线的实体很小，是个十字星，但波幅很大，这样的 K 线就不该被视为信号 K。大的十字星本质上就是一根 K 线时间长度的横盘区间，在下跌趋势中的横盘区间里的顶部买入，或在上涨趋势中的横盘区间里的底部卖出，都不是明智之举，因此，最好等待下一个信号。

如果多头反转 K（指下跌转上涨）的上影线比较长，或者空头反转 K（指上涨转下跌）的下影线比较长，就表示逆势进场的交易员，在收线时有点信心不足。这时，只有在 K 线实体看起来足够强，或者有价格行为的背景信息支持时（比如这是第二次出现的开仓信号），才能考虑参与此次反转。

如果反转 K 的波幅很小，实体也小，它便缺少反转趋势所需的动能，因此是风险更大的开仓信号。但如果反转 K 的实体强劲，所处的背景也配合，参与这项交易的风险便很小（只需要在这根小 K 线的另一侧一跳以外离场）。

在强力的趋势中，我们很容易看到反转 K 在形成，只不过在收线前形态又失败了。比如，在下跌趋势中，你看到很强的多头反转 K 线，它的下影线很长，当前的最新价格远高于开盘价，也高于前一根 K 线的收盘价，而 K 线的低点对下跌通道的下沿产生了"射击过头"形态。但就在收线前的最后几秒，价格突然急剧下跌，收线在低点。此时，这就不是多头反转 K，而是形成了强力的空头趋势 K。预期反转成立而提前进场做多的交易员，现在被套在其中，他们的止损只会驱使价格进一步下跌。

幅度大、实体小的多头反转 K，也要在前面的价格行为背景中被审视。长长的下影线告诉我们低价卖出的尝试被拒绝，目前是多头控盘。但是，如果 K 线和前面的 K 线重叠太多，以更小级别的视角来看，这就不过是一段横盘区间，而收盘在 K 线高点，也不过意味着从更小级别的视角来看，收盘在盘整区间上沿只会导致 1 分钟级别的多头获利了结，而空头跟随进场做空。在这种情况下，你需要更多的信息来决定交易的方向。毕竟，你将不愿意看到自己在下跌趋势中熊旗形态的高点买入，或者在上涨趋势中牛旗形态的低点卖出。

在图 1-5 中，K1 和前面四根 K 线的重叠范围很大，这代表一个横盘区间，此时不存在反转，这就不能成为开多结构。

而 K2 是绝佳的空头信号 K，因为它反转了 K1 的突破做多力量（在前一个貌似"多头反转 K"的 K 线被上破的时候，吸引了不少多头进场，现在被套了），同时它也反转了向上突破下跌趋势线的尝试。进场后被套住的多头的被迫止损，构成了后续卖出的力量。

图 1-5　横盘区间中的反转 K 必须放在具体走势背景中分析

　　当市场处于下跌趋势中的盘整区间时，表明它正在形成一个熊旗整理形态。聪明的交易员会寻找其中高点开空的机会，也仅仅会在熊旗的下沿且反转 K 的力度足够强时考虑买入。高抛低吸虽是老生常谈，但的确是交易中的至理箴言。

　　实体小、影线长的反转 K，必须在价格行为的背景中被审视。在图 1-6 中，K1 是在一段明显超卖的走势中，跌破了前面波段的低点（也是对过去 8 根 K 线构成的陡峭的下跌通道下沿的"射击过头"的反转动作）。在此处，一些空头会及时获利了结，等待超跌反转的力量在时间和价格中充分表达后，再考虑进空。由于这是一个十字星（代表更小级别的一段横盘），所以也可能是熊旗的一部分，想做多的话还需要一些更明确的信号。两根 K 线之后，市场尝试下破一根小 K 线（一根 K 线构成的熊旗），但这个向下突破失败了，接下来的 K 线将空头套住，这给多头提供了第二个进场的信号，至少能做一波短线上涨。

K2 和前一根 K 线大约重叠了一半的波幅，也与更前面的 K 线重叠，而且它没有击穿前低。因此它很可能仅仅代表 1 分钟级别的一段横盘区间，不该据此展开交易，而要耐心等待更多的价格行为信息的出现。

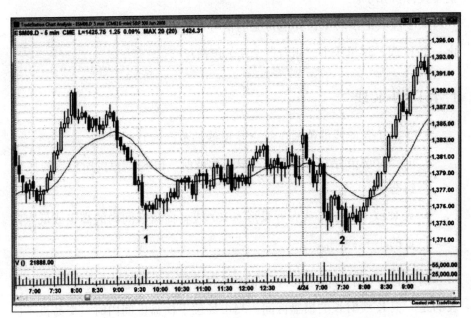

图 1-6 小实体的反转 K 必须放在具体走势背景中分析

尽管经典的反转 K 形态是最可靠的信号之一，但很多反转也会在没有反转 K 的情况下发生，并且还有不少其他的 K 线形态也能给出可靠的信号。与你交易方向同向的趋势 K，在任何情况下都是强力的信号。比如你考虑在下跌趋势中买入开仓，信号 K 是阳线的话，会显著提升开仓的胜算。

1.4　信号 K：其他类型

要记住，能引发开仓的结构 K 才是信号 K。然而，不是所有的开仓机会都值得进场。只有一个条件单被触发，使得前一根 K 线转为信号 K，并不必然证明这项交易值得一试（比如，最好回避铁丝网[⊖]这样的 K 线信号）。如果没有价格行为的线索指向反转（反转指的是原有趋势方向性反转，或者在顺势行情中逆势回调结束的反转）发生的可能性，信号 K 的信号意义就要大打折扣了。

除了经典的反转 K，其他常见的信号 K 组合（鉴于有些信号 K 包括不止一根 K 线，这里添上"组合"二字）包括：

1.4.1　小 K 线

- 孕线（指 K 线的范围在前一根 K 线的范围内）。
- ii 结构或 iii 结构（两根或三根连续被前一根 K 线范围所包含的 K 线组合）。
- 大 K 线（趋势 K 或者吞没形态 K）或者横盘区间内的高点或低点附近的小 K 线。

请注意，十字星很难成为一个理想的信号 K，这是因为它们本质上代表的是一根 K 线时长的横盘区间。当市场位于横盘区间内时，交易员不应该考虑参与买卖。但如果小 K 线出现在横盘区间的高低点附近，或者是处于强力趋势中顺势结构的一部分时，此时小 K 线也可以成为很好的信号 K。由于十字星代表的小的横盘区间要服从于更大的横盘区间，所以在大横盘区间高点附近，跌破十字星是不错的卖出机会，如果这已经是空头的第二次尝试，做空的胜算又会增加。由于大区间主导小区间，小区间服从

⊖　铁丝网是作者命名的一种 K 线横盘形态，缺少方向性动能，伴随上下端较长的影线，在后续章节有更详细的介绍。——译者注

于大区间，所以跌破十字星的卖出同时对应着在大区间高点的卖出，这是很好的交易策略。

1.4.2 其他类型的信号 K

- 吞没 K 线（见 1.5 节）。
- 双底组合：下跌趋势中连续两根具备相同最低价的 K 线，若下影线很小或不存在则形态更佳（这是熊旗的一种）。
- 双顶组合：上涨趋势中连续两根具备相同最高价的 K 线，若上影线很小或不存在则形态更佳（这是牛旗的一种）。
- 反转组合：顶部区间的阴包阳或者底部区间的阳包阴（连续两根 K 线，方向相反，影线很短，K 线的高低点位置大致相同）。
- 反转失败（例如，在强力趋势中，在空头反转 K 上方买入）。
- 强势行情中的光头光脚 K（一端或者两端没有影线）。
- 衰竭 K（波幅异常大的 K 线）。

小 K 线有很多种情况，也会出现在很多不同的场合里，它们代表的是多空双方都缺乏推动价格的动力。但小 K 线的含义必须在具体的走势背景中被审视。作为开仓信号的小 K 线，即便 K 线实体很小，只要收线的方向与你开仓的方向一致，也是一个更加可取的交易信号，代表你所处的那一方阵营占据了这根 K 线。如果小 K 线没有实体，由于来回拉锯的概率较大，盈利的概率较小，此时最好等待二次进场的机会。

对于孕线来说，第二根 K 线不一定要完整地被包裹在第一根 K 线的范围内（高点在前高下方而低点在前低上方）。孕线的其中一处或者两处端点都可以和前一根 K 线平齐。但总的来说，如果孕线的波幅很小，并且收线的方向和你的交易方向一致，它作为交易信号就会显得更加可靠（买入最好是跟随阳线，卖出最好是跟随阴线）。

当孕线出现在一根大的趋势突破K身后，这可能仅仅代表的是趋势交易员的短暂休整，但也可能是突破信心不足的表现，最终导致反转（突破失败）。如果小K线是一根孕线，并且和大的突破的趋势K的方向相反，那么反转最终确立的可能性就会更大。而一根顺着突破方向的孕线，则增大了突破走势延续的概率，尤其是在市场整体走势为多头趋势的背景下（比如，在你预期的第二段上涨走势会开始的地方）。

在发生趋势K的突破后，如果跟随一根小K线，往往会引发市场的情绪化反应。因为交易员会考虑在小K线的上端或下端设置条件单开仓，而且他需要在很短的时间应对和处理大量的交易信息。举例来说，如果在一个下跌趋势的市场中，出现了一次多头突破，接下来跟随一根小K线，交易员会考虑在小K线的最高价上方一跳的位置设置买入条件单，同时在最低价下方一跳的位置设置卖出条件单。等到其中一单成交，另一单就会自动转为保护性止损单。如果先出现的是下破失败，也就是下方的卖出单成交后价格上涨，交易员应该考虑将上方的买入条件单量增加一倍，因为此时下破失败后，走势转向，市场确立为上涨回调结构的概率在增加（突破失败常常是很可靠的交易信号）。如果成交的是上方的买入条件单（顺势方向），通常情况下，在下方止损被触发时，交易员不该再转变交易的方向了。但若那天原本就是一个下跌趋势交易日，那就另当别论了。如果在突破发生后两到三根K线的时间里，价格都能维持住，没有发生突破失败，那么接下来发生的看似失败的形态，就有更高的概率其实是在构造突破回调的结构，而非突破失败。总的来说，优秀的交易员会把握住许多微妙的线索，快速地做出主观判定。但如果决策的过程让人感到太困惑或太情绪化，就最好不要参与交易，尤其是面对两头突破或者反转交易这样复杂的开仓。交易员不应该在复杂的交易中投入太多的精力，免得错失了接下来更加清晰的交易机会。

出现波段走势之后的一根孕线，可能意味着这个波段的结束，尤其是孕线的收盘方向和波段方向相反，或者有诸如趋势线、通道线射击过头、第二高低点的突破、交易区间的高点突破等其他因素存在的情况，会加大反转信号成立的概率。此外，如果出现大 K 线（大趋势 K、大十字星、大吞没 K）后面跟一根小 K 线，尤其是当小 K 线的方向与大 K 线相反，不管是不是孕线，都可以成为反转交易的结构 K。总的来说，交易员应该追求低买高卖。当处于横盘区间中（无论这根 K 线代表的是横盘走势，还是说当前 K 线处于趋势行情中的小型横盘区间），在区间的极限位置出现的唯一的小 K 线，应该成为假突破 (fade) 交易的信号。举例来说，若小 K 线位于波段走势的相对高点，比如出现在下跌趋势线被上破后回测的位置，或位于多头通道线射击过头后的反转点，在这些结构中都应该寻找做空的机会。反过来说，若小 K 线位于波段走势的相对低点，就寻找买入的机会。

在趋势中（即便这个趋势是位于大盘整区间中的小趋势段），小 K 线也可以产生两个方向的进场结构。举例来说，若当前是强力的上涨走势，并且没有发生过趋势线的下破，在一根大的多头趋势 K 后面跟随的孕线，或者从高点冒出一点头的小 K 线，都应该仅仅被看作做多的开仓结构。如果小 K 线是孕线，且本身是一根趋势 K，它就是很好的买入开仓结构。如果它仅仅是普通的小 K 线，高点略微超过大趋势 K 的高点，那么只有在趋势很强的背景下，才能成为一个安全的开仓机会，一般来说，在这种情况下等待回调是更好的选择，除非小 K 线是一根空头反转 K，它吸引了空头过早地进场做空，这时在小 K 线高点外一跳开仓买入才是有意义的。

所谓 ii 结构形态（ii pattern），是一根孕线后面跟一根更小的孕线。它是连续两根并列的小 K 线，其中后面的小 K 线和前面的小 K 线差不多大，或者稍微小一点（iii 结构是连续三根小 K 线的横向排列，蓄力就更强了）。当趋势已经被过度延伸，尤其是已经发生过趋势线突破之后，此时出现顺势方向的 ii 结构突破形态，通常只代表一次参与短线交易的机会，并且很有可能在触及盈利目标位之前就先出现反转走势（从而形成最后的旗形突破失败形态）。然而，ii 结构形态的逆趋势突破（或者由最后旗形形态发展而来的反转）通常会导致更大规模的反转走势。ii 结构形态常常会发展为最后的旗形形态，因为它暗示着多头和空头的力量处于均衡状态，较弱的那一方逐渐至少暂时可以和较强的那一方不相上下。基于此，如果顺势那一方控盘，（ii 结构形态）顺势方向的突破出现后，逆势那一方就有很大的可能性去尝试夺回控制权。ii 结构形态的条件单触发位置在两根 K 线的外面（而非仅仅在第二根 K 线外面，尽管从技术上来说它才是信号 K），但有时候，如果两根 K 线的波幅都比较大，你也可以用第二根 K 线的边界作为触发点。在进场 K 收线时，收紧条件止损点，并且考虑是否要在进场 K 被反向突破时反手进场。持续注意（ii 结构形态以后）接下来几根 K 线的走势情况，寻找反转的机会，因为 ii 结构形态出现以后，特别是当价格位于日内交易区间的中间地带时，突破失败是常见的现象。

5 分钟走势图的 ii 结构形态通常是 1 分钟走势图中的双顶、双底回调形态，这是一个反转形态，或许这一点能解释为什么 ii 结构形态能导致更大规模的逆势波动。

在多头趋势强劲时，有时候会出现连续两根 K 线，高点相同，并且带一点上影线。这种形态在其 1 分钟走势图中是一个双顶形态，在 5 分钟走势图中就构成"紧凑的双重顶买入结构"。你可以考虑在高点外一跳设置买入条件单，因为一旦在高点之上被触发，此时就是 1 分钟走势图里的双重顶形态失败，而此时过早进场做空的交易员就被迫面临止损出场，这会给继续上行增添动力。同理，可以在强力的下行趋势中寻找"紧凑的双重底卖出结构"来做空。

阴包阳结构和阳包阴结构的名字正好相反，每一组都是由波幅重叠、方向相反、实体大小差不多的趋势 K 构成（反向的一对 K 线）。在阴包阳结构中，第一根 K 线是多头趋势 K，第二根是空头趋势 K，只要这个组合不是出现在横盘区间中，就构成了一个卖出开仓结构。阳包阴结构正好相反，是先有空头趋势 K，再有多头趋势 K，构成的是买入开仓结构。它们本质上都是 ii 结构反转形态，对应的是 10 分钟走势图中的一根反转 K（可以设想这样两根方向相反的 5 分钟 K 线在 10 分钟走势图中会呈现的样子）。

在强力的趋势中，若出现其中一端或者两端都没有影线的趋势 K，就代表市场在这根 K 线中非常强势，单边控盘。但是，在多头趋势中的阳线，光头（上端无影线）要比光脚（下端无影线）强，因为光头表示强力的买入力量一直保持到这根 K 线收线，下面的走势很可能会延续这个强势的氛围。因此，光头趋势 K 是做多的很好的结构，不过你基本上来不及设置买入条件单，因为紧接着的这根 K 线已经出现在信号 K 的高点之上了。即便这根 K 线不是纯粹的光头，头部有一跳长度的影线，也不会影响它的强势。不过一般来说，光头 K（或者接近光头的 K 线）本身不足以成为买入开仓的理由。必须将 K 线放置在具体的走势背景中分析，如果这种 K 线出现在横盘区间中，进行突破买入就非常不明智，因为横盘区间总是倾向于来回往复。所以在你进行突破开仓之前，要仔细衡量当前的环境究竟是突破成功的概率高，还是发生回调的概率高。

类似地，在下跌趋势中出现的光脚的空头趋势 K，是一个下方一跳位置开空的结构。

并非所有的小 K 线都适合做否定突破的交易。我要特别指出一种不适合作为信号 K 的小 K 线，那就是小十字星（K 线的实体波幅相对于最近的走势来说显得小），特别是没有实体的小十字星，位置在指数型移动平均线（EMA）附近的铁丝网形态中，时间在 9：00A.M. 到 11：00A.M.PST 之间$^\ominus$。在这种情况下市场无规律运行的概率很大，你需要更多的价格行为线

索，才能支持你的开仓动作。

虽然在趋势中，大多数和趋势方向相同的大趋势 K 都有强势的表现，但如果一根 K 线特别大，它往往代表高潮和衰竭。比如，在多头趋势中，这种 K 线就表示最后的多头也进场了。如果后面没有更多的多头接盘，价格就只能反转向下。任何标准的反转 K 都可以作为反转交易的信号 K，但既然是进行逆势交易，在第二个反转 K 信号出现时进行交易（第一个信号出现时仅仅对其观察）会更加安全。

以大趋势 K 开展的突破，往往会在紧跟着的 K 线发生突破失败，套住进错方向的交易员。这种突破陷阱在平静的横盘区间中频繁出现。

在趋势中，出现在回调走势中的小 K 线只能作为顺势开仓结构。在图 1-7 中，K1、K2、K4 和 K6 都是回调中的小 K 线，它们都只能提供下破低点一跳后触发的卖出开仓信号。虽然它们大多是小十字星，但由于做的是顺势交易，因此下破做空也不无道理。

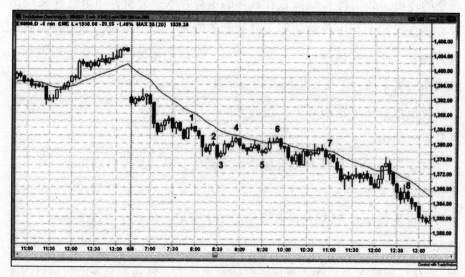

图 1-7 小 K 线既可以构成顺势结构，又可以构成逆势结构

在特定条件下，小 K 线也可以构成逆势交易的进场机会，比如它出现

在波段走势的低点，并且有诸如趋势线突破之类的其他理由支持这个逆势交易。比如K3是个波段低点，是对K2做空后的一次反转，并且是第二段下行段中的第二段下行段，这令它成为第四高点上破的开多结构。K5是在K4结束的上行段（这正好也是对下跌趋势线的上破）之后的第二高点突破的做多结构，使得后续出现第二段上行的可能性增大了。注意，K5同时也处于横盘区间的低点。

你只能在空头趋势中才能考虑对着小K线的低点进行卖出开仓。K8其实不算特别小，不过它是一根孕线，这就等价于一根小K线，它也是空头趋势K，这令它成为非常安全的做空结构K。同时它也是突破后回调做空结构，是迷你趋势线上破失败[⊖]构成的第一低点下破的做空结构。

图1-8展示了GS公司股价走势。K1是由空头反转失败构成的买入开仓结构。在大的多头趋势K突破了上行趋势（明显看到大多数K线位于上行的EMA均线之上）中的盘整区间以后，紧接着形成了小小的空头反转K。急于做空的空头在这根小阴线形成的过程中便进场了，而没有等到下一根K线跌破这根小阴线来触发做空信号。这些急于做空的空头被套住了。其中大概有一个1分钟级别的反转结构吸引了空头的进场，这种令人绝望的小级别反转结构总是在趋势行情中反复出现，参与这种小级别逆势结构的反转只会一点点侵蚀你的账户。这些空头会在反转K上方一跳位置止损离场，这里也就是聪明的多头的进场点。在此，我想强调，单单一根反转K不足以成为进行反转交易的理由，即便它的位置出现在反转概率很大的价格区间边缘。在图1-8中，市场似乎在制造区间突破失败的结构，但是跌破信号K的做空交易没有被触发，因此最终构成了另一侧买入的开仓机会。

⊖ 迷你趋势线是作者的术语，是指紧贴着连续下行或上行的K线边缘所画的趋势线，对这条迷你趋势线的突破失败，可以构成一个开仓点，后续章节会详细介绍。——译者注

图 1-8　失败的反转 K 构成顺势开仓结构

在图 1-9 中，K3 是大的趋势 K，并且跌破了开盘形成的低点，下破了下跌趋势通道线，紧接着是一根光头的、收阳的孕线，这意味着多头一直积极买入，直到这根 K 线收线。这是很不错的开仓结构，后面至少有两段上涨的预期。同时，这也是一个恐慌抛售和空头趋势通道的底部，因此后面的反弹大概率是要回测 K2，也就是下跌通道的启动点，后面的上行走势如期展开。

K4 是失败的反转 K，K5 这根大阳线强势地反包，吞没了 K4，构成绝佳的多头进场结构（这也是在更小级别的多头趋势中，一个第二低点下破的顶部结构最终失败了）。这些单纯的空头在跌破 K4 的反转 K 后马上开空，结果被套，他们错在没有先等待空头力量首先证明自己的存在（就急于进场了）。如果你身处强势的上涨趋势，在多头趋势线都没有跌破时，你就不该考虑做空。请注意，K1 附近的十字星都不是合格的信号 K，因为它们位于当天价格区间的中部，而且紧挨着一条平坦的 EMA 均线。

图 1-9　太强的趋势 K 也许是趋势终结的信号（力量耗尽，恐慌抛售）

在图 1-10 中，POT（股票名）跳空低开，下破了昨天的低点，然后反转运行至均线之上。昨天市场几次上破了熊市趋势线，提示市场参与者，做多的机会即将出现，只须等待良好的开仓结构和良好的信号 K，两者缺一不可。

从 K2 开始的反弹突破了之前大约一小时里形成的下跌趋势线（图中未画出）。K3 是一个明显的多头结构，位于昨天的低点下方发起的反转，带着强劲的多头反转 K。K4 是 EMA 均线跳空 K。K6 是潜在的第二高点突破做多结构，但没能触发向上突破的信号。K5 是空头趋势 K，而不是多头信号 K。没有多头信号 K，就不能在下跌趋势中买入。从 K4 到 K6 的趋势线，以同样的斜率可以构造出从 K5 低点位置向斜下方延伸的下跌通道线。

K7 的高点突破了前一根 K 线的高点，可惜前面的 K 线不是阳线。单单刺破下跌通道线的底部后的向上回调，还不足以构成开多的理由，你要等到一根多头信号 K 出现。

K8 是在幅度稍大的多头孕线后跟随的幅度稍小的多头孕线，它出现在趋势通道线的第二次刺探之后。这也可以构成对下跌趋势的前期低点 K3 的一次稍高的回测。K4 左侧的反弹已经突破了之前所有的下跌趋势线，因此，你应该认真考虑在 K3 低点回测时出现的买入机会，因此 K8 这个 ii 结构是形态绝佳的多头开仓结构。

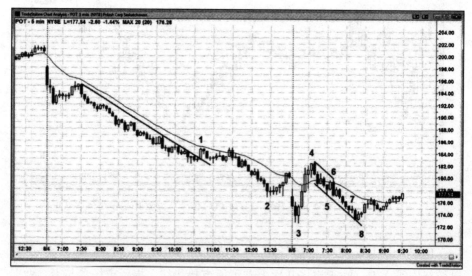

图 1-10　走势要反转，先等趋势线被突破

　　激进的交易员可以考虑在图 1-11 的 K5 这个 ii 结构上破时买入，参与 GS（股票名）的双底回调反转，不过（我说激进是因为这里）K4 开启的小型下跌趋势还没有出现趋势线的上破。图 1-11 中还有第二个多头开仓结构，就是在 K6 的 ii 结构之上。这里横盘的长度足够向上突破下行的趋势线，另外它还是一个二次进场点（开仓理由更加充分了）。

　　K7 这里是失败再失败（failed failure）[⊝]，构成了第三个进场点（是指价格向上突破失败，但这个突破失败形态引发的向下突破在下一根 K 线又失败了）。这是一个非常可靠的突破回调开多结构，也是迷你趋势线（是指紧

　　⊝　指向上突破失败，接下来顺势做空又失败，连续两次失败，因此作者称其为"失败再失败"。——译者注

贴着 K5 到 K6 的上行的迷你趋势线）的第一高点向上突破的买入机会。

对双底的回调，深度通常超过 50%，并且很可能会延伸到接近底部的位置。图 1-11 中的双底结构完全符合标准。对双底回调产生的稍高的低点，通常形成一个圆形的底部，有些股票交易员会把它视作一个积累区域。形态的名字是次要的，重要的是，在第二次尝试下跌时 (K3 是第一次)，市场没有出现稍低的低点。因此，如果下跌的尝试失败了，空头就会及时退场，价格就会向上探索（在更高的价格区间寻找卖家）。不过在图 1-11 中，市场没有找到卖家，反而找到了愿意以更高价格买入的买家。

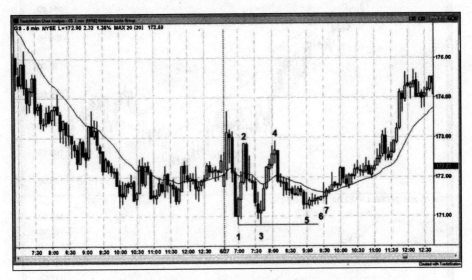

图 1-11 双底回调买入结构

图 1-12 中的 K2 很小（在 185 美元的股票中，波幅只有 11 美分），但是如果你观察下方收盘价的线形图，在第 2 点处的稍高的低点就很明显。K2 的两根 K 线之前，是第二高点向上突破的结构，但由于不具备趋势线向上突破作为转向的前提条件，所以它不是一个理想的稍低的低点，与失败的最后的熊旗结构共同构造了多头进场结构。K2 是第二次进场点，也是一个小的稍高的低点，是个风险可控的做多结构。而且，这非常接近 ii 结

构形态，在交易中，形态相似预示着效果相似。

K1 的第一高点突破，并不是一个理想的进场点，因为没有出现扭转强力下跌的预期所需要的强力的上涨趋势 K。此外，它跟随在 5 根阴线之后，所以在这个开仓结构之前，没有看到任何上行的动能，而出现上行的动能，是在下跌趋势中买入的必要前提。

图 1-12　最后的旗形结构的突破失败所构成的买入结构

在图 1-13 右侧的 5 分钟走势图中，有两个 ii 结构形态（第一个是 iii 结构形态）。正如左侧的 1 分钟走势图所示，第一个是双重底回调买入形态，第二个是失败的第二低点下破形态。

在这两种情况下，ii 结构形态末尾的上涨趋势 K 是做多的理想的结构 K。尽管小幅度的 K 线意味着方向动能不够强，但在 ii 结构形态末尾出现的与你进场方向一致的趋势 K，总是能提升交易的胜算。

图 1-13　ii 结构的买入结构，通常是小级别的双重底回测

在图 1-14 中，K1 是双底双 K 结构（在强力下跌走势中，连续出现底部相同的 K 线），可以在低于此形态最低价的一跳位置卖出开仓。

你也可以在 K1 之后的 K 线，也就是向下突破后的回调 K 线被下破时卖出，这样你可以更早进场。这里也可以画出一根迷你的下行趋势线，这也是下破迷你趋势线的第一低点的做空机会。

K2 又是一个破双底卖出的例子。

K3 是一个双顶双 K 的多头交易结构，它也是一个迷你上行趋势线上的向上突破的做多结构（第一高点被上破）。

图 1-14　迷你双底 ii 卖出结构

如图 1-15 所示，在熊市趋势通道线的测试中，LEH（股票名）走出了阳包阴的双 K 反转结构。这里是一次恐慌抛售，这种强力的下跌是很难维持的动作。在之前的 17 根 K 线中，有 16 根 K 线的高点都低于前一根 K 线的高点。恐慌下跌以后，通常跟随着持续很多根 K 线的两段式回调走势（在 5 分钟走势图里，修正走势至少能持续一个小时）。

在图 1-16 中，K4 是在向上突破昨天的高点，以及向上突破上行趋势的通道线和突破小牛旗形态后，出现的阴包阳 ii 反转结构。

K1 不是很理想的阳包阴买入结构，因为在前面从稍低的高点下来的两根大阴线蕴含了太多的下跌动能。K1 的后面是又一组阳包阴 ii 买入结构（这种背靠背的连续形态偶尔发生），但四根重叠 K 线整体就组成了熊旗，如果在这里买入，就相当于买在了下跌趋势中的横盘区间的顶部。只有走势的背景条件充分支持反转，这些反包的形态才能构成反转开仓的信号。在发生强势突破后的第一次停顿，往往是突破后的回调，通常后面会引发更多的趋势行情。

K2 是理想的做空点，因为有多头在这个背靠背的阳包阴 ii 组合的上破发生时买入，结果被套住，并且这是一次下跌中靠近 EMA 均线的两段式的回调（两段式是指熊旗中的两根大阳 K 夹着一根大阴 K，从更小的级别看就是两段式的）。

K2 类似于阴包阳 ii 卖出结构的第二条阴线，但它的收盘价和低点都远远低于前面 K 线的低点；此外，基于空头 M2S（均线位置的第二低点卖出），交易员应该在收线前就已经开空。

图 1-15　阳包阴 ii 买入结构

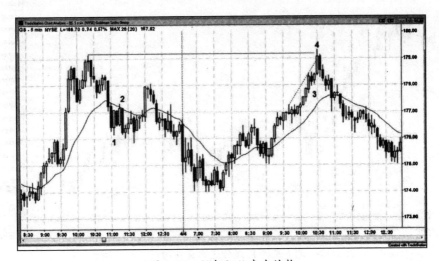

图 1-16　阴包阳 ii 卖出结构

在强劲趋势行情里，光头光脚 K 线是一个强势的信号，交易员应该在它突破时顺势进场。在图 1-17 中，光头光脚的 K1 表明存在很大的抛售压力（他们从头到尾一直在卖出），所以后面很可能会表现出更多的卖出力量。交易员应该很快布下卖出的条件单，因为此时价格的运行速度会很快。

K2 是光头的阴线，但由于市场到这里已经没有自由落体式的抛压了，光头阴线已经不足以单独构成做空的理由。不过，由于它跌破了一个熊市中的孕线，这一点倒是构成了短空的理由（下破第一低点开空）。

K3 是光头光脚的阳线，然而它没有发生在上涨趋势中，因此这个强势的 K 线形态本身，不足以成为买入的理由。但是，可以在这个位置买入，因为它是第二高点的上破，也是稍低的低点（代表区间下破的失败）之后的阳包阴反转的 ii 结构。之前，第一次 EMA 均线回踩，上破了下行的趋势线，接下来的 K3 的下行，标志着两段式下跌的完成，这已经足够成为一次短线交易的开仓条件。

K4 和 K5 不是光头光脚的开空结构，因为它们没有处于自由落体的状态。

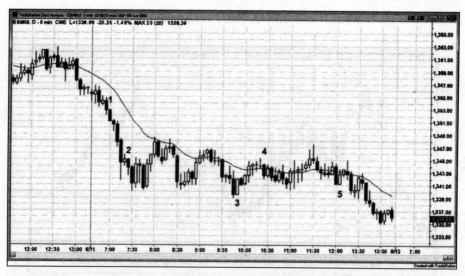

图 1-17 光头光脚 K 线传递出交易的信念与迫切感

图 1-18 是 AAPL（股票名）的 5 分钟走势图，展示了一些常见的信号 K。

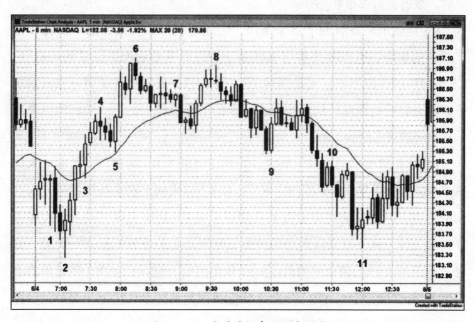

图 1-18　一些质量较高的开仓结构

　　K1 是一个十字星，实体很细小，是第三根重叠的 K 线（铁丝网形态）。对着 K1 做上破的买入是不明智的，因为此时就等于是在熊旗形态的高点（EMA 均线下方的铁丝网形态）买入，尽管这个诱人的 K 线形态会促使很多 K 线理论的推崇者匆匆进场做多。K2 是高质量的反转 K，下方的下影线显著低于前一根 K 线的低点，然后再向上反转，它具有一个相当显著的阳线实体。顶部的上影线，虽然显示出一些疲弱的迹象，但这些迹象很快被随后的上行趋势 K 抹掉了。这是开盘时间段形成新的波段低点后，第二高点的向上突破的做多机会，也是下跌趋势通道线（图中没有画出，通道线穿过了前面三根 K 线的低点并延伸）被踩破的开多机会。K3 是上涨吞没的 K 线，也是在突破早盘区间高点后发生的价格停顿、产生的迷你趋势线下破失败的做多结构。在新的趋势中产生的吞没 K 线，因为速度太快，常常会把交易员甩下车。很多交易员不能灵活地从看空转变为看多，只能在踏空后，被迫去追逐市场。

K4是创出新高后的下跌十字星，但此时上升势头太强劲，反转K的下跌动能太弱，所以要想参与反转做空，只能考虑后面二次进场的机会。K5是阳线的吞没形态，先是测试了EMA均线，并且完成了对开盘时段价格区间突破后的回踩，同时也是在强劲的上涨趋势中的第一次回调以及第一高点突破做多结构。

K6是相对较小的下跌反转K，是位于突破了K4的高点以及前一天的高点后，二次进场做空的位置。K5是自K2以来的上涨走势中的第一次回调的结束点，也是第二段上涨的启动点，而K6是这个第二段上涨走势内部的第二段上涨。第二段趋势的完成，常常是走势反转的标志。此外，它也是第四低点的下破，并且处于一个楔形结构，同时还是K3突破早盘盘整区间后的第三次向上推动，在上述这些因素的综合作用下，交易员可以期待至少出现两段回落的走势。

K7是ii结构形态的下破，你应该预期至少出现两段下行段，跌破EMA均线，而不是像之前K5那样只是浅浅地回测EMA均线。尽管K7所在的位置是一小块铁丝网形态（形态本身不适合做突破），但在此处进场的风险不大。进场K后面的K线虽然反破了进场K本身，但它没有破坏ii结构形态整体的高点，因此没有触发进空的止损。正常情况下，在进场K收线以后，你应该将保护性止损单及时移动到进场K之上，但由于此时进场K太小了，价格波动只有几分钱，你应该给它更高的容忍度，把止损单留在ii结构形态整体的高点。这里可是铁丝网结构，本来就容易触及止损。所以如果你想要小投机一把，就得稍微多给价格一点波动的空间。这个ii突破形态在几根K线以后被反转回来，考虑到这个ii突破发生在日内走势区间的中段位置，因此价格的折返并不意外。另外，市场完成了两段式下跌的目标，也跌破了 EMA 均线。那些在 K7 上方第二高点结构的突破上做多的交易员，马上就被巨大的吞没阴线给套住了，反应灵敏的交易员会在跌破 K7 低点时开空。因为新进场被套住的多头会在跌破 K7 时平仓止损，这就构成了高胜算的做空机会。

K8 是在两段式（2-4-5-6）的上行走势结束并跌破上涨趋势线（指 K6 之后的回落）后，产生的稍低的高点，属于二次开仓位置。这个位置很可能是趋势转折点，值得认真对待。尽管 K8 是一个十字星，代表一根 K 线时长的横盘区间，一般来说，我们不应该在跌破横盘区间时做空。但考虑到它位于更大的盘整区间的上沿，并且是二次开仓位置，而且出现在这个潜在转折点边上的十字星，以及连续三根横盘 K 线，在功能上接近 ii 结构形态，因此也就成为可以接受的开空结构。

K9 是阳包阴的反转结构（请想象一下，在 10 分钟的走势图中它应该是向上的反转 K），它位于波段走势的新低，并且是对 K5 低点的测试（市场尝试在牛市旗形中构造出双重底），此外，它还是自 K6 以来的下跌走势的第二段⊖。

K10 终结了向下突破后的回调反弹，并且是双底双 K 的做空点，双底双 K 是指在强势的下跌中，出现连续两个具有相同低点的 K 线结构。

K11 是连续三次向下推动后，出现的大的反转 K，但它之前的 K 线是大的十字星，并且 K11 的上影线很长，实体又小，大部分波幅与前面的两根 K 线重叠，这不算是很强的反转信号，不过它表明多头仍有一些动能。这里走势继续横盘的概率要高于出现显著反转走势的概率。

图 1-19 中的 K1，是在强势的下跌走势中，对一组失败的上涨反转 K 线组合的向下突破，由于早期买入的多头已被困住，并被迫在低点下破的位置卖出，因此构成了很好的开空机会。

⊖ 意味着下行面临阶段性的结束。——译者注

十字星是一根 K 线时长的横盘区间，我们知道，在横盘区间的顶部的小 K 线下破时卖出，胜率是很高的，在强力的下跌趋势中，情况更是如此。正如图 1-19 中 K2 和 K3 所示，它们都是大十字星后面的小 K 线。K3 同时也是下跌走势中第二低点下破的开空点。

图 1-19　反转 K 也可以成为顺势方向的开仓结构

图 1-20 中的 K1，是在跌破开盘形成的价格区间的低点后，出现的阳包阴反转开多 K 线，并且构成了一个稍高的低点。K2 是位于大的上涨趋势 K 高点的小型空头反转 K，它也测试了 EMA 均线，不过，没能成功地扭转市场涨势，因此在比它高点多一跳的位置就构成了合理的开多结构，后面展开第二波上涨（K2 标志着单根 K 线长度的第一段上涨的结束）。K3 是阴线，也是孕线，并且突破了昨日的高点，和前面一组 K 线构成的上涨通道线形成了楔形结构中的开空点。

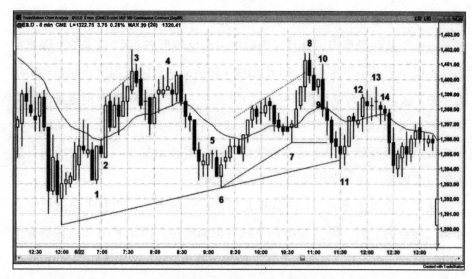

图 1-20 详解各种开仓结构

K4 是在两个十字星之后出现的又一个十字星。当一组 K 线的低点、高点和收盘价格都呈现趋势性上升时，一根实体很小的 K 线不能成为合理的开仓结构。我们期盼的二次进场的机会，出现在两根 K 线之后的一个稍低的高点形成时。K5 是 ii 结构的向上突破 1 跳并失败的结构，接下来构成了最终的旗形结构，向下突破失败，并被 K6 所反转。

K6 也反转了日内尝试下破新低的下行动作，和 K1 一起构成双底牛旗形态，这是一个向下延伸 5 跳的突破失败。[⊖]

K7 是一个十字星，构成 M2B 结构（EMA 均线上方第二高点的上破的买入结构），并且是 K6 低点之后形成的稍高的低点，尽管 K7 实体很小，但它属于二次进场点，并且方向是顺势的。

K8 是阴线，也是孕线，位于第二段上行的末尾，并且是对日内高点的试探，它发生在趋势通道线突破以后。然而，K7 以来的走势上行动能过于

⊖ 5 跳突破失败，是指突破幅度不到 5 跳，都不足以产生一次短线交易的利润，表明突破力度之弱，效果类似于假突破，突破失败强化了价格向另一侧运行的预期。——译者注

强劲，因此（开空的话）最好等待二次进场的机会，二次进场点位于 K10，这是一个下跌吞没形态，并且是失败的多头反转形态。K7 以来的上涨非常强劲，以至于有不少多头在 K9 小阳线（和前面两根阴线幅度比起来确实是挺小的）这里的反转结构做了买入（K9 是第一高点的突破），但进场的多头立马就被 K10 这里的下跌吞没形态给套住了，空头再次掌握了主动权，可以期待从这里开始至少出现两段式的下跌。要指出的是，以陷阱的面目出现的吞没形态，往往会引发两段以上的走势。

从严格定义上来说，K11 这里是第三高点的上破，但我更愿意把它看作第二高点的上破，因为 K10 是下跌吞没的陷阱，因此 K10 才应该被看作下跌的起点（而不是 K6 这个实际上的波段高点）。

K11 是多头的孕线，也是对下破 K7 跌势的第二次反转的尝试，并且它反转了向下突破一条上行趋势线的尝试。K11 也是横盘走势中 EMA 缺口[⊖]的第二根 K 线，还是 K10 的下跌吞没 K 线套住多头后的第二高点。

在图 1-21 中，K1 是一根大的多头趋势 K，不过这里上行的动能太强，所以第一个反包信号最好略过，等到第二个反转信号（K2）出现时才值得考虑。

K3 是下跌趋势 K，但紧接着是两个小的十字星，所以这里没有做多结构。小十字星算不上理想的反转进场信号，最好等更好的信号出现。

K5 是下跌趋势中，跟在阴线后面的高质量的多头反转 K。在 K4 低点启动的反弹结束后，开启了三重推动向下，正好在 K5 结束第三波推动（同时这里也是通道线下破反转，可以从 K4 低点斜向下绘制通道线）。所以 K5 是理想的短线开多的机会。

K6 是下跌末期出现的带有长下影线的大的空头趋势 K。同时这也是对几根阴线构成的通道线（在此未画出）的射击过头后的反弹。由于这里连续

⊖ EMA 缺口是指 K 线和 EMA 均线之间的价格空当，作者认为价格有填补这个空当的倾向，这构成了一次交易机会，本质上是利用价格向均值回归的原理。在后续章节中有叙述。——译者注

出现了四根阴线（抛压较强），因此如果做多的话，最好等二次进场的机会。机会出现在 K7 反包的吞没 K 这里。K7 形成了稍高的低点（相对于 K6 最低点来说），这也是第二段上行的起始点。

图 1-21　理想的结构和糟糕的结构

在图 1-22 中，K1 是在大幅度的阴线跌破一个规模较大的熊旗结构后，出现的一根相对较小的 K 线（市场正在构造熊旗结构的下破失败结构），并且恰好实现了对前低的精准回测。在这个整体倾向于横盘的交易日，出现了 K1 这样具有双重反转意味的信号 K，算是合理的开多位置。

K2 在紧密的横盘区间的向上突破之后，跟在一根大阳线后面。K2 构成了稍高的高点（相对于 9 根 K 线之前的高点而言）。K2 是空头反转 K 线，构成了向上突破的失败引发的做空机会，带来了强力的下跌走势，并一直持续到收盘（市场下跌了 30 点，后面没有截图是因为后面的大幅下跌会导致 K2 左边的阳线看起来毫不起眼，但在实盘中，这根阳线出现的时候其幅度确实很醒目）。

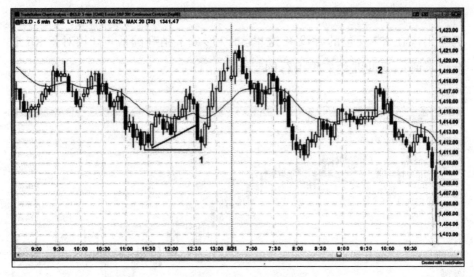

图 1-22　失败的突破

1.5　吞没 K 线

所谓吞没 K 线，是指 K 线的高点超过了前一根 K 线的高点，而低点也跌破了前一根 K 线的低点，这样的 K 线就叫作吞没 K 线。吞没 K 线的情况比较复杂，在分析时需要处理很多细节。比如，如果吞没 K 线的幅度增大，表明多空双方都更加积极主动，但如果收盘价位于吞没 K 线的中间位置，这个形态本质上就是一个一根 K 线时长的横盘区间。在其他情况下（收盘价不在中间而是在边上），吞没 K 线就可以被视作反转 K 或者趋势 K。不过，交易员必须留意这种形态出现的相对位置，结合走势背景，具体情况具体分析。

在传统的技术分析框架下，吞没 K 线可以用作任意方向的突破开仓，也就是说你可以在上端和下端都设置突破的条件单开仓进场。一旦其中一单成交，在另一侧设置两倍的单子（一半用来止损，另一半作为新的反转开仓）。不过在我看来，参与 5 分钟的吞没 K 线的突破开仓，不是明智的选择，尤其是在吞没 K 线本身很大时（相反，参与 1 分钟的吞没 K 线的突破往往是不错的交易机会），此时由于止损距离变大，交易的风险变大。如果你因为某种理由，确实在吞没 K 的突破后进场了，并且离止损位置非常远（风险太大），你可以考虑用资金止损（比如 Emini 的 2 个点波幅作为止损）或是减少开仓的数量。在这里重申一下我的观点：吞没 K 线本质上是一个一根 K 线时长的横盘区间，而对着横盘区间上沿做买入或者对着下沿做卖出都不是明智之举，因此，不要对吞没 K 线的结构边界点做突破交易。

不过，若你确信有交易员被困住，就要考虑在吞没 K 线出现的过程中进场（不是参与这根 K 线的突破交易）。特别是在发生强力的波动后，这一点更值得提倡。比如在趋势线突破或者通道线撞击反弹后的强力反转走势中，吞没 K 线又是二次进场点，这就是绝佳的开仓位置了。举个例子，比如市场第二次跌破了波段走势的低点，在完成对下行的通道线的射击过头后，走出了反转形态。此时就可以考虑买入，你在前一根 K 线的高点之上设置了买入条件单，并且随着新 K 线不断出现，来调整条件进场单的触发价位，直到最终触发成交并开仓。有时候这个条件单会被吞没的阳线形态成交。一般来说，这就是很好的反转交易。因为此时进场的是强力的买手，而不是那些紧张兮兮、频繁进出的短线交易员，一见情况不妙就吓得平仓出场。

如果吞没 K 线位于横盘区间的中间位置，通常这样的信号没什么用，更不该被用来开仓，除非后面跟着的是一根小型 K 线，位于吞没 K 线的上沿或者下沿，这构成了突破失败的结构。在横盘走势中出现的吞没 K 线，只不过重现了再清楚不过的事实，那就是多空双方处于平衡状态，双方都会在区间的低点买入、高点卖出，期待价格向吞没 K 线的另一侧运行。但如果市场真的突破了吞没 K 线，不必在意，寻找突破失败的交易机会（也就是突破行为为假，价格要回到横盘区间里去），通常这会在几根 K 线内出现。要是没有出现突破失败，就等待突破回调的交易机会（突破失败落空，价格形态构成了突破后的回调进场点)。

如果吞没 K 线之后的 K 线是一根孕线，这就构成了 ioi 形态（inside-outside-inside，孕线 – 吞没 K 线 – 孕线），后续对第二根孕线的突破就可以构成一个开仓结构。但是，除非你有足够的理由相信价格运行能够触及你的盈利目标位，否则不要开仓。比如，如果 ioi 形态发生在波段走势的新高位置，那么向下突破后可以构成不错的开仓结构（因为这可能是第二次下跌的尝试，吞没 K 线的低点可能是第一次尝试）。但若 ioi 形态处于铁丝网形态，特别是当孕线幅度比较大时，位置在吞没 K 线的中部，此时最好等更加强有力的开仓信号出现。

如果在强力的（比如下跌）趋势中，出现了反转走势（上涨），而反转中的第一段（上涨）中出现了同向的吞没 K 线（上涨），此时这根吞没 K 线的功能，更像是趋势 K 而不是盘整结构。通常这样的吞没形态后续能引发两段走势，因为吞没 K 线本身是一次恢复原有趋势（下跌）的尝试，但失败了。于是所有在场内的交易员醒悟过来，认识到新的趋势方向很可能成立，因此走势具有的动能会加大，运行的距离也会更远，以至于它很可能在后续发生回调后，再进行第二次测试，走出第二段上行。对于这样的两段走势来说，它的起点应当是吞没 K 线出现的位置，而不是原有趋势（下跌）的极值点。举例来说，如果下跌中的反弹走势中，出现了触发第一低点或第二低点开空的信号 K（阴线），收线时向上吞没，收在高点，触发了之前进场空单的止损，并成为阳线，这样的吞没 K 线本质上是在（下跌后触底的）上涨趋势中构造出的稍高的低点。这种下跌的失败让场内所有人立刻认识到新的趋势（上涨）的动能其实很强，一旦所有人达成了这样的共识，第一段上行就至少需要一次高点的回测（以第二段上行的形式出现）。出于这个原因（即市场新共识的出现），这个吞没形态的低点才是上涨的启动点，因此自此之后需要至少两段上涨才算完整。从图形上看，整个上行走势是三段式的上行，但从功能上讲，这个走势在吞没 K 线的低点（即市

场达成多头控盘的共识出现的时间点）才触发了两段式的上行。[⊖]

为什么这种吞没 K 线出现的走势常常会表现得很强势？因为第一低点的结构吸引了空头来做空。然后这根进场 K 被快速反转，构成向上吞没 K 线，空头被困在了陷阱里，多头被洗出了场外。每当这种情况发生时，市场会出现一段大幅上涨，每个人都意识到自己上当受骗以后，他们不得不快速思考自己的持仓要何去何从。空头希望出现回调，让他们少亏一点，止损出场，多头也希望出现回调，以便承担更小的止损风险，多买一点仓位。如果多空双方都在期待同一件事情发生，那它反倒没机会发生，因为一旦出现两三根 K 线的回调，多空双方就会不约而同地开始买入，这种买方强、卖方弱的不对称格局，会阻止回调深度的进一步扩大，直到市场运行更远的距离（才会出现比较深的回调）。而聪明的价格行为交易员，会在一开始就认识到这种可能性的存在。因此如果他找的是两段式上涨的行情机会，他会仔细观察第一低点或者第二低点这些结构点，并期待这些做空点的下破失败。他会将他的进场条件单设置在前一根 K 线的高点上方，即便这需要他在向上吞没形态（特别是在这根 K 线前半截已经触发了空头进场做空的情况下）的高点进场（大幅度的进场 K 线意味着需要承担较大的止损风险）。

关于吞没 K 线，我还要指出最重要的一点，那就是无论在何种情况下，如果你对走势感到迷茫、无所适从，那最好耐心等待更多的价格行为信息出现，再做决策。

一段强力的趋势，如果在交易日中间进入横盘区间，它后市大概率会走出第二段趋势。

图 1-23 就是这样一种趋势继续的行情。注意，当吞没形态突破趋势线

⊖ 这段话是作者的抽象叙述，为了方便理解，译者在抽象叙述中添加了举例和补充的成分（括号内的内容），希望对理解晦涩的行文有所裨益，这一段是指反转结构中的吞没 K 线起到了凝聚新共识的作用，将强化反转的力度。——译者注

时，常常会引发两段式走势。K1 是吞没 K 线，聪明的交易员会在 K1 的低点下面一跳的位置设置条件单做空，因为跌破这个位置，就会导致头脑发热、急于进场做多的多头止损出场，在更多的价格支撑信号出现之前，他们都不敢再重新进场做多。

K2 是第二段下行段，两根 K 线之前的第一高点终结了第一段下行段。每当发生突破以后（指 K1 对趋势线的向上突破），出现两段式走势，市场就会尝试再开启调整走势（指 K2 后面的向上调整）。

K5 是向下吞没 K 线，但此时价格位于横盘区间，K 线互相重叠，因此 K5 不是可靠的突破 K 线开仓点。而紧跟着的孕线（一起构成了 ioi 形态）因为太大，也不是可靠的做空信号。试想一下，如果你在这里做空，就等于是在横盘空间的底部做空，这就有违低买高卖的交易原则。

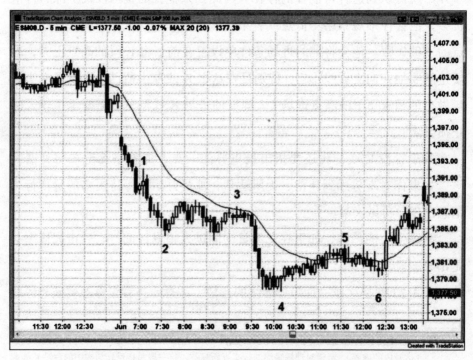

图 1-23　强力趋势进入横盘区域时，通常会延续趋势的方向

吞没 K 线一般不容易处理，因为在这根 K 线发生的过程中，多空双方都有过控盘的经历。因此后面的 K 线可能还会出现反转。在图 1-24 中，K1 是一个向下的吞没形态，也和相邻的 K 线一起，构成了 ioi 形态。K2 尝试向上突破 ioi 形态的孕线，但突破失败，这很正常。K2 的做多机会实在很糟糕，因为这里孕线开多结构的信号 K 线幅度太大，导致在此处开多本质上等同于在横盘区间的高点买入。而这根小的突破失败的 K 线，由于风险很小，反倒成为很不错的做空机会。K2 引发的下跌，跌破了吞没形态的低点，促使多头止损平仓，并导致出现两段式下跌行情，一直到 K4 才停止。同时，K2 也破坏了由下跌通道的低点启动的反弹，构造反转的企图失败了。

图 1-24　吞没 K 线有时候也很棘手

K4 几乎就是一个上涨吞没形态，在交易中如果有个形态看起来接近某个形态，在功能上就会有类似的效用。K4 是第二段下行中的第二根阳线，也是第二次反转这一天低点的尝试，所以它是非常不错的做多机会。

K5 是上涨吞没 K 线，后面跟随着一根小幅的孕线，位置接近它的高点。市场中又一次出现非常有吸引力且风险很小的做空机会。一旦价格跌破这个吞没形态的低点，触发了多头的止损，交易员就可以期待后面至少出现两段式的下跌，因为一定有不少多头被这个强有力的上涨吞没形态迷惑而进场做多。不过这一次，我们期待出现的两段式下跌最终表现为两个十字星（K8 和 K9），并且构成一个小的双底结构，显然这不是我们所期待的下跌动能。由于下跌动能的缺失，后面跟随着 K10 这个对双底结构的回调做多机会（同时是失败的第二低点下破做空机会），因此到此为止，空头又被套住了。K9 是位于 K4 启动的上涨趋势的回调走势中，向上突破第二高点结构的做多机会。在这一天，先是上破了下跌趋势线，形成一波比较持久的上行走势，到 K9 这里就构成了稍高的低点。这里是第二高点结构的向上突破，单单这一点就足够成为买入做多的理由了。

在图 1-25 中，K2 是向上吞没 K 线，也套住了那些在第一低点（指 K2 左边的低点被跌破时）参与做空的空头。

在吞没 K 线的高点附近出现反转下行 K，此时市场构造了很有吸引力的做空信号。即便是像这样以横盘方式开盘的交易日，在开盘时的走势通常也有机会提供至少一波短线利润。在这种大幅跳空低开的情况下，突破 K1 高点的开多，是胜算很高的下注，因为市场在这种情况下大概率会尝试去填补跳空的缺口，这个过程中会遇到不少被套的空头（想要止损离场）。后面又出现 K2，先尝试下破孕线的低点，然后又成功地完成向上突破，这就增加了做多的成功概率。注意这个下探的动作，因为这是第二次发生，所以困住了更多的空头（第一次下探是指开盘后第一根阴线）。

K4 的吞没 K 线是铁丝网形态的一部分。紧跟着的 K5 的幅度也不小，不能用作交易信号。实际上，K5 是一根幅度更大的吞没 K 线，那些在 K4 进场的多头和空头，（因为 K4 之前的高点和低点都被 K4 突破）都被套进

K5 里了。

K5 后面的 K 线是一个很不错的开仓结构。它是位于大幅的吞没 K 线（这里取其盘整无方向的特质）右边的小 K 线，也成为低风险的做多机会。同时这也是第二高点上破（的做多机会）和稍高的低点（的做多机会）。

K6 是空头反转 K，并且是在吞没 K 线（指前面的一组阳线反包阴线的吞没 K 线）靠近盘整高点的位置上，发生的第二低点的下破，这也是一个好的做空机会。

K7 一度是对波段走势高点的突破，然而最终还是发生反转，成为下跌吞没 K 线。下一根 K 线是一根（吞没 K 线的）低点附近的小幅度 K 线，不过它的高点没有被后续的走势触及，所以在这里开多的信号没有被触发。K8 前面的两根 K 线尝试触发这个开多信号，但它们都差了一点，没有达到。尽管这里是一个铁丝网形态，不过经历了这么多次失败的触发开多信号的尝试，也足以使这里成为开空的位置。另外，此处形成的下跌也构成了自 K7 高点下来的第二段下行，看来该交易日很适合两段式行情的交易。我还想指出，K8 也是一个类似于迷你趋势线上破失败构成的开空机会。

图 1-25　吞没 K 线

在图 1-26 中，K3 前面的下跌走势跌破了上涨趋势线，提醒交易员准备好做空针对 K2 高点的回测。K3 是吞没 K 线，也是（低点）反转 K 线，同时还是进场 K 线。

K4 是大的上涨趋势 K 线（代表一次小高潮），并且形成了稍高的高点。它后面跟着的是强有力的下跌阴线（也是一根孕线），这成为做空的好信号。面对这么强的开空信号，我们有理由期待后面出现至少两段式的下行走势。基于此，聪明的交易员会观察第一高点上破和第二高点上破的机会，等到这些开多的结构失败并套住急于做多的交易员，他们便准备好了要顺势进场做空。

K5 就是失败的第一高点上破，因此是一个开空的结构。K6 也是一个非常有效的多头陷阱，它是失败的第二高点上破，这里的做多进场点最终被反转，成为吞没 K 线的下跌，既使多头进场被套，也让部分空头止损出局。这里的吞没 K 线表现得像趋势 K 线（代表有方向的趋势动能），而不仅仅是吞没形态（代表无方向的盘整）。因为它是一个吞没形态，之前多头的进场做多和后面的做多失败，前后的时间间隔不过是一两分钟，没有给交易员足够的时间去思考这些市场给出的信息。在接下来的一两根 K 线里，他们会意识到市场开始转变为空头趋势，此时已经进场的多头会希望市场回调两三根 K 线，提供给他们以较小的损失离场的机会，空头也希望发生同样的回调，提供一个低风险的进场开空机会。于是双方都会在每两三跳回调发生时就继续卖出，所以短时间内，时长达到两三根 K 线以上的回调就不会出现了，除非市场再下行一段距离。

请注意，这里第二高点的开多是一个非常糟糕的结构，因为在前面 6 根 K 线里面，有 5 根阴线，还有一根是十字星。第二高点的上破不足以成为开多的信号，特别是考虑到当市场刚刚经历了高潮式的上涨回落，并且可能正在构造大级别的反转向下。要想做多，要先等到市场早些时候已经出现强势动能的信号，比如出现对第一高点的上破，并且上破了下行的趋势线，或者出现一根强有力的上涨趋势 K。

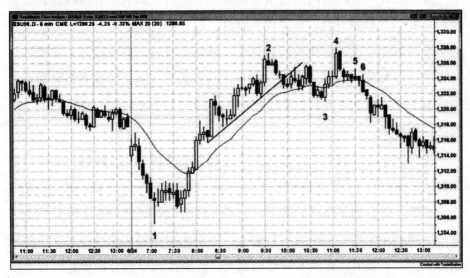

图 1-26 出现在两段式回调末端的吞没 K 线，是极好的顺势进场点

1.6 收盘价所在位置的重要性

通常，一根 K 线传递出来的信号，与它收线前最后几秒展现的面貌非常接近。所以如果你抢在 K 线收盘前进场，可能偶尔会让你赚到一两跳的便宜。不过，每个交易日总有那么几次，当你期待的走势没有出现时，就会让你亏七八跳。这就意味着你需要更多次数这样的抢跑成功，来弥补一次没有成功所付出的代价，这样的高胜率显然是一种奢望。在顺势行情中的强有力的顺势信号里，你可以早点进场，这没问题。在强有力的趋势行情里，或许你对开仓信号很有信心，你决定在这里不等到收盘就抢先进场，风险也许不大。不过，你显然不可能对每一根 K 线都决定是否需要提前进场，因为一天下来，其他方面要做的重要决定也很多。如果你把这种要不要提早进场的决定也纳入你的考虑范围，你可能会错失很多更好的交易机

会，你损失的利润要远超你偶尔几次正确的抢跑带来的额外收益。

这一点对所有的时间周期来说都是成立的。比如观察日线时，你会发现很多 K 线在低点开盘，在半位上收盘。每一根这样的 K 线，在该交易日的某个时刻都是以大阳线的面貌呈现，最新的价格在高点附近。如果你当时预期这根 K 线会在高点收盘，并且在高点附近买入，等到它最后却在半位收盘，你就会认识到自己错了。你最终得到一个在收盘时你根本不会考虑进场的仓位。

在 5 分钟交易周期里，有两类非常常见的错误。代价最昂贵的错误是你尝试在强力的（下跌）趋势中寻找底部。最典型的一种是在上破了下跌的趋势线后，你看到了稍低的低点，交易员会希望看到强力的反转 K 线，如果这里同时还出现了一个对下行通道的下沿的射击过头信号，对反转的预期就会进一步提升。K 线本身结构完美，在收线前一两分钟里是强有力的反转上涨 K 线。价格也停驻在 K 线的高点，维持了一两分钟，吸引了越来越多的逆趋势交易员进场，使他们的损失可以小一点（止损位置设置在这根 K 线的低点下方），但是，就在 K 线收线前几秒里，价格崩塌了，收线在低点附近。所有那些想要在止损空间上讨到一两跳便宜的交易员，最后却亏掉了两个点以上。显然，这些贪心的多头被这个糟糕的交易机会骗进来了。

另一类常见的错误是，在很好的交易中被过早地震仓出局。比如你进行买入，你的单子出现了三五跳的浮动盈利，但市场就是走不到第六跳，令你无法实现短线收益，这让你不安。你盯着这张 3 分钟或者 5 分钟的走势图看，在它收线前的 10 秒里，样子像是空头反转 K。你开始将你的止损位置移动到这根 K 线的下方，就在 K 线收盘前，价格跌了，击中了你的止损位置，不过在收线前最后两秒又反弹了。然后，在下一根 K 线的前 30秒，价格快速弹起 6 跳，聪明的短线交易员可以开始做止盈了，但你只能在边上旁观。完美的进场、完美的计划，但遇到了糟糕的执行。你眼看着自己被洗出一段很好的走势。但如果你遵循一开始的交易计划，并且坚持你原来的止损，直到 K 线收线后再做调整（不贪那几跳的便宜），你就可以锁定你的利润。

关于 K 线的收线，我还想提一点。那就是你应当很仔细地观察每一根 K 线的收线位置，尤其是进场 K 附近的 K 线。如果进场 K 是 6 跳高度，且这根 K 线是从 2 跳高度的趋势 K，在收线前的最后几秒快速猛增到 6 跳高度的，这样的情况应当令你信心更足。你（由于对走势更有信心，所以）应当减少用来参与短线交易的仓位（牢牢抓住更多的仓位）。这一点对接下来的几根 K 线也同样成立。收线时更加强势的表现，应该令你对后续走势抱有更强的信心。

在图 1-27 中的 5 分钟走势图中，之前是一段长达数周的强力下跌行情。现在（靠近图 1-27 的右侧）它开始出现更大幅度的回调反弹行情，每一个稍低的低点都出现了买入的力量，引发了一段有利可图的反弹行情。多头变得更有信心，而空头更加愿意止盈平仓。图 1-27 的左下角是 3 分钟走势图，右上角则是对应位置的 5 分钟走势图。

K5 向上突破了一条下行趋势线，K8 突破了另一条下行趋势线（这个突破非常勉强，突破幅度不足一跳）。

K10 是一个 ii 结构形态，但如果你只看它们的实体，这实际上是一个 iiii 结构形态，（实体部分是连续出现的四根孕线，一根比一根小！）这可能会带来很不错的向下突破失败的最后旗形形态（指对旗形的下破失败，令旗形成为下跌趋势中最后的旗形结构），然后是两段式的上涨，接着是 EMA 均线上方的缺口 K 线（发生在 K12），这个缺口 K 线接下来会等回调走势出现，形成稍高的低点后（比如 K13 这里对已经向上突破的下跌趋势线的回测），再被向上突破。

K11 是强力的反转上涨 K 线，并且是在稍低的低点中出现的第二次反转下跌的尝试（前面 iiii 结构形态是第一次反转下跌的尝试）。这是一个胜算很高的做多机会，但是止损位置要放在低点下方，在进场位置下方的三个点处。这样的止损会比一般在 Emini 合约中需要的止损更多（通常两个点的止损能够应对大多数的开仓）。如果你对此感到不安，请将交易手数减半，但这么好的机会不容有失，并且计划好要至少留一半的仓位去参与波段行情（也就是说，在短线中快速减仓止盈的仓位应该不超过一半）。

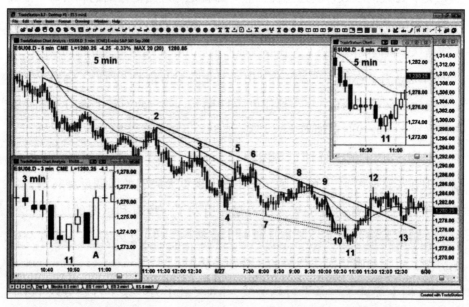

图 1-27　一段强力的下跌走势，但在新低位置出现了买入的力量

　　图 1-27 所展示的这个案例非常好地证明了交易员因为畏惧大级别（指5 分钟周期）的风险而转向小级别（指 3 分钟周期）走势图进行交易会面临的问题。在 3 分钟走势图中 K11 位置也有一个 K 线反转的结构，但是在进场后，进场 K 的低点（止损点）被后市的光头光脚阴线击中，这似乎暗示了非常强劲的抛压。但与此同时，5 分钟走势图中的止损就没有被击穿，两个时间周期的矛盾很难调和。5 分钟走势图里面这么大的止损空间原本就很容易让交易员不安，一旦他们察觉到情况有变，就倾向于早点离场止损。如果交易员在同步观察 3 分钟走势图，那他极有可能会止损离场，他会被这个短期惊悚的抛压震出场外。不过，在 3 分钟走势图里的下一根 K线，是一根很强的上涨吞没 K 线，多头通过制造出一个稍高的低点，来强

烈地宣示自己对盘面的主导权。不过那些刚刚被震出场的惊弓之鸟，现在多半心有余悸，他们是不会在这个吞没形态后开仓的，而是宁愿等待一次回调进场（这也暗示了未来持续性的买入力量，将会阻止回调走势扩大为反转）。

在此，我要指出在 3 分钟走势图里，在关键的反转位置，止损单的故意触发是非常常见的现象。聪明的交易员将其视为有吸引力的开仓机会，因为这样的走势会将虚弱的多头（指猜对走势反转方向但因太紧张而把握不住仓位的交易员）震出场外，迫使他们在后市反转真正到来时只能被动追逐市场。所以，对交易来说，最好是只观察一个图表周期，因为很多时候行情发展的速度太快了，如果同时观察两张以上的走势图，交易员就要努力整合两者传递的相互矛盾的信息，但能高速处理这么多信息的交易员，显然是凤毛麟角。

1.7 交易所交易基金和反转视图

有时对走势图做点调整，能让我们对价格行为的细节看得更清楚。你可以选择竹线图、线形图或者基于单位成交量的 K 线图、闪电图（反映每一跳变动的图），或者时间周期更大或更小的走势图，或者将走势图打印在纸上。除此之外，有些交易所交易基金（exchange trade funds，ETF）的走势也能发挥作用。比如，SPY 基金在走势上和 Emini 完全一样，不过有时走势的细节会更加清楚。⊖

另外，如果将走势图翻转 180 度也有意想不到的功效。比如你正在观察上涨中的旗形，感觉有点不对劲，可以考虑观察 SDS 基金，这个 ETF 正好是基于 SPY 基金走势反方向运行，但具有两倍的杠杆⊖。如果你观察 SDS

⊖ SPY 是 State Street Global Advisors 发行的，跟踪标普 500 指数（S&P 500）的基金，Emini 是跟踪 S&P 500 的迷你股指期货，两者由于跟踪的标的相同，因此走势上具有高度相关性，但由于成交的主体不同，因此在走势细节上呈现差异性。——译者注

⊖ 作者的意思是两个品种走势恰好相反，一个涨导致另一个跌，可以用来互相参照。有些行情软件已提供了逆转走势图的功能，感兴趣的读者可以深入了解。——译者注

基金，你可能会在 Emini（股指期货）和 SPY（股指 ETF）走势中发现上涨的旗形，在 SDS 中看起来却像是圆形底部。在这种情况下，最好不要考虑买入 Emini 的旗形，而是等待更多的价格行为的线索出现（比如等待旗形上破，但突破失败，考虑做空）。有时候你观察多个互相关联的品种，可能会感觉更加清晰，但往往同时观察多个品种不会有太大帮助，所以最好是坚持观察股指期货（Emini），兼顾股指 ETF（SDS）。

在图 1-28 中，最上面的图就是 Emini，本质上和中间 SPY 的走势是一模一样的，只不过有时候 SPY 的走势更清楚且更容易理解一点。最下面的图是 SDS，这个 ETF 是 SPY 走势的逆转（自带两倍的杠杆）。有时候 SDS 的走势会令你调整对 Emini 走势的看法。

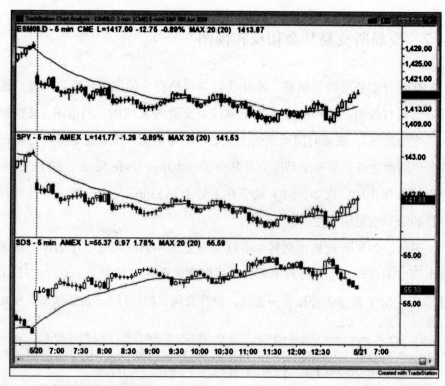

图 1-28　SDS（第三张图）是 Emini 和 SPY 走势的逆转，可以帮你决定 Emini 中的开仓结构

1.8 二次进场

日线图上的底部，往往需要二次从低点反转，从而使足够多的交易员确信市场正在向新方向（上涨）发展。这个二次进场点总是会比第一个进场点更有可能产生盈利结果。空头尝试了第二次卖出，但没能让价格下降。如果市场尝试做一件事，却经历了两次失败，那它大概率要向反方向发展了。

不过，不管是在什么时间周期里，如果这个二次进场给你的机会，是比第一次进场点更有优势的价格，那你就要小心这可能是一个陷阱。绝大多数好的二次进场点在价格上都和第一次进场点差不多，或者更差。那些二次进场的交易员，他们姗姗来迟，想要获取更多的信息从而最小化进场的风险。而为了这些额外信息，市场通常会令他们稍微多付出一点代价。如果你没有因此而付出代价，那么市场很可能是通过构造失败的第二高点或低点突破，要给你设置陷阱。

那些寻求二次进场机会的交易员，通常会更加积极进取，也更加自信，他们会考虑在更小的时间周期图中进场。所以坚持在 5 分钟周期里交易的交易员，进场滞后于很多已经在小级别里进场的交易员，导致他的进场位置有点不利。如果市场令你在（二次进场点）进场时，获得了更加有利的价格，对此你应当保持足够的警醒，你可能在有些地方考虑不周，请慎重考虑要不要参与这个进场。在大多数时候，开仓占了便宜，平仓就占不到便宜（而开仓不占便宜，很可能会做出不错的交易）。

如果你尝试参与走势的结束，比如在上涨走势中买一个回调，但此时市场空头力量太强，存在四五根强有力的阴线，或两三根大幅的趋势 K，这里下跌的动能太强，你不该考虑逆势买入。所以此时你最好先等一个进场点（第一次进场点）出现，但不开仓，然后等待第二次回调出现，再等市场尝试又一次进行反转动作时进场。

由于二次进场点的成功率一般比较高，因此，如果你二次进场的开仓最后止损了，你应该假设你对市场走势的理解有误，不要参与第三次进场点，除非你遇到了楔形形态（楔形形态是指在上涨或者下跌中，通道线和趋势线逐渐靠拢形成类似楔子的形态，最终可能会反向突破，构成反转结构）。

在图 1-29 中，有太多的二次进场点，从中可以看出，除了个别的，几乎所有二次进场点的进场价位都不如第一次进场点。比如 K10，市场让你买入的价格，比 K9 的第一次进场点还要好。总的来说，"开仓占便宜，平仓要吃亏"的原则是适用的。每当市场慷慨地给你一个占便宜的机会时，不要欣然赴约，最好怀疑你对走势的理解可能有误，通常来说，回避这次交易机会是更可取的选择。

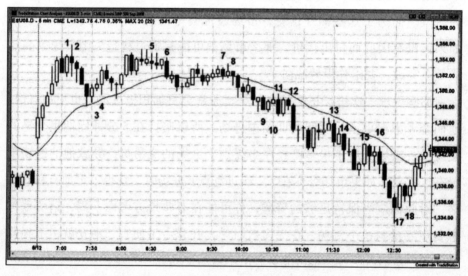

图 1-29　二次进场点往往是高质量的开仓信号

在图 1-30 中，K1 是这个交易日创下新高后，第一次低点下破给出的做空机会，但由于它前面是五根连续的阳线，这里蕴含的上涨动能非常强劲，所以不适合开空。聪明的空头会等待多头第二次尝试上攻但失败的时机，这发生在 K2——第二个开空进场点。

图 1-30 走势强劲时，等待二次进场点出现，再参与这段走势的终结

K3 是该交易日价格走出新低点后，出现的第一个多头进场点，不过在连续六根阴线出现后，我们最好还是等待开多的二次进场点，K4 就是我们要等的机会。这里总结一下，一般在 4 根以上（和你计划要交易的方向相反）的趋势 K 线出现后，等一个二次进场点通常是更可取的策略。

K5 是一个第二高点向上突破的做多点，不过它跟在 4 根阴线后面，这里下跌的动能太强（所以不适合开多，最好等待第二次开仓点）。不过后面也没有出现二次开多点，所以聪明的交易员因为耐心，而规避了一次止损。尽管我们也想指出，在 ii 旗形（K5 之前 7 根 K 线的位置）后一段很长的笔直走势之后，对出现的反转信号开多不失为很合理的策略。

K7 这里出现了 ii 结构形态，你要提醒自己这里可能构成最后的旗形（期待旗形下破失败构成反转走势）。交易员可能会在 K8 这里做多（上破前面的反转 K 时），不过这根反转的信号 K 和它之前的 K 线重叠得稍微有点多，再加上从 K6 这里启动的下跌走势还是很强的（所以在 K8 开多显得底气不足）。K9 在它之前这根 K 线已经表达过又一次抛售的努力（但没有成功）

后，提供了二次进场做多的机会。

自 K8 低点反弹以来，K10 跟在两根显示出抛压的 K 线后面，构成第一低点的下破（一个开空的进场点），不过在这之前至少有 6 根 K 线连续走出稍高的低点，这就表明市场中多头动能太强（不适合开空）。K11 这里出现了开空的二次进场点。

1.9   迟到或踏空进场

如果你看着走势图，认为倘若在那个起初的开仓点进场了，你现在肯定还是会持有部分仓位，那么你就应该以市价立刻进场。不过，你应该仅持有假想中你当初进场后，到现在仍然愿意持有的那部分仓位，并且你要设置的止损位置也应该是和那个假想的初始进场一样。

举例来说，比如你在 GS 股票中看到了强力的趋势行情，并且假定你在当初进场开仓 300 股后现在应该还持有 100 股，止损（防守）放在 1.5 美元之外，那么你应当现在就买入 100 股，并且将止损设置在 1.5 美元之外。从逻辑上来说，现在买入的仓位和更早时候买入的仓位没有任何差异。尽管持有具有浮盈的仓位，似乎是在用别人的钱冒险，情感上来说更易于接受，但这不是事实，浮盈也是你的钱。持有浮盈的仓位并且承担 1.5 美元的风险和你现在进场并承担 1.5 美元的风险，本质上并无不同。训练有素的交易员懂得这一点，因此能做到不带感情地以市价进场。如果你做不到这一点，要么你根本就不相信自己在当初开仓后现在还会持有部分仓位，要么你就需要想办法克服这个情绪上的阻碍。

如图 1-31 所示，GS 在昨天收盘时呈现强力的下跌走势，不过由于反弹走势突破了下跌的趋势线，我们猜测它到收盘时可能已经完成了触底的动作。在强力的反转 K 线（在 K1 的两根 K 线以前）出现后，K1 是二次进场做多点，并且是第二高点的向上突破。

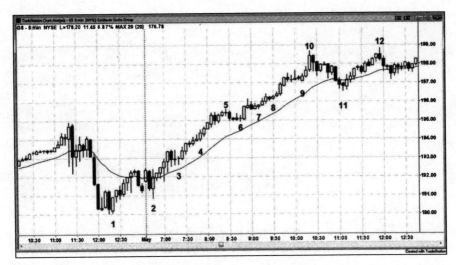

图 1-31　顺势进场，再晚也不算迟

今天的开盘，先用三根 K 线表达了抛压的存在，并且完成了对 EMA 均线和昨日收盘价的回测，然后反转向上，构成了开盘时段的反转结构，同时这也是两段横盘调整走势出现后，形成的稍高的低点（相较于 K1 这个低点而言）。

如果交易员错过了这个开多点，看到图中的走势时，已经是在一系列阳线出现后的 K4 附近，他会认为如果他在开盘时开仓了，那么现在至少手上还持有部分头寸。如果他通常交易 300 股，到 K4 时他大概还持有 100 股，防守放在 K3 进场点，此时他应当以市价买入 100 股，并且将 K3（信号 K）的高点作为防守（或者在 K3 高点下方 10 分左右的位置，因为 GS 这只股票素来有冲洗止损单的调性）。他也会积极寻找走势停顿和回调的机会来加仓。后面出现 K6 这个第二高点的上破时，他再次完成加仓动作，然后将整体仓位的防守点设置在 K6 低点下方一跳的位置，并且后面根据市场走势不断上移防守位置。

你应当认识到，错过了初始的开仓机会，在迟到的进场中，使用原来的防守位置，这和一开始就进场，到现在还持有部分仓位，并运用同样的防守点位，在本质上是完全一样的。

第 2 章

趋势线和通道

所谓趋势线和通道线，是指两条平行地架在价格走势上下两边的直线，它们共同构成了趋势的通道，并将价格走势容纳其中。趋势线往往被用来做顺势交易，而通道线对于反转交易更加有用。在我看来，曲线过于主观，太费思虑，因此不适合快节奏的短线交易。

2.1 趋势线

趋势线用于把握回调走势中顺势进场的开仓点，或者在自身被反向走势突破以后，用来把握住反转进场的开仓。趋势线的画法可以是波段走势的高点（或低点）的连线，或者用统计拟合技术（比如线性回归的计算），抑或是简单徒手画一条大致的直线。还有一种办法是先画好通道线，然后作平行线，并平移对准趋势线这一侧的 K 线的极值点。但这一做法并不常用，因为任何价格行为信号的出现，总是首先更加倚重于常规的价格行为分析方法（而不是这样特殊画法的趋势线）。有时候，对着蜡烛线实体（忽略影线的极值点）所作的趋势线是更加合适的，特别是在处理楔形走势时，这种走势往往走不出特别标准的楔形形状。大多数情况下，我们没有必要真的去画线，因为这种趋势线通常可以一眼看出来。如果你确实画了一条趋势线，等你确认走势完成了对趋势线的回测以后，你可以很快地擦除它。

当趋势被一系列逐渐抬升（或者降低）的高低点所确认，最有获利潜能的交易机会便是顺着趋势的方向开仓，直到趋势线被反向走势所打破。每当走势回调到趋势线附近，即便它对趋势线射击过头或者射击不足，你应该寻找的是从趋势线弹起并恢复原来趋势方向的交易机会。即便趋势线真的被突破了，由于趋势线维持趋势方向长达几小时以上，原来走势的极值点很可能会在调整之后被再次回测。这种回测之后，可能是趋势延续，可能是反转，也可能进入横盘震荡区间。关于趋势线的突破，要记住的是，它仅仅代表在趋势中，价格第一次不再被单独的一方（多头或空头）控盘，因此后面多空双方有来有往的可能性就更大了。每当趋势线被突破，市场都会诞生新的锚定点，以锚定并绘制新的趋势线。通常，新绘制的趋势线的斜率会更加平缓，这也暗示趋势的动能正在衰退。等到过了某个临界点，控盘权发生多空易手，反方向的趋势线就会对趋势的定位更加重要。

每当趋势线发生突破，突破的力度就给出了指示反向的力量强弱的重要信号。突破的力度越大，速度越快，后面市场在回测了原有趋势的极值点（比如在上涨趋势结束时，以稍高的高点或稍低的高点的姿态回测了原有上涨的高点）后发生趋势反转的可能性就越大。

当我们面对开盘时的跳空或其他大幅的趋势 K 线，用突破的视角来把握价格走势会很有帮助。它们可以被处理为单根 K 线构成的趋势，由于突破常常会失败，所以你要做好否定（把突破看作假动作，并准备好在出现合适的 K 线结构时反向开仓）这种突破的准备。在这种单根 K 线构成的趋势出现后，接下来只要有横盘，就会突破它的趋势线。大多数时候，这样横向运行的 K 线其实构成了趋势中的旗形形态，并且后面大概率跟随顺势方向的突破。有时，这种突破会失败，引发反转。由于这种横向运行的 K 线已经突破了（一根 K 线构成的趋势的）趋势线，你完全可以在合适的开仓结构出现时，参与反转交易。

请看图 2-1，哪些趋势线是有用的？答案是，每一条你看到的趋势线都有用，都有可能构成一次交易机会。你可以尝试寻找每一个波段走势的端点，看看前面的走势有没有可以和这个端点连接，从而构成趋势线的可能。若有，将这条趋势线进一步延展到右侧，观察价格触碰这条趋势线时如何反应。请注意，图 2-1 明确显示了（原有的趋势线被突破后）新的趋势线是怎样变得越来越平坦的，直到某一刻，下跌方向的趋势线开始变得更有话语权。

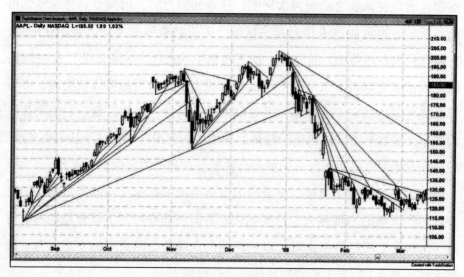

图 2-1　每条趋势线都有它存在的意义

在实际交易中，如果你看出了一条趋势线的存在，但不确定其和当前 K 线的距离，你可以将它画出来，看看价格有没有触碰到它，然后很快清除这条趋势线。我的意思是，趋势线最好不要在你的图中出现太久，免得让你分心。你应该专注于K线本身，关注K线在靠近趋势线时如何反应，而不是过多地关注趋势线。

趋势发展到后期，反转走势会突破趋势线，这种反向突破，大概率会以失败告终，成为又一个顺势的进场点。每一次突破趋势线的失败的尝试，都构成了新的、更大级别的、斜率更加平缓的趋势线的锚定点。但最终，维持趋势不被突破的努力将会失败，这构成了突破趋势线后的回踩走势，这也为绘制出反方向的趋势线提供了参考。等之前的主要趋势线被打破，反方向的趋势线就更加重要了（当K线的运行对反向趋势线更加敏感时），此时，趋势方向大概率已经反转了。

趋势线偶尔可以通过绘制通道线的平行线的方式得到，不过这种做法并不常见，并且很少能够给出（相比于其他更常用的价格行为分析方法而言）更具独创性的交易信号。

在图2-2中，绘制出的K1到K4的下行通道线的平行线，被拖动到价格走势的另一侧，并锚定在K2的高点（这样便可以将K1到K4，即通道的开始和结束之间所有的价格行为都容纳其中）。

K6是第二次尝试（K5是第一次尝试）向上突破这条下行的趋势线，因此构成了不错的开空机会。

我们通过这种绘制平行线的方法得到的趋势线，和从K2和K5的高点直接绘制的趋势线并无不同，因此这种做法并未给空头提供额外的洞见，我描述图2-2只是出于举例说明的需要。

K6同时也是对K3和K5构成的上行通道线的射击过头，这使得K6的做空成为双线合璧做空的典范（交易发生在趋势线和通道线在不同方向上产生的交叉）。[⊖]

⊖ 图形是很复杂的，包含了大量的信息，训练有素的交易员可以快速识别出图中存在的不同结构，其中，结构与结构之间的互动会产生合力或相互抵消，若交易员能够快速高效识别出这种结构之间的配合协同关系，显然会极大地提升交易的胜算。——译者注

图 2-2   通过通道线绘制的趋势线

在图 2-3 中，K2 和 K3 构成的通道线可以被平行绘制于 K1，这便产生了趋势线，可以提示我们走势回调可能会结束的位置。这个两段式的回调走势，对（通过绘制通道线的平行线得到的）趋势线产生了射击过头，并在更小的 1 分钟级别的走势里，产生了清晰的反转结构。

K2 是大幅度的 K 线，应该被视作单根 K 线长度的趋势走势。对这种单根 K 线构成的趋势来说，接下来只要出现横向的走势，就意味着趋势线的突破，这种横向走势会构成旗形，正如图 2-3 所示。不过，在这种情况下，反转也是很常见的（此时这个旗形就构成最后的旗形），因此，只要遇到合适的信号 K 线就可以开空。

当一个潜在的头肩顶底结构正在形成时，此时可以通过颈线（图 2-4 中 K2 和 K6 的连线）来绘制通道线，将此线平移至左肩（K1）或许可以大致指示右肩的位置（K8）。这种做法通常意义不大，因为总的来说，越是近期

的 K 线, 对于开仓来说会越重要。引用图 2-4 只是为了完整地说明问题。就
算没有看到头肩顶形态, 交易员还是应该在 K8 (稍低的高点) 开空, 原因
是: ①K8 和 K5 构成了下跌中的双顶熊旗结构; ②K8 位于小的楔形结构
中 (楔形结构往往预示着反转); ③自 K6 低点产生的向上冲击 (K6 到 K7 这
段快速的上涨) 和通道 (K7 到 K8 的斜率放缓的通道) 共同构成了结构顶部。

图 2-3　通过绘制通道线的平行线来得到趋势线

图 2-4　通道线有时可以大概指示右肩形态的高度

2.2 迷你趋势线：强有力的走势中小型的、陡峭的趋势线

所谓迷你趋势线，是指任意时间周期中，2 ～ 10 根 K 线都能够保持接触或者维持靠近状态的趋势线。接下来，可能会出现一根 K 线的假突破，也就是对这根趋势线突破失败的动作。这样的假突破，就构成了顺势的进场点。这种假突破，是在第一高点突破做多或者第一低点突破做空的那一大类的交易机会中，最可靠的那种。这种假突破在本质上是很微小（一两根 K 线长度）但很强有力的上涨或下跌的旗形结构。如果这样的旗形结构在后面几根 K 线的走势中，顺势突破失败，接下来很可能就是反转走势，这实际上就成为突破迷你趋势线后的回调进场（之前的旗形结构是对迷你趋势线的突破，看似对趋势线突破失败，但其实旗形结构接下来的顺势突破，是在旗形突破位置产生的短暂回调）。绝大多数 5 分钟级别的迷你趋势线的假突破，实际上都是 1 分钟周期走势里第一（或第二）高点（或低点）这种位置突破引发的走势回调，但你若因此去观察 1 分钟走势图，就很可能持续亏钱。因为 1 分钟走势图给出的交易机会实在太多，可能会导致你陷入过度交易。不过，如果 5 分钟走势太强，没有明显的回调让你进场，你可以参考 1 分钟走势图的第一（或第二）高点（或低点）突破进场，但这种做法和参考 3 分钟或 5 分钟走势的迷你趋势线的假突破顺势进场相比，难度其实差不多。轻轻地刺一下迷你趋势线，也可能在 1 分钟级别上构成回调走势，因此也可以在这个突破失败的 K 线进场（比如上涨走势中，在触碰迷你趋势线的那根 K 线的高点被突破时进场做多）。有时候，即便仅用两根连续的 K 线绘制出陡峭的模拟趋势线，也可以给顺势进场提供不错的交易机会。如果趋势很陡峭，那么小的回调 K 线或者停顿 K 线都会刺破迷你趋势线，这种情况都有机会成为顺势进场的开仓点。即便有时候，这种刺破的幅度连 1 跳都达不到，这样浅幅的刺穿给出的交易机会也是有效的。

如果在趋势线突破回调的进场点没有取得预期的收益，举例来说，对于下跌趋势中的迷你下行趋势线的突破回调进场点，观察突破的 K 线的实体。如果突破的是趋势 K 线形态，那么一旦出现第二次失败（对趋势线的向上突破是第一次失败，突破后的回调再次进场是第二次失败），此时市场大概率会为你提供第二低点做空的机会。如果突破的 K 线更像是十字星的形态，那么市场很可能进入铁丝网形态（一种无方向的盘整），但开空仍然具有概率上的优势。如果你不确定 K 线的成分，那就最好等待，因为此时大多数交易员也会觉得方向感模糊，市场很可能会出现铁丝网形态。

迷你趋势线也可以用来绘制迷你通道线，进而构成向下突破失败后的反转交易机会。迷你通道线通常以对迷你趋势线作平行线的方式得到。不过，有时候随着迷你趋势线正在形成，K 线的另一侧也正在形成另一条迷你趋势线，可以通过这一段走势的前两三根 K 线的端点连线获得。

最后，我想指出，关于迷你趋势线还有一种情况，就是当它和通道线一起构成窄幅运行的通道，持续了大约十来根 K 线，此时，参与突破失败的顺势开仓点面临失败的可能性就会大大提升，这就构成突破后的回调进场点，也是一次反转交易的机会，并且在此至少值得参与一次短线交易。特别是当这个形态出现在一波延长的趋势行情末端时，这个策略的成功率就进一步提升了。

迷你趋势线可以在一个交易日里提供多次参与短线交易的机会，若我们观察 1 分钟走势图，就更是如此。不过 1 分钟走势图提供的交易机会往往不值得一试。图 2-5 的左侧是 1 分钟的 Emini 的走势图，图上标注的 K 线序号和右侧 5 分钟走势图保持一致。这两张走势图都可以表明，迷你趋势线的假突破可以构成不错的交易机会。在 1 分钟走势图中，还有一些交易的机会没有被我标出来，因为我引用这个图形的目的主要是展示 5 分钟走势图里的迷你趋势线在更小的 1 分钟走势里是怎样的面貌。所以如果你能够透彻理解 5 分钟走势图的信号，就不用再劳神去观察 1 分钟走势图了。

很多 5 分钟走势图里给出的信号，在 1 分钟走势图里同样是非常有利可图的短线交易信号。

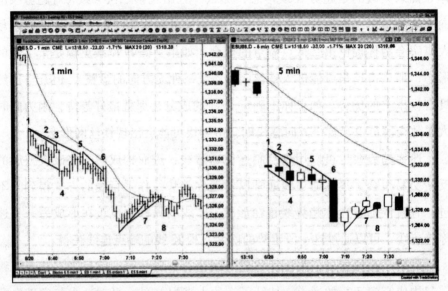

图 2-5　迷你趋势线多次给出交易良机

请注意，在 5 分钟走势图里，多次出现的对迷你趋势线的突破动作其实是很不起眼的，突破的幅度也往往都不到 1 跳。比如，5 分钟走势图里 K3，K5，K6，K7 都是对迷你趋势线突破失败的信号，绝大多数交易员都会忽视这些。其中，K5 是尤为重要的一根 K 线，并且由此产生了一次非常好的做空机会。这也是多头第二次想要向上突破趋势线的尝试（K3 是第一次）。

必须指出，价格行为的原理，即便是在最小的级别上也会得到体现。注意在 1 分钟走势图上的 K8，是对高点（指 K7 前面的那个高点）突破后的回调，形成做多机会，尽管在 K8 后面的信号 K 进场后，过了两根 K 线，价格又回落来测试 K8 这个位置，但信号 K 下方的保护性止损始终没有被触发。此外，还要注意在这张 1 分钟走势图里，还存在一个更小级别的反转结构。我们来解析一下，首先是从图中的低点开始，被迷你趋势线所支撑的窄幅的上行段，然后是在 K7 这个位置对迷你趋势线的下破，下破没有一次成功，然后是对迷你上涨趋势的高点进行回测（出现一个稍高的高点）。由于这个 K 线结构过于微观，因此这个所谓的"趋势反转"结构接下来下行到 K8，仅仅只能起到支持短线交易的作用，交易员也应当有这样的心理准备。

在一段陡峭的趋势中，即便是由两三根连续的 K 线绘制的趋势线，在出现对趋势线轻微的刺破，然后立马折返时，也能够提供顺势交易的开仓机会。每一个新出现的这种突破不成功的机会，都构成了更长期的、更平缓的、新的趋势线的锚定点，直到某个时刻开始，反向的趋势线对价格运行发挥更加重要的指引作用，那时，趋势便反转了。

在图 2-6 中，K1 略微地跌破了前面 3 根 K 线构成的迷你趋势线，但马上反弹上涨，在向上突破前一根 K 线的高点时，构成了一次开多的进场点。

K2 向下跌破了 6 根 K 线构成的趋势线。交易员应该在 K2 被上破时买入。如果设置的买入条件单没有成交，应该将条件单顺延到下一根 K 线的高点上方，最终在 K3 被成交。巧合的是，K2 前面这根 K 线正好是对上行的迷你通道线（图中未画出，是 K1 这里的迷你趋势线的平行线）的射击过头，构成反转结构的开空机会。不过这里的上涨动能过于强劲，由于没有看到二次进场点，因此还不适合开空。我在这里指出这一点只想证明迷你通道线可以用来指示反转交易的进场点。K4 是小的孕线，并且略微跌破了前面两根 K 线构成的迷你趋势线（趋势线画得短，没有画出刺破的过程）。买入的条件单就设置在孕线的高点上方多 1 跳的位置上。

K5 跌破了这个交易日的主要趋势线（对短线交易而言，任何能够维持1 个小时以上的趋势线，重要性都会明显提升），因此交易员会开始认为，两段以上的调整走势出现的概率要增大了。在 K5 后面那根 K 线略微地向上突破了迷你下跌趋势线之后，到 K6 这里，跌破了稍低的高点，就触发了开空的机会。但如果信号 K 是这种小的类似十字星的 K 线，那就最好不要开仓，而是等待更大的趋势 K 线出现（证明趋势力量的回归）再开仓。

不过对于 AMAZON 这只股票来说，这个主要趋势线跌破后的反转结构，仍然为交易员带来了 30 ～ 50 美分的颇为丰厚的短线收益。

图 2-6 由两三根连续的 K 线也可以画出迷你趋势线

在强劲的趋势行情中，即便是用相邻的 K 线绘制的迷你趋势线，也常常会引发对趋势线的突破失败，构成很不错的顺势进场点。很多这类进场点，在 1 分钟走势图里，会呈现出第二高点或第二低点突破的 K 线结构，当然，若你在 5 分钟走势图中已经能看出突破失败，就不必再费神去观察 1 分钟走势图，正如图 2-7 所示。

在实际交易中，你不必真的在行情软件里绘制趋势线，因为大多数的趋势线直接用肉眼就可以识别。

Emini 的 1 分钟走势图，在一天的时间里，不断地提供趋势线回测的顺势开仓机会和通道线射击过头的反转开仓机会。在图 2-8 中出现的很多趋势线的刺穿都很浅，都不到 1 跳的幅度，不过这种程度的刺破仍然具有技术上的意义。图 2-8 中我所画的线只是其中一部分，没有画出（但是提供交易机会）的还有很多。

从图 2-8 中我们也可以看出，不断被更新的趋势线，在斜率上变得越来越平缓，直到反向的力量开始主导趋势运行。

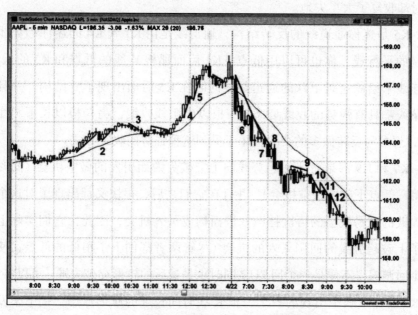

图 2-7　强劲的趋势行情中的迷你趋势线

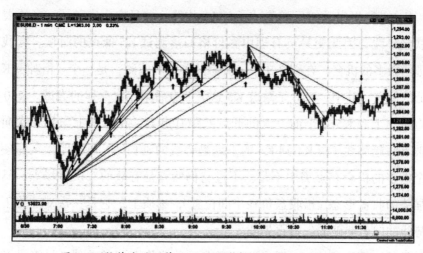

图 2-8　趋势线的顺势回测，通道线的射击过头和反转结构

如图 2-9 所示，在这个交易日的走势中，存在很多的迷你趋势线和迷你通道线，也给出了很多的交易机会（尽管图中只标记了 4 个）。这个交易日的行情着实惊艳，道琼斯指数（简称"道指"）下跌了将近 700 点，到收盘时却收复了大半失地。

K5 是迷你通道线的反转结构，通道线是由 K1 到 K4 的迷你趋势线所绘制的平行线。你也可以用低点（K1 后面那根 K 线的低点和 K3 的低点）的连线来绘制这条下跌的通道线。同时在 K5 后面出现了 ii 结构，并且两根孕线都具有强势的收线姿态（一根以中阳线收线，另一根以长下影线收线），想参与反转做多的交易员乐于见到这种强势的收线方式。

K7 和 K9 都是对迷你趋势线向上突破失败而引发的做空机会（同时也是第一低点下破的做空机会），并且在它们之后，很快又都出现了对这个突破失败的交易机会的再次挫败，进而构成买入机会，因此，它们实际上构成了上破趋势线的回调买入的机会（尽管两者都创下了稍低的低点，使得这个回调深得不像是一个回调），同时也是最后的旗形突破失败（可以将 K7 和 K9 看作下跌中出现的一个一根 K 线时间长度的旗形形态，接下来发生对其向下突破的失败）。

从 K5 这里启动的反弹测试了 EMA 均线，并且向上突破了一条重要的下跌趋势线，因此交易员有理由在价格回落测试 K5 低点的时候，寻找二次进场做多的机会。在图 2-9 中，交易员等到的回测，是一个（相对于 K5）稍低的低点，其中，K10 是跌破 K5 这个低点后第二次反弹的尝试。K10 在垂直距离上和 K5 这个前一次的低点差距有点大，在时间上与第一次向上突破下跌趋势线（指 K1 到 K4 的下跌趋势线的延长线）也相距太久，使得这个做多的机会有点美中不足。不过它仍然算是有效的二次进场点，具有较强势的收盘形态（指收盘价在中间位置），本质上，它是一次对迷你下行趋势线的向上突破的失败再失败。

另外，请注意在 K5 低点这里还有一条迷你上行趋势线（尽管没有画出），经过 6 根 K 线以后，这条上行的趋势线被一根小阴线突破了。接着，是对之前这个迷你上涨趋势的高点的回测（出现一个稍高的高点），然后就反转下行了（在下跌趋势中，回踩 EMA 均线后，启动了又一轮下跌）。这里涉及的价格行为分析和主要趋势的反转过程的价格分析是完全一致的，即先有趋势，进而突破趋势线，然后回测原有趋势的极限点，价格尝试突破这个极限位置但失败了，随后市场突破这个位置但又一次失败，之后引发反转。这里可以总结一个规律：当市场尝试做一件事情但失败了两次后，它就会尝试做相反的事。

K11 是典型的陷阱形态，将做多的交易员早早地洗出强势的上涨趋势。如果你在这里离场了，一定要在 K11（由这条迷你上涨趋势线下破失败所产生的开多进场点）的高点，将仓位再补回来。

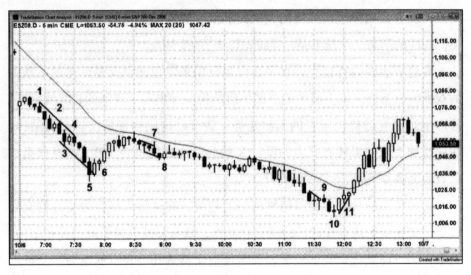

图 2-9

在当前的市场中，很多 K 线有 6 ～ 8 点的幅度（现在价格波动越来越大了）。所以，最好将开仓的头寸量降低至半数以下，或者将止损的容忍度提升至 4 点，将盈利的目标位提升至 2 点。除了这个陷阱，总的来说该交易日的价格行为还算中规中矩，不难把握。

2.3　水平线：波段走势的高点或低点，抑或其他重要价格位置

在大多数的交易日里，横盘走势都是主要特点，其中，穿越了走势高低点的水平线，常常起到阻挡的作用，导致突破失败，进而引发走势的反转。作为交易员，此时应当预期对高点的向上突破失败，将构成稍高的高点（然后反转下行），也应当预期对低点的向下突破失败，将构成稍低的低点（然后反转上行）。有时候这种突破的失败本身也会失败，市场又去尝试构成稍高的高点或者稍低的低点。我们尝试去做空这第二次出现的稍高的高点，或者去做多这第二次的稍低的低点，成功率很可能更高，因为很多类似这样的形态，本质上是三重推动形态⊖的变体。

在趋势明朗的行情里，水平线应当只用来定位回调交易，比如下跌中的双顶熊旗结构，或上涨中的双底牛旗结构。等出现了清晰的趋势线突破，再产生对原有趋势极限点的回测走势，就可以构成很好的反转交易结构，在此基础上，如果还有强力的反转 K 线和二次进场机会（第二高点或第二低点的突破），胜算还会大幅提升。

大多数交易日都不会有特别流畅的趋势，在这种以横盘为主导的交易日里，交易员应该寻找波段的高点和低点，参与突破失败引发的反转结构。其中，第二高点或低点的突破，是最佳的交易选择。在以横盘为主要特点的交易日里，若是第二次出现了稍高的高点或者稍低的低点，由于这种盘整日的走势中档价位的作用就像强力的磁铁，将走势牢牢地吸附在自己周

⊖　三重推动形态，是指价格朝一个方向推动了三次，代表的是趋势力量的衰竭，因为市场认识到努力了三次只取得了这点微不足道的涨跌幅，没有信心去组织第四次进攻，后续价格很可能向反方向运行。——译者注

围，因此摆动走势距离中心位置越远，后续回摆幅度就越大，即构成更有吸引力的反转交易点，更有可能产生丰厚的短线收益。举例来说，图 2-10 中的 K5 就是相对于 K2 这个盘整的高点形成的稍高的高点（还是 K3 以来的三重推动上行）。

K9 是跌破该交易日开盘低点后的稍低的低点，也是这个扩张三角形底部的第七个顶点。

K13 是一个大的双底牛旗构成的回调（关于双底，图中有很多低点供我们选择，不过我认为 K3 和 K9 应该是最好的组合）。

K15 是一个下跌中的双顶熊旗结构，但若这个下跌失败，市场强势的上涨氛围就会更加凸显出来。

K17 是 K14 这个低点下方第二次出现的稍低的低点，是相较于 K16 的稍低的低点。

图 2-10　水平趋势线，帮我们锁定横盘结构的突破失败点

在图 2-11 中，两个交易日都展现出了强有力的趋势行情，开盘就产生了当日走势的一个端点，接下来至少有两个小时都没有出现对 EMA 的回

调（2HM，指连续两个小时不回调到 EMA 的强势走势）。在这种趋势很强的交易日，不要轻易尝试在上涨中做反转下跌，也不要在下跌中做反转上涨，除非先出现一个趋势线的突破。在图 2-11 中，K4、K8、K12 都算是合理的反转交易位置。但是，因为这些位置所发起的都是逆趋势方向的交易，并且之前突破趋势线的动能都比较微弱，因此即便要参与这几个开仓点，也只能短线参与。如果你觉得参与这种交易令你分心，无法将注意力集中到趋势交易中，那就不要进行这种交易，恪守交易原则。

K1 和 K5 构成了上涨中的双底牛旗结构，K9 是下跌中的双顶熊旗结构的一部分。

K5 和 K13 都给出了基于波段走势突破失败（K5 是对前期波段低点的突破失败，K13 是对波段高点的突破失败）而产生的高质量的顺势进场机会（都是 EMA 缺口均线，11：30 的陷阱。⊖）

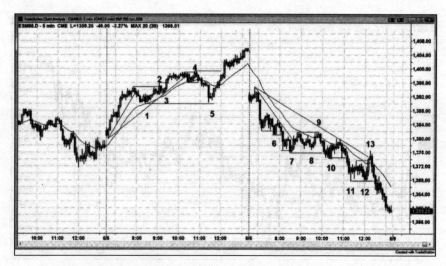

图 2-11　若已发生趋势线的突破，仅参与反转交易

⊖ EMA 缺口均线是指上涨趋势中回调跌破 EMA 均线，跌幅较深，以至于 K 线高点和 EMA 之间产生了缺口，由于趋势力量的存在，市场会尝试补齐这个缺口，恢复原有趋势。下跌趋势中的 EMA 缺口均线也是同样的道理。11：30 的陷阱是指交易日的中间时间段，即市场趋势力量比较涣散的时候，容易产生走势的陷阱。——译者注

2.4　趋势的通道线

趋势的通道线，是指与趋势线相对，处于 K 线另一侧的斜率大致相同的直线。在上涨趋势里，趋势线位于价格的低点的下方，而通道线位于价格的高点的上方，两者共同向右上方倾斜。若价格运行得太远太急，通道线就是对其做空的有效途径。交易员应该等待价格出现对通道线的射击过头，然后出现反转结构，从而把握开空机会。如果是射击过头后出现的第二次反转结构，开空效果更佳。

通常，只要有趋势存在，我们就可以找到趋势线和通道线，将价格上下包络住。市场最终向上或向下突破这个通道。在大多数情况下，对通道线的射击过头会导致价格回撤到通道内部，但有时候，这种突破会持续下去，引发更加强势和陡峭的价格运行。而且，在大多数情况下，对趋势线的突破都会失败，产生新的波段高低点，这些点位将锚定一条新的、更平缓的趋势线，这也给关注市场的交易员传递了趋势正在变弱的信号。最终，对趋势线的深度突破会出现，突破的动能是如此之强，以至于市场无法再回测并有效突破原有趋势的极限点位。这个回测走势的终点位置（在下跌转上涨中的稍高的低点，或者在上涨转下跌中的稍低的高点）和原来走势的极限点，一起构造出新趋势的第一条趋势线。随着反向的趋势渐渐发展，新的趋势线和通道线开始取代原有趋势中的趋势线和通道线，能够更好地指导价格走势，也因此成为市场中新的关注点。由于大多数对趋势线和通道线的突破都会失败，所以把胜算寄托在突破交易上，不是理想的盈利策略。把握突破失败构成的交易机会，显然更有胜算。但若突破的力量太强，幅度太深，那就最好等待突破后回调走势的出现，并顺着突破的方向参与交易。

通道线的画法有好几种，比如可以绘制趋势线的平行线，然后将其拖动到价格的另一侧，也可以在另一侧沿着 K 线的端点画通道线，或者用回归统计方式，又或是以肉眼观测的方式找一条拟合度最佳的线。在上涨趋势中，趋势线是穿过两个低点的线。如果这条趋势线用于形成通道线，将它的平行线拖到价格的另一侧，若要使它们两条线包含当中所有 K 线的位置，那就找一个 K 线的高点，使其他的 K 线都无法逾越这条线。有时候，你会发现除了这两根 K 线构造的趋势线之外，还存在更加合适的趋势线，你应当尽力去把握最合适的那条趋势线，使趋势更好地被凸显出来。

有时候，单纯从通道线所在的走势这一侧绘制的通道线，也能发挥作用（不是以绘制趋势线的平行线的思路获得）。比如在下跌走势中，趋势线是直接在高点之间连线形成的向下倾斜的直线。而通道线具备相似的斜率，但直接由波段走势的低点连线获得。趋势线和通道线之间能够容纳的 K 线越多，它的有效性就越强，所以你寻找的用作趋势线和通道线的锚定点的 K 线，应当尽可能体现这一效果。

趋势线的射击过头现象和楔形结构有很深的关联，在交易上也应以相同的思路处理。大多数楔形结构，最终会形成对通道线的突破失败，这就是反转交易的触发点，另外，大多数对通道线的射击过头形成的反转结构，同时也恰好会是楔形反转结构，尽管此时的楔形在形态上可能不是很明显，形状不够完美。当我们用趋势线的平行线来构造通道线时，此时的楔形结构可能会比较隐晦，不容易清晰地呈现，不过楔形结构还是成立的。

这里我要提一个问题，既然很多交易员都懂这种结构会引发反转，为什么如此多的反转结构还是发生在通道线的射击过头之后呢？难道提早进场进行反转交易的行为，无法阻止价格撞上通道线吗？在此我给大家普及一个常识，那就是如果新手交易员持仓方向和价格运行方向相反，他们会倾向于一直抱紧浮亏的头寸，直到再也无法承担更多的浮亏痛苦，然后立刻将持仓出清，造成价格运行的小高潮。不过对于 Emini 这种流动性强的市场来说，这种散户行为对反转的意义不大。聪明的交易员不会考虑逆势交易，除非先看到强有力的趋势线突破，或者先形成对通道线的射击过头后的反转结构，然后发生走势回调。比如，在上涨的趋势中，聪明的资金会一直买入，直到价格向上突破了上行的通道线，他们才开始止盈离场。在这个趋势发展的过程中，多头的止盈判断可能会失败几次，也就是价格突破通道线后出现了更长且更陡峭的上涨。但最终市场会决定，哪条通道线是最后一条（然后趋势反转）。当出现对通道线的射击过头，有些交易员开始止盈，甚至反手开空，有些已经空仓的交易员会开始进场开空，其他精明的交易员会等待清晰的反转结构线出现再做决定，在每一张时间周期的走势图中（1～5分钟走势图、等量K线图、闪电图等），在各自出现反转结构时，都会触发各自的交易员开始进场。

当精明的交易员确信市场的顶部已经出现时，他们就不会再寻求买入机会了。他们会开空，有些会坚持持有空头头寸并忍受价格回测高点，甚至短暂地出现新高时也不会轻易放弃空头持仓。尽管此时账户出现了浮亏，但他们坚信顶部已经出现或已经十分接近顶部。实际上，很多聪明的交易员会在回测出现新高时继续加仓，一方面，优化做空的成本；另一方面，用实际仓位打压价格回落。这种资金实力雄厚的交易员此时只想开空，不会轻易被吓倒，除非走势出现了二次回测高点失败（然后继续上行），或者发生大幅的亏损（比如进场后浮亏了三个点以上），才会认真考虑止损的问题。由于市场中不再有显著的买入力量，所以价格只能下行。

请观察当价格运行到关键位置时巨大的成交量。当这种巨大的成交量出现时，唯一合理的解释是机构在一个方向平仓，然后在另一个方向进场开仓，而交易的对手方，也就是其他机构，此时出于套保或者在其他市场上（比如股票、期权、债券、商品或其他）构建对冲组合的目的，而与其成为交易上的对手。他们之所以敢在价格的高点买入或者低点卖出，是因为他们认为通过构建对冲组合，收益风险比更佳。再没有比这更合理的解释了。要知道，像这么大的成交量，不可能是散户被挤仓后，被迫在高点买入或者低点卖出所造成的。市场中的确有很多不理智的参与者，但在价格的高低点，就算把散户的单子都汇总起来，充其量也只能构成机构成交量的很少一部分。

对通道线的射击过头，之所以能引发反转，是因为机构交易员在心理上根深蒂固的认知。即便是不怎么关注走势图的机构交易员，他们也会有其他的信号标准，这些信号标准会告诉他们价格已经运行得太远了，目前是时候离场或者反转交易了，其他的信号也常常是和价格行为交易员眼里看到的信号差不多。请记住，这一群市场里最聪明的人，他们独立交易，尝试尽可能地从市场里赚钱，而价格行为总是能够透露出他们行动的线索。在体量足够大的市场中，主力操纵不了市场，因此价格行为的原理总是能在其中发挥作用。

最后，关于趋势的反转，还有一种观察结果，那就是趋势中最后一次旗形结构，它的斜率常常和新方向的趋势的斜率差不多。这一点对交易的价值比较有限，因为当涉及开仓的决定时，总是要依赖其他更重要的信息和线索，不过这个发现还是比较有趣的。

将这个斜率延展到右侧，然后观察价格穿过这条通道线时的市场反应。

通道线通常有两种绘制方法。第一种，是绘制趋势线（图 2-12 中的实线）的平行线（图 2-12 中的虚线），然后将其拖动到价格行为的另一侧，刚好触及最远端的 K 线，它位于锚定趋势线的两根 K 线之间的某个位置。你要选择的趋势线的锚定点，应该处于可以将趋势线和通道线所覆盖的时间范围内的 K 线都容纳其中的位置。第二种通道线的绘制方法，是连接波段的高点（或低点），而不必管任何趋势线。你也可以随手简单地画一条看着最像的通道线，只不过这样做在交易中不会有太大的帮助。

在图 2-13 的上涨趋势中，最后一次旗形结构的斜率，给后面的下跌趋势的斜率做了指引。这里我对 K1 到 K2 之间的 K 线绘制了线性回归的趋势线，这条线也成为接下来出现的下跌趋势的大致的下跌通道线，并且还延伸到下一个交易日。这条线甚至在 K7 这个买入结构上也发挥了作用。但 K7 是发生在对最近的趋势线向上突破以及向下突破开盘时的低点之后，第二次尝试反转下行趋势的努力。交易员通常根据最近发生的价格行为线索来进行交易决策，而不是向前回顾 30 个以上甚至更久远的 K 线信号来决定当前的开仓。

图 2-12　通道线与趋势同向，但与趋势线分处价格的两侧

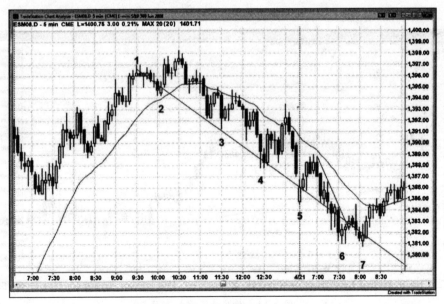

图 2-13　趋势中最后一次旗形结构的斜率，常常指示新趋势的斜率

在图 2-14 中，由 K2 和 K3 所绘制的趋势线，用于绘制平行线，并向下拖到 K1 处，再延展到右侧。这条通道线（虚线）没有被 K5 穿破。同时要注意这条通道线锚定在 K1 的位置，锚定点没有位于 K2 和 K3 范围之间（不符合传统的通道线绘制方法）。但是我想指出，交易员必须时刻留意各种可能性。假设在 K5 这里就出现了穿破和反转结构，那么从 K5 的低点开始，向上运行至少两段的可能性就大大提升了。

如果直接用 K1 和 K5 绘制的简单的通道线，则会在 K6 的位置被穿破。不过，用这种方法绘制的通道线对于反转交易来说，不是最理想的，因为 K1 到 K5 的距离太远了，而 K5 到 K6 的距离太近了。通道线在面临第三次回测时，会发挥最佳效果，而 K5 和 K6 在本质上仍然属于同一个下行段（K4、K5、K6 属于下行走势中的三重推动）。虽然有上述不足，但 K6 这里的反转交易仍然值得一试，因为 K6 的幅度很小，所以交易风险不大，风险收益率还是不错的。同时，这里也是一个收缩的阶梯形态，指示正在衰退的下行动能，从而支持做多的力量介入。

图 2-14　趋势通道线的变体

2.5　双线合璧：趋势线和通道线发生交叉的情况

当价格对长期的趋势线发生回测，回测是以（相对于大的趋势线来说）反方向的规模更小的趋势通道的面目展现的。如果回测成功（即对长期的趋势线的突破失败并反转），寻找顺势进场的机会。对短期的通道线的测试告诉我们，这个调整走势已经结束，由于这里同时也是对长期趋势线回测的位置，此时正好对应了最佳的开仓位置。

在图 2-15 中，通过 K3 和 K5 可以画出一条下行的通道线，这条线在 K6 位置给价格提供了支撑。K3 是一个上涨走势中的波段低点，K5 是一个新趋势方向中的下跌低点。不过，到 K6 位置的跌势，是更大的上涨趋势中的两段式回调走势。因此，在 K6 位置存在双线合璧现象（大级别的上涨趋势线和小级别的下行通道线斜率相反，产生了交叉），而市场在交叉点产生了反转结构，这种现象并不罕见。由于到 K6 位置的下跌很陡峭，因此交易员应该在 K7 这里等待一个稍高的低点提供的二次进场机会，在信号 K 的高点设置开仓条件单，在价格突破高点时买入开仓。

对 K4 的高点和后续波段走势的两个高点进行连线，还可以得到一条下行的趋势线，然后可以将这条线的平行线锚定在 K5 的位置。这么做的目的，是把握回调走势的整体脉络，不断调整通道线的定位，使其中所有的 K 线能被包括其中，然后观察价格下次靠近这条线时做何反应。

在图 2-16 中，K4 回测了下行的趋势线，而其中在小级别（K3 到 K4）的趋势通道里出现了对上行通道线的射击过头，这就构成了双线合璧，导致价格快速回落（K5 到均线的快速回落）。后面出现了对 K5 的高点的回测，产生了稍高的高点，这是一个二次进场做空的机会。

图 2-15　在画趋势线和通道线时，应该考虑所有的波段高低点，即便是那些
　　　　位于前一段趋势内的点位

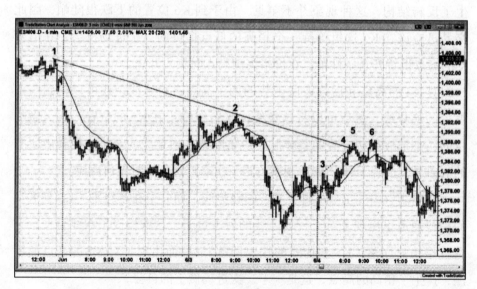

图 2-16　双线合璧

第 3 章

趋　势

　　辨认趋势是否存在，是交易的重要前提。为什么？因为你绝大多数的交易都应当基于趋势的方向来开展，你要努力把握每次顺势进场的开仓机会，并且尽量避免逆势进场。你能越早识别趋势，就越有机会实现更多盈利。你若将注意力更多地放在逆势的开仓结构上，那么你会错过更多有盈利潜能，但看起来更加惊悚的顺势进场点。顺势进场点之所以惊悚，是因为趋势常常会看起来发展过度，交易员很难想象在下跌过度的低点继续卖出开仓，或者在上涨过度的高点继续买入开仓，最终还能盈利。但这恰恰是这种操作能实现盈利的原因所在。市场在这些看起来运行过度的位置不断地吸引逆势进场的交易者，若你能在他们将要止损离场的位置进场，他们的离场行为将继续驱动价格向你开仓的方向前进，即便此时趋势已经看起来像是发展到很后期的阶段了。本章将要介绍趋势中的常见形态，适合在日常交易中把握。如果你在开盘后一两个小时内，识别出了本章介绍的交易结构，接下来就很可能出现几次高胜算的顺势开仓机会。建议你每天都确认市场中是否出现了本章所介绍的结构，若果真如此，你就要让自己做好顺势交易的准备。

所谓趋势，是指连续发生的、同向的价格变动，比如连续的上涨，或是连续的下跌。趋势持续的时间长短不一，时间短的趋势可以只持续一根K线的时长（前面章节介绍的趋势K，在更小的时间周期中，可以看到清晰的趋势形态），而时间长的趋势，可以铺满整个走势图屏幕。趋势大致上可分为四种，各自的界限是相对模糊的，分别是趋势、波段、回调和段。下面给出的定义是宽泛的参考，因为后三者可以看作小型的趋势，它们本质上是不同时间周期的趋势在同一周期走势图中的表达。比如，在60分钟走势图里出现的上涨趋势，其中的回调走势在1分钟走势图里就是强有力的下跌趋势。此外，每一种趋势类型可能包含了其他类型的子结构。比如一段趋势行情，可以由10个波段构成，每个波段可能包括1～4个回调，每个回调又可进一步分为1～4个段。此外，任意时间尺度的上涨或下跌（连续出现阴线或阳线）通常被称为段。所以，我在此处并非想给出清晰无误的定义，但我想说，每个概念都带有一点独有的性质，这才是需要把握的。

最简单地描述趋势的概念，就是在电脑的行情图中，价格从左边两个对角中的一个出发，延伸到右侧的对角中，并且没有特别大的波动出现。比方说，K线从左下角向右上角延伸，这其中没有大幅的上下摆动，那么这便是一个上涨趋势。走势图中只会显示一个或两个这种趋势。

如果说走势图中出现了两个以上的趋势，此时最好借用其他三种走势概念来描述这段走势，因为这个上下运行的走势会创造不同层次的各种交易机会。波段和段都是指规模更小的趋势，图中至少有两个以上的波段或段。若图中可以辨认出两个以上的规模更小的趋势，即便整体是横盘走势，也可以运用波段的概念在其中发掘交易机会。

段是指位于更大的趋势中的稍小的趋势，它可以是指一次回调（一次逆趋势方向的走势），也可以是趋势或横盘市场中的波段，还可以是指位于趋势中的两次回调走势之间的顺势方向的价格走势。

回调是指临时出现的逆趋势方向的走势，它可以是趋势、波段或者段中的一部分。比如，上涨回调是指上涨的趋势、波段或段中的横向运行或者向下运行的走势，后面大概率会跟随对前高的回测。任何能够代表走势停顿，或者失去趋势动能的K线或K线组合，就构成了回调，即便其中没有发生实际的价格回撤。这个回调的概念，包括一根K线时长的孕线，在这种情况下，它显然没有突破前一根K线的高低点。当这种只有一根K线的回调走势出现，这根K线就被称作停顿K或回调K。这些一根K线时长的回调，如果在更小的时间周期里观察，也是由一连串小的波段走势构成的。不过要想看清楚，可能要切换到1分钟甚至100跳或者更小的时间周期走势图中去观察，这种做法对交易来说是毫无必要的。但是，认识到这一事实还是很有帮助的，因为它给我们在回调K上开仓提供了合理的胜算。

在趋势中，会存在一些规模更小的反方向的趋势，有些可能仅仅持续一两根K线的时长，但所有逆势的走势都应该被认定是将要失败的，因此它们构成了更大规模的趋势的顺势进场的交易结构。在上涨的趋势中，波段走势的运行方向应该是向上的，这也意味着每一次回调都应该在前一次回调之上，最终导致新的高点的产生（以趋势方式运行的高点和低点，或以趋势方式运行的波段走势）。只要趋势动能强劲，在回调发生后，大概率会出现一次对原有趋势极限位置的回测。（强劲的动能至少会有两条段走势，即便第二条段没有突破第一条段的极限点便发生了反转）

只要是趋势，不管多小，其发展都是有过程的，首先要突破上一个趋势中的趋势线，或离开盘整区间，然后产生一系列以趋势方式运行的波段走势（比如上涨趋势中形成一系列不断走高的高点和低点）。没有这一过程，就没有趋势发生。收益风险比最佳的交易机会，就是在突破了趋势线后的初次回调中顺势进场，此时新的趋势还没有清晰地展现出来。随着这个日内的趋势逐渐展开，交易员应当寻找趋势动能不断强化的信号，每当这种动能信号出现，都会增大趋势延续的概率。

趋势会一直运行到它突破了趋势线，然后尝试在原趋势方向上运行一段距离（观察原有趋势能不能延续）。作为交易员，你不应该逆势交易，除非市场在突破趋势线时表现出了足够的动能。不过即便如此，你也要等到市场先回测了原有趋势的极限点，然后再考虑进行逆势交易。这就意味着即使先出现了趋势线的突破，你也要继续寻找顺应原趋势开仓的机会，因为大概率会先出现对原有趋势极限点的回测。有时候，突破趋势线的走势表现出了足够的动能，因此对原有趋势极限点可能不会有明显的回测，不过这是小概率的例外情况，交易员也不应当在交易中抱有这种期待。

如果你发现自己已经画了太多的趋势线，或者开始关注1分钟的走势情况，这表明你很可能过于急切地想要找到反转，这种心态很可能会导致你错过太多顺势开仓的机会。由于你拒绝承认趋势，很可能会因此持续亏损。另外，如果趋势动能很强，其中出现的趋势方向上的对通道线的射击过头构成的反转结构，所引发的逆势走势很可能会力度不足，因此这些形态无法提供像样的交易机会，交易员如果参与这种没有胜算的机会，就会疑惑为什么这种形态良好的开仓点无法发挥作用。在趋势中要想参与反转结构，先等待5分钟走势突破趋势线，若没有对趋势线的突破，就观察这些迷你的通道线位置上出现的射击过头形态，将它们看作顺势开仓的结构，在那些错判趋势方向的交易员止损离场的位置，就可以开仓进场了。坚持这种策略，交易员将更加幸福、轻松、富有，你会很满意地看到这种顺势开仓点，如何在直觉上不应该有效的位置（因为价格看起来似乎已经运行得太远，缺少调整）真的发挥了作用。

如果你等待反转行情的出现已经太久，那很显然你无视了正在展开的趋势行情。当趋势的运行非常强劲，无法靠近趋势线，你感觉到趋势已经运行了太远，再进行顺势开仓，就已经接近了趋势的极限点，这实在是过于冒险，但受此影响，你正在放弃市场中出现的最可靠的交易机会。所有的小幅的回调走势，即便是只有一根 K 线时长的单一的孕线，也都是非常好的顺势开仓进场点。

在熊市中，当经历了价格大幅的回落，人们就会对已经发生的亏损更加在意，他们不想看到亏损再次发生。这种心态驱使他们无视基本面地疯狂卖出。在 2008 年金融危机的熊市中，还存在一个问题。在美国婴儿潮中出生的这群人正在面临退休，他们惊恐地发现之前稳健盈利的安全理财产品，在净值上快速跌去了 40%。这该怎么办？他们会在每一次反弹中继续卖出，以保卫剩余不多的资产。此外，在他们卖出后，这些离开市场的资金不会再回来抬升价格了。他们会在市场非常难得的低估值位置持续卖出。这种惨痛的割肉，发生在前面波段的短期高点附近，他们得以退出，并庆幸他们守护了所剩不多的财产，他们誓言不再重返市场。这种局面导致走势持续出现依次降低的高点和低点，直到最后一个空头完成了卖出，空头的力量耗尽，市场才得以重拾上涨动能，并最终越过前期波段高点。

当一群人无视基本面而疯狂卖出时，市场通常会表现为连续的大幅下跌，价格也会远远跌破基本面视角认为的合理水平。在交易日的最后 30 分钟，由于投资者赎回基金的压力，基金管理者被迫卖出以应对，造成交易日尾盘的深跌。接下来，当交易员确信底部已经出现，他们又争先恐后地重新进场补回持仓，市场又呈现出凌厉的上涨行情。此外，由于市场下跌趋势如此明显，场内存在很多空头，他们也不得不快速地平仓买入，在这两个因素的共同作用下，尽管趋势仍然处于下跌中，但是日线图上还是出现了大幅的阳线。最终，这种反弹走势带来的结果就是，在空头重回市场后，出现了一系列大幅度的横盘 K 线。这种大幅度运行的日 K 线，为从事日内短线交易的价格行为交易员提供了非常有吸引力的开仓机会，不过要参与这种波动性极强的交易，最好扩大止损范围，同时减少开仓头寸量。那些使用日线图进行交易的交易员很可能在陷阱中犯错，在低点卖出，在高点买入，他们更多的是基于情绪而不是理性在交易，而那些优秀的价格行为交易员只需要观察并等待形态标准的价格行为开仓结构出现，便可以从容地开展交易。

上述不理智的想法并非仅局限于头脑简单、不够成熟的新手交易员。在2008年的秋天，大多数对冲基金都出现了年度的回撤，随着市场持续下跌，那些成熟稳重的基金投资人也开始疯狂撤资。为了应对这些赎回的要求，以及更多潜在的赎回要求，这些基金不得不利用每次小反弹持续清仓来筹措资金。这就导致市场持续下跌，并且无视基本面的合理性，正像那些不够成熟的新手交易员一样，这种卖出会一直持续到卖出力量耗尽，再也不愿意抛售剩余仓位为止。另外，对很多对冲基金经理来说，很大一部分收入来源是激励导向的。比如在每个季度进行结算时，当基金的净值相比之前的净值创下新高时，便可以提取基金净值增幅的20%作为基金管理者的业绩奖励。因此如果基金在这一年累计下跌了30%，后面就需要50%的涨幅才能再次回到可以提取奖励的净值水平。此时，作为基金经理，更加理性的选择应该是重新运作一个新基金。不过，一旦他们决定关闭基金，就必须要清空现有基金持仓，但由于此时已经没有业绩激励了，所以不管价格多低，都不会影响到清仓的行动。此时市场已经处于无视股票内在合理价值的下跌中，因此基金清仓的抛售起到了落井下石的作用。而且，如果原来的基金市值是10亿美元，新成立的基金又将从零开始建仓，显然这要花费多年才能让持仓市值恢复到原有的规模体量，因此新基金的买入行为无法立刻抬升市场价格。

当市场波动发展到极限水平，且交易员对于价格涨跌已经麻木，认为市场已经没有价值，唯一合理的选择就是不计价格卖出，此时就意味着下跌趋势临近了尾声。当市场中再也找不出一个卖出者，价格也已经明显跌穿基本面支撑的价位，接下来就应该看到一波强有力的上涨。或许你要问一只蓝筹股在熊市里还能跌多深，我要告诉你，下跌趋势中的跌幅将远比你能想象的要深，即便是最绩优的蓝筹股也概莫能外。在2000年科技股泡沫破裂后的三年里，CSCO跌去了90%的价值；在1991年后的6年里，

AAPL 跌去了 85% 的价值；GM 在 2001 年后的 8 年里跌去了 95% 的价值。所以不要因为看到一只股票回撤了 38%、62% 或者 50% 这些斐波那契比例，就急着买入。请耐心等待市场出现价格行为的开仓信号，此外，前提条件是它要先向上突破下跌的趋势线。

顺便提一下，2008 年的美国股灾究竟是如何导致的？要知道在股灾发生时，美国房地产的泡沫已经破裂两年多了，而美国次贷危机也早在一年多前就被市场认识到了，但股市的下跌，是在市场开始认识到贝拉克·奥巴马大概率要成为下一任美国总统时开始的。市场担忧他将加强对商业活动的监管，提升劳工成本，这两点都会降低企业的盈利能力。因为对这个新出现的现实的认知，以及对美国资本主义水平将明显退化的预期，股票市场开始恐慌地调整行情，寻找新的市场估值。但是市场很可能已经反应过度了，奥巴马执政的前景也未必像投资者担忧的那么糟糕。他甚至有可能会干得相当不错。不过在当时的时间点，一切都是未知数。由于就技术分析而言，市场上已经超跌了，因此可能会横盘几个月，等待奥巴马逐渐展示他的执政方略。不过，下跌如此凌厉，后面可能要等上好几年才能看到市场再一次突破前高，接下来好几年大概率是震荡走弱的。其中，市场形成盘整区间的概率相当大，因为盘整区间是市场中最常见的形态，在价格发生剧烈波动后，情况更是如此。

3.1　两段走势

在趋势中，当价格突破了趋势线，就产生了新的一段走势。当市场中存在趋势，即便是规模很小的趋势，任何突破了趋势线的回调，都可以将原来的趋势界定为一段，而这个回调是新的一段。每当市场要出现新的趋势，或者多空双方其中一方面临瓦解，通常会出现两段式的走势。这种两段式的现象，可以发生在趋势中的回调、趋势的突破、主要趋势的反转或当足够多的交易员认为走势具备了足够动能的任何时候，此时由于价格动能的存在，确保将有第二次回测原有趋势极限点的尝试，观察趋势能否再被延伸出去。此时多空双方一致认为短期动能太强，因此有必要再进行一次回测来界定强弱，从而据此达成新方向上的共识。如果第二次维持趋势的尝试失败了（形成了反转的形态），市场通常就要开始走反转路线了。

有时候，会产生持续数小时的、形态极其复杂的两段式行情走势，不过在更长的时间周期中观察，图形又是简单且清晰的。然而，每当交易员的注意力不在他所交易的图表周期，接下来错过 5 分钟级别的重要开仓机会的概率就会提升。尝试在更长的时间周期中，把握一天只出现一两次的交易信号，就经济回报而言，这通常不是一个明智的决定。

在图 3-1 中，每次对趋势线的突破，以及随后产生的回调走势，都构成一个段走势。大的段走势可以分解为更小的段。段的定义很宽泛，也很简单，就是想表达价格运行的方向已经临时改变了，你也可以选用任何其他标准，来界定走势中确实存在短期方向上的切换。

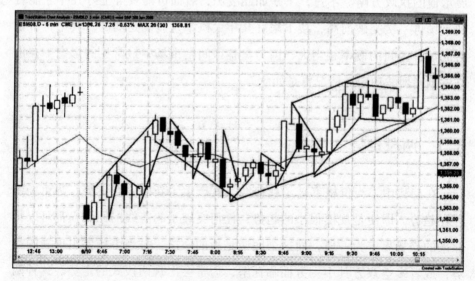

图 3-1   段的划分示例

3.2 强弱的信号

强力的趋势有很多特征。最明显的就是它们会从你显示器的一个角落，以对角线的方式运行到对面的角落，中间只伴有微小幅度的回调。不过，在趋势发展的早期阶段，就有可以表明趋势强度的信号，同时它还表明了维持下去的可能性。这样的早期信号出现得越多，你便越应该重点关注顺势的开仓点，并且在这种情况中，你也应该将逆势的开仓点看作顺势的进场点，你应该顺势进场的位置，就是那些过早参与逆势交易的交易员被迫止损离场的位置。

在存在趋势的交易日里，常常有一个有趣的现象，就是那些形态最好的反转K线，以及幅度最大的趋势K线，都倾向于表现为逆趋势方向。这很可能会导致交易员在错误的方向开仓。而在顺势方向上，缺少强有力的信号K线，也会让很多交易员质疑这个开仓信号的有效性，在犹豫中错失进场机会，逼得他们后面只得追逐市场价，迟于进场。

若你确信市场正处于强力的趋势中，就不需要K线结构来开仓了。你可以在一天中的任意时刻以市价进场，只要止损设得小一点就可以了。一般来说，我们之所以需要通过K线结构来交易，唯一的目的就是要让进场的风险可控、可量化。

下面列举了在强力的趋势中最常见的一些特征：

- 开盘时大幅的跳空缺口。
- 以趋势方式运行的高点和低点（波段走势）。
- 没有出现高潮式行情，没有特别大幅的K线（更不用说大幅的趋势K线），其中，波幅最显著的是那些逆势的K线，它们的作用是让交易员错误地开展逆势交易，错过顺势进场点（因为逆势的开仓结构总是比顺势的结构看上去更有吸引力）。
- 未出现对重要的通道线的射击过头，那些小的射击过头形态仅仅引发横盘调整的出现。

- 楔形反转结构的失败。
- 2HM。
- 有利可图的逆势交易机会非常少，或干脆没有。
- 回调很浅（如果 Emini 的平均波动区间是 12 点，则在强力趋势中，回调幅度不到三四点）。你发现自己等了很久，就是等不到理想的回调进场点，然而趋势却缓慢而坚定地持续着。
- 突破趋势线后，仅仅引发横盘调整。
- 不断出现第二高点或第二低点，以及 M2B（均线上方第二高点结构的上破引发的买入开仓结构）或 M2S（均线下方第二低点结构的下破引发的卖出结构）引发的顺势开仓进场点。
- 无法找到连续两根趋势 K 线，收盘价位于 EMA 另一侧。
- 存在光头光脚的 K 线。

当趋势处于狂飙状态时，很可能连续多根 K 线都不能引发回调，其中 K 线大多是中等大小的趋势 K 线，并且影线大部分都很短。若你想在狂飙趋势中，在多做几次短线交易的同时还能坚守住波段的持仓，可以观察 3 分钟走势图，其中一般会存在更多的停顿 K 线（反方向的孕线，也就是一根 K 线时长的回调），令交易员有机会顺势开仓进场。1 分钟走势图里也能找到顺势开仓点，只不过其中也有很多反转开仓点，这很可能会令力求顺势交易的交易员感到困惑。反向信号的增加，以及解读短线走势所需要的超高决策速度，在狂飙的趋势中，将导致交易压力过大，也将干扰你正常交易的能力。若你想把握好每一次顺势开仓机会，在狂飙趋势中，最好只对 3 分钟或 5 分钟走势图开展交易。

在图 3-2 的 5 分钟走势图中，该交易日是跳空高开了 11 点，这个缺口的幅度已经算是很大了，开盘第一根 K 线是上涨的趋势 K 线（阳线）。当开盘出现大幅的跳空缺口，且缺口没有被快速回补时，这意味着当天强势趋势的开端，并且有较大概率使这一天的收盘价位于全天高点附近（或者在下跌趋势中，收盘价在低点附近）。另外，价格在两个小时中都没有回测EMA（2HM 形态），这又是一个表明趋势强势的信号。请注意在这段走势中，没有太多情绪化的价格行为（比如大幅的 K 线、高潮型走势、大幅的波段走势等）。像这样不起眼的价格走势，其中有很多小幅 K 线，大多数是十字星，反而经常能引发幅度惊人的趋势行情。

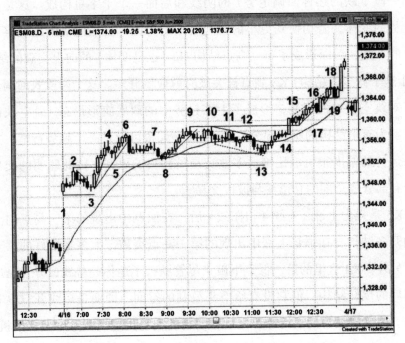

图 3-2　在强力的上涨趋势中，体现趋势强度的信号

像这样的交易日，机构要买很多仓位，它们期待低价，但低价若没能出现，它们就不得不将报单拆成零碎的小单，在这一天持续以更高的价格买入。不过，即便是它们预见到这一天将持续上行，并且预料到自己的买入价格将越来越高，它们也不会一股脑把指令单全下进去，因为这只会造

成价格短时间快速上冲，接下来很可能冲高回落并跌破它们的进场持仓均价。因此，只要这一天自己的单子被有序地逐渐成交，它们就有理由感到满意，它们理解买入的价位越来越高，但它们也相信后市价格还会继续走高。另外，在这种强力趋势之后，在后续几个交易日内，价格仍有望创出新高。

在 K2 到 K3 之间，市场中出现了小幅的两段式下跌。第一段是由一根阴线和两个十字星构成，第二段是由一根带长上影（这个长上影代表结束了第一段下跌的迷你回调走势）的阴线和后面一个十字星构成。这是两段式走势的变体，若切换到更小的时间周期走势图，必然能清晰地观察到两段式的下跌，后面形成了第二高点结构 H2（也是变体）的向上突破的结构，（基于这个做多的结构）K3 高点被突破时就应该开多。这个两段式回调也构成了对跳空缺口的回测，形成了上涨趋势中的双底旗形形态（跳空缺口可以理解为旗形结构的旗杆部分）。既然这一天很可能是一个趋势行情，并且趋势运行的幅度很可能比绝大多数交易员预料的更远，因此聪明的交易员会持有部分或全部的仓位参与波段交易。

K5 是强力上涨（连续 4 根阳线）后，在回调中出现的第一高点向上突破的开多结构，在强势上涨中出现的第一高点突破，大多是极好的买入机会。另外，K4 这里的第一低点下破，尽管跌破了迷你趋势线，并且是出现新高后的反转结构，但它没有给空头盈利的空间，即便是短线开空也非常勉强。像这样强力的上行趋势之后，明智的交易员应当只考虑做多的机会，而做空只有在出现了二次进场的开空机会时才值得一试。

K6 是第二低点的下破结构，并且是做空的二次进场点。不过，前期的上涨过于强劲，进场的空头大概率是以短线的思路参与。他们只有等观察到价格发生了对主要上行趋势线（至少能维持 20 根 K 线或以上的趋势）强有力的下破以后，才会考虑以波段的交易思路处理手中的空头持仓。因此在现有局面下，当空头进场后，很快就会平仓离场，并将寻求开多的结构以参与上涨的波段交易。在强力的趋势中，如果是顺势方向的开仓，应当尽量以波段交易的思路持仓，短线止盈的部分应当占比很小才算合理。如果你发现自己开始错过顺势进场点，应当提醒自己，不要再去寻求反转结构、参与逆势交易，并应当说服自己只参与顺势方向的开仓结构。在有流畅趋势的日子里，交易员应当尽可能把握住每一个顺势开仓的机会，因为这才是交易中稳定盈利的来源。

由于 K6 这个开空信号所触发的进场 K 线是强力的阴线，这提升了后续下跌呈现两段式的概率。K7 是在横盘中对第二低点结构的下破构成的开空结构，开启下跌的第二段，但它位于六根 K 线构成的窄幅横盘之后，因此向上或向下突破失败的概率都很大，价格运行的幅度相当受限。

K8 是两段式回调的结束点，也是强力的上行趋势中第一次回测 EMA 均线的位置，买入开仓的价值较大。当价格连续两个小时以上都脱离均线，表明趋势动能很强劲。

K9 是波段走势产生新高时的反转结构，但前面七根 K 线都是阳线，所以最好等二次进场点出现，再考虑开空。

K10 是一个二次进场点，只是当前处于上涨趋势中的窄幅横盘区间，这样的开空机会充其量只能短线参与，或许放弃它才是最佳之选。这里的吞没 K 线结构可靠性稍差一些，但考虑到二次进场点的可靠性，还是可以考虑以短线思路参与开空。接下来在均线上陈列了三个小的十字星，后续若出现趋势 K 的突破，大概率突破会以失败收场。持有空头仓位，要承担约 4 跳的风险。随后，K11 的向上突破果然失败了，符合预期，下一根 K 线就可以收获 4 跳的短线收益。

K13 是对 K8 位置引发强势向上突破的信号 K 的高点的精准回测，回测的最低点恰好刺破信号 K 的高点 1 跳。K9 到 K13 的下跌看起来力量很弱，基本上表现为横盘走势。市场如此费力地从高处回落测试这个突破点，意味着空头信心不足。同时，K13 是一个位于 EMA 下方的第四高点上破的开仓点，并且是当天第一次出现 EMA 缺口 K 线[⊖]。K13 位于 K9 这个上涨趋势中稍高的高点之后，是上涨中稍高的低点（相较于 K8 这个低点而言），因此构成了上行的波段走势。它本质上和 K8 共同构成了上涨趋势中的双底牛旗结构。

K14 是第二高点向上突破的开多点。

K15 这根阴线是迷你的两段式下行的第一段，接下来的阳线是中间的一段，然后再出现一根阴线，就完成了两个下行段（实际上，这是一个小型的横向运行的两段式调整或旗形结构）。突破回调走势中的第二高点向上突破，往往构成很强势的进场点。

K16 是一个失败的楔形反转结构（向下突破仅持续了一根 K 线），K17 的下行失败，在它的高点被上破时，就构成了开多的进场点。

K18 向上突破了一条上行的通道线（射击过头），且形成了第二低点下破的开空信号。不过，在如此强劲的上行趋势中，明智的空头会先等待上行的趋势线被强力的下跌段跌破以后，再考虑做空。若没有这个前提条件，他们会把所有的开空信号都看作买入的机会。他们会在草率开空的空头要止损离场的位置开多（比如在 K17 和 K19 的高点被上破时开多）。

K19 是由单根 K 线构成的对上行趋势线的下破，但突破未成功，进而构成开多的结构。

在趋势明显的交易日中，市场有种奇异的特质，即最吸引人的反转结构和 K 线，往往是逆趋势方向的，它们令交易员混淆方向且盲目，进而踏入亏损的陷阱（比如图 3-3 中的 K1 到 K8）。请注意，尽管该交易日是一个显著的下跌趋势，但全天一直没有出现特别亮眼的向下反转结构。以均线来说，一直到 K8 启动的反弹为止，市场一直无法形成连续两根收盘价在均线上方的 K 线。显然，这是下跌趋势，所以每次出现的买入结构都应

⊖ 指在上涨趋势中，K 线整体位于均线下方，高点与 EMA 有一个缺口，价格倾向于填补这个缺口，引发趋势继续，在后续篇幅中会有介绍。——译者注

被视作开空的进场点。你只需要将开空的条件单，恰好设置在多头错误开多后所设置的保护性止损位置，他们的止损清仓行为，将进一步驱动价格下跌。

图 3-3　趋势明显的交易日中，最吸引人的开仓结构（但是盈利空间有限）往
　　　往是逆趋势方向的

3.3　常见的趋势形态

　　下面将介绍趋势明显的交易日内存在的几种常见情况。对不同情况的命名方式不重要，交易员需要掌握的是如何解读价格行为，任何形态背后都是价格行为的原理在起作用，对其命名便于我们对这些常见的形态进行分类管理，也有利于交易员学习和掌握重要的价格行为概念。对一切趋势形态来说，命名的唯一理由就是，它们是常见且反复出现的形态，若你能在形态正在发生时将其辨别出来，那你就能聚焦顺势方向的开仓机会，并将有更大的自信持有波段交易的仓位。顺势方向的开仓结构，有时给我们

将要进入横盘区间的感觉，然而，无论这个顺势方向的开仓结构看起来力量多么弱，你都应该坚持把握每次顺势的进场点。除非你观察到趋势线被有力地突破，市场中出现了可靠的反转结构，而且你还能够思路清晰地把握住每一次顺势交易的机会，否则不要参与逆势方向的进场点，若你觉察到自己开始错过顺势方向的进场点，那就不要再尝试逆势方向的进场点，将注意力拉回到顺势交易上。在逆势方向交易中，全部的仓位都应当以短线的思路参与。此外，不管怎样你都不应在一天中参与两三次以上的逆势交易，否则就说明你已在错误的方向上倾注了过多的时间与精力，导致你将错失更多品质绝佳的顺势方向上的波段交易机会。趋势动能越强，你就越应当参与顺势方向上的波段交易，而不是在逆势方向上频进频出。在动能特别强的趋势中，所有的交易都应当是顺势方向的波段交易（即便存在短线止盈，其比例也应当很小），而逆势方向的交易机会，无论有多大的吸引力，都不能参与。

当你熟悉形态后，你会发现，在潜在的形态刚刚萌发的前面 30 ～ 60 分钟里，你就能将它们辨识出来。若你具备解读盘面的能力，那就确保自己仅参与每次顺势方向的交易，并保留部分波段交易的持仓。尽管有时波段交易的持仓也会以止损出场，但坚持保留部分持仓，参与波段交易，只要遇上一次大的趋势行情，单次这样的波段交易的盈利就比得上十次短线交易的结果。

同理，若你看不出任何形态的踪影，那就假定该交易日是一个横向运行的区间走势，可以在两个方向上寻找开仓机会。当然，我们判定为有趋势的交易日，也可以一转眼就发展为横向盘整，或发生趋势方向的反转。若市场果真如此，不要质疑，也不要不安，平静地接纳市场的馈赠，专注当下的新情况并开展新的交易吧。

3.4 自开盘启动的趋势

这通常是趋势形态中最强劲的一种。在开盘时，价格形成了全天走势的一个端点，并引发全天的趋势行情，到收盘时，收盘价位于或者接近于另一侧端点。每天开盘后几根 K 线出现时，尤其是在有大幅的跳空缺口的情况下，你要预计这一天存在自开盘启动强劲趋势的可能性，并寻求波段交易的开仓机会。在大多数情况下，你开仓后设置的保本平仓条件单都会被触发，不过在很多时候，你的保本平仓条件单没有被触发，那你就有机会实现大幅的盈利，使得这个交易策略有利可图。

在开盘后的 30 分钟，可能是小幅的横盘区间，然后发生区间突破，不过在一天当中，开盘时段的价格通常十分接近这个交易日的其中一个端点（比如上涨趋势中的低点，或者下跌趋势中的高点）。在这样的交易日，通常在开盘时伴随着大幅的跳空缺口，然后市场选择一个方向进行突破，延续趋势。换句话说，正是大幅跳空的开盘缺口，引发了自开盘启动的趋势。

这种类型的趋势有足够的强度，因此到了第二天开盘的一两个小时，还会有足够的趋势跟随力量，所以交易员应该寻求开盘后发生回调后顺势进场的机会。这种回调，从更长的时间周期来看，常常表现为两段式的调整。比如 15 分钟的 K 线图中对 EMA 均线的回调走势。不过，对于大多数交易员来说，专注于一个时间周期的交易会容易一些。

每当趋势足够强劲，无法产生满意的回调幅度，你就忍不住想去看 1 分钟的走势，希望以更小的风险代价来把握交易的机会。不过，事情没有这么简单，否则每个人都会这么做。问题是在 1 分钟走势图给出的进场机会中，有无数的试探止损单的价格行为，令你频频止损，最终大亏。你不断地顺势进场，而止损单不断地被凌厉、快速的回调触发。如果你想短线盈利，就应当坚守 5 分钟走势图，把握住每一次微小的顺势进场的机会，到收盘时你会惊讶地发现，竟然有如此高的成功率，如果你在 1 分钟走势图里观察，它们在开仓时看起来是不可能盈利的，因为按照 5 分钟走势图的节奏，你需要在 1 分钟走势图的下跌中卖在低点，在 1 分钟走势图的上涨中买在高点。

在图 3-4 中，昨日的收盘位置高于前一个强力的波段高点。这第一段的上行段具有高潮性质，上涨伴随着很多强力的趋势K线，而且K线之间重叠很少，影线也短。不过，到K3为止的回调走势，已经跌破了上行的趋势线，这使得再出现一段上涨后，发生反转向下的概率提升了。此外，到K4为止是向上突破了上行的通道线，后面跟一根孕线（这是潜在的信号K，在这种情况下，具有阴线实体的K线，才是最好的反转下行的信号K）。

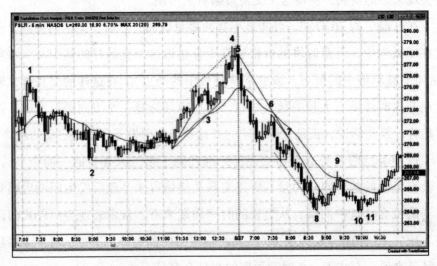

图 3-4　自开盘启动的下跌趋势

K5是该交易日的第一根K线，开盘价就是K线的最高价。很少有交易员能灵敏地在孕线下破时开空。不过在第一根K线收线时，少量地开空是非常合理的选择。如果你错失了第一个进场点，也可以去观察1分钟走势图，寻找小一点的回调（1分钟走势图里有很多这样的回调）来进场做空，或者等5分钟走势图里下一个开仓结构。当我们遇到自开盘启动的趋势，在初次回调中卖出开仓是高胜算的交易策略，尽管此时卖出的位置位于之前的下跌走势的低点附近，心理上可能会比较抗拒。

K6给了第一低点结构的下破开空机会，K7给了下破昨日低点（K2)后的回调结构中第二低点结构的下破开空机会，价格接下来下跌了大约5美元。

K8 是对下行的通道线（指对 K6 和 K7 的下行趋势线所绘制的平行线）发生的第二次向下突破后实现的反转上行结构，因此有可能出现两段式反弹。这段反弹走势到 K9 为止，形成 M2S 而结束。

这天最后是形成了向下冲击走势和通道结构的组合，收盘时价格脱离了最低点。

由图 3-5 可知，该交易日开盘后先走出一根阳线，尝试填补跳空缺口，之后便启动了下行趋势。但是，在 K3 突破了下行趋势线后，在 K4 位置形成了稍高的低点，进而引发狂飙的上行趋势。K2 也是对下行通道线（未画出）的向下突破，并在射击过头后形成反转上行结构。

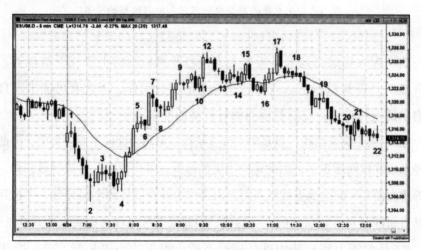

图 3-5　自开盘启动的下行趋势，后来反转上行

为什么在越强的趋势中，反而越不容易交易？因为在强趋势里，顺势的进场点看起来都很弱，并且有很多小的回调，将交易员的仓位震出场外。在图 3-6 中，未出现能触发 2 个点的资金止损的回调幅度。除非日内的波幅超过 15 点，否则 2 个点的止损幅度对于强趋势来说通常是最佳选择。由于此处 K 线波幅太小，以价格行为原理设置的止损太容易被触发，所以选用固定的两点止损才更合理。当趋势强劲的时候，你应当切换到令你持仓尽量持久的交易策略。

图 3-6　在太强的趋势中，不容易把握进场的节奏

　　这一天大幅跳空高开，概率上支持自开盘启动的上涨或下跌趋势。由于开盘后几根 K 线没有表现出特别显著的下行动作，因此有可能出现自开盘启动的上行趋势，交易员应当做好开多的准备。

　　K3 是第二高点结构，也是第二低点结构，虽然后面向下突破失败，但此时已经形成铁丝网形态了，因此你应当更加谨慎，等待其中一方被明显套住，或者等待在横盘区间的高点或低点附近出现作为开仓信号的小幅 K 线。考虑到该交易日可能是自开盘启动的上行趋势，因此眼下应当仅考虑买入的开仓机会。

　　K4 是位于上涨趋势中铁丝网形态低点附近的小幅 K 线，是一个买入的结构，尽管到此已经是第三高点的结构上破了。若从 K2 的高点数起，这也可以算是第二高点结构的上破。由于强力的趋势上行迫在眉睫，恐怕没有时间允许你再观望第四高点结构的出现了。

　　K1、K5、K8、K11 和 K14 都是第二高点结构的上破开多位置。

　　K6 是开多的信号，因为之前是一个楔形的顶部反转结构，但是反转失败，在此开仓的空头被套住了。

　　K9 是 FOMC（联邦公开市场委员会）报告公布的时间点，此时出现了对 K2 和 K3 高点向上突破后的回调，恰好精确地触发了不少多头开仓后设置的保本平仓的条件单。正如早些时候突破了 K2 和 K3 时的市场表现，在同样的价位又一次遭遇了强大的买入力量。

注意 K10 的特殊之处：它是连续五个小时里第一次出现的收盘价位于 EMA 之下的 K 线，因此下行动作很可能失败，构成一次买入机会。

K3 和 K13 都是失败的第二高点向上突破（构成了铁丝网形态）。但处于强趋势中，要么依靠两点的固定波幅止损，要么接受止损的现实，但若止损发生，你必须敢于在下一个开仓机会出现时，当机立断地再次进场（如 K4 和 K14 所示）。

K14 是一个有效的多头陷阱，引发了延续到收盘的上涨。在这根 K 线中，价格先是向上突破，触发了买入的信号，然后跌破了前面的孕线（你从静态的图中没有办法看出，但当时价格确实是这样运行的，它先上破前面的孕线，然后跌破，而后再次上破，这些都发生在 K14 这根 K 线中），这就把那些依靠价格行为的点位设置止损，而不是依靠固定的两点止损的交易员震出场外，然后它再次反转上行。当吞没形态的 K 线出现，如果将交易员震出场外，后面往往能够引发强劲的趋势。道理就在于被震出场外的交易员，不得不在后续上行中，追逐市场价，重新买入。

3.5　反转交易日

有时候，最强的趋势也可以自交易日的中间时段启动（而非开盘时段或尾盘时段），启动的方式可以是横盘区间的突破或是趋势反转，通常这要归因于一些突发新闻，具体原因不重要。在这些场景中，市场进入狂飙趋势，价格趋势突飞猛进，而回调幅度很浅。在强力的趋势中，存在大幅的趋势 K 线，且 K 线之间几乎没有重叠，影线也短。即便这个新的趋势看起来已经是高潮式的，并且看似发展过度了（也许给人的观感的确如此，但存在趋势继续发展的可能性，后面还会高潮迭起），你仍然必须尽快进场，并且保留大部分持仓以参与波段交易。

在狂飙的上行趋势里，通过观察 3 分钟走势图会发现更多的开仓机会。如图 3-7 所示，K1 和 K2 在左边的 3 分钟走势图里，是小的逆势方向的孕线，它们提供了高胜率的第一高点结构向上突破的做多机会，不过在 5 分钟走势图中，同样的位置没有出现明显的开仓机会。而 K3 这个做多的机会，在两张走势图里都出现了。

图 3-7　3 分钟走势图，用以把握额外的顺势进场点

3.6　趋势继续的交易日

在趋势继续的交易日中，自开盘启动了趋势，然后是持续两三个小时的横盘走势，最终发生突破，并继续原来的趋势。位于中间的横盘，有时候会出现三次疲软的逆势波段，有时候第三次波段无法超过第二次的低点，构成了头肩旗形结构（大多数头肩形的反转结构不会成功，从而成为引发趋势继续的结构）。由于这类横盘常常有三次逆势的回调，因此会让很多顺

势的交易员认为趋势已经反转了，从而被震仓出场。但是，你尽量不要让自己被震出场外，而是做好准备，在合适的开仓结构出现时，以之前的趋势方向再次顺势进场。这种走势的难点在于，看似死气沉沉的中间段横盘，常常导致交易员在身处趋势良机时却轻易放弃。请你做好开仓准备。

在图 3-8 中，价格大幅跳空高开，接着回测了开盘时段的低点，然后大幅上涨至 K3，在这之后，它连续横盘运行了至少三个小时，诱导交易员认为最好的趋势机会已经结束。K6 是在刺破了下行通道线后形成的反转上行结构，同时这也回踩了 K4 位置，触发了开多的信号 K 的高点。此外，该信号 K 还是当天首次出现的 EMA 均线的缺口 K 线。

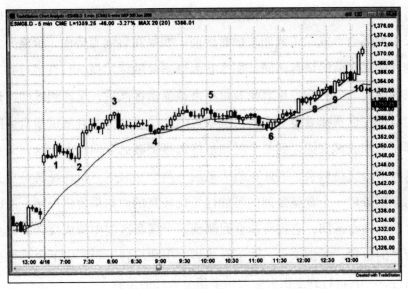

图 3-8 在趋势继续的交易日，小心别被震仓出场

图中还存在其他开多机会。K7 是一个第二高点结构的上破开多机会，也是对迷你上行趋势线向下刺破一跳后的反转开多机会。K8 是一个第二高点结构的上破开多的变体（注意 K 线是阴线－阳线－阴线的组合）。K9 和 K10 都是迷你上行趋势线向下突破的失败。

3.7 趋势中的横盘区间

不同于其他的趋势行情，能够提供纯粹的顺势开仓机会，以趋势方式运行的横盘区间，是由一系列的小型横盘区间构成的，因此对待每个横盘区间，你都应该将其当作普通的横盘区间来处理，在两个方向上都可以出现开仓机会，你要当机立断，当价格运行到横盘区间的边缘位置时，参与区间突破失败的反转交易。

有时候，存在趋势的交易日是由一连串两个以上的横盘区间构成的，横盘区间之间间隔着短暂的突破，有时候这种横盘区间无法被清晰地隔开。不过，在日线图上，该交易日显然是一个趋势行情，开盘在一端，而收盘在另一端。价格突破了一个横盘区间，然后进入另一个横盘区间，有时在一天中可能会形成三个或四个横盘区间。如果在后续走势中，价格又发生回调，回到之前的横盘区间，那么它大概率要继续回撤，一直运行到之前的横盘区间的另一端。这意味着价格突破横盘区间后，又回到区间内进行横向整理，也意味着接下来将出现双边的交易机会，并且测试横盘区间的顶部压力和底部支撑，到某个时刻最终选择突破的方向。由于这一天充斥着这种双边交易机会，因此在当天最后一两个小时里，出现反转走势并且反向穿破最后一个盘整区间的可能性是比较高的。如果价格反转，并回撤到之前的横盘区间，它很可能会回测到这个横盘区间中构成反转的交易信号所在的位置。举例来说，在下跌趋势中出现反转上行，接下来价格会向上运行，一直运行到上次失败的做多信号所在的位置。

在图 3-9 中，该交易日不像是一个典型的趋势日，不过从左下角的日线缩略图看（缩略图中的 K1），这一天的确是趋势日，是由一系列以趋势方式运行的小型横盘区间构成的。像这样的交易日，经常在日内最后几个小时里实现趋势反转，至少回撤到之前最后一个横盘区间的内部。

图 3-10 展示了一个以趋势方式运行的横盘区间，其中第一个横盘区间

从昨天延续到今天。从缩略图中可以看出，该交易日（K1）是一个下跌的趋势日。

图 3-9 以趋势方式运行的横盘区间

图 3-10 以下跌趋势方式运行的横盘区间

在图 3-11 中，第一个小时的走势，压缩于 7 点幅度的横盘区间里，虽然最近的平均波幅一直是 20 点左右。场内的交易员已经做好价格将要突破并开始狂飙的心理准备。在价格突破后，在K4到K6形成一个位置更高的横盘区间。随后价格又一次突破，进入K8和K9之间的第三个横盘区间。价格的再一次突破没有成功，在K10位置突破失败，回撤到第三个横盘区间底部并继续回落，最终回撤到第二个横盘区间底部。

区间这个词，意味着价格存在未来回测到区间另一端的可能，尽管之后可以延续上行趋势。当经历强劲的走势之后价格产生回调，第一目标位通常是前期逆势信号触发的反转进场点。在图3-11中，最近一次被触发的下跌开仓点是在K6。价格跌破了顶部横盘区间，然后跌入临近的横盘区间内，在K13处，跌破了之前触发下跌开仓信号的信号K。

在K11位置产生了突破后的回调开空结构（K12处是另一个）。到收盘时，价格已经回测到K3处，即第二个盘整区间中最低的那个开空信号K的低点位置。

图3-11　上涨中以趋势方式运行的横盘区间，最后反转，回到了之前一个稍低位置的横盘区间内部

如图 3-12 所示，尽管该交易日在高点开盘，在低点收盘，算是自开盘启动的下跌趋势，不过在开盘后的两个小时里，横盘走势的比例太高，因此在交易上，趋势显得不那么流畅。自开盘启动的趋势中，不会出现具有交易价值的逆势波段，不过，在以区间方式运行的趋势中，会出现具有交易价值的逆势波段，因此它是更加疲弱、更加难以预料的趋势行情。第一个横盘区间，在 K4 处下破，进入更低的横盘区间，引发了全天以区间方式运行的下跌趋势。

K9 处回测了稍早的横盘区间，在 K11 处，多头又想发动一次上行走势，但没有成功。

在 K12 处价格又一次跌破，进入第三个横盘区间，不过在此区间内，没有再对 K13 这个横盘区间的高点进行回测。

需要指出的是，K15 是一个失败的第二高点结构的上破（第二次尝试逆转对 K7 的向下突破的趋势），这是一个胜率很高的做空结构。在该交易日多头尝试了两次，想从日内新低的位置反转上来，多头的第二次反转尝试，在 K15 之后的这根 K 线处失败。

图 3-12　以区间方式运行的下跌趋势

3.8 窄幅的通道形态，冲击形态和通道形态的组合形态

　　有时候，价格趋势在窄幅通道中运行，两侧的趋势线和通道线维持平行的状态，相互挨得很紧，这构成了窄幅通道形态，其中回调 K 线频频出现，在趋势线发生实质性突破之前，不断引诱逆势交易员进场。在他们看来，趋势的力度是不足的，趋势方向上没有太多大幅 K 线表明力度，并且其中有太多重叠的 K 线，影线也比较长，还常常出现回调的 K 线。这些迹象都指向一个力度偏弱的趋势，但除了最重要的一点，价格本身坚韧地在趋势方向上持续前进，缓慢但步伐坚定，且没有突破趋势线。所以，尽管 K 线显得很疲弱，但这就是强力的趋势。当这样的通道形态起始于之前的趋势尾部的高潮形态之后，首先出现一次新的趋势方向上的冲击形态，引发新趋势方向上的冲击形态和通道形态的组合形态。不过有时候，这种新趋势方向的冲击形态的规模很小，在 5 分钟走势图的发展过程中很难被识别，这个新方向的通道形态似乎是由原来趋势末端的高潮走势直接引发的。不论在形态的起始阶段是否见到清晰的冲击形态，若你没有在起始阶段就及时进场，后续再进场的难度会比较大，因为其中没有清晰的回调走势可供进场，并且趋势力度看起来很疲弱。不幸的是，这种形态除非是已经充分走出来，否则很难及时辨认，因此交易的难度很大。如果你在形态发生后的一两个小时里，都没有及时辨认出这种形态，不必沮丧，你只需要从当下开始，把握住下一次出现的顺势进场点，你得接受偶尔会出现一些交易难度很大的交易日这个现实。易于辨别的形态迟早会再次出现，因此耐心等待，同时，不要强迫自己参与形态模糊的交易。

　　有时市场中先出现一段动能强劲的趋势（一次冲击走势），然后在该交易日剩下的时间里，趋势以斜率不太陡峭的通道形态的方式继续运行。通常这个通道的起点，会在接下来一到两个交易日里被回测，回测实现

时，可以形成横盘区间，或者是任意方向上的趋势。需要记住的是，这种窄幅的通道，通常只能顺着趋势的方向开展交易，因为通道波幅实在太窄，无法出现幅度足够的回调，产生有交易价值的逆势走势。不过在通道线被反向走势突破后，就要准备好参与新趋势方向上的交易了，因为大概率会出现一路回测到通道形态的起点位置的反向走势。另外，当你辨认出这种窄幅通道形态时，不要参与逆势方向上的第二高点或第二低点的结构突破，因为若没有以突破趋势线作为前提，窄幅通道的特性将使得逆势交易容易亏损。这种逆势交易失败的位置，通常是极好的顺势进场点。

由图 3-13 可知，昨日的强力上行趋势后，到 K2 处完成了对上行的主要趋势线的下破，接下来到 K3 位置，是三重推动构成的反弹，并实现了对前期上行趋势极限点的回测，同时 K3 与 K1 构成了双重顶部结构。此时，有理由期待一次至少两段式的、延长的（持续至少一个小时）回调走势的出现，市场也可能将反转进入下跌趋势，后面确实如此。此后，价格行为交易员应当仅参与做空的结构，直到后面向上突破了下行的趋势线，并且出现清晰的买入结构（比如强力的上涨反转 K 线结构）为止。

自 K3 启动的下行趋势，中间出现几段窄幅的通道，从感性上来说，这些通道很难让人做出开空的决定。由于之前没有出现高潮式的冲顶，因此多头会把回落看作上行趋势中的回调。他们将渐渐失去耐心，开始在斐波那契的回调点位、摆动指标指示超跌的价格区间、指标发生背离的位置买入，并且在各种时间周期上寻找 EMA 均线的回调位置以进场做多，即便在进场做多前没有出现对下行趋势线的突破，也没有出现强力的多头反转 K 线结构。在价格行为交易员看来，由于在回落中未见到可参与上涨中回调开多的多头反转结构，因此他们判断市场已经反转进入下跌趋势，他们会在各种第一低点结构的下破和第二低点结构的下破中开空。

到 K8 这里，多头终于沦陷，价格崩塌，跌破了下跌趋势的通道线。

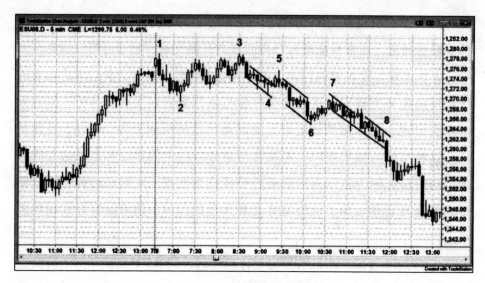

图 3-13 趋势中的窄幅通道

如图 3-14 所示，3 月 28 日的向下冲击和通道下跌形态，起始于 K2 处的向上冲击，然后反转向下，到 K3 处形成向下的冲击形态，在此，市场尝试形成上涨中的双底牛旗结构但失败。自此，价格以窄幅通道的方式一路向下漂移，在这个过程中，几次靠近 EMA，形成不错的均线回踩开空机会。次日，价格上破了通道，由于通道形态的起点通常会被回测，因此反转发生之后，不要再专注于做空，因为此时市场在尝试回测通道形态的起点，也就是 K4 的位置，市场中应该出现很多不错的做多进场点。通道形态的起点，后来被 K7 的跳空高开所回测。

在图 3-15 中，IBM 的价格走势，出现了几个由冲击形态和通道形态构成的交易日，由于通道形态的起点通常在接下来一两个交易日被回测，因此在发生通道突破的次日要及时考虑参与反转开仓结构。在这段走势里，基本上每一个通道的起点都被回测了（K2、K5、K8），除了最后一个（K12）。K13 这个位置，尝试启动下跌走势来回测 K12 这个通道的起点，不过这个尝试很快失败，接下来出现了强力的反转上行。

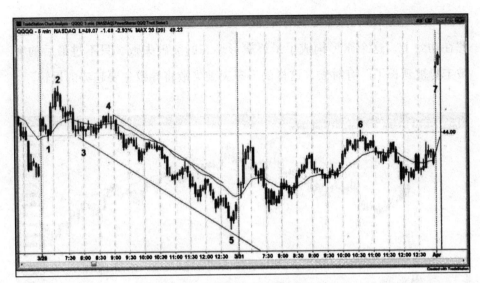

图 3-14　向下冲击和通道下跌形态

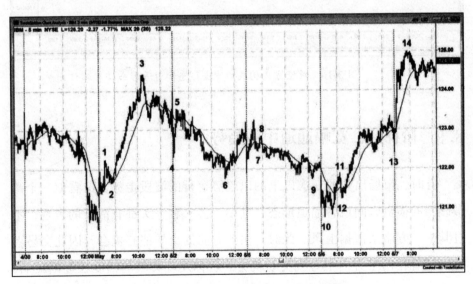

图 3-15　几个冲击形态和通道形态的交易日

有时候，一个跳空缺口也可以看作冲击形态，即由缺口构成的冲击形态和通道形态。在图 3-16 中，K2 这个上行通道的起点，在第二天被回测

（K4）。K1 到 K2 构成了上涨中的旗形形态，进而引发通道突破的失败，因此在功效上，这个旗形构成了最终旗形形态的突破失败，只不过最后的突破走势被延长了。有时候，这样的形态突破失败将导致主要趋势的反转。

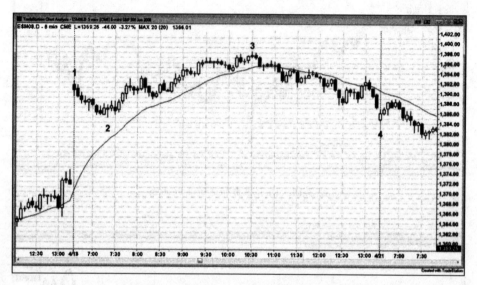

图 3-16　跳空方式构成的冲击形态和通道形态

3.9　阶梯式：宽幅通道中的趋势

有时，市场出现两三次以上的以趋势运行的波段走势，这看似一个微微倾斜的横盘区间或者通道形态，其中，多头和空头都有活跃的表现，不过其中一方略微占据上风。此时，两个方向的交易都有机会，因此交易者可以同时在两个方向上寻找交易机会。若你发现突破的幅度在逐渐减弱，这就是收缩阶梯的形态，表明趋势动能正在减弱。通常这会导致两段式的反转，并且导致趋势线被反向突破。很多三重推动构造的反转结构，都能归类于阶梯形态或者收缩阶梯形态，最终发生突破的失败，实现趋势的反转（还有一些三重推动的反转结构可以归类于楔形反转结构，而非通道型）。

处于阶梯中的趋势，也可能会突然加速，从顺势方向上的通道线那一侧发生突破。如果这样的突破失败，此时射击过头的形态会发展为至少两段式的回调走势。否则，如果突破成功，会引发至少几段走势，通过等距式运行的方式，以通道的高度为目标，触及目标位（也就是突破通道后，走势触及的距离差不多是通道内部上下两侧的高度）。

在图 3-17 中，K7 是第三次向下推动的尝试，并且位于收缩阶梯形态内（收缩是指跌破 K5 后的距离要小于跌破 K3 后的距离）。这里的通道线不是特别精准，将其绘制是为了表达市场处于下跌趋势并且位于通道当中。其中显然存在双向交易的机会，交易员应该在出现合适的开仓结构时，把握住低点买入和高点卖出的机会。

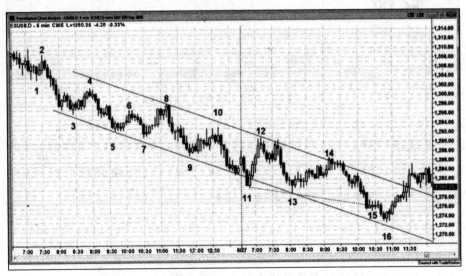

图 3-17   在宽幅的下跌通道中逐渐收缩的阶梯形态

图 3-18 是欧元外汇的走势图，到 K7 为止，在通道形态中，出现了三次高低点抬升的价格行为，也因此构成了阶梯型的上行趋势。

K8 是突破了通道顶部的阳线，后面跟着一根阴线，但没有触发开空信号。这个通道线的向上突破，应当向上延伸到等距运行的位置，底部的趋势线到中间的通道线的距离，恰好等于通道线到目标位置的距离（一个安德鲁的鱼叉线形态），后来这个目标位确实被触及了。

图 3-18　阶梯方式运行的上行趋势

在图 3-19 中，有一段阶梯形态的上行趋势，在大致的通道中，至少有三次趋势方式抬升的高点和低点。K4、K6、K8 构成收缩阶梯形态，表明上行的动能正在衰减，预示反转即将到来。

在 K9 向下突破通道后，K10 处出现了稍高的高点构成的向下突破后的回调走势，最终引发下行的阶梯形态。K10 和之前下跌到 K9 过程中的回调高点一起，大致构成了下跌趋势中的双顶熊旗形态。

K11 是对下行通道射击过头引发的反转结构，进而引发了小型的两段式的反弹上行走势。

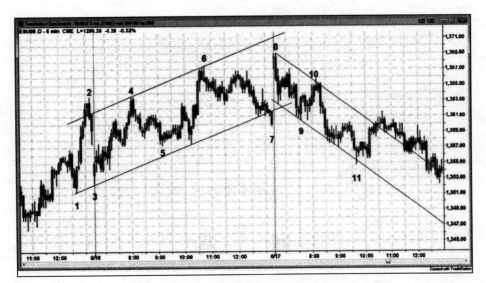

图 3-19　上行趋势中的收缩阶梯

第 4 章

回　调

　　从最严谨的意义上来说，回调是指逆势方向的具有足够幅度的 K 线，突破了前一根 K 线的极限点。比如在上涨中，回调是指跌破了前一根 K 线低点至少 1 跳的 K 线。不过，如果定义给得宽松些，在交易中会更实用。比如在趋势中，任何停顿（包括一根孕线或者一根反方向的趋势 K 线）都可以算作回调，即便其中没有发生实质性的回撤走势，只有横向运行的走势，也可以算作回调。

　　一次回调也算一个趋势，尽管和所处的更大的趋势相比，其中的回调作为趋势的存在，在尺寸上显得太小，但和所有趋势一样，回调通常会有两段。有时候要对这种回调趋势进行分段，只有在更小的时间周期里才能做到；但有时候这种回调走势本身幅度很大，足以进行分段，每段走势还可以进一步再分为更小的走势，甚至可以继续分下去。要记住，回调中第二段的走势，通常表示市场第二次要反转趋势的尝试，若第二次尝试也失败了，市场通常会做相反的事，那就是让原有的趋势延续下去。

所有具有了两段的走势，都应该当作回调来处理，即便这两段式是顺势方向的（比如有时候趋势末端的最后一截，是由顺势方向的两段式走势构成的，在上涨末尾出现稍高的高点，或下跌末尾出现稍低的低点）。清晰的两段式走势，就是通常所谓的 ABC 调整，A 和 C 是指两段逆势的波动，而 B 是夹在 A 和 C 之间的小小的一段。比如在上涨趋势中，在形成波段高点后，形成一段下跌并跌破上行趋势线，如果接下来是两段式的回调并创出新高，那就该把这个回调看作新出现的下跌趋势中的回调，尽管传统的技术分析师会认为这个创出新高的动作，已经消除了下行趋势的合理性，你应该重新去寻求反转下行的转折点。

怎样算两段式走势呢？你可以观察用收盘价绘制的线形图，通常能够很清晰地看到两段式走势。如果你看的是竹线图或者 K 线图，观察到的最简单的两段式走势，就是你先看到逆势的一段走势，然后是一小段顺势的走势，而后再接一段逆势的走势（教科书式的经典 ABC 回调）。

不过，有时候会遇到只能在更短的时间周期上才能看清楚的两段式走势，在当前交易的时间周期上，只能间接地推测出来。由于使用单一的时间周期走势图，相比于不停地切换时间周期走势图，在交易上更容易些，因此若交易员能学会间接地看出（隐含的）两段式走势，他便占据了交易上的优势。

在上涨的趋势中，当出现一连串的阳线，此时出现一根阴线也可以被看作回调的第一段（ABC 中的 A），即便这根阴线的低点没有跌破前面 K 线的低点。对这种回调走势，如果观察更短的时间周期的走势图，在同样的位置上，逆势的走势段就会更加明显。如果下一根 K 线的收线方向和趋势方向一致，但高点没有启动回调的 K 线的高点，那么这根 K 线就是第二段走势。如果接下来是一根阴线，并且低点跌破了前面 K 线的低点，这就构成了第二段回调。

对于这种细微的两段式回调，依靠推断才能获得的信息越多，形态的可靠性就越差，原因是在这种情况下，辨认出这个形态的交易员很少，或者他们即便发现了，也不可能对这种隐含的形态抱有太大的信心。因此参与其中的交易员下注的资金会更少，并且倾向于更快地止盈离场。

不过一般而言，回调是较难把握的顺势进场点。因为它们往往出现在看似高潮走势之后的趋势末端的位置，因此很多交易员的想法会变化，要么期待趋势已经反转，要么期待市场进入横盘区间。不过，强力趋势有一个重要的特点，就是它一整天都在不断形成新的反转结构，但是这些反转都没能成功。这些反转的陷阱，将顺势交易员震出趋势，也将逆势交易员诱捕进来，因为它同时欺骗了多空两个阵营中的交易员，后面他们不得不顺着趋势的方向追逐价格进场，这就使得这类反转结构构成非常理想的顺势开仓结构。比如，在上涨趋势中，被困住的空头最终因急切地想止损离场，而猜测这里可能是顶部，没有开仓的多头，后面不得不追逐市场价格买入。如果你在靠近 EMA 均线的第二高点结构被向上突破时买入，以上这些多空双方的交易员，将为你提供动力，助推价格向你的止盈目标位前进。

但有一点值得强调。如果回调出现在高潮式走势后面，比如位于通道线射击过头后的反转，或者其他明显的趋势反转形态之后，此时趋势很可能已经转向了，而你也不该再考虑在顺势回调中进场了。趋势已经结束，至少接下来一两个小时，乃至该交易日剩下的交易时间都是如此。所以，在强力的上涨趋势之后，如果已经跌破了上行趋势线，出现了楔形结构的顶部，或是出现了稍低的高点的回测走势，此时你应该开始找做空的机会，而不是在原有上行趋势中的回调里找做多的机会。

4.1 初次回调：K线、迷你趋势线、EMA均线、EMA缺口K线、主要趋势线

趋势中有各种类型的回调，有些是浅幅的，有些是深幅的，可以根据回调走势的内涵进行分类和排序。任何时候，当某一类回调第一次出现时，就是那一类回调的初次回调结构。下一个初次回调结构，将是更大规模的回调结构，并且初次回调后通常会跟随一次对原有趋势极限点的回测，这是因为强力的趋势通常以两段式方式运行（对趋势极限点的回测就是第二段）。因此，每当趋势中出现一类逆向的走势，后面大概率会跟随顺势方向的一段走势。

大多数初次回调规模都比较小，并且仍属于更大趋势走势的第一段中的一部分。不过，随着逆势方向的交易员更加积极地开仓，而顺势方向的交易员更快地做出止盈离场的动作，回调的力度就会加大。到某个临界点后，逆势的交易员全面战胜了顺势的交易员，趋势就反转了。

在强力趋势中第一次出现的小型回调结构，通常是一根或两根K线构成的回调（一般是第一高点或者第一低点的结构突破，或者是对迷你趋势线的突破失败构成的顺势开仓结构点），在回调结构之后，通常出现新的趋势极限点。第二次出现的回调，可能由三五根K线构成，很可能将会突破迷你趋势线，然后趋势恢复，走出新的极限点，这一次通常是第二高点或者第二低点的结构突破，若趋势特别强，可能仍是一个第一高点或者第一低点的结构突破。如果在趋势中，刚刚经历了一两次第一高点或第一低点结构突破的开仓结构，然后又出现了第二高点或第二低点结构突破的开仓结构，此时，如果趋势又在构造一个第一高点或第一低点结构突破的开仓结构，最好等一等，看看情况再决定。在连续发生顺势开仓盈利的情况下，如果市场没有出现大幅度的回调动作，应当对后续顺势方向的动能维持产生足够的警惕和怀疑，因为此时这种顺势动能很可能是一个正在构造的陷

阱（比如，最后旗形的突破失败）。所以，最理想的选择是等待，观察更多的价格行为线索，而不是无知无畏，自欺欺人地认为当前有盈利在手，是在拿别人的钱冒险。只要你的交易风格变得盲目自大，账户里的钱就早晚为别人所取。

当趋势强劲，价格可能连续两个小时以上都保持在 EMA 均线之外，不过一旦回踩碰到均线，大概率会形成一个顺势的开仓结构，引发价格向新的趋势极限点运行，或至少对原有趋势极限点发生一次回测。趋势发展到某个阶段，会产生对 EMA 均线的回调，不过可能会形成 EMA 缺口 K 线，后面再接一段对原有趋势极限点的回测，并有可能产生新的趋势极限点。最终，会产生足以突破主要趋势线的反转走势，然后是对原有趋势极限点的回测，这个回测也许不会超过原有的极限点（比如下跌趋势中稍高的低点，或者上涨趋势中稍低的高点），也许会产生对原有极限点的射击过头（比如下跌趋势中稍低的低点，或者上涨趋势中稍高的高点），完成回测动作后，跟随着至少两段式的逆势走势，或者真正的趋势反转。在趋势真正反转之前，回调走势都将提供顺势进场的机会，因为每次回调，都是某一类初次回调结构（K 线、迷你趋势线、EMA 均线、EMA 缺口 K 线、主要趋势线），而任何类型的初次回调结构，通常会跟随回测原有极限点的走势，在主要的趋势线被突破之前，发生对原有极限点的回测走势，通常能产生新的趋势极限点。

尽管对于从事 5 分钟周期的短线交易的交易员来说，花精力观察更长周期的走势是得不偿失的，不过，5 分钟周期里的回调走势的结束位置，很可能恰好对应到 15 分钟、30 分钟、60 分钟或者日线、周线、月线的重要位置，比如 EMA 均线、发生突破的位置或趋势线。走势中还经常会出现这样的情况，比如在 15 分钟级别的初次回调出现以后，接下来完成了对趋势极限点的回测，然后又发生对 30 分钟或 60 分钟周期的均线的回调，接着又测试了对应的趋势极限点。不过 5 分钟的回调点正好对应更长时间周期上的重要位置毕竟还是少数情况，因此寻找这类回调会分散在 5 分钟周期交易上的注意力，也会让交易员错失很多 5 分钟周期里的交易信号。

假如趋势非常强劲，你已经做了几次盈利的顺势交易，现在价格中出现了一些横向运行的 K 线，你要警惕接下来出现的进场机会，因为当前实质上已经开始构成横盘区间了，并且可能构成最后的旗形结构。在上涨趋势中，若在横盘区间的低位出现合适的开仓结构，可以买入，不过要警惕在横盘区间的高位突破的买入机会，因为在横盘区间中，空头很愿意在盘整区间新高点出现时卖出，而多头也愿意在同样的高位开始做平仓止盈。

同样的道理，在已经充分延伸的下跌趋势中，面对熊旗结构，也要十分小心。K 线横向运行，就意味着多头和空头同样活跃，因此最好不要在熊旗结构下破失败时开空（可能构成最后旗形结构的突破失败）。不过，如果在旗形的高位出现了开空的结构，你的进场风险会比较小，这个机会是值得一试的。

趋势中总是会有回调出现，随着趋势的发展，回调结构的规模会越来越大。不过，除非走势反转，否则每次回调完成后，都应该至少发生一次对之前极限点的回测（比如在下跌趋势中，对之前趋势形成的低点进行回测），这类回测通常能构造新的趋势极限点。

在图 4-1 中，K3 是在两根 K 线构成的回调之后出现的做空机会，它属于昨日高点上破失败后，启动的下跌趋势中的初次回调结构。同时也是向下突破昨日的波段低点后，对于突破点的回调。

K4 位置第一次出现对下行趋势线和 EMA 均线的向上突破，尽管突破的幅度仅有一跳。这个第二低点结构的下破，引发价格下行并创下新低。

K5 发生了对均线的第二次回测，这一次有两根 K 线的收盘价勉强收于均线的上方，这次回调引发趋势创下新低。

K8 突破了主要的趋势线，也第一次形成了 EMA 缺口 K 线（指在下跌趋势中，出现 K 线低点高过均线的现象）。第一次出现的缺口 K 线，通常会引发对低点的回测，不过有时候也需要等待二次进场点。对下行趋势的主要趋势线的上破，有可能成为反向的新趋势的第一段，不过后面通常会跟随对原有下行趋势的低点的回测，回测可能涉及动能不足（无法触及低点），也可能射击过头（稍微超出低点一部分，很快收回），在回测成功后，在新趋势方向上至少会有两段式走势展开（在图 4-1 中，是下行趋势结束后的反弹上行）。

在 K7 和 K9 位置，市场形成了双底的牛旗形态。K9 对 K7 的低点刺破了一跳，触发了止损条件单，不过没能引发新的低点。可见，多头正在守卫他们的持仓，并在回测的过程中激进地买入（积累 – 派发循环中的积累阶段）。第二段上行段在第二天才完成。

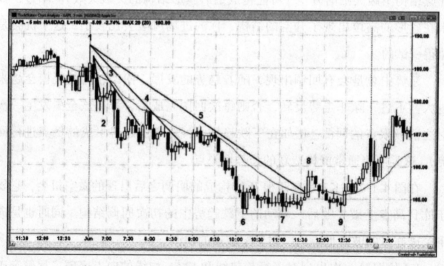

图 4-1　在趋势中，每次回调的规模倾向于大过上一次回调

在图 4-2 中，最低点是在 K1，不过第一次强劲的上涨走势要从 K3 算起。在 K3 之后的上涨中，出现了若干对 20 周期均线的回调，后面都使得新的高点出现。K4 处是对上行的通道线的射击过头所引发的反转结构，并

进而引发了到 K5 为止的凌厉的回调，回测了 15 分钟周期图中的 20 周期均线所在的位置（图 4-2 中虚线所示），接着引发对上行趋势的极限点的回测（K6 处产生了稍高的高点）。

在 K7 处价格跳空低开，尽管在当天开盘时段，价格看似有点疲弱，但这个回调实际上正好回测了 60 分钟周期图中的 20 周期 EMA 均线，回调进而引发了 K8 处的走势新高。

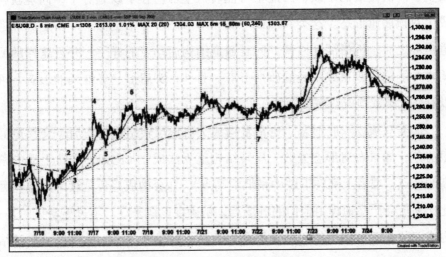

图 4-2　在各个时间周期上，对 EMA 均线回调，通常会引发一次对原有趋势极限点的回测

4.2　双重顶部的熊旗和双重底部的牛旗

在强力的趋势运行了一段或几段后，甚至如果走势段很强，在第一段结束后，市场常常进入横盘状态，持续数根 K 线，然后趋势再次延续。横盘走势可以长达数小时，其中含有幅度很大的波段，横盘走势在开始和将要结束的位置，很可能出现极限点位非常接近的冲击走势（第二个冲击走势的极限点位可能要比第一个冲击走势的极限点位稍微高一点或者低一

点）。第一个冲击走势的尖端发挥了磁铁的作用，吸引价格回测这个位置，观察市场有无阻力，阻止价格触发潜伏于第一个冲击走势极限点之外的止损条件单。如果成功阻止了止损单的触发，此处就构成了绝佳的顺势进场点。在上行趋势中，两次回调就构成了双底牛旗形态。比如，在一个双底的牛旗中，在第一个底部，价格回落时遇到了买入力量。当市场再次回落至同样的价格，买入的力量再次压倒了卖出的力量，到此为止，市场已经发生了两次失败的下跌，因此很可能转入上涨。在下跌趋势中，同理就构成了双顶熊旗形态。这类双顶或双底旗形形态，非常类似于冲击走势和通道走势之后，价格深度回调，回测通道结构启动点的样子，并且这样的回调常常能构成双顶或双底的旗形形态。另外，头肩形趋势继续的形态，可以算作此类双顶或双底结构的一种变体。

这类双顶或双底形态，也常常构成头肩形反转结构的右肩。交易员们很清楚，如果右肩形态失败，反转结构就无法成立（比如下跌转上涨中稍高的低点，或者上涨转下跌中稍低的高点），并会构成趋势延续的形态。因此交易员会严格地捍卫他们的进场点，精确度以跳来计。不过更常见的是，构成双顶或双底结构的回测走势会稍微高一点或低一点，让双顶或双底结构看起来不够完美，但仍然有效。若能成功构造这类双顶或双底结构，就能进一步确立共识，通常市场将开启狂飙模式。

顺势方向的牛旗形态构造的做多进场点，位于确立牛旗结构第二个底部的 K 线的高点被上破的位置，初始的止损设在信号 K 的低点被下破的位置。在进场 K 收线后，止损位置移动到进场 K 低点之下。虽说双重顶或双重底结构是很有影响力的反转结构，但这些旗形都是顺势的开仓结构。在旗形中，双重顶或双重底结构是通过结束回调实现的反转，不过最好还是把这类旗形形态理解为顺势形态。

在图 4-3 中，K2 处双顶熊旗形态构造失败，引发了一次有操作空间的开多机会（并且构成小型的头肩底部形态）。

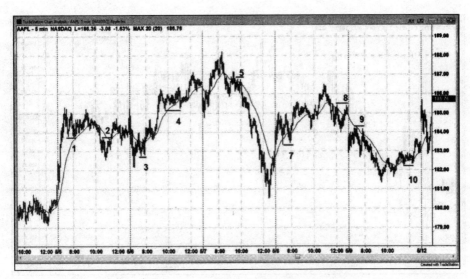

图 4-3　双顶旗形形态和双底旗形形态

　　由图 4-4 可知，在 GS 走势中，尽管 K5 和 K7 这两个低点之间包含了一个稍高的高点（K6），但还是构成双底牛旗形态。K5 是趋势中上一个抬升的低点，K7 可能位于下跌或者横盘走势中的第一个波段低点。此时，若 K6 的高点没有被 K7 引发的反弹走势突破，市场就可能正在构建头肩形顶部结构。不管下跌还是横盘，双底牛旗形态已足以提供一次短线做多的交易机会。另外，头肩形顶部形态正如大多数顶部形态一样，很可能会构造反转结构，在失败后转而成为趋势延续的形态，因此在上涨趋势中，维持买入的操作思路是更明智的。在趋势行情中，大多数反转形态会失败，而大多数趋势延续形态会成功。

　　图 4-4 中在 K3 的低点之后第 7 根 K 线处，和 K3 一道，构成了小型的双底牛旗结构。

　　在图 4-5 中，K2 和 K3 以及 K5 和 K6，都构成了双底牛旗结构。K3 和 K6 两个位置都差了一点，没能触及前低，不过，交易上没必要苛求真正完美的形态。

图 4-4　双顶或双底结构的旗形形态

如图 4-5 中的 K2 和 K3 所示，当下跌趋势的低点右侧出现了双底结构，如果下跌趋势足够凌厉，这种下跌和双底的组合结构，通常就视作小型的向下冲击与横盘区间构成的反转结构。图 4-5 中到 K1 处的下跌已经足够强，可以视作向下冲击与横盘区间构成的反转结构。不过这不重要，因为单单双底牛旗结构就足以构成开多理由。很多形态之间非常相似，有时候无法确切区分。你只需要辨认出其中一种，并构成有效的开仓条件即可。另外，如果一个形态和另一个形态非常相似，这两个形态在后市预判上，也会指向相似的结论。

在图 4-6 中，在价格快速上冲到 K2 之后，K3 和 K4 构成小型的双底牛旗结构。这也可以算是向上冲击走势和横盘区间构成的买入结构，尽管横盘区间相对于 K1 低点来说，稍微高了一点，因此市场参与者已经认识到了新的上涨趋势的出现，此时这个反转上行的结构并未额外增加信息，交易员认为市场已经反转，后续至少出现两段式的上行。

当价格下行到 K6 处，此时 K2 的高点有机会构成头肩形熊旗的左肩。

若 K8 以后的走势回测了 K6 的低点，然后反弹越过了 K7 的高点，在这种情况下，价格有机会至少回测 K5 的高点，这是头肩形态失败时的常见情况。

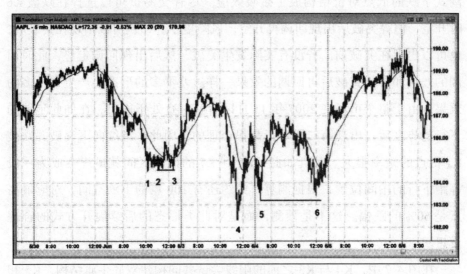

图 4-5 双底牛旗结构

图 4-6 GS 的日线图，可能是头肩形的熊旗结构，也可能是潜在的双底回调结构

如果 K8 以后的下行产生的波段低点，在 K6 低点之上便止跌，此时它就构成双底之后的回调开多结构。如果价格跌破了 K3、K4 和 K6 的低点，就构成下跌趋势中的头肩形熊旗结构。下一个目标位就是 K1 处，这个高潮式下跌的低点对价格构成了磁吸效应。尽管交易员可以选择在跌破 K6 时开空，但等突破后出现回调再开空，风险更小。回调可以出现在突破后，也可以出现在突破前。若没有实际发生突破，然后出现回调走势，此时回调的效果和真正突破后再回调的效果一样。差不多的形态会产生差不多的效果。由于整个市场在 2007 年 11 月以后就一直处于熊市，在如此延伸的下行趋势之后，出现第二段下行是很合理的，因此，继续向下突破并跌破 K1 低点的概率很大。若真如此，K2 到 K7 的横盘区间就最终会成为一段等距下行的中间位置，根据测算，大约还有 100 点的下跌空间，对应最高点是 60% 的跌幅。这不是预测，而是对此类形态的后续展开方式的合理设想。

在图 4-7 中，K4 与 K3 之前的阳线尝试共同构建双底牛旗结构，K5 和 K6 也是结束底部构建的尝试。很多时候，市场会对第一次构建的底部进行假突破，幅度仅一跳左右，正如 K5 所示，目的是将多头震出场外并将空头诱进场内。

不过，价格不该跌破这个新出现的低点，一跳也不行，否则，交易员就会开始认为目前是空头在主导市场。K5 是对 K4 低点的假突破，而 K6 是对 K5 低点的精准回测，并引发了 K7 处对区间上沿的突破。

当 K8 跌破了 K6 的低点，此时覆水难收。对低点（K5）的假突破（K6），后面跟随了对高点的假突破（K7），到 K8 这里再次跌破低点，这种走势令聪明的空头感觉胜券在握。他们应该在 K7 这个上破失败后的孕线结构被跌破时开空，K8 之后的小反弹或许将令他们的空单保本离场，但接下来，他们将会把握住 K9 这个次高点提供的二次进场开空机会，然后跟随趋势一路下行。

失败的双底牛旗结构可能发生对底部的轻微下破，如图 4-7 中 K5 所示，不过这个低点必须被守住，不能再下破，否则多头将止步观望，而空头将士气高涨。

图 4-7　在 K2 低点后，市场未能形成向下冲击和横盘区间构成的反转结构

4.3　EMA 均线和均线回调构成的缺口 K 线

缺口是一个通用概念，意思是走势图中两个点之间存在空当。比如，如果今天的开盘价高过了昨天的收盘价，这就是一种缺口。如果开盘价高过了昨天的最高价，在日线图就会产生缺口。对缺口概念进行发散运用，还能增加更多的交易机会。比如，K 线的高点低于 EMA 均线，K 线和 EMA 均线之间就有一个缺口。在上涨或者横盘中，很可能价格会向上填补 K 线和 EMA 均线之间的缺口。有时候，价格会上破前面 K 线的高点，但仅仅上行一两根 K 线，又继续回调下行。若随后价格再一次上破前一根 K 线的高点，这就产生了第二根 EMA 缺口 K 线，或称为上涨趋势中第二次

填补 EMA 缺口的尝试，这个开仓结构将提供胜算很高的交易机会。同理，在下跌或横盘中，位于 EMA 均线上方的 K 线缺口也大概率会被填补。

在图 4-8 中，K2 是横盘中第二次去填补位于均线下方的缺口的尝试。由于下跌动能很强，意味着该交易日市场不太可能横盘。不过因为昨天尾盘比较强势，因此该交易日的 EMA 均线基本上是平坦的。

K3 和 K8 也各自是第二次填补均线缺口的尝试（第一次尝试可以仅仅表现为一根阳线），也可以称它们为 EMA 均线的第二次缺口 K 线的进场点。

K6 和 K9 是第二次 EMA 缺口的开空点。一旦价格向上突破 K9，由于之前两次价格下行均以失败告终（K9 这里是第二次 EMA 缺口的开空点，表明这是第二次下跌的尝试），这就引发了上涨趋势。

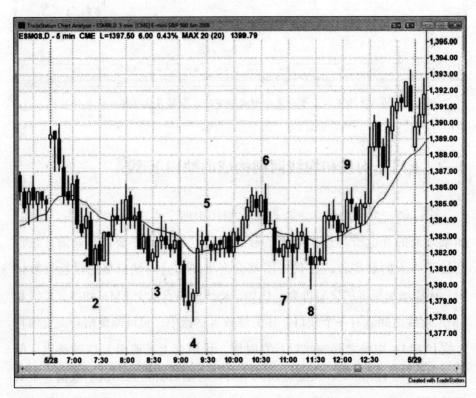

图 4-8　对 EMA 均线回调所产生的缺口

4.4 2HM：至少两小时 K 线碰不到均线，交易均线回踩的反弹以及第一根均线缺口 K 线

每当价格位于 EMA 均线的一侧，连续两小时以上 K 线都没能碰到 EMA 均线，这表明趋势运行强劲，不过这也可能是趋势已经过度的迹象，预示着反转可能随时到来。在 2HM 背景下，第一次对均线的回踩很可能将引发对原有趋势极限点的回测，不过，要等到出现合适的 K 线结构再进场，以免回调跌破 EMA 均线的幅度太深，损失太大。关于 2HM 中两小时的设定，其实没什么特别之处。这只是一个大概的指引，提示你目前趋势很强。有时候同样是强势的趋势，但每半小时就要回踩一下均线，又或者四小时脱离均线，但突然就趋势反转。此外，2HM 中的两个小时，可以发生在交易日中的任意时间段，不一定非得是开盘后的两个小时内。

当你意识到 2HM 的出现，准备好参与 EMA 均线的回踩，不过要先等到 EMA 均线处出现顺势开仓结构，再以条件单进场。在出现了几次对 EMA 均线的回测之后，后续的回测可能会穿过 EMA 均线，构成 EMA 缺口。交易员要注意把握第一次填补均线缺口 K 线的机会（在上涨趋势中，第一次出现 EMA 均线缺口 K 线后，在突破 EMA 均线缺口 K 线的高点开多），特别是不要错过二次进场点。既然我们参与的是顺势交易，考虑到趋势存在超预期发展的可能性，应当保留部分仓位以参与波段交易。EMA 回测的交易方式，对于股票交易非常可靠，通常交易日全天都能不断地提供理想的进场点。

后续出现的对 EMA 均线的回测，相比于前一个回测，将倾向于更深地跌破 EMA 均线。直到某一刻，对 EMA 均线的回测可能突破主要的趋势线。当这种情况出现，回调走势很可能会发展出第二段。比如，在下跌趋势中，向上突破下行趋势线后，价格再回调，将形成稍高的低点，再转而上涨，向上突破前一段的高点。

在图 4-9 中，一直未发生对 EMA 均线的回测，直到上午 9：10 之后，K3 低点启动的反弹回测了均线（图 4-9 中 K2 距离均线就差了一跳，不过此形态足以令它成为回测均线的第二低点结构下破的开空进场点）。一般来说，交易员应该总是顺势进场，目标是回测之前的趋势极限点。K4 是一根 EMA 均线缺口 K 线，同时是 ii 结构（连续两根孕线）的向上突破失败，在这个位置进场做空能有一波短线利润，不过此处未能跌至新低。

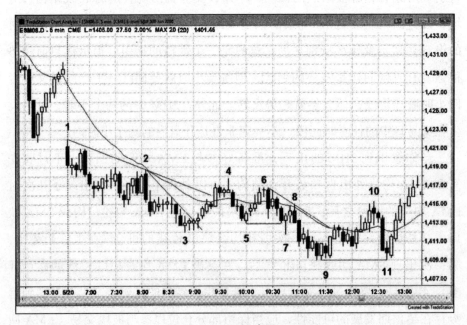

图 4-9　2HM 案例 1

由于反弹到 K4 的走势，向上突破了小型趋势线（指 K2 顶部到 K3 底部连线），但对主要的下行趋势线仅仅突破了一点便掉头向下，尽管到 K4 处，出现了一系列小阳线，但此处多头没有表现出令人印象深刻的逆势上行动能。在对下行趋势线向上突破后，K5 尝试构造一个稍高的低点，但由此引发的上行走势没能越过前高。一些多头会在跌破 K5 低点的 K7 处止损离场，不过此处同样存在强力的买入力量，最终构造出 K7 这个反转结构。

K7 位置的第二高点结构向上突破没有成功（在这个潜在的向上反转趋势的两段式回调的结构中，第一高点结构是 K5 高点），K8 处发生向下突破后的回调，最终引发下跌，形成新低。多头位于 K7 低点的止损条件单被触发，二次进场做多的多头被迫止损，结果使得大幅的阴线出现。

　　尽管交易日前半天的下跌动能很强，但多头成功地上破了多根下跌趋势线，最终在 K11 这个凌厉地突袭止损单的下跌之后，成功地构成双底（同时是最终旗形向下突破失败构成的反转结构），此后启动一波上行。该交易日基本上是一个以下行趋势方式运行的横盘区间，此类走势通常在尾盘引发价格上行，上破最后一个横盘区间，这是因为区间意味着涨跌两个方向上都存在交易机会，因此收盘价不太可能位于趋势极限点附近。

　　图 4-10 显示，在该交易日，RIMM 连续三个多小时没有回踩 EMA 均线，直到 K5 处出现了连续三根阴线的重挫，才发生了对 EMA 均线的回踩。不过，自 K1 到 K2 的连续二十多根阳线中间只有一处回调的上行，是非常罕见的走势，意味着难以维持，因此构成了一种高潮式走势。这段抛物线形的上行，在 K2 位置发生了通道线的向上突破失败（没有画出通道线，存在几种不同的画法）。在高潮走势之后，除非先出现较长时间的回调（至少持续一小时），并且开仓结构强势，否则我们不该在回踩 EMA 均线时再次做顺势交易。位于 K5 到 K7 之间的窄幅横盘区间，不适合做多或做空，它可能位于向下回调的中间位置，因为在高潮式走势之后，我们有理由期待两段式的回调。尽管 K4 之后的下行力度一般，不像经典的向下冲击和通道构成的反转，但 K4 到 K5 冲击下行之后，存在启动下行通道的可能性。交易员应该等待这个窄幅横盘区间被强力的趋势 K 线上破或下破，接着尝试把握突破失败的交易机会，或突破成功后的回调进场的交易机会。我建议，在高潮走势出现且进入窄幅横盘区间后，转而去寻找交易其他股票的机会，因为此时交易的风险收益率将会恶化。

图 4-10 2HM 案例 2

4.5 在趋势行情中，上午 11 时 30 分出现的回调走势，是为了突袭止损单并且将你震出趋势

在强力的趋势行情中，也经常出现看似很强、走势惊人的逆势价格运行，逼迫交易员放弃持仓，此现象大致发生在上午的 11 时至 11 时 30 分，可能提早或推迟发生。一旦你意识到被强力的逆势走势所愚弄，此时价格可能沿着原有的趋势极限点运行了一大段距离，而你以及其他贪心的交易员在因受骗而平仓离场后，不得不追逐市场价格以重新进场，这就驱使价格走得更远。这种逆势走势是出于什么原因？机构交易员至少会从中受益，因为他们得以以更低、更好的价格加仓，预期原有趋势得以恢复并持续到收盘。如果你是机构交易员，想要在收盘前买到足够多的仓位，并且渴望获得更好的进场价格，你认定某些市场消息会导致止损单被触发，而你将尽你所能传播这类市场消息。新闻或者传言的具体内容不重要，机构是否

故意传播新闻来盈利也不重要，重要的是这种条件单的突袭，给交易员提供了一个向机构借力的机会，利用失败的趋势反转实现盈利。

在图 4-11 中，连续两个交易日都出现了 2HM，这两个交易日的后半段，都出现了突袭条件单的回调。在 11 时 25 分出现突袭止损单的回调后，K5 是回调结束的进场点，同时也是第二次 EMA 均线缺口 K 线结构的做多机会。注意此处回调的阴线看起来很强势，实体很大，也在低点收线。这会令很多持仓不坚定的交易员认为趋势已经转跌，而聪明的交易员会将其视作买入的良机。

K10 是 12 时 15 分那波突袭条件单的反弹后产生的做空进场点，同时也是 EMA 均线缺口开空开仓点。

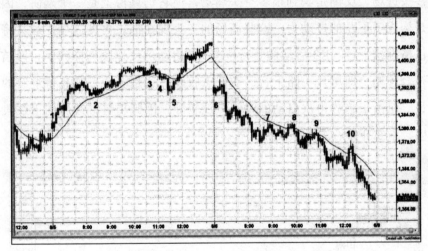

图 4-11　后半段出现突袭条件单的回调走势

这两个交易日中，在多次回测 EMA 均线后，出现 EMA 均线缺口的开仓点，这完全符合预期。因为当逆势方向的交易员能够多次将价格带回 EMA 均线附近时，他们的信心增强了，下注也更重了，使得回调力度增强，显著突破了 EMA 均线。不过，一开始这种突破不会成功构成反转，只会提供极好的"否定式"开仓机会，预期趋势延续。

自开盘启动的下跌中，若后续走势无法上破 EMA 均线，交易员便开始预期 11 时 30 分左右会出现陷阱，在该交易日，它恰好准时地出现了。在图 4-12 中，K3 这个陷阱同时也是该交易日下跌趋势中的第一根 EMA 均线缺口 K 线。陷阱常常表现为强力的逆势走势段，怀揣希望的多头会据此激进地买入，但价格迅速掉头向下，令他们不得不止损离场。不过该交易日自 K2 启动的反弹，由大幅的十字星构成，并表现出铁丝网形态，表明多空双方犹豫不决。既然对交易没有信心，为什么会有交易员掉入陷阱？原因在于，K3 之前的 K 线尝试和 K1 构造出双顶熊旗结构，而 K3 向上突破了 K1 的高点，破坏了这个双顶熊旗结构。然而，这段走势令不少交易员放弃了看空的立场，迫使空头平仓止损。因此，这段走势并没有骗到太多多头进场，反倒是骗到很多空头离场，但它仍算得上是一个陷阱，因此还是构成了下跌的推动力。这些离场的空头现在都想再度进场，这又将推动价格继续下行。K3 启动的下行段与 K2 启动的反弹段一样疲弱，但结果却符合预期，即尾盘一路下行，在低点收盘。这是一个下跌趋势继续的交易日，但由于趋势再次启动的时间点比较晚，因此趋势继续后的下跌段的规模，不如开盘后的下跌段那么大。

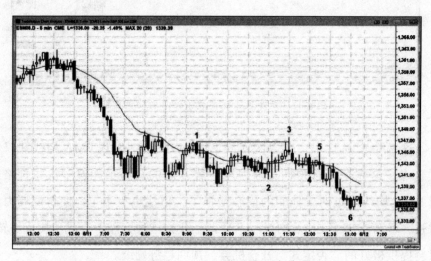

图 4-12 11 时 30 分的陷阱走势

4.6 对趋势的走势段计数

趋势通常可分为两段。若反转后的第一段动能非常强劲（第一段是逆势的，因为新方向的趋势现在还未被确认），场内的多空双方都会怀疑这可能是新趋势的第一段。因此，多空双方都会开始期待接下来对原有趋势极限点的回测无法成功创造出新的极限点，而顺着原有趋势方向进场的交易员将很快平仓离场。比如，在充分延伸的下跌之后，出现了强力的反弹向上，突破了 EMA 均线以及下跌中前一个高点，其间伴随很多强力的阳线，据此，多空双方将开始预期接下来对原极限点的回测，价格能维持在低点之上。一旦第一段上行的动能衰减，空头会进场开空，多头会做部分或全部持仓的止盈，以防空头再次主导盘面。空头不确定属于他们的下跌趋势是否已经结束，因此愿意新开空头仓位。而多头在看到更多强势的价格行为之前，也不会轻易买入，因此价格动能仍存在向下的惯性。当出现回调并测试前低时，多头会逐步重新进场，而新进场的空头由于担心招致亏损，会快速平仓离场。这些空头平仓带来的买入力量，会增加价格上行的驱动力。接下来，市场会构造一个稍高的低点。在反弹中，空头不会再考虑做空了，除非在上一段反弹的前高位置，上行力度开始放缓（一个潜在的双顶熊旗结构）。若构成双顶熊旗结构，新进场的多头会快速离场，避免亏损，而空头认为第二段上行已经失败，将更加积极地卖出。最终，多空双方其中一方会最终胜出。不过，这种交易的博弈，每天都在各种市场中发生，也创造出许多两段式的走势。

在图 4-13 中，从开盘到 K6 为止，是自开盘启动的下跌趋势，表现为两段式的下行，其中第二段还可再分为更小的两段。接下来反弹到 K9 的走势也是两段，再回落到 K12 也是如此。

K12 完美地回测了上涨趋势的突破启动点。K12 的低点正好回踩了 K6 的信号 K 的高点，触发了 K6 处突破做多的多头设置的保本平仓条件单。

每当市场中出现这类完美或接近完美的突破回测，接下来大概率会发生一段等距运行的走势（期待自 K12 低点启动的上行，向上运行的距离大致等同于 K6 到 K9）。

到 K15 为止是两段式上行，但当其高点被上破，此时参与了 K15 处的第二低点结构下破的空头，因结构失败而不得不尽快买入平仓，令价格以大阳线的姿态快速上行。K9 和 K3 构成双顶熊旗，但自 K16 启动的上行破坏了这个熊旗结构，为向上突破增加了动能。另外，该交易日也是一个头肩形的底部反转结构。

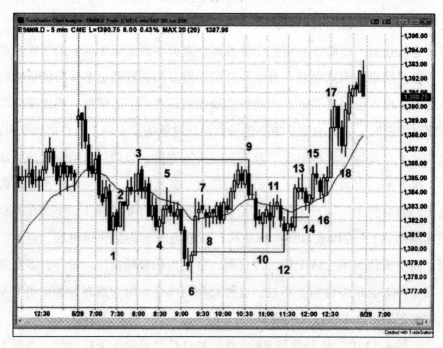

图 4-13　走势通常以两段式方式出现

从交易上来说，我们不必苛求形态的完美。

在图 4-14 中，K1 到 K4 构成了常见的双底牛旗结构（K4 的低点比 K1 的低点稍高）。在趋势中，这类旗形结构在初次回调中非常常见。

K3 和 K5 构成了双顶结构，不过其高点在三根 K 线之后被上破，双顶结构遭到破坏。在 K7 处产生突破后的回调，进而引发了一段大幅上行。

图 4-14 中还有几处由两三根 K 线构成的双顶和双底结构（比如 K2、K7、K8 和 K11）。

K12 和 K13 构成了双顶形态，不过名字是什么不重要，重要的是对这个形态要及时做空。K11 之后的迷你上行趋势线被下破，K13 是下破趋势线后的回测，产生一个稍高的高点。此外，它也是在 K12 处对通道线（K6 到 K10 的上行趋势线的平行线，锚定 K9 构成的通道线）射击过头后的反转向下结构出现后，产生的二次进场点。

另外，该交易日也是向上冲击和上行通道构成的上涨趋势，并且是自开盘启动的上涨。

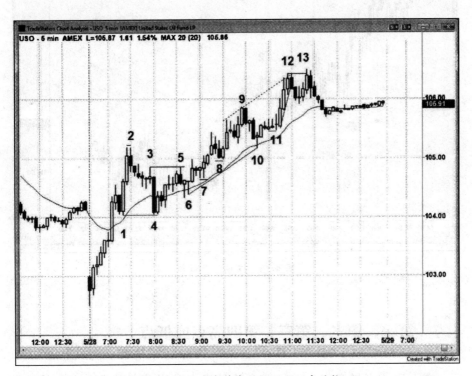

图 4-14　USO 走势中的双顶和双底结构

AAPL 在 5 分钟走势图中表现良好。图 4-15 显示，在 K2 处形成常见的双顶旗形结构（比 K1 的高点低了一跳），接着下跌，幅度略超过等距运行测算的目标位，即双顶熊旗结构的高度的两倍。另外，K2 也是下跌中回测 EMA 均线的两段式上行的高点，这构成了 M2S 开空结构（在 EMA 均线附近，第二低点结构下破的做空机会）。EMA 均线适用于很多股票的走势，这意味着 EMA 均线能够在整个交易日不断提供各种低风险的顺势进场的交易机会。在 K2 后面四根 K 线以后，出现了双顶结构的回调的开空点。

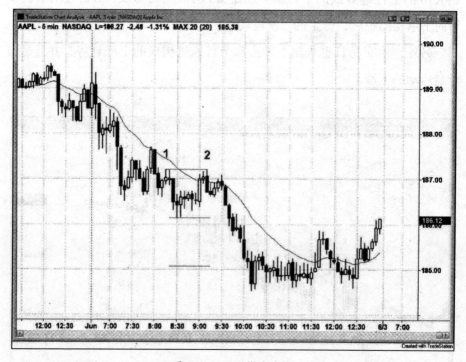

图 4-15　双顶熊旗结构

4.7　第一、第二、第三、第四高点或低点

在上涨或者横盘内，前一根 K 线的高点被当前 K 线所上破，是回调

结束的可靠信号。这启发我们，可以去计算其中突破前高的价格行为发生的次数。在上涨或横盘内，第一次发生 K 线上破前一根 K 线高点的现象，这被称为第一高点结构的上破（H1），也是横盘或下行段中第一段的结束点，当然我们也清楚整体回调不会因此结束。若价格没有转而上涨，反而继续维持横盘或回调，把下一次出现高点被后续 K 线上破的位置标记为第二高点结构（H2），这是第二段回调的结束点。在 H1 和 H2 之间应该起码有一次对下行趋势线的突破，表明 H2 是顺势交易但没有成功的结果。否则，H1 和 H2 很可能都属于同一段下行，那就不该买入。在特别强势的上行中，H2 的位置可能高于 H1，同理，在强势的下行中，L2 的位置可能低于 L1。有时候回调没有结束，还会出现 H3 和 H4。如果 H4 都没有结束回调，很可能这就不再属于上涨中的回调了，而是已经进入下跌波段了。当遇到这种情况，交易前应当等待更多价格行为的线索。

在下跌或横盘内出现调整或反弹的走势中，第一次出现前一根 K 线的低点被当前 K 线下破的现象，这被称为第一低点结构（L1），标志着回调中第一段的结束，最短的回调可能仅持续一根 K 线。依次类推，接下来出现的被称为第二低点结构（L2）、第三低点结构（L3）、第四低点结构（L4）。如果 L4 都无法结束回调（L4 的高点被突破），这种价格行为就意味着空头大势已去，此时市场陷入横盘，多空拉锯或多头重新主导市场。不管是哪种情况，空头都需要以强力下破上下级趋势线的方式，来证明自己的存在。

在你对回调结构进行计数时，可能经常会发现价格在继续调整，而没有如期反转，那就要及时改变对趋势方向的看法。比如，在横盘里出现了强力的新高点，然后在旧高点之上，出现 L2 结构，这本是一个开空的结构，但价格不但没有下跌反而继续上行，此时你就该寻找 H1 和 H2 的开多进场点。在这种情况下，上涨的动能很充沛，可能足够你开多好几次。另外，这段时间你应该回避对 L1 和 L2 结构开空，除非空头先表现出猛烈的下跌动能，令市场产生后市下跌的预期（比如先跌破上行趋势线，然后回测原有极限点）。

你有没有注意到，在大约 10 根 K 线的横盘中，H1 结构、H2 结构、L1 结构和 L2 结构都会出现，尽管 H2 结构比较强势，L2 结构比较弱势，但因为市场处于横盘，所以多空双方都只能在很短的时间里暂时控盘。因此，就不难理解双方展开的激烈争夺了，随着多空双方宣示自己的存在，上涨和下跌的形态会随之出现。

对这种回调结构的计数方式存在一些变体，不过最终都是为了更好地把握两段式的调整。比如在强力的上涨中，出现两段式的回调，可能严格来说，其中只有第一高点结构（H1）的上破，但功能上仍可以算作两段式回调。比如在回调中，先出现一两根阴线，即便下一根 K 线的高点没有超过这根阴线的高点，但这根阴线仍可看作第一段下行。比如后面这根 K 线的收线方式比较强劲（如长下影线或者阳线），但高点没有上破前一根 K 线的高点，而它后面又是阴线，这中间的 K 线就标志着第一段下行的结束。如果下一根 K 线的低点低于中间 K 线的低点，当接下来的几根 K 线里再出现超过前一根 K 线高点的 K 线时，这将标志着两段式回调的结束。后面每一根 K 线都可能是结束两段式回调的信号 K，所以要在 K 线的高点设置买入条件单，以待信号触发。一旦成交，就遇到了 H2 结构（第二高点）的变体。严格来说，你开仓的位置其实是 H1 结构，即第一高点上破，但你应该把它理解为 H2（第二高点上破）。启动回调的阴线，后面跟着一根收线强势的 K 线。在更短的时间周期里观察，这一定是一段下跌，跟着一段反弹，产生了稍低的高点，最后又是一段下跌，最终构成第二高点结构上破，结束了第二段回调。

关于 H4 和 L4 的结构失败，也存在变体。如果构成 H4 结构或 L4 结构的信号 K 特别小，甚至是十字星，有时这样比较疲弱的进场 K 就很快反转成为吞没 K 线，无情地触发那些刚刚进场的交易员的条件止损单。所以，如果信号 K 非常小，最好把止损条件单设置在信号 K 之外一跳以上的地方（也可以是三跳，但如果你交易的是 Emini，不要超过八跳），以避免噪声走势造成止损，即便从技术上来说它已经失效了（大概就超过了几跳），但仍将形态视作有效。请记住，交易的世界不存在非黑即白，交易员应当接受形态的不完美，不要执着于完美，因为完美的形态很不常见。最后要指出，在5分钟走势图中看似复杂的调整形态，从更长的时间周期看，就是很简单的H1/L1或H2/L2调整形态。不过不必劳神去观察更长的时间周期，因为5分钟走势图里的交易已经十分明显了，东看西看只会分散自己的注意力，并错过更多5分钟走势图里的开仓信号。

有一类最为可靠的H1和L1的结构突破，发生于对迷你趋势线假突破的位置，原因在于，迷你趋势线仅仅出现在趋势中最强劲的趋势段。比如在上涨趋势中，对迷你上行趋势线构成的一两根K线长度的假突破，进而形成H1结构，或者在下跌趋势中形成L1结构，都是高胜算的顺势开仓结构。另一种使用H1和L1的可靠场景，是当趋势强劲且K线运行于EMA均线之外时，出现对EMA均线的H1回调（或L1回调），此时即便没有迷你趋势线，开仓的胜算也很高。

趋势里存在依次抬升（或降低）的高点和低点。在上涨趋势中，每个低点逐渐高过上一个低点（形成了稍高的低点），每个高点也形成了稍高的高点。在下跌趋势中，低点和高点都渐次降低。总的来说，更高的高点或低点是用来描述多头趋势正在形成的情形，而更低的高点或低点是用来描述空头力量正在主导盘面。这样的概念意味着，当你试图对上涨趋势中抬升的低点（一次上涨中的回调）或下跌中抬升的低点（可能是下跌反转）进行买入，或者对下跌趋势或上涨趋势中降低的高点进行放空时，前提是要存在对迷你趋势线的突破。若参与趋势的反转交易，除非反转结构非常强劲，否则你应当以短线思路处理大部分持仓。

如图4-16所示，H1结构出现在上涨中的回落或者调整里，表示第一次出现前一根K线的高点被上破。若接下来出现高点没有突破前面K线高点的K线，那么当前一根K线的高点被再次上破时，就构成H2结构（第二高点突破)。同理,H3 是第三次,H4 是第四次。如果 H4 都不能结束回调,后面也没必要数下去,因为回调已经延伸得太远,此时应当考虑趋势已经转向的可能性。

同理,L1 出现在下跌或者横盘中,L2 结构、L3 结构、L4 结构都可以对应 H2 结构、H3 结构、H4 结构来理解。图 4-16 中虽然标记了很多 L 结构,但若市场明显处于上行趋势,就不该考虑对其中的大部分 L1 结构和 L2 结构进行卖出操作。

有时,同一段横盘中会同时出现 H2 结构和 L2 结构。尽管对 K 线结构计数存在不同的理解方式,但笔者在图中做的大部分标记是符合基本定义的。

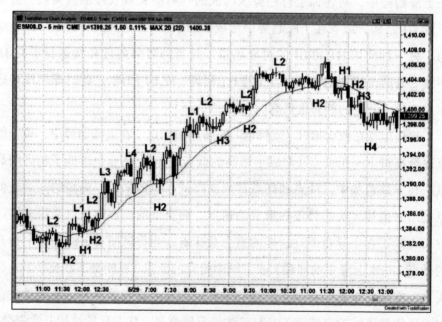

图 4-16　K 线计数

在该交易日,对 K 线结构计数的难度较大(不过对交易来说倒是很容易),我们可以从中体会对 K 线结构计数的微妙之处。如图 4-17 所示,若第一段下跌非常陡峭,而回调(指图 4-17 中到 K2 为止)仅持续了几根 K

线，然后 K3 处构成 H2 结构（又是一次仅数根 K 线的回调），由于过程中没有出现显著的对趋势线的上破，因此在这个 H2 结构不应该进行买入操作。K1 到 K2 实际上构成对迷你下行趋势线上破失败的开空结构，这表明短期空头动能强劲。

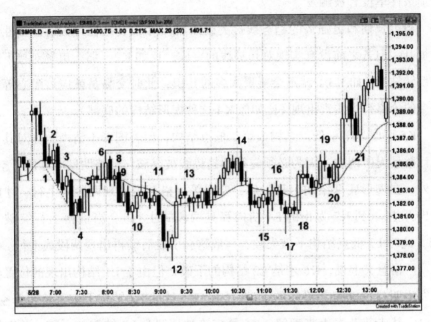

图 4-17 对 K 线结构计数的变体

尽管市场两次尝试上攻，但第一次上攻太弱了。你在鉴定买入结构之前，最好先看看在此之前有无价格转为强势的迹象。否则，应当假定市场仍处于前一段下行中。如果 K3 高点被下一根 K 线上破，这仍算是有效的买入结构。不过在下行结束并进入结构时，先观察到足够的买入力度，再对 H2 结构做多，是更明智的选择。

有时，（在 H2 结构之后）价格还能继续回落，刺破下行通道线后反转向上，形成 H3 结构，这是楔形反转结构（三段式下行，对下行通道线下破失败）。K4 就属于这种情况。注意，K2 或者 K3 都没能上破前一根 K 线的高点，不过它们都起到了结束一小段下行段的作用。但若从 1 分钟走势图上看，想必会看到一小段反弹回调，构成了 5 分钟走势图里的阳线。

K4 是下跌中的楔形结构的末端，下一根 K 线完成了 H3 的开多结构。尽管我们不愿看到开多的进场 K 最终收为阴线，但好在最终进场 K 低点的止损条件单没有被触发。

当更长期和更强势的趋势线被突破以后，对 K 线结构计数的重要性便会提升。但若之前没有实现对趋势线的突破，比如 K2，那么市场对接下来的反转结构（如 K3）就不会凝聚太多的共识，此时交易员就应该耐心等待更多的价格行为线索出现（比如像 K4 这种楔形结构的底部）。

K5 可以是第一低点结构或第二低点结构，但若图形不清晰，你对其如何计数是无所谓的，因为必须先等到趋势线被突破，形势明朗时才能开空。另外，在楔形底部结构出现以后，要先等价格至少出现两段式上行，才能考虑开空。（到 K7 为止的 L4 结构算是两段式上行）。当价格上行突破了 K5，此时 L2 低点结构下破失败，一般这会引发后续再出现两段式上行。

严格意义上说，K6 才是 L2 结构的下破，但由于 L1 结构出现的位置尚未发生明显的上行趋势线的下破，因此 K6 处的 L2 结构下破不值得开空。不过，从走势节奏上来理解，K6 处应该被理解为 L3 结构的下破，并期待再跟一段上行段。你需要更多的价格行为线索才能做出判断，比如 K7 这个 EMA 均线附近的二次进场点。而 K5 不过是一个大幅的十字星，市场还未形成足够的下跌共识，因此它不能被理解为具有足够抛压的 L1（实际上，它和后面的阳线一起构成了 L2 结构开空失败引发的开多结构）。

K8 是 H1 结构上破，不过它位于一根小幅 K 线之后，所以对后面的价格运行的指导意义有限，同时，它是一个迷你下行趋势线向上突破失败构成的开空结构。

K10 是 EMA 均线的第二缺口，意思是在上涨或者横盘中，价格第二次尝试从均线下方上涨并补上缺口。K 线的高点和均线之间的垂直距离，便是市场所关注的 EMA 均线缺口。在这一段中，K9 是第一次补缺口的尝试。之前的 K4 也是一个 EMA 均线第二缺口的买入结构。

K10 还是横盘中清晰出现的 H2 开多结构，也是高胜算的开仓点。

K11 是一个 H1 结构的变体（虽然是阳线，但没有越过前一根 K 线的高点）。在这样方向混乱的走势中，你总是需要更多的价格行为线索，才能决定当前 K 线能否构成 H1 结构。此处产生的稍高的低点，是对下行节奏的小的打断，也表现出了一定的上行动能，尽管力度有些微不足道，但还是对支撑价格起到了一点建设性的作用。到 K10 为止的下行段（K7 到 K10），未突破任何下行趋势线，因此蕴含了较强的动能。有理由推测后面还有第二段下行并产生稍低的低点，或至少回测一次 K10 的低点。

K12 是平静的市场中出现的比较显著的向上反转结构，同时它也位于当天的新低，在这些因素的共同作用下，K12 的开多至少具有短线参与的价值。到这个时候，你已经预期若短期内没有反弹，则下跌已经结束了，因此，K11 就可以算是 H1 结构。为何要进行如此复杂的分析？因为这种结构计数使得 K12 成为 H2 结构，也就是二次进场点，因此它更有可能引发一段显著的上涨。但若之前没有经典的 H1 结构或者 H1 结构的变体（此处 H1 结构变体是指 K11 处的阳线）作为前提，K12 开多的胜算就会小很多，你将很可能以短线思路对待这笔交易，大多数持仓很快被平掉，并开始等待下一步的价格行为线索。不过，若是基于前面的走势分析框架，有理由相信 K12 很可能会引发至少两段式的上行，因此交易员可能会以半数以上的仓位参与波段交易。此外，K12 是规模更大的两段式走势（K7 到 K10 是两段式下行的第一段）中，等距运行（大致）测算的目标位，还是规模更大的两段式走势（从开盘到 K4，是这个规模更大的两段式下行的第一段）的目标位。最后要指出的是，K12 是下行通道中，对下沿的通道线（此处未画出，具体画法是从 K7 高点到 K10 后面的 K 线的高点绘制下跌趋势线，再绘制平行线并下移至 K10 低点，从而得到通道线）射击过头构成的反转结构。

K14 是第二低点结构的下破，由此结束第二段上行。这里也构成下跌趋势中的双顶熊旗结构。当天开盘时出现强力的下跌，伴随 K4 到 K7 的回调走势，K14 是对这个回调端点的回测，构成该交易日第二次失败的冲高尝试，并构成双顶结构。在这种趋势不明显的交易日内，出现双顶熊旗结构以后，我们应当开始期待两段式的下行。K14 之后，第一段下行终结于 K15 的 H1 结构，而后小的两段式回调上行终结于 K16 处的 M2S 结构，这是铁丝网结构，不过在这个横盘区间的高点出现的小幅 K 线，构成极好的开空机会。

K16 之后的第二段下行段，终结于 K17 处的第二高点结构上破。尽管 K17 自身是下跌中的阴线，并且前面自 K14 到 K15 的第一段下跌的动能很强，但这仍是有效的买入开仓机会，然而长长的上影线还是造成许多困惑，带来了后续的二次进场点，也就是 K18 的 H2 结构。出现二次进场点的原因是，在第一次进场点出现时，有足够多的交易员对此感到信心不足，因而选择等待二次进场点的出现（再行动）。如果仅观察 K 线实体的话，这也是一种 ii 结构的变体。

K19 处的第二低点（L2）结构下破，尽管发生于强劲的上行动能之后，但它仍是有效的开空位置。不过，这个开空点最终只跌到 K20，产生突破 5 跳陷阱（即 K19 启动的下跌只持续了 5 跳，K20 很快反包吞没前一根 K 线的高点，导致很多短线做空的交易员还没有获得短线利润就被套在其中）。

K20 令 L2 的开空结构失败，这困住了很多短线做空的空头，考虑到上行动能良好，这里构成了很好的开多进场点。当这种机会出现，后面经常会引发两段式的上行，并常常以 L4 结构的方式结束。基于这个认知，在 K21 处的 H1 结构上破点开仓做多是一笔极好的交易。市场中多空双方都认识到当前上涨动能强劲，大概率会出现第二段上行。当然，K21 处的下跌也存在发展出第二段下行段的可能性。不过考虑到当前的市场强度，这一情景出现的概率不大。

如果走势段至少持续数根 K 线，并且明显突破了趋势线，对走势段进行计数会更加可靠。举例来说，下跌走势中的反弹表现为向上倾斜的窄幅盘整区间，对其中的 L4 结构下破开空并不是理想的选择，因为此时并没有出现明显的对趋势线的突破。

图 4-18 中的 5 分钟走势图里有两段强力的下跌，终结于 K1 处的一跳下破失败。接着价格横向运行，形成了倾斜向上的窄幅通道，最终上破了开盘以来的下跌趋势线。在经历了两段式下跌以及对下跌趋势线的上破以后，大概率要出现两段式上行。

K5 是 EMA 均线处的 L4 结构下破，然而做空的胜算不大，因为市场大体处于横盘走势，其中有很多小十字星，接下来很可能出现稍高的低点，所以做空不会有太多潜在的盈利空间。但是，如果交易员将信号 K 的高点作为开空的防守点，这里仍然能产生一次短线交易收益。但由于我们预判到会出现稍高的低点，然后出现第二段上行，交易员最好寻求买入开仓的机会。

自 K6 开始了窄幅的向下通道，不过在回测了 EMA 均线之后，市场给了 H4 结构上破的买入机会（K6、K7、K8 分别对应的是 H1、H2、H3）。第二段上行启动以后，价格保持强势到收盘。

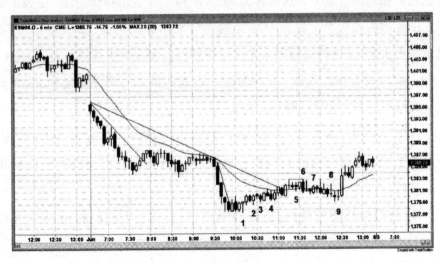

图 4-18　被延伸的价格走势，通常会跟随两段式的回调

当市场处于窄幅横盘区间时，交易就不容易开展，因此此处经常会出现回调，并且 K 线之间的重叠部分太多。这种形态就好比巨大的磁铁，市场在上下两个方向都很难走得太远。这个局面会持续到发生突破失败为止。（图 4-18 中的 K9 就是一次向下突破失败）。

每当发生对趋势线的突破，就有较大概率在突破方向上出现第二段，因为市场参与者此时已经认识到由稍高的低点（或者稍低的高点）构成的趋势反转结构的可能性了。总的来说，在这个节点之后要避开顺着原来趋势方向的交易机会，除非观察到该突破趋势线的第二段走势失败。举例来说，在下跌趋势线被强力上破以后，最好关注稍高的低点构成的买入机会，不要再去找开空的结构，维持这个交易思路，直到确认其间形成的稍高的低点的结构失败。但是，若上破了下跌趋势线，当前价格与原有下行趋势的低点的距离太远，你可以考虑对第一段强力反弹开空，特别是这段反弹最终在 EMA 均线位置留下缺口 K 线，就更不能错过这个开空机会。

当价格形成 H2 或者 L2 结构，并且部分 K 线触碰了 EMA 均线，尤其是在趋势强劲的背景下，这被称为 M2B 结构（M 表示移动均线，2 表示第二，B 表示买入机会）或者 M2S 结构（M 表示移动均线，2 表示第二，S 表示卖出机会）。这种结构因其尤为可靠的性质而有别于其他普通的 H2/L2 结构，所以我要在此强调（在趋势中，出现两段式回调并触碰到 EMA 均线，容易产生非常理想的开仓结构）。

在图 4-19 中，K5、K6、K8 都是 M2S 开空结构。K3 是一个 L2 结构，不过这里构成开仓结构的 K 线没有触碰到 EMA 均线。K2 和 K4 都是 M2B 开多结构。

K8 处的 M2S 开空结构之后，紧跟着 K9 的 H2 开多结构（但因为 K 线位于 EMA 均线下方，因此 K9 的这个 M2B 开多结构的质量一般）。

尽管 H2 和 L2 都是常见的反转结构，但若之前没有突破趋势线的 H1

和 L1 结构作为前提，就不该在 H2 和 L2 的反转结构进行交易。突破趋势线的走势可以是反向的走势段，也可以是横盘走势段，在突破走势段中包含的 K 线越多，动能越强，就代表反向的力量越强，因此后面 H2 和 L2 的反转结构能够盈利的可能性就越大。

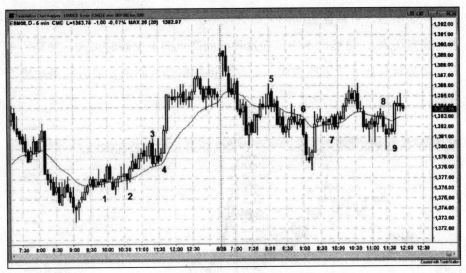

图 4-19　M2B 和 M2S 开仓结构

在图 4-20 的左侧是 Emini 的 5 分钟走势图，右侧是 SDS 的 5 分钟走势图，SDS 是一种走势和 SPY 基金（和 Emini 相似的基金）相反的 ETF 基金，只是杠杆放大了两倍。在图 4-20 左侧，K1 处下破了上涨趋势线之后，紧接着 K2 处发生了 H2 结构上破，然后是 K3 处以稍高的高点的方式测试原上涨趋势的极限点。这里存在构造趋势反转的可能性。下行动能强劲，而 K4 处的 H1 结构上破非常微弱，它向上刺破了自 K3 高点以来的迷你下行趋势线，但马上反转下行，这进一步表明多头实力不足。这实际上是一个质量更高的 L1 结构下破开空点。而在之后 K5 处的 H2 结构上破位置买入是不明智的，除非它展现出超预期的上涨强度，比如出现作为 K 线反转结构的超强的大阳线。另外，K5 的信号 K 幅度太大，迫使你在疲弱的市场中在高点买入，并且信号 K 是一个十字星，几乎完全处于前两根 K 线的范围内（更不用说这两根 K 线都是阴线）。每当出现三根以上的 K 线大幅度重叠，并且其中至少有一根以上是十字星（整体构成铁丝网形态）时，交易员最好等待更多的价格行为信息，不要急于开仓。此时，多空双方大致处于均衡状态，对横盘区间的突破大概率会失败（比如对 K5 处的 H2 结构进行高点买入），显然你不应该在这种区间高点向上突破时买入，尤其是考虑到走势背景还处于下跌段中，此时大多数横盘区间的发展方向是顺势下移的。

图 4-20　对图表上下颠倒，有时让开仓结构更清晰

每次当你怀疑走势的信号强度时，换个观察角度也许会有帮助。比如，用竹线图或者上下颠倒的走势图。总的来说，单是你觉得自己需要进一步研究的事实，就表明你面对的并不是清晰和强力的信号，因此你不该开仓。

即便你忍不住想在图 4-20 左侧的 K5 处的 H2 结构上破位置买入开仓，但一看图 4-20 右侧，你会发现基本上没人愿意在 SDS 走势图中 K5 处的 L2 结构低点下破时开空，因为其上涨动能如此强劲。由于图 4-20 左右两侧的走势图是上下颠倒的关系，如果你在 SDS 走势图中不考虑买入，那么你在 Emini 走势图中的同样位置，也不应该考虑卖出。

注意，在 Emini 走势图中，K7 是一个 H4 结构上破的买入点，通常算是很可靠的买入结构。但由于前面的 H1 结构、H2 结构、H3 结构都没有表现出足够的上涨强度，因此在 H4 结构你也不该参与这笔交易。对走势段计数本身不足以构成开仓条件。我们把在要交易的方向上观察到足够的强度作为开仓的前提条件，这表现为一段相对较强的走势，至少突破一条迷你趋势线。

注意在当天早些时候是强力的上涨趋势，在市场向下突破上涨趋势线之前，出现的 L2 结构都没有开空的价值。尽管下破趋势线后没有马上出现强力的下跌，但价格在低位横盘运行了大约 10 根 K 线，这表明空头具有足够的实力，能够在一段较长的时间内压制多头的攻势。这种空头实力的展示，支撑着交易员充满信心地在最后旗形上破失败的位置，即在 K3 的当日新高位置开空。

L2 结构下破失败，通常会使 L4 结构出现。在图 4-21 中，K2 是一个失败的 L2 开空结构，因此可以期待还有两段上行段。最终，L4 结构终结了下跌中的反弹，而另一个 H4 结构终结了该交易日创出新低的下行段。自 K 线 A 启动的 H1 结构位于之前反弹段的 L4 结构之前，但这无妨。

K1 是一个迷你趋势线上破失败的开空结构，可以短线参与。不过在下一根 K 线就转变为向上突破迷你趋势线后的回调开多结构（尽管上破迷你趋势线失败了，但是这个失败引发的下行仅仅持续了几根 K 线，这些 K 线就成为之前突破迷你趋势线后的回调结构）。

图 4-21   回调有时是四段，不止两段

4.8 H2 和 L2 开仓结构的变体

要理解 H2 和 L2 结构，关键是把握它的内涵。市场做任何事情，都会倾向于尝试两次，在趋势的调整中，价格经常进行两次反转趋势的尝试，如果第二次尝试也失败，市场就很可能做完全相反的事情（也就是让趋势继续）。在上涨趋势的回调中，对 H2 结构上破进行买入操作是有优势的策略，因为这么做非常容易，不涉及太多思考。但若回调确实发生了两次，但没有形成清晰的 H2 或 L2 结构，问题就来了。这就是为什么我们有必要研究 H2 和 L2 结构的变体，这会让你可以在没有出现清晰的 H2 或 L2 结构时，仍能参与两段式回调结束位置给出的交易机会并实现盈利。

最明显的两段式回调，有两段清晰的波段，中间夹杂着一段反向、突破了迷你趋势线的波段。上涨趋势中的回调常形成 H2 结构，下跌趋势中的回调常形成 L2 结构（对应波浪理论中的 ABC 回调走势）。不过，也存在一些不太清晰但能提供可靠交易机会的回调结构的变体，因此认识和把握这些变体同样重要。每当你发现一段可以辨认出两段式结构的调整，那你就遇到了一个具有交易价值的形态。不过，变体形态相差理想形态越远，交易的效果就会相差越大。这是因为形态的不确定性使交易员在开仓时更加犹豫，因此形态失败的可能性就会加大。

在图 4-22 中，K2 是一个带长上影线的十字星，表明价格在这根 K 线所覆盖的时间里先上涨后下跌。其中上涨终结了第一段下行，因此 K3 就应该更像 H2 结构，事实上也的确如此。由于这里产生了当日的新低，并且已经是第三段下行（同时是收缩阶梯形态，表明下跌的动能正在耗尽，此外它还是下跌中最后的旗形结构向下突破失败构成的反转结构），尽管连续出现三根阴线，你仍然应当寻求买入机会。K3 处暗含的 H2 结构是强化你开仓信心的最后一块拼图，由此你不需要更多价格行为走势的线索（比如等待二次进场机会）便可进场。每当你推断价格运行暗含两段式结构时，你会发现后市往往表现出两段式结构应有的样子。

图 4-22　对走势段计数的变体：将长影线也看作一段走势

在图 4-23 中，尽管 K3 后面的 K 线才是上涨波段的最高点，但 K3 和

K4 实质上构成了上涨中的两段式回调。由于具有两段式结构，因此 K4 就是一个 H2 结构的开多进场点。这种两根阴线夹一根阳线的横盘形态，构成了两段式调整。

在自当日低点启动的两段式上行之后，出现阴线下跌结构，尝试终结这段上行，K8 位于下跌反转结构之后，是一个 H1 结构开多点，套住了不少在 K6 的 L2 结构中开空的空头。

K10 构成 H2 结构开多点（K8 是 H1 结构），因为它发生在两次自当日高点下跌的尝试（K7 和 K10）之后。两次下跌的尝试就可以视为两段式的回调结构，因此 K10 是一个 H2 结构开多点。你也可以把它看作 H1 结构，因为前面六根 K 线基本上是在横盘运行，有理由将它们看作位于同一个形态内部，而 K7 是这个形态中的第一段下行。

K12 构成 H2 结构，因为它已经位于第二段下行段中（第一段下行段是 K11 高点到 K12 之前第二根 K 线）。

像这样的分析不是很严谨，但目的很重要。交易员应当提升自己观察和把握两段式调整结构的能力，因为它们往往构成绝佳的顺势进场点。

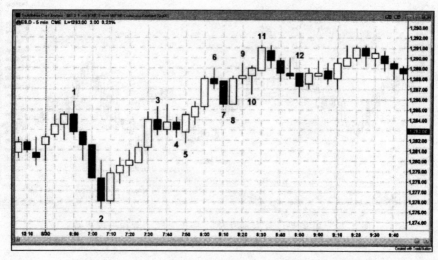

图 4-23　对走势段计数的变体：横盘运行的调整

图 4-24 是 SPY 的走势，其中展示了很多 L2 结构的变体，如果你仔细观察，会发现每一个 L2 结构都是下跌趋势中两段式回调的结束点。由于图 4-24 中的走势明显是下跌趋势（绝大多数 K 线位于 EMA 均线下方），因此交易员应当寻找开空的机会，看起来像 L2 结构的结构便是很合理的开仓理由。

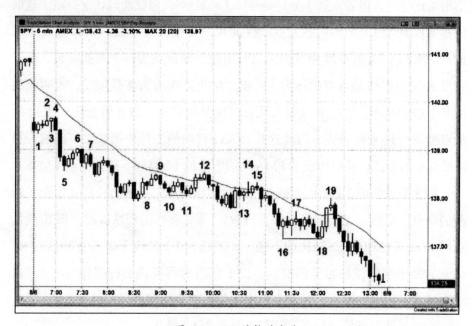

图 4-24　L2 结构的变体

K3 是 L1 结构，但其高点被后面的 K4 突破，令 K4 成为第二次上涨的尝试，而 K4 的低点又被后一根 K 线下破，触发了 L2 结构下破的开空点。

K6 是 L1 结构，两根 K 线之后是一根阳线，表明这是一段上行段。紧接着的 K7 是一个触发开空的信号 K，虽然它比 L1 结构的位置要低一些，但这仍然构成了有效的两段式回调结构。

K8 是反弹回调中出现的小阴线，同时是一个孕线结构，它构成一个很微小的调整，终结了第一段上行。K9 这根阴线，跟在一根阳线后面（实际上是跟在两根阳线后面），因此这是第二次下跌的尝试，实质上构成了EMA 均线附近的 L2 结构下破的开空机会。

K11 比 K10 更低，因此它才是反弹到 K12 的起点。但笔者还是将 K12 标记为 L2 结构，为什么？因为 K12 这根 K 线在刚刚形成开盘价时，先是略微跌破了前一根 K 线的低点然后收回。尽管从这张静态的走势图中我们看不出来这一点，但若观察 1 分钟走势图（未展示），你就能确认这一点。这就使得 K12 成为 L1 结构的触发点。吞没 K 线是指突破了前一根 K 线高点和低点的 K 线，从图 4-24 中我们无法看出高点和低点哪一个先被突破，尽管吞没 K 线的实体是可靠的线索（比如，吞没 K 线的实体是阳线，表明收线前是上涨的状态，意味着这根 K 线很可能是先发生下跌然后上涨）。K12 的低点被下一根 K 线跌破，因此这是自 K11 启动的上行中第二次下破前一根 K 线低点的尝试，从而构成了 EMA 均线附近的 L2 结构下破开空点（M2S）。

K13 是清晰的 L1 结构下破，一旦后面出现第二段上行（K14 走出了稍高的高点，显然这是小的第二段上行段），那么首次出现跌破前一根 K 线低点的 K 线就将构成 L2 结构的下破。K15 成为 L2 结构下破开空的信号 K，尽管它是小型的波段走势的高点，位于之前的两段式上行的高点之下（由于它构成了稍低的高点，因此有理由期待后面至少有两段式的下行）。

K17 虽然身处铁丝网形态，但也是一个 L2 结构。

K18 终结了铁丝网结构的向下突破走势（铁丝网的突破往往面临失败），同时是 H2 开多结构。

铁丝网结构常常会出现来回的突破失败，因此 K19 是相当不错的开空结构（同时要指出，它还是下跌趋势中第一个 EMA 均线缺口 K 线的开空结构，同时还是 K16 以来的第二段上行）。

有时候，两段式回调实际能分解出三段，比如在大多数楔形回调结构中。在图 4-25 中，到 K2 处的强力上行可以看作反弹的第一段（跳空上涨可以被理解为强力上行）。在强力的走势之后，通常承接两段式的走势。K3

和 K4 所标记的两段式走势，其实是第二段上行的两个组成结构。

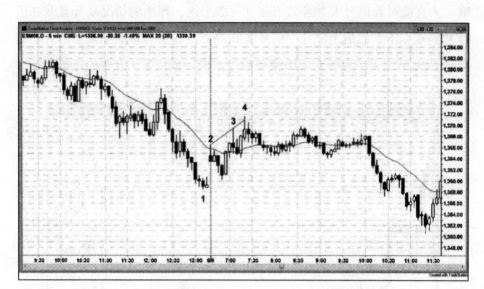

图 4-25　三重推动的楔形结构，往往可以从中分解出两段式走势

4.9　三重推动构成的回调走势

正如三重推动形态或者完美的楔形结构可以终结趋势，这样的结构也可以终结回调。即便在强力的趋势中，交易日内某个时候也可能出现持续几个小时、缺乏动能的三重推动的回调形态。因为绝大多数回调只有两段，而第三段可能意味着开启新的趋势，所以第三段回调会诱骗不少渴望交易反转的交易员开仓进场。

在发生强力的趋势行情后，常常会承接一段由动能较弱的三重推动构成的回调。在图 4-26 中，下跌趋势创下 K3 的低点，K4、K6、K8 是接下来三重回调的端点，并且该三重回调是依次抬升的（稍高的低点和高点）。由于这里未表现出强劲的上行动能，交易员会在新高点出现时参与做空。

图 4-26 中还有一个扩张三角形形态（K1、K2、K3、K6、K9）。K9 处

完成了扩张三角形底部，后面还是一个孕线结构，构成了开多结构。不过，第二天直接对着信号 K 跳空高开了（一般来说，理想的情况是开盘开在信号 K 高点以下，然后上破这个信号 K 的高点，这会构成更加理想的开多结构），因此第二天一直等到 K10 突破后的回调，才产生了开多的进场点。

图 4-26　三重推动的顶部

在图 4-27 的 QQQQ 的走势中，出现了下跌趋势中的三重推动构成的反弹，图 4-27 中下跌到反弹持续了三天。尽管上行的动能看起来较为充足，但是和整体的下跌趋势相比，就能看出多头力量仍然疲弱。我们可以确信下跌趋势的低点将被回测。对低点的回测发生在第三天开盘时。

在图 4-28 中，AAPL 在该交易日大幅跳空高开，可以被当作陡峭的上行段（上涨冲击走势）。在这段上行之后，是三段回调走势，其中第三段没

能成功地突破前一段。这样的回调通常发生在趋势行情的中部，交易员在
K3处的开多结构中进场后，应当以部分或者全部的仓位参与波段交易，并
且应当期待再出现一段大致等距的上行段。这种走势将跳空高开处理为第
一段，可以理解为趋势延续的交易日的一种变体。此外，回调走势中第三
段没能突破之前的回调段，这也构成了头肩形态的上涨旗形结构。

图 4-27　三重推动

图 4-28　三重推动，其中第三次没能突破成功

在图 4-29 中，LEH 在 K1 处出现了大幅的反转结构。K8 是楔形回调结构（K4、K6、K7、K8）的尾部端点，同时也是小型三重推动（K6、K7、K8）的尾部端点。此外，K8 和 K2 共同构成了下跌趋势中的双顶旗形形态（K8 的价格其实比 K2 高了 24 美分，但是对日 K 线的走势图来说，这么小的误差不算什么）。

在下跌趋势中，像这样大跌后面跟着大涨，本质上是一个日线的十字星（意思是从更长的时间周期看，这种一涨一跌互相抵消，多空双方大致处于均衡状态）。请记住，十字星就表示一个横盘的区间形态，所以到 K2 处的上行段，应该被看作下跌中横盘区间的开始，并且是下跌中旗形结构的开端，除非我们在后面又看到一连串抬升的高点和低点（才能开始看多）。在这里，大概率是偏向于下跌的，在 K8 以后，这轮下跌才表现出来。

最终，走势回测了 K1 的低点，但没有再反弹，而这家公司也在几个月以后破产退市了。这是后话。

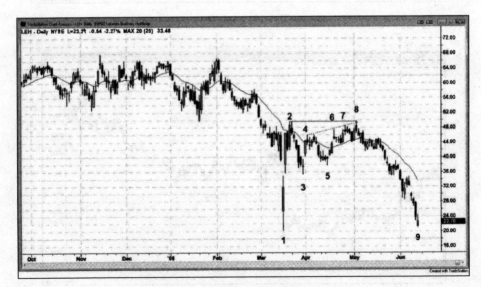

图 4-29　楔形结构的回调走势

在图 4-30 中，到 K6 这里是两段式的回调，回调第一段在 K5 处结束。到 K5 为止是一个楔形结构，正如大多数楔形结构一样，这可以被看作两段式，而第二段是由两段更小的上行段构成（K4 和 K5）的。K6 是楔形结构的反转在失败后，尝试继续上行又遭遇失败，从而构成的反转结构，类似这样的"失败再失败"往往是非常珍贵的开仓结构。

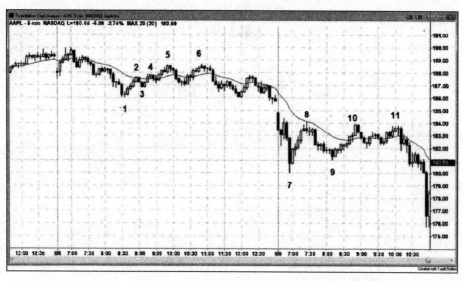

图 4-30　三重推动构成的楔形结构，但可以看作两段式的走势

自 K7 的低点启动的是一次三段式的回调。你愿意将它看作三角形形态还是两段式（一段是 K7 到 K8，一段是 K9 到 K11，第二段由两段更小的走势构成）调整，其实并不重要。在趋势行情里，三段式的回调其实非常常见，并且很多时候等价于两段式的回调，因为后面两段可以合并成一段。到底是三段还是两段？如果对这个问题感到困扰，那就不要想了，还是关注下跌趋势本身，若走势终究不能越过 EMA 均线到达均线另一侧，那就寻找做空机会，如果这种计数的概念让你感到心烦意乱、无法开仓的话，就不必再纠结走势段的计数。

第 5 章

横盘区间

如果走势图一会儿上涨一会儿下跌，就说明多空任意一方都没能占据主导地位。他们在交替控制盘面。每一段上涨和下跌，都属于具有获利潜能的小型趋势，特别是对更短的时间周期来说。

假如横盘延续了 5～20 根 K 线，交易员就应当特别小心，因为此时多空双方处于极度均衡的状态。在这种情况下参与突破是容易亏钱的策略，因为每一次短暂的上行都会遭到空头无情的迎头痛击，而且新进场的多头多半会快速平仓离场。在这两个因素的共同作用下，在 K 线上方构造上影线。同理，每一次下行的走势也会被快速逆转，在 K 线下方构造下影线。不过，在这样的走势中也是有办法获利的。

一般来说，横盘是趋势中倾向于延续的形态，这意味着后期多半会延续进入横盘前的趋势方向，完成后续的突破动作。此外，横盘也倾向于向

EMA 均线的外侧进行突破。比如，若横盘发生在 EMA 均线下方，后面就倾向于下破，反之若发生在 EMA 均线上方，就倾向于上破。如果横盘区间和 EMA 均线之间还有空当，向均线外突破的概率还会增大。但如果横盘区间与 EMA 均线相距太远，可能会构造回测 EMA 均线的走势。如果一段上行走势开始停顿，进入横盘区间，最终发生向上突破的概率会大一点。不过，在这个横盘区间最终被突破之前，可能发生若干次向上或向下的突破失败。有时候，会发生逆趋势方向的突破。另外，横盘持续得越久，最终成为反转结构的概率就越大（所谓下跌趋势中的横盘吸筹，以及上涨趋势中的横盘派发）。因此，交易员应当格外小心，注意价格行为的开仓结构背后蕴含的风险。如果在 5 分钟走势图中，看到横盘区间持续了将近 1 个小时，其中大幅的走势异常复杂，形态难辨，那么同样的走势很可能在 15 分钟或者 1 小时走势图中就会看起来紧凑清晰、一目了然。因此有时候，观察时间周期较长的走势图也不无裨益。

5.1　窄幅横盘区间

窄幅横盘区间是很常见的形态，它有很多别名，但都不足以形容它的特性。这个概念指任何横向运行的走势，中间存在至少两根以上的大幅重叠的 K 线。此时，多空双方处于大致均衡的状态，交易员在期待价格突破区间并且观望突破后市场对此的反应，重点观察突破后的回调，是击穿盘整区间，到达横盘的另一侧，还是仅仅回测了突破点，然后继续突破走势。

如果窄幅横盘区间的斜率不是水平的，而是略微向上或者向下倾斜，这仍然是窄幅横盘区间，交易上也应当用同样的思路来处理。多空双方大致处于均衡状态，一般来说最好等待突破的失败（向着突破另一侧方向交易），或者突破后的回调来顺势进场。一般来说，这种窄幅盘整往往是趋势继续的形态，就像图 5-1 中 K1 这里的窄幅横盘区间。

图 5-1　向上倾斜的窄幅横盘区间

　　在图 5-1 中，自 K2 开始的横盘区间，发生在两段强力下跌之后，因此有理由期待走势延续，并可能引发两段式的上行（到 K3 处的上行，成为两段式上行的第一段）。这样的横盘区间交易难度很大，假突破也多，最好减少交易次数，或者干脆回避，等待终将到来的更加清晰的交易机会。

　　窄幅横盘区间通常是趋势继续的结构，但如果发生在高潮式走势之后（比如对通道线射击过头后的反转），即便是规模不算大的高潮，都会引发价格走势方向的混乱。这是因为高潮式走势会带来反方向上的交易动能，而我们作为交易员，恐怕无法弄清楚究竟是反方向上的交易动能会胜出，进而引发价格反转，还是原有趋势动能会胜出，进而引发趋势继续。

　　横向的旗形结构和铁丝网结构，都属于小型的窄幅横盘区间，通常向原有趋势方向突破。有时候这种横盘区间可以延续 20 多根 K 线，并且 K

线不怎么带影线，这就使得形态中的开仓结构对市场未来的预测价值大幅降低。交易员不应当靠猜测来交易，因此价格行为交易员应当等待后续的突破动作，从而决定下一步操作。在大多数情况下，突破的失败会再次失败，构成突破后的顺势回调进场结构。在（向上或向下）突破后的回调 K 线的高点或低点被后一根 K 线突破时，顺着突破的方向进场。在向上突破的情况下，交易员在回调 K 线高点多一跳位置被突破时进场做多。如果回调触及横盘区间的另一侧，或在回调 K 线后面几根 K 线的时间里，价格忽然崩塌并下跌到横盘区间的另一侧，那就应该在横盘区间低点被跌破时开空。

在横盘区间结束后，走势通常不会很强，市场在这一天剩余的交易时间里也不会有特别强的趋势性，这些因素就导致横盘区间形态无法成为非常有盈利潜能的交易形态。这种形态在股票上会更加可靠一些，它频频出现，有时候能导致趋势继续，因此值得花工夫理解它。（除了突破回调外）它还有其他值得交易的结构，比如迷你趋势线突破失败、H2 或 L2 结构等，并且相对于突破而言，这些开仓结构的盈利潜能更大。请记住，仅当 K 线位于区间的顶部或者底部附近时参与交易，并且参与的方向应当是走势失败的方向（比如，在横盘区间的高点，出现小型 K 线时，跌破其 K 线低点时卖出）。实际上，聚焦这样的交易要胜过突破交易。

在图 5-2 中，到 K4 为止，已经很清楚地看出市场已经进入窄幅横盘区间。在 K5 和 K6 尝试了两次都没能上破区间的高点，这个窄幅横盘区间后面演变为三角形形态，而三角形往往是顺势形态。由于三角形之前是自低点启动的上行，考虑到大多数 K 线都处于 EMA 均线之上，因此后面很可能向上突破。在经历了两次上破失败后，第三次上破成功的概率就大大提升了。另外，K7 是位于自 K5 高点开始的回调中的 H2 结构，这个结构也为走势增添了动能。激进的交易员可能会在 H2 结构高点上破时就买入。下一个合理的买入点是在 K5——第一根上破失败的 K 线的高点被突破时买入。你也可以在这一天日内高点被上破时买入。胜算最高的进场点是在

K9——突破后的第一次回调位置，在跌破反转结构的低点仅仅一跳以后，马上再反转上涨，空头已被困在其中。另一处高胜算的买入点是在K10的均线处第二高点结构上破（M2B）时。这两处高胜算的买入结构，虽然产生的盈利较小，但胜算更大。

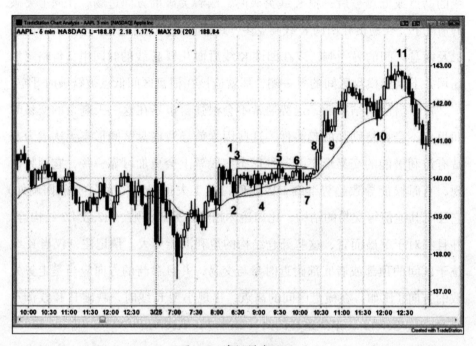

图 5-2　窄幅横盘区间

在图 5-3 中，LEH 自 K6 开始形成窄幅横盘区间，这应该属于两段式回调的一部分，并且构成了新的上涨趋势中的一个稍高的低点。此时，下跌趋势线已经被上破，并且价格在低点上方维持了较长的时间（大约 30 根 K 线）。考虑到这些积极的因素，我们可以在波段高点（比如 K7、K5、K4）被上破时买入开仓。

K3 处在昨天的低点附近实现了反转上行，同时这里也是当天第三次向下推动，三重推动也是促成反转的因素。接下来的横盘走势明显突破了下跌趋势线，这意味着空头步步后退，逐渐接受与多头维持均衡的局面。

在突破了下跌趋势线后，在 K6 处形成了稍高的低点。目前有很大的概率能出现一波上行，且至少能够突破 K2 处的高点（为什么是 K2，因为 K2 是下跌段中第一次出现的做多的信号 K）。在这波向上突破的走势中，第一次回调出现在 K9 处的小的孕线中。因此在 K9 的高点被上破后做多，是高胜算的买入点。

K10 是小的旗形结构的上破失败，同时这是长达三根 K 线的窄幅横盘区间，并且位于自 K1 启动的下跌段约 65% 回调比例的位置。在此指出 65% 没有特别的含义，仅仅意味着这段上行已经对之前的下跌回调了太多。如果回调继续，价格就很可能开始进入新的上涨阶段。斐波那契交易员可能会把到 K10 这里的反弹解读为 0.618 黄金比例的回撤，并声称这个形态已经"足够接近"。不过，我想说绝大多数的回调都能够"足够接近"某个斐波那契数字，这就使得斐波那契数字在大多数情况下都作用有限。

图 5-3　既是稍高的低点，又是窄幅横盘区间

在图 5-4 中，到 K3 处出现了三根横向运行的 K 线，其中至少有一个十字星，因此铁丝网形态成立。这意味着我们只能参与两类交易：其一，趋势 K 线突破铁丝网形态失败，参与反向交易；其二，在铁丝网形态的上下沿出现小幅的 K 线，在小 K 线靠近铁丝网形态内侧的高点或低点被突破时开仓。K6 是下跌趋势 K 线（下破铁丝网形态失败），后面跟着 ii 结构（连续两根孕线），这最终构成了一次短线做多的交易机会。

K7 是在 K6 这个失败的向下突破之后，出现的上涨趋势 K 线向上突破铁丝网形态但再次失败。失败再失败是二次进场点，通常是十分可靠的交易结构。K7 之后的开空点，也是一次小型的扩张三角形形态的反转结构（到 K5 这里也是扩张三角形形态，但是稍微窄了点，似乎不足以对此期待足够的反转动能），扩张三角形往往是很可靠的反转结构。

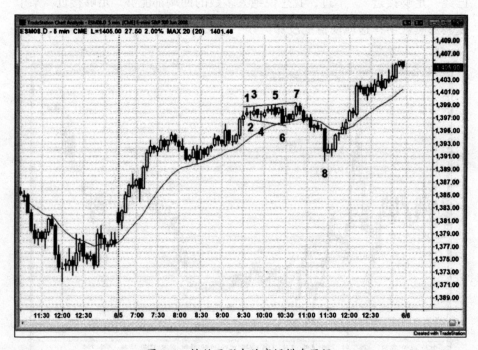

图 5-4　铁丝网形态的窄幅横盘区间

5.2 铁丝网形态

请仔细阅读本节内容，因为本节蕴含本书中最关键的信息，它将帮助你回避交易员最大的亏损来源。有一种重要的形态，发生在交易日的中间，发生在价格区间的中间位置，几乎总是靠近 EMA 均线。它就是窄幅横盘区间的一种类型，叫作铁丝网形态，意思是其中至少有三根 K 线大幅重叠，其中至少一个属于十字星。我将它命名为铁丝网，就是警告你不要触碰这类形态，否则你一定会受伤。K 线的实体小，意味着 K 线在开盘价这一端，价格向一个方向运行，但是反方向的交易员在 K 线收线以前，将价格推了回来。此外，横向运行的 K 线之间大幅重叠，意味着多空双方没有一方能够主导价格。和大多数的横盘区间同理，后市在顺势方向上的突破概率（也就是顺着进入横盘区间以前的趋势方向）会大一点。不过铁丝网形态以尖锐的拉锯走势著称，在它身上做突破的交易员会屡次受伤。对付铁丝网形态只有一种办法，那就是等待趋势 K 线突破铁丝网，这根趋势 K 线是第一个多空双方达成共识的信号，不过由于市场处于多空来回交替的走势，因此这个突破走势大概率要失败，应该做好参与反转交易的准备。举例来说，若在铁丝网形态中，有一根大阳线上破了形态上方，突破幅度超过了好几跳，当这根阳线收线以后，就在这根突破的 K 线低点下方一跳的位置，设置卖出开仓的条件单。有时候这个开空也会失败，因此一旦空单成交，并且进场 K 线收线以后，应该在进场 K 线的高点上方一跳的位置设置保护性止损和反手开多的条件单，如果条件单成交，这里就是前期铁丝网形态上破后的回调进场点了。第二个开仓点只有在非常罕见的情况下才会失败。一旦市场开始形成趋势 K 线，那么必然会很快出现多空双方其中一方开始控盘的场景。

你也可以考虑在铁丝网形态的高点或者低点附近，如果出现合适的进场点，对小幅的 K 线开仓。比如，如果在铁丝网形态的高点附近出现了小幅 K 线，在小幅 K 线低点下方一跳的位置被下破时进场开空，做一波短线下跌。你也可以观察 3 分钟走势图里的小幅 K 线，参与这种"否定"式交易的机会。但不应该通过观察 1 分钟走势图来寻找这种同样的交易机会，因为以 3 分钟和 5 分钟的走势图来交易，具有更大的胜算。

每当你举棋不定时，最佳策略就是等待，但如果你感觉早就该开仓进场了，则很难做到继续冷静等待。不过，明智的交易员总是能做到耐心等待，因为参与低胜算的开仓结构是没有意义的交易。这里提供一条简单好用的规则，就是如果在靠近 EMA 均线位置形成了横盘区间，且大部分 K 线位于 EMA 均线下方，此时不要买入，如果大部分 K 线在 EMA 均线上方，不要卖出。这条简单的规则，足以帮你在漫长的交易岁月中省下不少钱。价格行为终将走出类似 M2 结构的进场点，顺着 EMA 均线的方向（如果 K 线在 EMA 均线下方，M2S 是很好的开空结构；如果 K 线在 EMA 均线上方，考虑在 M2B 结构买入开仓），自 M2 启动的突破会运行很远的距离。

在图 5-5 中，K1 是大幅的吞没 K 线，后面跟着一根十字星孕线。每当出现三根以上的横盘 K 线，其中至少有一个是十字星，就意味着多空双方都无力控盘，最好的策略就是等待其中一方重新掌控局面，这将表现为以趋势 K 线的方式发生的清晰的突破动作，然后等待突破失败构造的反转交易机会。大多数这类从铁丝网形态中突破的趋势 K 线无法突破成功，并将成为反方向的开仓结构 K 线（但也有少数的突破最终带来强力的趋势行情，突破能够成功）。类似这样的开仓结构也存在比较高的失败率，如果突破失败，就出现第二个交易信号。在第二个信号上再失败就非常罕见了。

K2 是上涨的趋势 K 线，但它没能有效突破这个形态（它仅仅是对 K1 这根吞没 K 线突破了一跳，面对横盘区间，可靠的突破幅度必须要延伸出至少三跳）。另外，这根 K 线幅度太大，不适合用来开空，因为低点下破时你可能会在横盘区间的低位开空，这显然不是理想的交易机会。

K3 是大幅度的阴线，向下突破吞没 K 线的底部，幅度达到两跳，很多交易员会考虑在这个时候做空，他们的想法是市场已经向上突破并失败，而现在又下破了低点，很多在 K2 处买入开仓的多头，目前要面临触发止损了（实际上，即便是对散户而言，也几乎没有什么多头会考虑在这个位置买入，因此也没有多少止损单会打出来）。不过，交易计划是要对第一根清晰的趋势 K 线的突破做"否定"式交易，而 K2 不算是突破。很显然，K3 也不是一个合格的向下突破，但你应当假设这里已经有空头，他们认为自己比在 K2 处做多的多头要高明，因此开始布空了。你可以在 K4 这里买入，来"否定"这群自以为是的空头，但如果感觉走势不够清楚，等待二次进场点永远是最佳策略。K5 是一个非常好的开多结构，因为这是二次进场点，同时也是在上涨趋势中，位于 EMA 均线上方第二高点结构（H2）的上破。

图 5-5　铁丝网形态：三根以上的横盘 K 线，其中至少有一个十字星

那么在这里进场的多头，质量能和在 K2 位置进场的多头一样吗？显然不一样。在 K2 处进场的多头都是胆小懦弱的散户，他们不具有驱动市场进一步上行的实力，正如在 K3 处进场做空的空头，无力驱动价格下行。而在 K5 处进场做多的是机构交易员，他们满怀信心买入，随后出现的大阳线就是证据。有些在 K2 和 K3 处进场的交易员也会在此时进场做多，但这种规模的价格行为显然只能是由机构主导，并且这也是市场受价格行为理念所支配，从而出现的最合理的走势结果。

铁丝网形态出现在该交易日价格区间的中档位置，大概率是位于 20 周期 EMA 均线附近，此时最佳应对策略是在出现假突破时进场。在图 5-6 中，价格以 H2 结构上破的方式突破了形态的高点，但立马反转向下，H2 结构构造失败并跌破了底部，此时你应当在前一根 K 线的低点被跌破时开空。记住，这个形态位于 EMA 均线下方，所以最好的进场方式就是在 EMA 均线下方寻找开空的机会，开仓机会很可能表现为 M2S 结构（在均线下方第二低点开空），更妙的是，之前出现了 H2 结构（你不该在这个 H2 结构处买入）上破开多但失败。不过，要想成功地开出这个空单，你必须在思考时保留走势向上突破失败的可能性。须知这个上行突破的走势在前一两分钟内一度也表现得非常强劲，这令很多交易员眼里只有对做多的渴望。这种单一的心智水平令他们踏入陷阱，错失了后面做空的机会。你必须不断地思考，尤其当市场开始大幅运行以后。你不但应该思考进场开仓的思路，更要不断思考如果这个初始的走势失败了，价格迅速向反方向移动，你的应对策略应该是什么。否则，你注定会错失很多绝佳的交易机会，要知道最佳的机会中总是会先埋伏一些走势的陷阱。

铁丝网形态也可以出现在这个交易日的高点或低点附近，发生在走势突破之后。这类形态通常会引发顺势开仓结构，因此要仔细观察，等待顺势开仓结构出现，比如上涨趋势中的 H2 结构，或者下跌趋势中的 L2 结构,或者是突破的失败,或者是"失败再失败",比如突破后的回调走势,这是非常强的开仓结构。但如果二次进场点也失败,在再次进场之前,最好先等待更多清晰的走势线索出现。

图5-6 铁丝网形态最佳进场方式:反向穿破 EMA 均线失败后,再顺着 EMA 均线方向进场

处理铁丝网形态,最重要的一条规则就是,永远不要参与突破,而是要寻找"否定"的机会,特别是在横盘区间的高点或低点附近存在小幅 K 线时。如果在横盘区间的高点附近存在小幅 K 线,尤其是这根小幅 K 线还略微顶破了横盘区间的形态高点,幅度达到一两跳时,那么在后面价格跌破这根小幅 K 线的低点时开空进场;如果是在横盘区间低点附近存在小幅 K 线,特别是 K 线向下略微跌破了区间的低点时,那么在小幅 K 线的高点上破时进场开多。交易员其实还可以在横盘区间的高点预先设置卖出条件

单，在区间的低点设置买入条件单。很显然，机构交易员就一直在干这件事，这就是大多数横盘区间突破失败的原因。但是，我还是建议用条件单（而不是挂单），这样在单子成交时，是顺着短期动能的。而逆市场方向的价格动能交易，违背了很多交易员的直觉，尽管有时候这样做是合理的策略，也会造成很大的压力。我们最好放弃少数不正常的交易信号，以免在交易中体验额外的焦虑感。市场中存在足够多的、能够契合你的性格特点的其他交易机会，专注于这些交易才有意义。

当发生走势结构的突破以后，在趋势的极限点附近出现了铁丝网形态或者拉长的窄幅横盘区间形态，这通常会令原有趋势延续。应当寻找顺势进场的机会，开仓机会通常发生在假突破之后。在图 5-7 中，在画线标记的横盘区间中，有一根向上突破失败的 K 线，但这个向上突破失败没能成功地引发一轮下跌。像这样的"失败再失败"所带来的顺势进场结构就是最完美的那类进场点。这本质上是一次突破动作的继续（突破后的回调），尽管这个突破一开始看起来好像要失败。

在图 5-8 中，在强力的下跌趋势里，出现了几次铁丝网形态，每一次都形成了 L2 结构，提供了下跌中的顺势开空点。第二个铁丝网形态足够长，应当把它看作窄幅横盘区间，而不仅是铁丝网形态，铁丝网形态一般只有 5 ~ 10 根 K 线，其中 K 线的影线比较长（十字星）。此外，K2 是小幅的阴线反转 K 线，位于形态的高点附近，靠近 EMA 均线，这些因素令它成为非常理想的低风险（所承担的风险是 K 线的高度加两跳，一跳是给进场，一跳是给止损）的开空结构。该交易日明显是趋势行情（其实从小级别看是以趋势方式运行的一个个横盘区间，不过这些横盘区间幅度很窄，相对较浅的回撤幅度令下跌趋势看起来力量更强了），你应当在每一次空单进场后，都保留部分仓位来参与波段交易（也就是短线止盈仅仅平仓部分仓位）。

图 5-7　上涨趋势中的铁丝网形态：寻找 H2 结构来做多

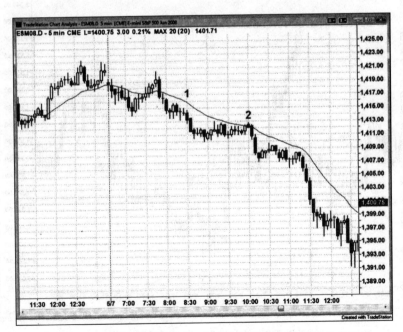

图 5-8　下跌趋势中的铁丝网形态：寻找类似 M2S 的结构来做空

在图 5-9 中，当天向下突破构造日内新低的时候，出现了铁丝网形态，同时这是下跌走势中第二段下行段，而两段式走势经常引发反转。此外，它还跌破了昨日的低点，在这些因素的共同作用下，上行反转的概率正在增加。

K2 位于向上突破的走势段末端，并且在 EMA 均线位置的 L2 结构处，出现了反转向下的结构（L1 位于 K1，虽然 K1 的低点低于三根 K 线之前的低点）。这个上破的失败未能引发继续下行，在 K3 处再次产生反转上行结构，这表明向上突破失败，最终转化为向上突破的回调结构，而没有转化为反转下行。

K3 也是一个双底回调买入结构（在双重底部形成后，出现的深度回调形成的稍高的低点，构成买入结构）。

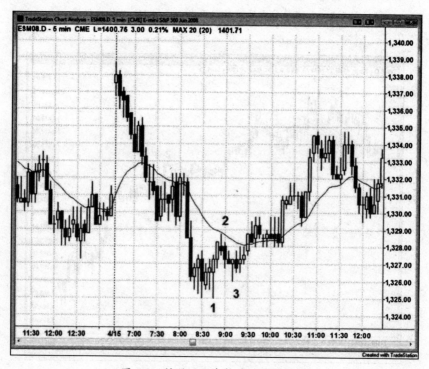

图 5-9　铁丝网形态构造的反转结构

5.3 交易日中间段走势，横盘区间的中部位置

如果把一个交易日按时间分成三段，中间那一段大约从早上 8 时 30 分持续到早上 10 时 30 分，在趋势不明朗的交易日（大多数的交易日都是如此），交易起来会格外困难。如果市场价格位于当天价格区间的中间位置，并且时间位于交易日的中间时段，铁丝网形态出现的概率就会显著提升，对绝大多数交易员来说，此时降低交易频率是明智的选择。此时大多数的交易开仓，应当限定为铁丝网形态专属的进场方式。在这种市场环境下，放弃大多数不够完美的进场点，耐心等待对当天高点或低点的回调，会是更好的选择。交易水平一般的交易员，在时间半位、空间半位的环境下，应当主动回避交易。仅这项改变就能使不少交易员的业绩扭亏为盈。

有时候在 Emini 合约的时间半位上，会产生诱人的形态结构，你承担了一跳的滑点成本进场。如果价格没有在几秒内向止盈目标位前进，那你很可能已踏入陷阱。设置保本离场的条件单是不会错的。记住每当出现一些看起来太好的机会时，市场中每个人显然都会看到机会并进场，那么走势接下来的发展很可能会事与愿违。

当交易员遇到不清晰的趋势时，在这一天的中间时间段，应当格外小心。在图 5-10 中，有很多重叠的 K 线、小幅的十字星，还有小的突破失败的 K 线结构，这些因素都加大了价格行为的解读难度。有经验的交易员可以在这样的环境中继续保持盈利。但大多数交易员会在这种混乱的环境中，丢掉在头几个小时清晰的走势中获得的利润。记住，交易员的目标是赚钱，有时候你什么也不做，等待本身也会令你的交易账户得到足够的滋养。在图 5-10 中，横盘一直持续到 11 时 45 分，已经接近当天的下半场了。我们所提出的时间划分仅供参考，更重要的还是价格行为，在以横盘区间为主的交易日最好的策略是对高点或低点进行"否定式"交易，当然，要做到这一点需要足够的耐心。

图 5-10　中位焦灼：时间半位，空间半位

5.4　大涨，大跌

每当市场出现大涨时，随后的一个大跌回撤了几乎全部的涨幅，类似这样的走势就是在形成一个横盘区间，不过这也可能是新趋势的起点。关键的要点在于第二段走势的末端有没有出现反转结构。如果有反转结构，那就至少会出现一次短线意义上的反转走势。如果没有反转结构，第二段走势很可能继续发展下去，触及的目标位大约是第一段走势高度的两倍的距离。

在图 5-11 中，LLY 的日线图展示的是凌厉的上涨到 K2 处中止（最后的旗形上破失败，并且是以两段式上行到达当天的新高），接下来跟随的是一段凌厉的下跌。在下行的过程中，没有产生明显的买入结构，而是在 EMA 均线下方的 K4 处，出现了突破后回调开空的 L2 结构。

K6 和 K7 是在短暂的迷你下跌趋势线上破后，出现的开空信号 K（K6 也是 EMA 缺口开空 K 线）。

K8 是整个向下冲击加下行通道的组合形态的低点，可惜这里不是非常完美的等距离测算的目标位，后面的反弹回测了 K4 这个下跌通道的起点。

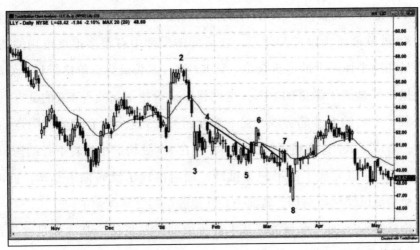

图 5-11　大涨和大跌通常意味着多空双方难以决断，后面很可能是横盘区间

在图 5-12 中，VPHM 的日线图走势在 K1 低点之后发生了强力的向上突破，应该是受到某些新闻事件的影响。到某个时间点后，动量交易员就开始主导盘面，将价格驱动到远非基本面所支持的高位。接着，到 K9 为止，出现了凌厉的下跌，K9 处已经出现了三重推动（楔形结构的变体），最终引发 K13 为止的反弹，这实际上构成了大幅的横盘区间。

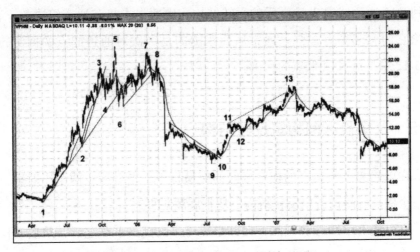

图 5-12　大涨和大跌之后是横盘区间

K10 是向上突破后，回调产生的稍高的低点，也是二次进场做多的位置。

K4 处跌破了上涨趋势线后，在后面的反弹中有很多追逐市场的动量交易员陆续平掉手上的多头仓位。到 K5 处，多头最终将价格带到了新高，但这里市场遭遇了激进的空头，他们将驱动价格下行直至 K6 的低点，最终下破了主要的上涨趋势线，接下来在回测 K5 这个原有趋势极限点的过程中，形成了 K7 这个稍低的高点，并且在 K7 处构造出反转下行结构。同时，在 K7 处也完成了向上三重推动，而后出现了反转向下结构。此时，动量交易员已经尽数离场，转而去找其他股票的交易机会了。

价格继续下挫，直到关注基本面价值的交易员认为基本面足够强劲，到 K9 低价位置，已经令这只股票显现出低价买入的优势了。K9 也是一个三重推动引发的买入结构。或许还是某个斐波那契的回撤，但这无关紧要。你可以看到这个回调很深，但还不够深，不足以抵消自 K1 启动的上涨的全部涨幅。多头仍然具有足够的动能来抬升股价，特别是在价值投资交易员进场的情况下。他们觉得，根据基本面的分析，股价已经很便宜，因此他们会在股价下跌时保持买入操作（除非它跌得太快太深）。

顺便一提，K11 这里向上冲击的走势，最终引发了通道上行，一直延续到 K13 通道线射击过头后的反转结构。由冲击走势和通道组成的上行，无论它们看起来有多强，通常后面跟随的是一次对通道起点的回测，在图 5-12 中是对 K12 低点的回测。

5.5　以横盘区间构筑反转结构

在以趋势方式运行的横盘区间的交易日中，在最后一两个小时里，最后一个横盘区间构造出反转结构，是非常常见的。

有时候在下跌趋势低点，尤其是经历了高潮式下跌之后，筑底动作可以由小型横盘区间完成，其中包含较长的影线或大幅反转结构的 K 线实体。类似这样的反转结构，在走势的顶部倒是不太常见（即便笔者的观察结论的确符合市场实际，这一结论对交易来说也没有太大的意义，因为对交易决策没有什么影响）。这些横盘区间形态，通常会是其他交易信号的一部分，比如双底回调结构，或者下跌中的双顶熊旗结构。

在图 5-13 中，在凌厉的下跌之后出现的横盘中具有大幅的趋势 K 线以及长影线，这经常会引发反转走势。这也是对双底的回调筑成的底部结构。

图 5-13　横盘区间引发的趋势反转：对双底结构的回调，进一步夯实筑底

FOMC 在 11 时 15 分发布了一份重磅报告，而图 5-14 中 5 分钟走势的 Emini 在这个时间点，在 K1 处形成了大幅的吞没 K 线，但 K 线的高点没有被逾越。即便在发布报告的时间点价格波动会变大，但价格行为的基本原理仍然成立。不要受情绪主导，应当将注意力集中在寻找合理的开仓结构上。

一般来说，若在该交易日的走势端点附近，出现构成横盘区间的 K 线，方向来回不定，或者其中有一个以上的大幅十字星，此时最好寻找反转开仓结构，因为大幅来回不定的 K 线表明市场缺少多空的主导力量，每当出现这种来回拉锯的走势，在高点买入和在低点卖出都是很不明智的。

在 K2 处产生了强势的 M2B 结构（EMA 均线处的 H2 结构），但这里的 K 线幅度太大，因此在此处开多就相当于在横盘区间的高点进场，由于 K 线的幅度较大（止损的幅度较大），因此开仓的风险也大，所以等待小幅 K 线或者陷阱出现，是更明智的选择。K3 是一个失败的 H2 结构上破，因此在该交易日的高点附近，出现了误入陷阱的多头，这构成了很理想的开空点，同时也是该交易日高点附近的 L2 结构，适合开空。这里还是大幅阴线后面的双顶熊旗结构，并且是一个向上冲击和横盘区间构成的筑顶的结构组合。

K6 是一个 L1 开空结构。由于在这个价格低位附近，没有产生明显的向上反转结构，因此可以判断多头还没有控盘，交易员应当继续寻找顺势开空的开仓结构。K5 右边的孕线太大，以至于不能构成做多的结构 K 线，特别是考虑到巨大的 K4 的吞没阴线可能会引发两段式的下行。不要做突破，而是要寻找跟在大幅 K 线之后的小幅 K 线来进行否定式交易，由于此时可能正在形成横盘区间，因此你应当仅在区间高点卖出，或在区间低点买入。

在对 K6 的开空结构做了一笔短线的空单以后，交易员现在面临 H2 结构的买入机会。不过，考虑到这里的 K 线幅度太大，并且互相之间重叠太多（表明是一个横盘区间），因此在区间高点对小幅 K 线进行卖出操作，利用被困住的交易员的止损行为来交易是更好的选择。K8 处会诱导多头进场，等他们反应过来后会在 K9，也就是比 K8 低点低一跳的位置止损。聪明的交易员会等待陷阱出现，在 K8 低点的 L2 结构下破时开空，此外，K8 位于横盘区间的高点附近，如果开空时正好遇到多头被套住，交易的胜算就大大提升。

K10 又是一次多头陷阱，在看起来很有吸引力（下影线很长，似乎有支撑的样子）的十字星的顶部，贪心又懦弱的多头买入进场。我在此重申，聪明的空头会等待区间高点的小幅 K 线下破时进场开空，因为此时多头不得不卖出止损，多头的买入力量中断将使价格快速下跌，触及短线做空的止盈目标位。这是一个横盘区间，因此就算出现反转结构，由于不存在可供反转的对象，这些反转结构最终都变成走势的陷阱。

这个横盘区间最终成为最后旗形结构的下破失败，在第二天开盘后第三根 K 线产生的 H2 结构完成了反转上行。这根 K 线既反转了最后的熊旗结构，又反转了当天的走势低点。

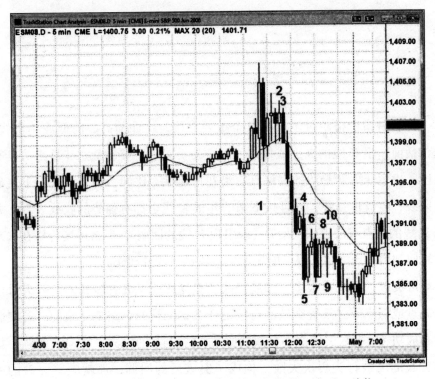

图 5-14　横盘区间引发的趋势反转：失败的 M2B 买入结构

第 6 章

突　破

　　突破是指价格越过了前期某个重要点位，比如前高、前低或趋势线，也包括前一根K线的高点或低点。对交易员来说，突破就意味着走势具有强度，也意味着新趋势的发展具有潜在可能性。比如，如果出现向上突破的阳线，收盘价强势，而且接下来的几根K线也都有强势的收线表现，并且K线的高点或低点依次抬升（未出现K线的回调），那么市场价格在未来反转回到启动点之前，很可能先发生一段价格抬升动作。

　　可突破的对象有很多，如趋势线、横盘区间，或者昨日的、今天日内的高点或低点等。不管突破的对象是什么，交易的思路是一致的。若突破没有成功（大多数突破都不会成功），那就参与"否定式"交易，否则，如果突破的失败行为再次失败，构成了突破后的回调，那就顺着突破的方向再次进场。只有在非常罕见的情况下，跟着突破直接进场才会是最佳选择，一般来说，等待突破失败，或等待突破回调后进场都是更好的选择。在大多数交易日里，交易员会把波段走势的高点或低点，看作潜在的"否定式"开仓结构发生的位置。而在强力的趋势交易日，突破总是伴随成交放量，即使在1分钟走势图里也看不到太多的回调走势的出现。此时局面就非常清楚了，目前是趋势交易员正在掌控盘面。如果遇到这么强的趋势行情，价格行为交易员会倾向于在突破前或突破后的回调走势中的H1/L1结构或H2/L2结构中进场，他们也不会直接跟着突破进场。理性的交易员永远想的是怎样以最小的风险为代价来开展交易。不过，一旦你确信当前的趋势非常强劲，以任何理由进入顺势交易都是合理的选择。在强力的趋势里，每一跳都可以算是顺势进场的开仓点，因此你可以以市价在任何位置进场，持有一定的仓位参与波段交易，并为波段交易设置合理的止损空间。

6.1　强力趋势中的突破进场点

当趋势强劲，每次对前面极限点的突破都是顺势进场点，这一点可以从突破时巨大的成交量、突破K线的大幅波动（强力的趋势K线）以及后面几根K线的跟随运行看出。聪明的资金显然已经在突破时同步进场了。但是，对我们来说，在突破时进场一般不会是参与突破的最佳方式，价格行为交易员几乎总是会把握稍早时出现的价格行为进场点，比如上涨趋势中的H1或H2结构。必须指出的是，如果趋势很强劲，你可以在任意位置进场，如果止损足够大，还可以获利。

如果你错过了突破前的进场结构，你可以以市价进场，或把握1分钟走势图的回调进场。不过最好等待至少出现两根强力的趋势K线（大幅度的K线，其影线很短或者没有），或者三四根中幅的趋势K线，然后在1分钟或者3分钟的走势回调中以半仓进场。在价格突破后，要容忍对突破点的回调测试，并且你应当使用假想中你原本更早进场且现在仍然持有的波段头寸会使用的那个假想的止损点来设置止损。后面短线止盈一半仓位，然后将剩余仓位的止损点移动到盈亏平衡点。如果趋势足够强劲，你应当在回调出现时，考虑增仓（已有持仓）或者重新进场（已无持仓）。

在图 6-1 中，K4 这个稍高的低点（突破下跌趋势线后形成的稍高的低点）启动的上行段演变成强力的上行趋势，价格实现反转，连续出现七根阳线，穿破 K1 这个日内高点。在如此强劲的上行动能面前，在 K5 处市场达成了共识，那就是在价格跌回到上涨启动点 K4 之前，要先穿破 K5 的高点。突破交易员会在每一个前期波段高点被上破时买入，比如 K5、K6、K8、K11、K13 和 K16。而价格行为交易员会在突破后的回调位置，也就是上涨趋势的旗形结构中更早进场。比如 K6 的 H1 结构、K8 的 H2 结构、K10 这个反转结构失败的位置、K12 的 H2 结构 [同时也是趋势线（未画出）向下突破失败的位置] 以及 K15 回测 EMA 均线下方的 H2 结构（H2 结构是基于自 K14 开始的两段更大且更清晰的回调段而言的）。参与突破的交易员，他们买入开仓的位置恰好是价格行为交易员短线平仓止盈的位置。一般来说，在很多聪明的交易员卖出的位置买入开仓是不明智的选择。不过，如果市场走势很强劲，在哪里买都没有问题，即便是买在前高被突破的位置，也能获利。但如果等到回调结构出现再买入，相比于突破时直接买入，收益风险比会更加理想。

盲目地在突破时买入是愚蠢的，聪明的资金就不会在 K13 的突破位置买入，因为这里已经是第三波向上推动，并且已经靠近通道的上沿。此外，聪明的资金也不会在 K16 的突破位置买入，因为这是在趋势线被跌破后产生的对原有高点（K14）的稍高的高点的回测（意味着趋势反转的风险大大提升了）。在突破失败时参与"否定式"交易，或者在突破后发生回调时顺势进场，显然是更好的选择。

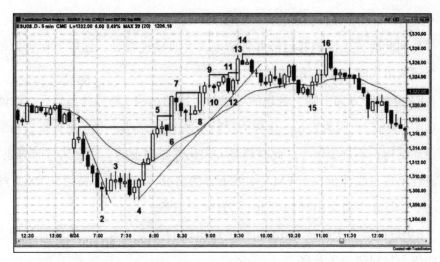

图 6-1　突破：最好采取回调中的进场点，而不是直接突破进场

　　在图 6-2 中，上一个交易日（未显示）是自开盘启动的上行趋势，这也是最强的一类趋势形态，因此今天大概率会出现一波回调，并测试开盘时的高点，而且可能强势收盘。场内的交易员都在观察，等待买入结构出现，并期待昨天的强力上行能够引发持续的跟随买入力量。K2 是一个小的稍高的低点，也是第二次 EMA 均线缺口 K 线进场点。虽然信号 K 的收线方式不算强势，但是至少收盘价高于开盘价。如果你没有在这里买入，你应当仔细观察后续的突破，并且思考该如何介入。

　　在趋势线突破时，出现了两根大幅的上涨趋势 K 线（阳线），这两根阳线的收线方式都很强势，影线也短。假设你在 K3 处已经进场做多，现在应当保留部分的波段仓位，如果你确实这么想，就应该毫无顾虑地以市价进场，持有同等规模的仓位，并使用你假设在更早进场的情况下会使用的止损点。这个止损点大概是在趋势线附近，可能在进场 K 线的低点。

　　K4 是在昨日高点下方出现的一根停顿 K 线，在这根 K 线的高点上方一跳的位置买入是另一个很好的进场点。由于停顿 K 线是一个潜在的反转结构，因此在它的高点被上破时开仓买入，就是在那些提早进场做空的空头不得不买入以平仓止损而被震仓出局的多头不得不买入以补回仓位的位置买入。

直到此时，上涨趋势已经非常清晰，并且动能强劲，你应当在后续每一个回调出现时开仓进场。

K8 是逆势方向上唯一合理的可参与短线的结构（趋势线下破后，没能成功突破前高），因为它是一个强力反转下跌 K 线结构，并且是扩张三角形的顶部结构，不过要留心，此时趋势方向仍然是向上的。注意到目前为止，还没有出现过收盘价位于 EMA 均线下方的情况，市场已经持续在 EMA 均线之上运行至少两个小时。（还记得 2HM 形态吗？）

K9 是在第一次跌破 EMA 均线之后出现的孕线结构，因此后面至少可以期待走势回测一次前高。

图 6-2　预判突破将要出现，用价格行为原理把握住突破前的进场点

6.2　突破后的回调和对突破位置的回测

每一次突破最终会迎来回调走势。如果在突破后几跳内就出现了回调，这是对突破点的回测。回测发生的时间点可以是突破后的下一根 K 线，也

可以是在长达 20 根 K 线以后，可以是一次回测，也可以是多次回测。这根回测的 K 线是一根潜在的开仓信号 K 线，应该寻求在信号 K 线外一跳的位置进场开仓的机会，因为如果回测成功，趋势就会继续。这是尤为可靠的突破后回调的开仓结构。

如果在突破后一两根 K 线里就出现了回调，那么突破没有第一时间取得成功。不过即便是最强势的突破，也可能在一两根 K 线里发生看起来像突破失败的回调，但最终没能演变为反转结构。一旦趋势的力量继续发挥作用，反转的市场力量构造突破失败的尝试会再一次失败，这也是所有的突破回调交易的底层原理。由于这些都是所谓"失败再失败"，因此它们都属于二次进场点，获利的概率非常高。有些交易员熟悉的"杯柄结构"，其实也是一种突破回调结构。

有时在突破没有真正发生时，也可以构造产生突破回调结构。如果市场强势运行，接近突破，但没有真正越过之前的极限点，然后经历了 1～4 小时的回调，那么类似这样的走势，在功效上就像是突破后的回调，我们也可以尝试用突破回调的思路来处理这种走势。记住，如果价格形态接近于教科书般的完美，通常相较于已经完美的形态，这种"半完美"的形态在功效上也会不遑多让。

若该交易日自开盘就启动了强力的走势，或者产生了趋势第一段，则当天剩下的时间里，顺势能够成功突破的概率就会加大，而构造反转的尝试会宣告失败，演变为突破后的回调结构。不过，如果一天中大部分时间都是无方向的横盘，在两个方向上的突破都仅仅冒头了一两根 K 线便缩回，那么突破失败并构造反转的概率就会大幅提升。

当价格趋势走出第一段之后，很多交易员会进行部分的止盈，并且设置盈亏平衡的保本平仓条件单。这个盈亏平衡的条件单，未必是每次都要恰好设置在进场的开仓位置，它的位置取决于所交易的品种的特性，交易员可能愿意承担 10 美分乃至 30 美分的额外风险，这也算是盈亏平衡点，尽管交易员在平仓后可能面临小幅亏损。举例来说，GOOG 这只股票的价格为 750 美元 / 股，交易员进场后，做了半仓的止盈平仓处理，并想保护剩下的半仓，而 GOOG 这只股票最近总是会突袭盈亏平衡的进场点，大概跌破 10 ～ 20 美分的深度，但是跌破 30 美分就非常罕见了，因此交易员可能会将盈亏平衡点设置在进场点之外 30 美分的位置，即便这种做法在止损时会导致出现 30 美分 / 股的亏损，在财务上没有实现真正的盈亏平衡。

在过去一年里，AAPL 和 RIMM 这两只股票，对于盈亏平衡进场点所潜伏的止损条件单非常敏感，大多数突破回调走势的回调极限点，恰好是在突破进场点之下 5 美分的位置。而 GS 这只股票，经常会将这一带设置的止损条件单充分触发，而回调都不一定因此结束，所以交易员如果想要坚持持仓，承担的风险会更大。或者换个思路，交易员可以在盈亏平衡点先出场，然后等到回调结束的信号 K 出现，在其上方突破一跳的位置再度进场。不过这种二度进场的情况，持仓成本几乎总是会比一开始就进场要增加 60 美分以上。如果价格走势没有明显恶化，那么在回调测试盈亏平衡点时继续持仓，并因此承担额外 10 美分的风险，也比先出场再重新进场，而成本增加 60 美分要好得多。

在图 6-3 中，K1 处是一个潜在的突破失败产生的反转结构，不过向下突破的力度很强劲，由三根阴线构成，覆盖了（截至那个时间点）当天市场价格区间的大部分。接着，价格回调测试 EMA 均线，导致 M2S 开空点形成。其中，回调中第二根阴线结束了回调结构的第二段（阳线、阴线和另一根阳线构成了两段式的反弹），构成反转下行结构的启动点。

K3 尝试构成日内的新低，这又是一次突破的失败，在跌破了开盘的低点后，在此开启了第二次反弹的尝试。对于任何尝试，第二次总是会比第一次的成功率要高一点，而且此处有一根小幅的反转结构 K 线。尽管它是十字星而不是上涨趋势 K 线，但它的下影线要长于上影线，这表明买入力量的存在，也表明空头实力的减弱。另外，由于 K1 到 K2 的重叠范围较多，并且整体上是横盘结构，因此构成了最后的旗形结构（向下突破失败构成反转结构）。另外，进场的 K 线是阳线，并且几乎被包裹在十字星的范围内，因此在功效上和 ii 结构差不多，而接下来的一根阳线进一步表明了价格正在转强。

K5 是一个小反弹后的回调，小反弹突破了中间小的波段高点，几乎就要创出日内的新高了。价格几乎要突破但还没有突破，然后发生回调，在交易上也可以把它理解为突破真的发生了，因此可以处理成突破回调结构的变体。K5 这个突破后的回调最低位在 K4 的信号 K 高点，刺破了高点仅仅 2 美分，而股票的价格已经达到 580 美元，因此这个刺破幅度已经算是非常完美的突破后的回测了，是一个可靠的开多结构。当后面出现真正的日内新高的突破时，在比前一根 K 线高点高 1 美分的地方，K6 处出现了突破回调的开多点。

图 6-3　突破后的回调

很多股票的走势都是中规中矩的，突破后会发生回调，精准地回测突破点。在图 6-4 中，LEH 就在这个交易日发生了四次这样的情况。由于很多交易员会在突破时进场，并且将止损条件单精准地设置在信号 K 外 1 跳的位置，而回调会去精准袭击这些设置在盈亏平衡点上的止损单。不过，在回调 K 线的边界被突破后再度进场，往往是不错的选择（比如，在 K2 的低点下方一跳的位置进场开空）。

图 6-4　突破后的回调（一类可靠性较高的突破回调结构）

GS 在过去一年里，因其走势经常突袭设置在盈亏平衡点的保本条件单而著称。

在图 6-5 中，K8 向上延伸到 K6 的信号 K 的低点之上，幅度达到 6 美分。

K10 则是触及 K9 这个信号 K 的低点之上 2 美分的位置，恰好打到设置在盈亏平衡点的止损单上方 3 美分的位置。

K5 的高点突破了昨天尾盘最后一小时的波段高点，突破幅度是 2 美分，然后便反转下行。同时，这也是对 K2 到 K4 形成的通道线的射击过头。到 K7 这里的下行段跌破了趋势线，然后在 K8 处，发生了对原有上涨极限点（K5）的稍低的高点的回测，最终引发了下跌走势。

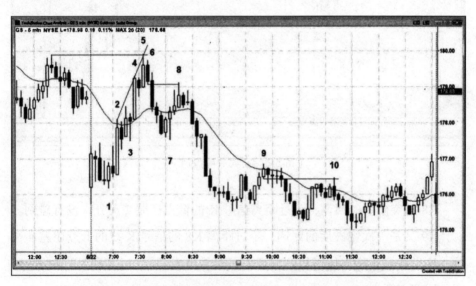

图 6-5　在突破后的回调中，有时会出现射击过头现象

在图 6-6 中，GOOG 形成了一系列突破后的回调。自开盘启动的凌厉的上行段，上破了昨日走势的高点（K1），而到 K5 处的回调，既不能触碰 EMA 均线，也不能触碰突破点。每当市场产生这样强势的上行动能，在 H1 结构买入总是对的。开多的信号 K 是一个小的十字星构成的孕线结构，这表明在大幅的阴线出现以后，下跌的动能有点减弱。空头没有再跟随进场做空。到 K6 处，出现了二次进场做多点，这也是一个 H2 结构（尽管这个 H2 结构比三根 K 线之前的 H1 结构要稍高一点）。

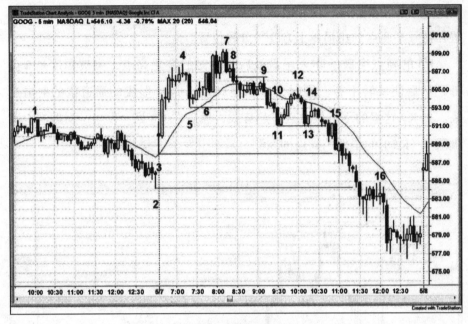

图 6-6　突破后的回调

K8 是突破后的回调，不过距离信号 K 的低点还差 2 美分，没有碰到。

K9 又是一次突破后的回调，不过距离 K8 的信号 K 线的低点还差 4 美分。这里我只是指出值得留意的现象，交易员未必要在 K8 和 K9 这些突破后的回调中开空。

在 K9 处，单根 K 线启动了强劲的抛压，同时这也是 M2S（EMA 均线后第二低点 L2）的开空结构，后面跟着一根孕线构成的信号 K，在 K10 位置，又一次形成了突破后的回调开空的机会。

K11 向下跌破了 K5 的回调低点，进而引发 K12 处向下突破后回调到 EMA 均线位置的开空机会。这个向上回调同时也是对自 K7 到 K9 的趋势线（图中未画出）的向上突破失败。

K13 仅跌破 K11 的低点 5 美分，然后在 K14 的 L1 结构，为我们提供了突破后的回调开空点。但由于 K14 的实体是阳线（不适合开空），因此谨慎的交易员可以等待二次进场的机会。K14 后面的十字星作为信号 K 是可以接受的，但在后面的吞没 K 线进场开空是一个更好的选择，因为这同时是 L2 结构。为什么这是 L2 结构？因为它发生在小的两段式的上行段之后。其中，K14 是第一段上行，而吞没阴线的高点要高于之前的十字星 K 线，这构成了第二段上行（因此同时也是 L2 开空结构）。

在跌破 K11 和 K13 后的回调中，K15 是一个吞没阴线的做空进场点。由于之前已经有多头在阳线出现后对高点进行买入，在他们看来，这个位置是一个理想的向下突破失败后构成的反转开多点，所以他们进场做多，由于此处存在被困住的多头，这个位置特别有开空的价值。不过，自 K14 以来已经产生了连续四根 K 线，因此（在向下突破失败后构成的反转开多结构中）聪明的多头会在做多时更加谨慎，耐心等待二次进场点。

K16 是在跌破了昨日收盘时形成的波段低点后，产生的铁丝网形态的 L2 回调开空结构。

这里列举的很多开仓机会，利润空间都十分微薄，不应该成为大多数交易员的关注重点。但是，列举出它们是因为其展示了一种普遍的价格行为。交易员应当关注更大的行情转折点，比如 K4、K7、K9 和 K12。

| 第 7 章 |

磁 吸 效 应

　　本章要阐释的内容与交易本身关系不大，撰写本章是出于本书内容的完整性，因为磁吸效应能够阐述价格行为的某种倾向性，但这种倾向性不够可靠，不足以成为交易的基础。如果你想学习在交易中盈利，不要在本章的内容中花费太多时间，而是要重点关注第15章所展示的交易的最佳实践。

　　市场中有些价格能够起到磁铁的作用，吸引未来的价格向它们靠近。当你意识到磁铁的存在，先假设价格将要迎着磁铁位置前进，以此展开交易，在磁铁价位被实际测试之前，不要开展反向交易，除非先出现了趋势线的清晰突破，而后完成了对原有趋势极限点的回测。通常市场价格会对磁铁价位射击过头，然后反转。在回测了磁铁价位以后，市场可能延续趋势，也可能形成横盘区间或者反转结构。你必须在下次开仓之前，等待更多的价格行为线索出现。

7.1 以第一段回调为尺度开展的等距运行（AB=CD）

当价格出现一段凌厉的走势，然后出现回调，那么发生第二段回调的可能性就非常大，而第二段回调常常在尺寸上大致等同于第一段。有时候这被称为 ABC 回调走势，或者是一段等距运行（一种类似 ABC 调整的类型，其中 B、C、D 三个价格点对应于 ABC 回调中的 A、B、C 三个价格点）。具体如何命名不重要，因为交易员不应该基于斐波那契扩展、等距运行测算或磁铁价位来提前设定入场的目标价位，开展逆势交易。因此，这些认识仅仅是给你提供了一种框架，让你能够坚持参与顺势交易，并且注意到一些目标位置，当然，到目标位置以后你也可以开始考虑反方向上的优质的开仓结构。

除了那种清晰的开仓进场结构构成等距运行之外，还存在一些比较微妙的情况，此时等距运行测算也会发生作用。比如市场经过了一次强力的趋势走势，然后跟随同样强劲的回调，而后开始横盘，交易员可以用横盘区间的大致中间水平，来测算第二段回调可能触及的位置。随着横盘区间的不断展开，交易员可以动态调整中间价位的位置，通常这个位置也会是回调最终完成第二段时，整体横盘的大致中间位置。这个框架仅仅是提醒你应该在什么价格水平去把握原来的趋势继续的交易机会（也就是回调的结束点）。

如图 7-1 所示，XOM 这只股票自 A 到 B 是强劲的上行。在 C 出现了稍高的低点后，交易员应当在后面第二段调整走势中，仅仅参与做多的方向。D 是第二段回调的终点，距离等距运行测算的目标位（虚线段的高点所表示的等距运行的目标位）仅差了一点。一旦价格位于等距运行测算的目标位附近，交易员就可以考虑反方向的交易机会。如果你更加习惯于使用（波浪理论体系中的）ABC 回调结构，B 对应的是 ABC 调整的 A 段，C 对应的是 B 段，D 对应的是 C 段。

当在 E 位置出现稍高的低点，并且接下来的上行突破了 D 的高点时，交易员可以将 AD 整体看作由两段更小的上行（AB 和 CD）构成的第一段上行回调并坚持做多，直到出现又一段等距运行测算的走势（AD=EF，价格目标位位于实线段的高点）。

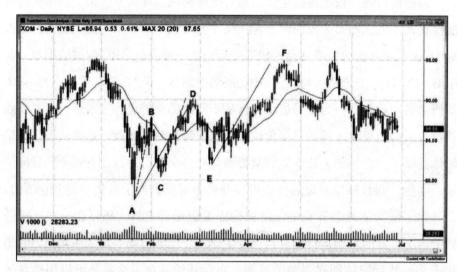

图 7-1　坚持以（最近的）趋势方向交易，直到靠近等距运行的目标位置

　　斐波那契体系的交易员也会寻找别的回调位置（62%、150%、162%等），将它们看作反转可能出现的位置，不过这种体系过于复杂，并且在精确度上需要做太多妥协。我们何不简单一点，先把握住最大概率的目标位置，然后在顺势交易之余，等到了目标位之后再考虑反转交易的结构。

　　在图 7-2 中，RIMM 自开盘反转了昨天的低点之后（对下行通道线的射击过头，然后反转），到 K2 处是一段强力的上行，然后是回调。由于接下来发生第二段上行的可能性非常大，若交易员对把握住第二段上行的目标位感兴趣，他可以不断调整水平线 B 的位置，使之大致位于横盘区间的中间位置，然后等价格最终突破横盘区间以后，在线 B 之上绘制平行线 C，使 BC 的垂直距离等于 AB 的垂直距离。这里我提出的仅仅是一种观察经验，而不能直接用来作为交易的依据。提出这个框架是为了提醒交易员，后面存在第二段回调的可能性，而你在价格触及目标位之前，应当略微偏

向于做多的方向。不过，由于大多数 K 线都是阳线，并且你在期待第二段
走势，因此（即便不考虑测算目标位）你已经具有做多的倾向。

到 K3 的回调幅度太深，因此目前正在形成横盘区间的可能性很大，
在价格最终突破了三角形形态的边界之前，交易员都应该以身处横盘区间
的思路，在两个方向上来回交易。

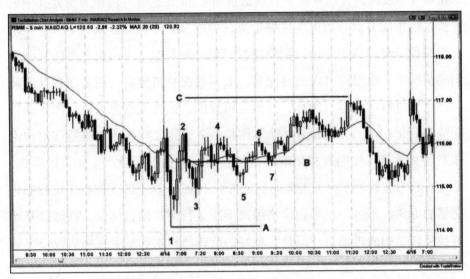

图 7-2　以横盘区间的中间点为对称中心的等距运行回调走势

7.2　以紧致价格区间和旗形为尺度开展的突破后的等距运行

这个框架目前很少被注意到，它是我观察到的有趣的盘面现象，可以
帮助你在交易时不站错队伍。但若在交易中你的反应速度不够快，那很可
能会（因为犹豫）错过不少理想的开仓结构。我撰写本节的目的仅仅是展示
一个常见的价格行为现象，但它本身不适合作为交易的依据。

成功突破之后，会出现两种情况，一种是强力的突破，强动能快速带
动价格远离突破位置，后面没有太多的 K 线重叠，或即便存在也非常少

（紧致价格区间），另一种是形成松垮的横盘区间。这两种结构的中间位置也通常成为价格运行的中间位置。这个宽幅的价格区间也是一个横盘区间，是多空双方关于价格取得一致的区间，横盘中中间位置的价格就是多空双方都认为公平的价格。紧致价格区间也是多空双方取得共识，认为不应该产生交易的位置。在这两种情况下，简单来说，如果是多空双方达成一致的价格（一致认为合理或者不合理的价格），那么它也可以作为身处其中的走势段的中间节点。当出现这种走势，可以考虑持有部分或者全部仓位来参与波段交易。当等距运行测算的目标位被触及时，在出现理想的开仓结构的情况下，也可以考虑反转交易。大多数交易员也会运用之前横盘区间的高度来进行等距运行测算，这也是可以的，因为无论怎么做，测算的目标位都只是一个大致的位置（除非你是一个斐波那契或者艾略特波浪理论体系的交易员，你拥有神秘的力量使你确信市场永远会产生完美的形态，并且对数不胜数的不完美走势的例证视而不见）。这里的关键在于坚持顺势交易的方向，不过一旦等到价格触及等距运行测算的目标位，你可以开始寻找反转结构的进场点。但是，最好的反转结构永远发生在趋势线被突破之后。

当等距运行测算的目标位被触及后，价格再次陷入停顿，此时应该把这两段强势的趋势段看作更长的时间周期中的回调结束，而不是仅仅看作5分钟趋势的结束，然后，在接下来的反转结构的进场点，计划至少持有部分仓位参与波段交易。当两段式走势出现，这通常是走势的完结，使得后面至少出现一次相当长的包含两段的反转走势，有时候甚至出现反方向的新的趋势。反向走势至少会回测到之前等距运行的两段式走势的中间位置。

有时候价格运行会刚好触及等距运行测算的目标位，但是大多数时候价格不是比目标位高一点就是低一点。这个认知框架仅能起到帮助你选择正确的交易方向的作用。

在图 7-3 中，两个交易日的等距运行测算的走势，中间形成了紧致价格区间。紧致价格区间是指突破时非常干脆，没有太多 K 线重叠的走势形态。

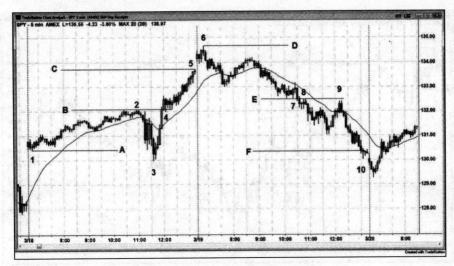

图 7-3　基于紧致价格区间测算的等距走势

K3 处是上午的 11 时 15 分，也正是 FOMC 报告出来的时间点，价格自此启动了一波强力的上行，上破了 K2 这个日内的高点。K4 处的小旗形结构以两段式横盘回调的方式，回测了突破点，但是等旗形横盘中形成 H2 开多结构以后，价格离开了这个位置，留下了紧致价格区间，位于 K2 的高点和 K4 的低点之间。K4 这个旗形结构也是一个小的宽松横盘区间，可以用来进行等距运行测算。等距运行测算的起点可以是 K1 的低点，也可以是 K3 的低点。C 是自 A 到 B 所进行的等距运行测算的目标位，正好在该交易日的尾盘最后一根 K 线被触及。而以 K3 的低点到 B 所进行的等距运行测算的目标位，也就是位置 D，正好在第二天开盘时被触及。虽然 K1 比 K3 高，但是如果把到 K3 位置的一轮抛售看作对 K1 的射击过头（产生的稍低的低点），那么 K1 便仍然可以被视作等距运行走势的底部。

第二天，在 K7 下方、K8 上方又出现了紧致价格区间，目标位 F 恰好在收盘前被触及。

巧合的是，这里也是一个下跌中的双顶熊旗结构（K8 和 K9）。

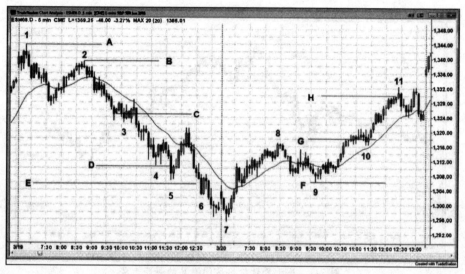

图 7-4　基于突破后的回调的旗形结构的等距走势

在图 7-4 中，到 K3 附近的旗形结构之前，是陡峭的下跌，而合理的目标位是自走势段的顶部（K2）到旗形结构的大致中间位置（横线 C）所进行的等距运行测算。目标位是 D，不过实际上价格对目标位射击过头，并导致对 EMA 均线的回测。你也可以用 K1 的高点作为测算起点，不过一般来说，应该用当前走势段的顶点为起点，测算出等距运行的第一目标位。在 D 被触及后，以 K1 作为起点测算的目标位 E 也很快被触及。请注意自 K2 到 K4 的走势是凌厉的下跌，其间未发生趋势线的上破，因此最好还是参与顺势方向的交易结构。

自 K4 开始的三根 K 线的反弹，突破了迷你趋势线，并且可能在构造最后的旗形结构。但截至目前，下跌中还没有出现强势的反弹（比如在

EMA 均线上方的缺口 K 线），因此逆势做多的交易员只能做好短线参与的心理准备。只有那些自认水平足够高、能够配合行情发展而快速切回顺势做空思路的交易员，才有资格参与这个逆势的做多机会。如果你自认水平没有这么高，你就不该参与逆势交易，而是应该专注于顺势的进场结构。价格触及等距运行测算的目标位，单单这一点还不足以成为参与反转交易的理由。你需要先看到逆趋势动能出现，再考虑反转交易的事情。

第二天，在走势向上突破之后，在 K10 附近出现了旗形结构，以此作为对称中心，测算的目标位是在 H 附近（K9 作为测算的起点）。如果你以 K7 这个日内的低点作为起点测算目标位，最终会在下一个交易日跳空高开后被触及。

每当走势突破后出现了旗形结构，我们最好握紧部分仓位去参与波段交易，直到等距运行测算的目标位被触及。到那个时候，如果出现合适的反转结构，再考虑参与反转交易。

在图 7-5 中，B 位于走势的突破点（K2 的高点）和第一次回调走势的低点（K5 的低点）构成的紧致价格区间的中间点，而等距运行测算的目标位在 K8 位置被精准地触及。

E 也是位于紧致价格区间的中间点，测算的目标位 F 被实际价格行为严重跌破。K12 的旗形结构被下破到 K13 处，当中有一个大幅的紧致价格区间。但由于此时已经是交易日尾声，因此这一天再出现等距走势的可能性不高。但是，到这个时间点为止，这一天的走势已经清晰地呈现出了空头控盘的特征，因此交易员应当仅参与做空，直到出现清晰和强劲的反弹上涨走势再考虑转变方向（在最后一个小时中出现了几次这样的走势）。

K7 之前的走势跌破了一条上行趋势线，这意味着空头的实力正在变强。K9 前的下行，跌破了一条主要的上行趋势线，接下来引发了 K10 处对原有上行趋势极限点（K8 处）的回测（产生一个稍低的高点），并引发了后续的下跌走势。

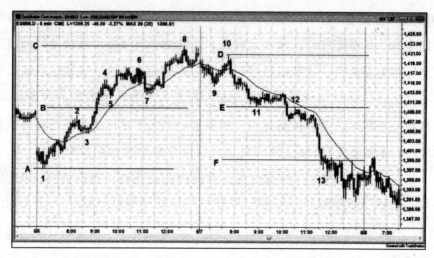

图 7-5 基于突破走势段的中心位置所进行的等距运行测算

7.3 反转结构引发走势回测，目标位往往是前一个失败的 反转结构的信号 K 线

当反转最终到来，前一个失败的反转结构，往往提供可靠性很高的回调的目标位。举例来说，在下跌中，随着价格的滑落，其间出现了几次失败的多头进场点，每一个这样的进场点（信号 K 的高点）都可以成为后续反转成功后，反弹走势回测的目标位。在这个反转过程中，价格在发生显著回调之前，往往要先触及位置最高的之前失败的反转结构信号 K。

这种现象发生的原因不重要，关键是要理解价格会倾向于回调到先前反转信号 K 失败的位置。早先进场参与反转的交易员有可能在发现走势不对时，逐步增大持仓，尝试优化持仓成本，之后以最初的进场点作为最终止盈目标，在最差的那个进场点，实现盈亏平衡并且保本离场，同时，其他更好的进场点都能够提供交易利润。

对很多交易员来说，这就是那个"谢天谢地！终于回本了！"的价位。这些交易员没有止损离场，而是放任亏损扩大，并希望价格回到进场点。

当价格最终回来，他马上离场，并且发誓不会再犯同样的错误。聪明的交易员理解这个心理机制，会在这些目标位平掉多头仓位，或许这就是伟大的交易员的其中一个心照不宣的交易技巧。他们知道回调将在前期反转结构失败的位置终结，这是一个可靠的、反复出现的形态，因此他们选择离场。此外，由于价格没能向上突破之前反转失败的结构，交易员会再度开空，相信价格会再度下跌，导致在这些位置发生了回调的终结。

图 7-6 是 SPY 的月线走势，其中强劲的上涨趋势在 2000 年终结，但在一路上行的过程中有几次反转的尝试。在随后的下行中，每一个前期的向下反转结构失败的结构低点，都成为后续回调的目标位。

同理，下跌在 2003 年终结，在这个过程中有几次失败的向上反转尝试，每一个信号 K 的高点，都成为随后的上涨走势的目标位。

最后，这个 2003 年启动的上涨，中间有几次失败的下跌反转尝试，这些位置在随后的下行趋势真正启动时，都被回测。

并非所有这样的目标位最终都能被回测，但是每一个这样的目标位都能产生强力的磁吸效应，使价格倾向于回测这个水平。

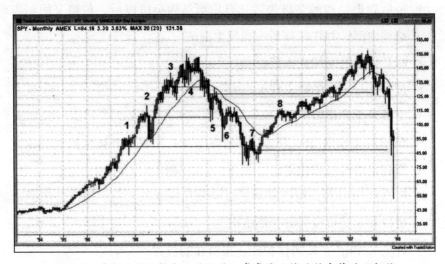

图 7-6　前期反转结构失败的位置，常常是后续反转走势的目标位

7.4　其他类型的价格磁吸效应

市场中还有一些能够发挥磁吸效应的价格位置，能令市场对其回测。以下列举其中的一部分，因为不少内容在本书前面篇幅中已有论述。当价格朝向磁吸位置运行，在磁吸价格被测试（最好是以射击过头的方式进行测试）之前，出于谨慎我们最好仅参与顺势交易。不要在磁吸价格处直接进行逆势交易，除非在此之前已经先表现出类似突破趋势线这样强有力的反转动能。

- 趋势线。
- 通道线。
- 斐波那契回撤位置和延展位置。
- AB=CD。
- 冲击和通道：通道的起点通常在几个交易日内会被回测。接着往往会沿着通道区间内出现倾斜的横盘走势（类似于横盘区间的展开，通道区间上下沿的功效类似于横盘区间的上下沿）。
- 最后旗形结构的突破失败：自旗形结构突破以后，价格又回到旗形结构内部，并往往在另一侧发生突破。
- 昨日价格区间的高点或低点。
- 过去几日走势的高点或低点。
- 突破发生的位置。
- 在任何类型的突破发生后（请参考 4.1 节中关于初次回调的论述），原有走势的极限位置。
- 横盘区间形态，包括窄幅横盘区间和铁丝网形态：横盘区间的边界价位和中间价位通常会面临回测。
- 进场 K 和信号 K 的保护性止损所在的位置。
- 进场价格（突破后的回测）。

- 大幅趋势 K 线的反向端点（比如大阳线的低点以及大阴线的高点）。

- 短线和波段头寸常见的目标位：在 AAPL 股票中，50 美分以及 1 美元波幅的目标位；在 Emini 中，价格波动 5 ～ 6 跳才能完成 4 跳的短线交易止盈，两段式的回调走势大约占据 3 ～ 4 点的空间。

- 止损空间的双倍距离（比如在 Emini 的一次交易中，你需要使用 12 跳的止损空间，来避免被噪声走势误伤出局，期待价格大约自进场点后继续前行约 12 跳）。

- 情绪化的价格位置，比如股票中百点的整数关口（如 AAPL 在 100 美元），以及指数在 1000 点的整数关口（比如道指在 12000 点）。如果股票价格快速上涨，自 50 美元上涨至 88 美元，那么它很可能接下来去测试 100 美元的位置。

每当市场中出现大幅的趋势 K 线，而其中几乎没有影线，这代表走势很强势，在这根 K 线进场或者随后进场的交易员，会习惯性地将保护性的止损设置在这根 K 线之外。而市场运行的原理将引发价格回测这些止损条件单所在的价格，再重新回到这根 K 线所指向的趋势方向。

在图 7-7 中，K1 是大幅的上涨趋势 K 线，完全没有下影线，在和后面的阴线构成孕线组合以后，价格下行跌破孕线，形成一个稍高的低点，但此时已经袭击了趋势 K 线低点的止损条件单。聪明的交易员会在这种情况（大幅趋势 K 线和孕线的组合）下对孕线做空，不过他们也准备好对着 K2 的阳线（这根 K 线扫到了之前的止损单）反转结构做多，价格再次反转向上。

K3 和 K4 也都是大幅趋势 K 线，影线很短小，不过这两根 K 线后面都没有马上跟随袭击止损单的回调。

巧合的是，K2 是位于小型的冲击和通道构成的上涨中的通道结构的起点位置，因此对后续的回调发挥了磁吸效应。任意类型的急速拉升之后的初次回调结构，在价格接下来进入横盘区间进行整理的过程中，大概率会被回测。不过这一次，K3 尝试在 K2 低点的位置形成横盘区间，但没有成功，这最终引发了一次接近于等距运行测算的下跌。

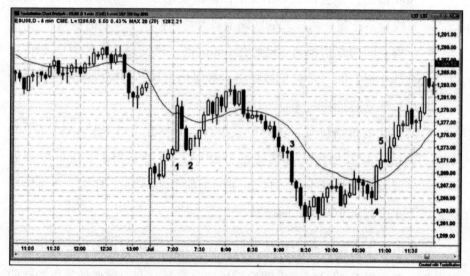

图 7-7　大幅趋势 K 线处所设置的止损条件单往往会被回测

第 8 章

趋 势 反 转

本书中最重要的规则，就是在发生对主要趋势线的突破之前，绝对不要进行逆势交易。即便是在主要趋势线被突破之后，你仍然要考虑顺势交易的可能性，因为在第一次逆势走势出现以后，市场总是会尽一切可能重返原有的趋势轨道，尝试回测原有趋势的极限位置。只有在特别罕见的情况下，对趋势线的突破伴随了强劲的逆势动能，以至于在原有趋势方向上连短线交易的盈利可能性都不具备。而若价格在原有趋势的极限位置再一次败下阵来，那么届时，由于市场已经尝试做同一件事两次但都没成功，我们知道每当市场尝试了两次都没有成功的时候，它便通常要做完全相反的事情了。只有在对原有走势的极限点的回测完成以后，以及出现了远离原有极限点方向、形态良好的反转结构的条件下，你才能考虑寻求开展反转交易。

趋势的反转，或者简单地说，反转未必真的有价格上的反转。反转可以用来描述上涨趋势向下跌趋势的转变，或是下跌趋势向上涨趋势的转变，或是上涨或下跌趋势向横盘趋势的转变，或是横盘趋势向上涨或下跌趋势的转变。简单的趋势反转可以是趋势线的突破。（趋势线突破后）新的趋势可以延伸开来，也可以短至只有一根 K 线。价格也可以是仅仅横向数根 K 线，然后再一次向上或向下突破，发展为趋势。很多技术分析交易员，不会轻易使用反转这个概念，除非等到行情展开之后，在一系列趋势性运行的波段走势高点或低点出现以后才会将其判断为反转。不过这种严谨对交易来说没什么用，因为当趋势成形的时间越久，产生明显的回调走势的可能性就越大，这样去等待走势的确认，只会导致进场位置的收益风险比大幅恶化。当交易员在反方向上开仓，他设想的是趋势已然反转，尽管从最严苛的标准上来说，趋势的反转尚未发生。举例来说，交易员在下跌趋势中开多，那就是他认为价格已经到了不会再下跌甚至 1 跳的位置，否则他就应该按兵不动。由于他在买入时已经认为价格将会节节走高，此时他相信市场趋势已经向上，下跌向上涨的转变已经完成。

相当多的技术分析师不会认可上述对反转的定义和理解，因为这样的定义过于宽泛，而且缺少趋势存在的必要元素。对大多数技术分析师来说，他们能够接受的反转走势通常要具备两个条件。第一个是绝对的前提条件，那就是价格必须要先突破之前趋势的趋势线。第二个是大概率会出现的特征，但不是必要条件，那就是在价格突破了趋势线以后，出现回调走势，并且成功地回测了原有趋势的极限位置。不过有时候，价格也会出现高潮式的反转，趋势反转后的第一波走势过于延伸，以至于后续出现的回调走势无法再回测原有趋势的极限位置。

如果走势出现了一系列依次抬升的高点或低点，或者依次降低的高点或低点，此时市场中所有人都不再怀疑新的趋势已经产生。但最典型的趋势反转过程是，走势先突破了原有的趋势线，然后出现回调，回测原有趋势的极限位置，而交易员在回测走势以后，寻求反向开仓的机会（其实是顺势开仓，顺着新出现的趋势方向）。回测可能会差一点而无法触及前期趋势的极限位置，也可能略微超过（射击过头）。比如，当前是下跌的趋势，然后突然出现价格上行，明显地上破了下跌的趋势线，交易员就会开始在后续的初次回调走势中寻找买入的机会，他们希望能够把握住后续依次抬升的高点或低点中的第一个低点。不过，有时候这种回调走势会过度延伸，跌破了下跌趋势的低点，触发了这些新进场的多头的止损条件单。如果这个稍低的低点出现后，价格在数根 K 线里再度反转上行，这样的结构演变便很可能会引发强力的上行段。但如果这个稍低的低点在跌破前低以后，向下突破的幅度太深，那么在交易员再一次进场做多以前，最好等待下行趋势线的再一次向上突破、向上反弹的动能出现，以及更高或稍低的低点的回测。

尽管很多交易员偏爱在反转后的新趋势中，于第一次出现的稍高的低点处做多或者第一次出现的稍低的高点处做空（前提是先有对趋势线的突破），但如果我们面临的是不错的趋势行情，在后续以趋势方式运行的波段走势中会出现一系列回调走势（比如上涨趋势中依次抬升的高点或低点，或者下跌趋势中依次降低的高点或低点），每一次回调都能够提供绝佳的进场机会。而初次回调走势，比如下跌转上涨中第一次出现的稍高的低点，可能会回测原有下跌走势的最低点，也可能会测试关键的突破位置（比如趋势线的突破位置、前期波段高点或低点的突破、横盘区间的突破、移动平均线的突破），因此回测完全可以不靠近之前下跌趋势中的最低点。

大多数趋势止步于对通道的突破。举例来说，一段上涨趋势通常以两种方式结束。要么是在通道上沿对通道线的射击过头，然后反转开启下行，并且跌破上行趋势线，要么是不接触上沿的通道线，直接跌破了下沿的上涨趋势线。倘若是前一种情况，上涨终结于上方通道线的突破失败，后续通常会衔接两段式的下行走势，而其中的初次回调（指反转下跌后的第一次反弹）在回测原有上涨趋势高点的过程中，几乎总是会形成一个稍低的高点（极少数情况下会是稍高的高点）。如果上涨终结于对上涨趋势线的直接突破，那么接下来回测原有高点的走势，可能会形成稍低的高点，也可能会形成稍高的高点，两者在出现概率上没有特别显著的差异。上涨趋势终结后，我们可以期待两段式的下行，从而在稍高的高点出现后，我们应该期待至少会跟随两段式的下行，而在稍低的高点出现后，我们至少可以期待出现一段下行段，因为出现于稍低的高点之前的下行段，可以视作两段式下行的第一段。如果在回测前期高点的过程中，出现了稍高的高点，最佳交易策略是在稍低的高点第一次出现时（这可以看作对稍高的高点的回测走势）开空。而在下跌趋势的末尾，在对最低点的回测形成了稍低的低点以后（当然前提条件是之前已经出现明显的上行动能，上破了主要的下跌趋势线），在接下来出现的第一次稍高的低点开仓买入就是关键的操作，因为这样的走势结构进一步强化了市场的主要底部已经形成的信念。

但我们还是应当记住，趋势的寿命总是会比大多数交易员想象得更长久。正因为如此，大多数反转结构不会成功（有部分未成功的反转结构转变为顺势开仓结构），而绝大多数顺势形态会得到确立。因此交易员基于反转结构开展逆趋势方向的交易时，应当格外小心。不过，有些开仓结构会极大提升你开仓盈利的概率。

有时你觉察到自己在屏幕上画了太多的通道线，这可能是过于渴求反转交易的迹象，你也将因此错失很多顺势开仓的机会。另外，在强力的趋势中，大多数对通道线射击过头构成的反转结构，相较于趋势的力度显得过于单薄，从而易于失败，你若执着于参与这种反转交易便只能徒增亏损，进而对于你认为本应该成功的反转结构，最后却惨遭失败而感到抑郁难平。记住在你要进行反转交易时，应该先等待趋势线的突破，并且学会将这些不起眼的、通道线射击过头的走势结构看作顺势进场的结构，你的进场点应当是那些亏损的仓位被打到了止损，不得不离场的位置。这样的操作才能给你带来更加幸福、放松和富裕的交易体验，你也会惊喜地发现这些在直觉上难以接受的进场结构，最终表现得相当不错。

在上涨中，多头会持续进场买入，直到最终价格上行到他们对收益风险比不再感到满意的位置，他们将开始陆续止盈离场。随着价格继续上行，他们会继续做更多的止盈，除非看到回调出现，否则不会再产生进场买入的冲动。此外，在价格持续上行的过程中，空头持仓也在持续面临压力，他们将被迫买回自己所开的空头仓位。到某个价位之上，他们中愿意止损平仓空头的已经全数完成了头寸的止损平仓，接下来便不会再有此类买入的力量。市场中还有跟随动能的交易员，只要价格上涨的动能还在，他们便会继续买入，不过这种买入力量很不稳定，一旦上行动能衰退，他们便会很快平仓离场。

那么，谁会在上涨趋势中的最高点买入，在下跌趋势中的最低点卖出呢？是不是无数的小散户在恐慌下跌中做多而被套牢，或者空头在快速上涨中被持续挤压而被迫买入，创造出了最低点和最高点呢？但我想指出，散户没有这么大的影响力。或许很久以前，散户尚可以做到，但是时至今日，情况已经大不相同了。日内的高点或低点的成交量如此之大，而机构交易员又贡献了其中的大部分成交量，既然机构交易员那么聪明，他们为什么要在最高点买入呢？我们必须知道，（在一些品种中）有相当大比例甚至是主要的日内成交量是由数学模型驱动的，其中有些模型会在上涨趋势明显改变前持续发出买入信号，在趋势明显改变后才持续发出卖出信号。这种算法会在上涨中以最高价买入，在下跌中以最低价卖出，这是因为算法体系的设计者相信，这种策略可以令盈利潜能最大化。由于算法成交量如此之大，在价格高点也会有充沛的买入力量来承接顶部到来的巨量抛压（在价格底部，反之亦然）。仅仅因为机构交易员很聪明，他们成交量巨大，但这不代表他们就可以稳定实现每天5%的收益。实际上，机构交易员中的佼佼者每天也不过能产生不到1%的收益。在这种顶尖的算法机构中，也有部分交易员相信在上涨中持续买入直到以日内的最高价买入，会实现收益最大化。不少机构交易员的交易策略更复杂，涉及期权和其他金融工具，因此在日内价格的最高点，我们几乎不可能搞清楚究竟是哪种因素在产生作用。比如，机构交易员可能在期待反转下行，他们实施的是delta中性套利策略，也就是买入一手Emini合约，买入两手Emini的实值看跌期权。在这种策略下，只有当市场接下来几天一直维持窄幅的横盘，才会造成持仓亏损。如果价格上涨，那么看跌期权亏钱的速度会慢于Emini赚钱的速度。如果价格下跌，看跌期权赚钱的速度会快于Emini亏钱的速度。在这种策略的指导下，即便持仓组合中Emini合约是在市场价格的最高点买入，他们也可以赚钱。你只需要理解，在价格的极端位置成交量一点也不少，这么大的成交量主要来自机构，一些机构在买入，一些机构在卖出。

还有一些迹象可以表明这种程序算法驱动的交易有多活跃。你可以观察那些相关市场，比如Emini和所有相关的股指ETF，比如SPY，你会发现它们基本上是同步运行的。对于其他有关联的市场来说，情况也是如此。如果这种现象有赖于纯手工的操作，我认为这种同步性不可能在一整天都维持得这么好。另外，走势形态也不可能在所有的走势图，包括闪电图（逐跳追踪价格运行的走势图），都表现得这么同步，除非大量的交易是由算法驱动的。依靠人脑不可能在这么多市场中以这么同步的方式快速分析、下单。因此这种品种间高度的同步性现象，只能是来自算法交易，而这种算法驱动的成交量，必然占据市场交易中大半的（甚至是主要的）比例。

如果趋势强劲，没有出现明显的回调，交易员会很自然地开始寻找小型的反转结构，这是因为常识告诉我们，当盈利的头寸开始做部分止盈，以及足够多的参与反转的交易员开始进场开仓以后，走势最终必然回调。不过交易员还是应当谨慎地决定，究竟是参与逆势的短线交易，还是坚持等待回调结束然后顺势进场。如果趋势强劲，通常只有在出现了明显的趋势反转信号（比如趋势线的突破，以及对原有走势极限点的回测，并且回测被强力的反转K线结构终结）之后，参与反转交易才是合理的选择。不过，在市场中一直克制自我，什么也不做的难度太大了，难怪很多交易员会开始在更短的时间周期里，比如1分钟走势图、3分钟走势图或者闪电图中寻找交易机会。随着趋势的进行，在更小的时间周期图里会不断形成反转结构，不过其中绝大多数反转结构不会成功引发反转。交易员或许会认为在1分钟走势图中，K线的幅度比较小，因此开仓面临的止损风险也小（大概4跳），但若真能把握住走势的反转点，收益将是巨大的，这样的想法可能会使在1分钟走势图中寻找反转结构的行为合理化。因此似乎尝试几次开仓，承受几次小的亏损看起来是完全值得的。不过这种小亏损偶尔会发展为大亏损，它们累计造成的亏损，使你的账户在这一天都无法恢复元气。此外，即便当他们偶尔幸运地捕获了趋势恰好反转的位置，几乎也总是赚点蝇头小利便短线止盈平仓了，而没办法像他们一开始设想的那样持续地驾驭趋势。赚得少又赔得多，这种交易明显是无法持续盈利的。

　　交易员如果因为趋势不断延伸，而自己未持有头寸而感到坐立不安，感到有必要进行一些交易，他便开始观察1分钟走势图，1分钟走势图的反转结构能够提供很有盈利潜能的交易机会。不过，我建议不要按照最显而易见的那种方式去参与反转交易。恰恰相反，你应当等待1分钟走势图的反转结构确立，并触发逆势进场的开仓，但这不是你的开仓，你要分析假如你已经逆势进场，参与了这次反转结构，你会将止损条件单放在哪个价位，你需要在这个价位设置顺势进场的条件单。最终，当参与反转的交易员被止损出局时，你的条件单也被触发，你自动获得了一个顺势的仓位。当之前反转交易的仓位都被打出止损时，短时间内几乎不会再有交易员愿意逆势进场，除非趋势又顺延了很长一段距离，并且再一次形成反转结构。这就是我想和你们分享的高胜算的短线顺势开仓结构。

　　就反转交易来说，最可靠的类型是在回调终结时，参与反转结构进场，这本质上是在参与趋势中反方向的回调的终结。一旦参与回调的交易力量被耗尽，而主要趋势的顺势力量再一次通过向上突破回调展示自己的意志和决心，任何对这个趋势线的突破位置的回测，都会构成非常理想的突破回调进场点。这样的进场，是对逆趋势方向上的回调结构的反转，顺从了主要的大趋势方向，后面通常至少能够引发对主要趋势的原有极限点的回测。在这条回调的趋势线被突破时展现的动能越强劲，这笔交易的盈利潜能就越大。

反转结构中的动能可以表现为几根大幅趋势 K 线，或者依次抬升 / 降低的中等幅度的 K 线。反转动能越强，反转结构的可靠性就越高。在最理想的情况下，反转结构中的第一段走势能够持续多根 K 线，能够远远地突破 EMA 均线，并且走势段中大部分 K 线是与反转结构同方向的趋势 K 线，能够突破原有走势的波段点位（比如在上涨转下跌的过程中，反转的第一段跌破了一个或数个之前上涨趋势中依次抬升的高点，这是动能强势的表现）。

虽说反转结构的质量越好，反向的动能越强，反转运行的距离也会越远，但是最好的反转结构在初期常常起步较慢，并且在凌厉的走势段出来前，很多都是不温不火的小 K 线。这种慢吞吞的走势就是在骗交易员出局，令他们在后面走势中不得不追逐市场开仓，这将给反转进一步增添动能。在反转后新趋势开始的初期，在 1 分钟走势图和 3 分钟走势图中，出现回调是很常见的，这便会骗不少交易员平仓离场。偶尔在 5 分钟走势图里也会出现回调走势，但这十有八九会演变为吞没形态的 K 线，在骗你出局后，逼迫你不得不在新趋势再度进场，当然持仓成本也更高了。最强的那类趋势走势，有一部分就是来自这种陷阱结构，因为这种结构的出现分明在告诉我们，原趋势的交易力量已经彻底消耗殆尽了。此外，它也告诉我们，意志不坚定的交易员刚刚被震仓出局了，现在他们将要补回仓位，追逐新趋势，将为我们要交易的方向增添动力。这些都会令交易员增加开仓和持仓的信心。每当原有趋势线被突破，并且完成了对原有趋势极限点的回测，再出现动力澎湃的反转结构时，新的趋势方向通常能维持至少一个小时，运行好几个点的距离。

如果反转时交易员进场较早，不过走势在几根 K 线里迟疑不定（K 线重叠较多），这不是大问题，若其中大多数趋势 K 线的方向与我们的交易方向一致，就更有理由安心持仓。因为这也是强势的信号，市场中的交易员都在凝神观察，等待价格动能出现，再开仓进场。而优秀的价格行为交易员，有时可以在价格动能出现前从容进场，这样等价格动能一降临，便能更早地将止损条件单移动到盈亏平衡点，交易员便获得了一个风险极低但收益回报潜能极佳的仓位。如果你对自己的图表理解能力非常自信，那就果断开仓进场，而其他交易员还没能看到你已经发现的机会，这不该成为你的困扰，因为他们最终也会看到。你要确保以部分乃至全部的仓位参与波段交易，即便这么做有时会令你在趋势启动前，被回调打到盈亏平衡点，令你不得不平推出局。但这完全可以接受。

如果反转结构是平缓的、渐进的，这种结构就是交易员惯称的所谓上涨趋势末端的派发阶段，或下跌趋势末端的吸筹阶段。不过在价格行为的体系中，能起到派发效果的顶部，可以是双顶旗形，也可以是向上冲击和横盘结构，还可以是向上冲击和通道结构，而起到吸筹作用的底部，在价格行为的体系里也有对应的结构。

有趣的是，趋势回调里的进场点看起来很糟，但是获利可能性较高，而在反转结构中的进场点看起来不错，但是容易亏钱。如果你要进行反转交易，在下跌趋势中买入，在上涨趋势中卖出，你要确保结构是完美的。趋势中经常会出现一些看起来不怎么对劲的反转结构，比如 K 线与之前的 K 线重叠太多，或十字星太多，或反转 K 线幅度太小，或反转 K 线在收线前回撤较多以至于留出的影线较长，或之前没有出现趋势线的突破以及对通道线的突破失败作为前提条件。这些不对劲的反转结构会骗交易员逆势进场，将其持仓牢牢套住，因此，除非反转结构清晰并且力量很强，否则你应当对趋势中的这些"三无"反转结构敬而远之。

趋势中多空双方交替登场，走势有其韵律节奏。趋势的终结方式通常是通道线的射击过头形成反转结构，然后是两段式走势突破了趋势线。该两段式走势可以被用来为新方向上的趋势锚定刻画通道。不过要指出的是，这种两段式走势形成的新通道，可能是新趋势的起点，也可能不是。如果新的趋势力量很疲弱，它就顶多形成两段式的回调，然后继续原有趋势。不过交易员还是应当画出趋势线，使趋势和通道可视化，以观察市场在触及这些线时的价格反应。

在下跌趋势中，主要的反转结构通常波动幅度极大，其中夹杂着大幅的K线，在上下两个方向上来回拉锯。交易员可能觉得最坏的情况已经过去了并进场，然后他们意识到"进场太早"，他们不得不快速平仓离场。在最终底部出现以前，这种进场后急于离场的情况可能多次发生，这就是为什么如此多的反转结构最终会以大幅度趋势K线告终，并且要么是失败的旗形形态的突破，要么是三重推动形态。

在图8-1中，K2是一个旗形结构下破失败构成的反转结构，引发了到K3的强力上行走势，并且向上突破了下跌趋势中上一个稍低的高点。

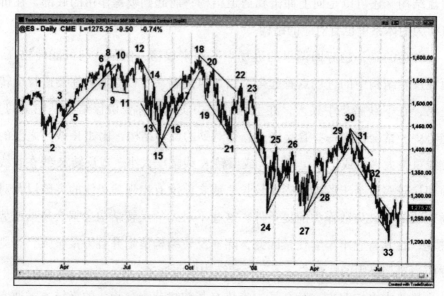

图8-1　Emini日线图的趋势方向发生了多次转变，而每一次转变都遵循了基本的价格行为原理，这符合我们的预期

K4 形成了稍高的低点，交易员可以据此画趋势线了。

K5 的回调跌破了趋势线，不过马上迎来了反转上行。然而，这引发了一条更加平缓的趋势线。

K6 是一个小型的楔形形态，引发了到 K7 的回调，据此可以画一条新的趋势线。

K8 是楔形顶部结构出现后的反转 K 线，这通常能引发至少两段式的下行，此外，它还是三重推动的上行结构。

到 K9 处的下行，跌破了上行中上一个被抬升的低点（K7），这表明空头的实力正在增强。K9 已经跌破了上涨趋势线，因此可以预期两段式下行要出现了。到 K9 这里已经是第一段下行，因此后面应该跟着对原高点的回测（稍高或稍低的高点）。在图 8-1 中，出现的是稍低的高点，接下来第二段下行段在 K11 处终止。

K10 处的上行动能虽然很强劲，但是 K9 这里的下跌动能也很强劲，两者相互抵消。

K11 在略微跌破了 K9 的低点后便马上反转上行，这看起来像是之前上涨趋势中的两段式的回调。但是，这个回调已经跌破了 K2 低点以来的主要趋势线，因此价格在回测 K8 这个上涨趋势中原有的极限位置后，出现反转下行也是合情合理的。

到 K12 处是两段式的回测，出现了稍高的高点，新的空头趋势应该有至少两段式的下行走势。同时，这里也在形成一个小型的扩张三角形形态（K6、K7、K8、K11 和 K12）。

到 K13 处，出现了非常强力的第一段下跌走势，大幅跌破了 K8 ～ K11 上涨趋势中的旗形结构。

当 K14 这个稍低的高点出现，它便可以被用来绘制趋势线，进而被用来绘制通道线。

K15 是在突破了下行通道线后形成的反转结构，后续应该出现两段式的上行，并有望上破下跌趋势线。后面确实如此。

K16 跌破了新趋势中的第一条上涨趋势线，但很快出现向上反转结构并继续上行。

K17 是突破了上涨趋势通道线后出现的突破回调结构。

这次上行最终终结于 K18 处的小型楔形结构，同时形成了稍高的高点，以及扩张三角形形态（K8、K11、K12、K15 和 K18）。楔形结构的反转，也可以理解为趋势中对通道线的射击过头，后续很可能出现两段式的下行。K18 和 K12 一起构成了双顶结构。

K19 跌破了上涨趋势线。

K20 形成了稍低的高点，它也为绘制新的趋势线和通道线提供了依据。

K21 跌破了由 K18 和 K20 绘制的下跌通道线，同时也位于自 K19 起形成的楔形结构中。

到 K22 的反弹上破了下跌趋势中最后一个小型的波段高点，并且也上破了下跌趋势线，最终构成了自 K18 的高点下跌后的又一个稍低的高点。而对 K22 的高点的回测没有成功（指没有逾越 K22 的高点），在 K23 处便止步，因此再出现一段下行便不意外了。

在跌破了下跌通道线以后，在 K24 出现了反转上行。上行到 K25，突破了下跌趋势线。

K26 没能成功逾越 K25 这个第一段上行的高点，形成了稍低的高点，这是一个双顶旗形结构，后续应该引发下行段，下跌要么形成新低，要么形成上涨趋势中两段式的回调旗形结构。在图 8-1 中，市场选择了前一条路径。

在 K25 的上行段突破了下跌趋势线后，K27 是一个两段式的向下回调构成的稍低的低点，后续应当期待出现至少两段式的上行。

K28 是两段式上行后出现的回调，不过它形成了第二个稍高的低点，因此有理由期待再出现至少两段式的上行。

K29 的小型楔形顶部结构出现后，K30 是一个稍高的高点，后续应当走出至少两段式的下行。

K31 是在突破了上涨趋势线后，形成的下跌中的双顶旗形结构。这是第一段下行之后的回调结构的终点，后续应当至少再出现一段下行。

K32 测试了下跌中楔形结构的通道线，接下来价格要么反转上行，要么大幅跌破楔形结构。交易员会在楔形结构低点被跌破的位置，设置卖出开仓的条件单。

K33 是一个对下行通道线射击过头后形成的反转结构，进而引发上行并突破了下跌趋势线。

如图 8-2 所示，GS 这只股票在 K1 大约比昨天的低点高了 10 个点，（暂时）终结了持续两天的大幅上行段。

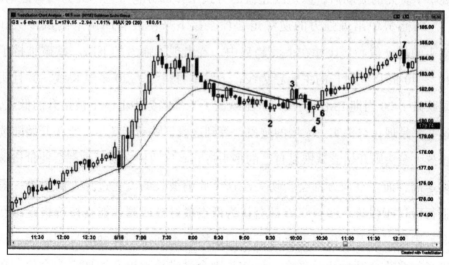

图 8-2　当趋势强劲无比时，寻求在回调中的顺势开仓结构

在接下来的回调中，K3 突破了下跌趋势线，接着价格下探，触发了卖出止损单，在两段式的下行构成稍低的低点之后，出现了 K4 位置的 K 线反转结构。这是非常好的买入开仓结构。我分享一些经验，你大致了解即

可，那就是强力的趋势中出现的第一次大幅的回调走势，常常会回测 15 分钟 K 线的 EMA 均线位置（在图 8-2 中，对 15 分钟 K 线的 EMA 均线的回测相当精准，尽管我们不需要这一信息也能完成开仓动作）。即便是这样不错的买入结构，进场 K 线却是一根小幅上涨趋势 K 线。显然市场没有意识到这个机会的价值。如果你发现一个极好的开仓机会并进场，却发现市场中其他人还没有看出当前机会有多么难得，此时你自然会有点紧张。这种事时有发生，在场内交易员最终发现上行反转已经出现之前，市场可能连续走出几根小幅 K 线（大多数是顺势方向）。K6 处的大幅阳线显然表明市场认识到了反转已经到来。K6 所指示的动能相当强劲，光头光脚表明多头相当狂热，预期后续将看到价格继续走高。当 K6 收线时，你已经可以将止损条件单上推到盈亏平衡点位置，你持仓预备迎接对 K1 高点的回测。不过在出现了 1 美元的波动后，以短线止盈的方式平掉部分仓位也不失为明智之举。

若趋势中出现强力的逆势走势段，接下来便会有回调来测试多头和空头的持仓信心。比如在上涨趋势中，若出现了强力的下跌，跌破维持了 20 ～ 40 根 K 线时长的主要趋势线，下跌本身持续了 20 多根 K 线，并且明显跌破了 20 周期 EMA 均线，甚至跌破了上涨趋势中上一个被抬升的低点，这些都是现在空头实力大增的迹象。等到这段下跌动能耗尽，空头开始陆续止盈，多头则开始尝试恢复自己的多头持仓。这两种交易行为都会使价格继续走高，而多空双方都会密切关注这个此消彼长的变化过程。由于第一段下行段过于强势，多空双方都会认为低点最好被回测才能支持价格走出新高。因此，随着价格逐渐反弹，我们始终看不到特别强劲的反弹动能，新进场的多头会开始止盈平仓，而空头则会激进地卖出并增加空头仓位。在这个反弹的过程中，可能会夹杂着不少的阴线和影线，两者都是多头疲弱的反映。而这个反弹终点的一轮抛压，可能创造出新的下跌趋势中的第一个稍低的高点。无论上涨转下跌是否成立，出现第二段下行的概率还是很大的。因为多空双方都预期到了这一点，他们的交易行为也会受此预期的影响。

8.1　趋势线的突破

本书中最重要的理念就是你的交易方向必须和趋势线的方向保持一致，另外，若你想参与反转交易，必须要先等到价格突破了主要的趋势线。

基本上所有的反转都始于趋势线的突破或是通道线的射击过头，如果趋势真的反转，在这两种情况下，最终都会跌破趋势线。只有看到趋势线的突破，才能令交易员对逆势方向的持仓真正具有信心。也就是说，除非有趋势线的突破，否则对交易员来说，只能短线参与逆势交易。没有趋势线突破作为前提条件，占据主导地位的趋势方向便没有改变，交易员应当确保自己不要错过每一次顺势交易的机会，至于偶尔错过了逆势方向的短线交易机会，那是不足为虑的。记住，最好的机会和最赚钱的交易都来自顺势交易。至于在趋势线未突破的前提下，出现 V 形的顶部和底部，则是非常罕见的情况，也不必为此劳神。交易员还是应当关注普通的、正常的走势形态，至于在少数罕见的情况下，如果踏空了第一波，后面总是会有回调，令他们可以在新趋势中占据一席之地。

有时候价格对趋势线产生强力突破，起因是原有的趋势已经延伸得太长了，在这种情况下，突破趋势线后，价格还可以继续前进很远。在这样的反转出现后，初次回调走势的幅度往往非常浅，因为此时市场状态非常情绪化，多空双方都相信趋势已经转变了。在这种普遍的反转信念的加持下，交易员会变得更加激进，会在回撤中持续、坚定地加仓（而不会轻易止损止盈），这就使得回撤的幅度非常浅。

在发生了对趋势线的强力突破并回调之后，通常会有第二段走势，回调走势经常会回测被突破的趋势线，不过除此之外肯定会有更多的价格行为线索，帮助我们把握住第二段。逆势方向的第二段可能是对原有趋势而言的回调结构的第二段，也可能是反转后新趋势的开端。突破趋势线的走势越强劲，在（对这个突破走势的）回调之后出现第二段的可能性就越大。对原有趋势极限点的回测可以是射击过头（上涨转下跌后出现的稍高的高点，或者下跌转上涨后出现的稍低的低点）或者射击不足（上涨转下跌后出现的稍低的高点，或者下跌转上涨后出现的稍高的低点）。如果这个回测属于射击过头，但是远远超过了原有趋势的极限点，那么反转结构可能就不再成立，原有趋势可能将继续。在这种情况下，交易员需要等待趋势线再次被突破或者通道线射击过头，来进行下一次反转交易的开仓。

衡量突破趋势线（潜在的反转趋势的第一段）的强度的线索：

- 价格运行距离远。
- 明显突破了 EMA 均线。
- 在上涨转下跌的过程中，价格向下突破了上一个被抬升的低点，以及在下跌转上涨的过程中，走势向上突破了上一个被降低的高点。
- 持续时间较长（大约 10 ～ 20 根 K 线）。
- 在此之前已经出现了多次对趋势线的强力突破（也就是说，在本轮趋势中，反转力量已经跃跃欲试了）。
- 回测原趋势极限点的价格走势疲软无力，表现为 K 线重叠部分较多，并且在回测走势中，顺着原有趋势方向的 K 线少，逆势方向的 K 线多。
- 回测原趋势极限点的走势，未能再越过 EMA 均线或原有趋势线，以至于无法靠近原有趋势的极限点。

在图 8-3 中，K3 到 K4 这段疲弱的下跌走势仅仅略微突破了趋势线，而且没有跌破上涨趋势中上一个被抬升的低点（K2），也没有明显跌破 EMA 均线。尽管如此，K6 仍然算是对 K3 这个上涨趋势极限点的稍高的高点的回测，并且这还是开盘时段出现的对昨日高点突破后的反转结构。

K6 到 K9 的下跌段，跌破了更长期的上涨趋势线、EMA 均线，以及上涨趋势中的前低点（K5），并且在这个区间之前还出现了一次凌厉的下行（K3 到 K4 的这一轮抛售）。此外，在 K9 之后的小反弹都无法自下而上回测这条被跌破的趋势线，也碰不到 K8 这个下行段中第一次反弹的高点。上述迹象都表明趋势线下破的强度很大，这增大了后面再接一段下行段的概率，也增大了趋势真正反转的概率。这个形态还是一个头肩顶形态，但若是理解了价格行为的演变过程，对于头肩形态倒不必特别关注。你最好更加关注 K 线本身，思考该如何进出场。此外，大多数头肩形态都会失败，因此还不如逐根 K 线地分析价格行为，得出更可靠的结论。

在对原有趋势线疲弱的回测过程中，K10 是一个 L4 的开空结构，这个回测对原有的极限点（K6）构成了稍低的高点的回测。

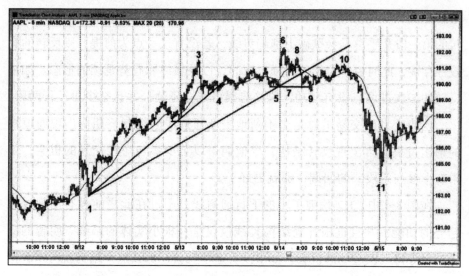

图 8-3　除非先看到趋势线的突破，否则不要参与逆势交易

在跌破了上涨趋势线后，交易员会开始绘制下跌趋势线（图 8-3 中未画出），随着市场趋势的方向转变为空头，并出现一系列稍低的高点和低点，下跌方向的趋势线对趋势的话语权会越来越大。

8.2 趋势通道线的突破失败：高潮走势、抛物线走势、V 形顶 / 底形态

本节涉及的这些走势有个共同点：斜率。相比于其他线性斜率（直线型）的走势，本节内容涉及的走势斜率表现为曲线和加速的特征。趋势运行到后期，市场会突然转向，通常在转向之前是一段延长的横向走势，并跟随一个反转结构。上述这些形态就本质来说，都属于通道线的射击过头而后出现反转结构，因此在交易上也应该这样处理。只不过若是将这些形态分类得过于详尽并对其进行各种命名，对交易绩效来说好处甚微。在反转发生时，趋势通道线可能不太起眼，不过一旦出现了抛物线形加速走势，价格行为交易员会不断地画线，修改画线，观察价格射击过头和反转的情况。最好的反转结构是由大幅的反转 K 线构成的，因此最好等待二次进场点再交易。而反转的第一段几乎总是会跌破上涨趋势线，若没有这一点为前提，则反转的有效性存疑，此时更有可能引发横盘区间，以及最终原趋势延续的形态。如果反转的二次进场点没有成功，原趋势很可能会延续，并且至少再运行两段。

逆势交易的交易员总是会不断地更新通道线的绘制，期待出现通道线的射击过头，再出现反转结构，令他们得以至少参与短线交易的机会，如果有幸参与两段式的回调，那就更好了。

在图 8-4 中，K2 跌破了小的下行通道线，不过在此之前没有出现过逆趋势的动能，并且这根开仓结构 K 线仅仅是一根小实体的阳线。明智的交易员会等待二次进场的机会，如果没有这个机会，那么这个结构就可以看作顺势开空的结构。后面的发展确实如此（这是一个向下冲击连接一段下行的通道走势）。请注意，跌破 K2 时的下跌动能非常强是因为很多多头受到了诱惑，在这个楔形结构中早早地进场做多，而他们大多不会及时承认进场错误，除非亲眼看到 K2 这个楔形结构的低点被跌破。K2 的低点就是他们设置条件止损单的位置。此外，很多空头也会在同样的位置设置进场的条件单，

这是因为楔形结构的反转如果没有成功，通常会继续顺势运行，运行的距离至少是楔形的高度，若你能理解这个现象，就能把握住这个做空的机会。

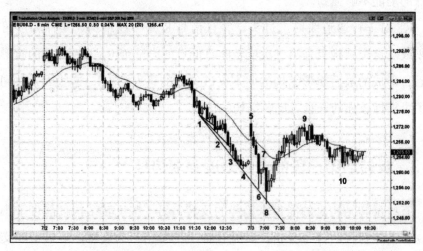

图 8-4 趋势的通道线没能成功突破，这可以构成有效的反转交易结构

K3 又一次出现了对下行通道线的射击过头，不过这里没有出现进场做多的 K 线信号，因此在此被套住的多头不多，并且在这之前没有出现过如上破趋势线这样的上涨动能，因此明智的交易员不会动摇做空的信念。

K5 是位于下跌趋势线之上的大幅的高开，不过本质上是 EMA 均线的第一根缺口 K 线（非常近似于这个形态，K 线的实体很大，完全位于 EMA 均线之上，尽管 K 线的低点位于 EMA 均线之下），这样的形态结构引发了开盘后的下行。

K6 还没有触及通道线，因此尽管它尝试去反转昨日的低点，但反转有效性存疑。⊖当走势靠近有磁吸效应的价格结构，比如趋势通道线，大多数

⊖ 译者认为这里不该用通道线究竟是否被碰到作为主要的判定因素，因为作者在前面篇幅已经提过接近完美就是完美本身（close is close enough），因此在这个细节上过于执着是不对的，在这里合理的思路是 K5 到 K6 的下行过于凌厉，构成迷你趋势线，K7 是迷你趋势线的初次上破，但若上破失败很可能继续引发下行，因此 K7 这里不适合做多，应该等待二次进场点。——译者注

交易员会等待射击过头的现象，如果没有看到这一现象，交易员会等待二次进场点。此外，K7 位置的信号 K 线是一个十字星，实体也很小，意味着上涨的动能不够强劲。

K8 对下行通道线射击过头，并且信号 K 是孕线结构、实体幅度可观的阳线。这个结构也是第二次反转昨日低点的尝试（还是跌破 K7 的旗形结构后，形成的最后旗形结构的向下突破失败的买入结构），这些因素共同引发了可靠性较强的开盘后反转结构的出现。

8.3 反转后第一段的走势力度强弱信号

有些反转结构真的能带来趋势的反转，另一些反转结构只能带来小型的逆势的走势段。仔细分析反转结构前后的价格行为表现，能够帮助交易员更好地决定应该放多少仓位在波段上，以及应该预期走势段有多大的幅度。如果原趋势非常强劲，交易员就不该参与逆势交易，除非先出现了对趋势线的突破，或者至少出现一次对趋势通道线射击过头后的高潮式的反转结构。不过在横盘区间里，交易员可以在两个方向上交易反转结构。

强力的反转结构有很多特征，这种特征出现得越多，反转交易获利的可能性就会越大，交易员在决定留多少仓位在波段交易这个问题上，应该更加积极进取。在反转的过程中，对趋势线的突破力度越强劲，反转运行很远的距离以及后续至少出现两段以上走势的可能性就越大。对趋势线最强的突破，包括强力的 K 线动能和明显突破 EMA 均线，通常还突破原趋势中的波段高点或低点。

以下是能反映反转强度的特点：

- 强力反转 K 线。
- 出现二次进场信号。
- 出现陷阱 K 线（使交易员被震仓出局的 K 线），比如下跌转上涨中稍高的低点，或者上涨转下跌中稍低的高点。

- 反转起始于对原有趋势通道线射击过头后的反转结构。

- 大幅突破了原有趋势的趋势线。

- 大幅突破 EMA 均线，并且持续多根 K 线收线在 EMA 均线的另一侧。

- 下跌趋势中突破上一个稍低的高点，或上涨趋势中跌破上一个稍高的低点。

- 初次回调段中，形成了 M2B（均线第二高点结构的向上突破）或者 M2S 结构。

- 反转走势的第一段，持续了多根 K 线，并且对原有趋势的回撤幅度比较大。

- 构成趋势：K 线的收盘价、最高价、最低价以及 K 线的实体。

- 回调幅度很浅，若回调表现为横盘则更佳。

- K 线的上影线和下影线都很短或者不存在。

- 如果你被止损出场，要注意是否存在你被震仓出场、踏空一次绝佳趋势行情的可能性，如果有这种迹象，要尽快寻求重新进场的机会。下面给出一些震仓的案例，以供参考。

如图 8-5 所示，昨天以强劲的下跌收盘，今天开盘后，K1 是强力的下跌阴线，也是 L1 结构下破的开空机会。今天是大幅跳空低开，但接下来是三根阳线。这种开盘的方式耗尽了不少的下跌惯性，接着又出现多头的动能，聪明的交易员不会在这个远离 EMA 均线的位置对 L1 结构开空。这个失败的 L1 结构反而是一个很好的多头进场点（小级别走势中一个稍高的低点），因为它确实将不少多头震出场，并且吸引了空头进场，这两者在后续上行走势中将被迫追逐市场价格进行买入。

K3 是吞没形态的下跌阴线。聪明的交易员不会在这里买入，因为市场可能在这个最后的旗形结构上破失败之后，构造反转走势，应该期待出现两段式的下行。此外，在高潮式走势（指突破旗形结构的大幅阳线）之后的小幅 K 线，常常能引发走势的延续。此时，价格行为缺少动能，这一点可以从这些 K 线的小幅度中看出来。

K4 是在大幅的阴线之后，尝试构造一根大幅的阳线，应该是想配合开盘时 K 线结构，构造一个引发上行趋势的 K 线结构，不过它收线在自身的半位以下，并且成为一根孕线。这根 K 线套住了不少多头，并且引发了一段下行。

K5 是一个失败的 L1 结构，最终形成了一个小型的稍高的低点的结构，同时也是在走平的 EMA 均线中第二根 EMA 均线缺口 K 线，这样的结构通常很适合做多，至少可以参与一次短线交易。

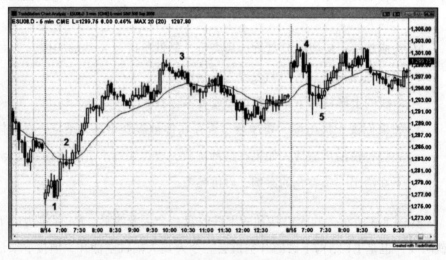

图 8-5　新趋势中，谨防震仓出局

8.4　反转后的回测：射击不足或者射击过头

趋势终结的方式，是先出现反转走势（逆趋势方向运行的走势，突破了趋势线），然后是一段回测原有趋势极限点的走势。对原有趋势极限点的回测，可能表现为射击过头（下跌转上涨中稍低的低点，或者上涨转下跌中稍高的高点），也可能表现为射击不足（下跌转上涨中稍高的低点，或者上涨转下跌中稍低的高点）。只有在非常罕见的情况中，回测走势才会和原有的极限点构成严丝合缝的双顶或者双底。严格来说，射击过头现象才是原有趋势的最后一段，因为它构成了原有趋势的最远的点位。而射击不足则是新趋势中第一段走势后的回调走势。对原有趋势极限点的回测，通常由两段式走势构成。

比如，在价格的顶部位置，在上行趋势线被跌破以后，价格几乎总是会反弹两次，再一次尝试推动价格到更高的位置。如果空头在他们早些时候进场的价格区间内，再一次战胜了多头，便意味着多头尝试了两次推动价格上行但都宣告失败。每当市场试图做一件事，尝试了两次都没有成功，它便很可能开始做相反的事情。

由于在突破了趋势线后，通常会形成至少两段式的逆势走势，因此如果在下跌转上涨的过程中，对原有的低点回测构成了稍高的低点，这也将会是第二段上行的起点。如果回测中形成了稍低的低点，这个低点将会构成两段式走势的启动点，接下来在第一段走势形成后，将会有一个小的回调，然后是第二段走势。同理，在上涨转下跌的过程中，回测高点的过程中若形成稍低的高点，将是两段式下行中第二段的起点，如果是稍高的高点，将是两段式下行中第一段的启动点。

关于反转结构，有一类常见的情况是不产生任何回调，直接出现强力的反转走势（冲击走势）。这个冲击走势的尖端可能构成趋势的反转点，但接下来可能会出现恢复原有趋势的尝试。如果这个恢复原趋势的尝试包含足够多的 K 线，并且大幅地回撤了这个尖端，这可能会引发交易员开始怀疑这个反转结构其实没有反转成功，因此不再将其看作反转后的回调。不过，大多数这种凌厉的冲击动能构成的尖端位置最终会被回测，并且大多数会被越过。举例来说，在一次大幅的冲击上行再回落构成的尖端，接下来出现了缓慢的价格抬升，吞噬了尖端的大部分，通常在这后面会引发第二轮卖压，回测尖端启动的低点。而在低点位置，原有的趋势力量将会复苏（构成牛市双底旗形结构）；这个向下回测也可以令反转结构成立，价格继续下行；市场也可能干脆就进入横盘区间。如果冲击构成的尖端本身就位于横盘区间内部，或者与原有趋势同方向（比如在上涨趋势中，向上冲击构成的尖端），那么后续回测尖端端点的可能性就会加大。但如果这个冲击走势是强力趋势中的第一次逆势走势段，回测尖端端点的可能性就不大了。比如，在强力的上涨趋势中，一次凌厉的向下冲击走势，通常就只能套住空头，这个端点不太可能再被回测。

高潮式的反转结构（通常是对趋势的通道线的射击过头，然后构成反转结构，或者高潮式的失败的最后旗形的突破）之后，未必会出现回测走势来测试极限点。高潮走势在更小的时间周期图表中会更常见一些。比如，1 分钟走势图中每天都能出现好几次，而 5 分钟走势图中大概只能每个月出现几次。完美的 V 形顶 / 底结构是非常罕见的。因此交易员最好不要过多地考虑 V 形顶 / 底的情况，而是应该把这些形态看作趋势通道线的射击过头，交易上也要这样处理。

任何类型的强力趋势 K 线（大幅的 K 线实体，很短的影线，K 线之间重叠很少）如果后面跟随了回调走势，几乎总是会产生对极限点的测试。图 8-6 的 K3 测试并越过了 K1 冲击下行的低点，不过这里没有构成反转，价格继续下跌了几根 K 线，形成了楔形结构的底部。

今天在开盘时产生了对昨日楔形结构低点的测试，形成了稍高的低点。同时这也是一个牛市双底旗形结构（与昨天的最后一个波段低点一起构成双底），同时也是对昨天最后两个小时形成的大幅两段式熊旗结构的向下突破失败。

在 K4 的向下冲击走势之后，形成了被延伸的、大幅度的反弹走势，K5 是这个反弹走势的顶点。不过 K4 的低点还是在这天收盘时被回测。

在图 8-7 中，K1 这个向下冲击的尖端，在该交易日后面被一个大得多的向下冲击走势（K3 低点）回测。第二个更大的向下冲击走势，被后面 K5 这个稍高的低点回测。

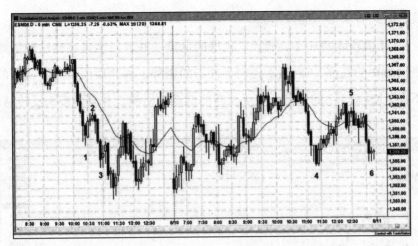

图 8-6　强力趋势中出现的回调走势，通常后面会跟随对趋势极限点的回测

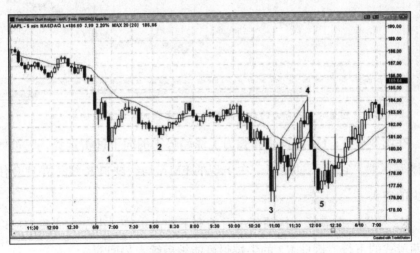

图 8-7　动能强劲的反转结构的极限点通常会被回测

　　图 8-8 是 AAPL 的 60 分钟 K 线图，其中，K1、K3、K6 都是向下冲击的走势尖端，而 K4 和 K8 都是向上冲击的走势尖端，它们都被后续走势回测。

　　K4 是在下跌趋势中形成的向上冲击的尖端，它不一定会被回测，但十几根 K 线之后，它确实被回测了。

　　K8 是在横盘区间中出现的向上冲击的尖端，并且突破了一条主要的趋势线，因此后面很可能被回测。

K7 是波段走势中的新低点（稍低的低点，并且可能是在构造趋势线上破之后潜在的底部），但这不是向下冲击的走势，因此后面被充分回测的概率不大。K9 对 K7 的低点形成了稍高的低点的回测，并且是多头反转结构。

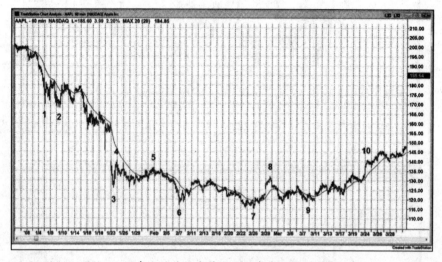

图 8-8　强有力的价格走势段，通常在回调之后被回测

在图 8-9 中，K1 是发生在强力上涨趋势中的向下冲击走势，它被回测的概率不大。它只不过是第一次出现的 EMA 均线缺口 K 线，并且套住了不少的空头。

K2 是发生在楔形结构顶部之后的向下冲击走势，由于在此我们可以期待两段式的下行，因此 K2 的尖端很可能被后续走势回测。

K3 是位于下行趋势中的向下冲击走势，被后面的稍高的高点所回测，引发了更长时间周期中的上涨趋势的继续。

在图 8-10 中，RIMM 这只股票在昨天以强力的向上冲击走势收盘。因此今天价格尝试突破这个位置的概率很大。虽然今天的上行斜率很平坦，看起来不算特别强劲，但是请注意价格没有出现连续两次收线在 EMA 均线下方的现象。图 8-10 显示的趋势方向是向上的，尽管上涨的强度存疑。

图 8-9　逆趋势方向的冲击走势，通常不会被回测

图 8-10　对强力上涨趋势中的向上冲击走势的回测

在图 8-11 中，到 K1 为止的上行突破了下跌的趋势线，K3 是对下跌
趋势低点的回测，并且以两段式下行的方式形成了稍低的低点。一般来说，
以稍低的低点方式构成的回测，通常会导致出现至少两段式的逆势走势段，

在图 8-11 中确实如此（两段式上行分别自 K3 和 K9 启动）。

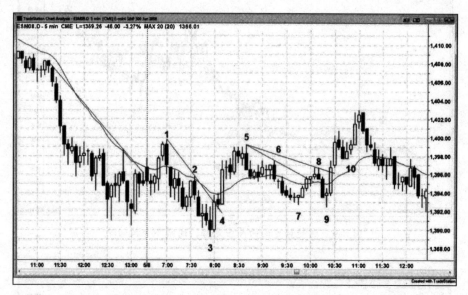

图 8-11　回测走势以后出现的反转结构，通常会导致出现至少两段式的逆势走势段

在昨天主要的下跌趋势线被上破以后（指 K1 这段上行所突破的下跌趋势线），K9 构成了稍高的低点，作为稍高的低点它也是第二段上行段的起点，而完成两段式上行可能就意味着上行段的结束。K3 是在下跌趋势线上破后形成的稍低的低点，因此它可能是一个潜在的主要下跌趋势的反转点。基于这个情况，你需要在第一次稍高的低点出现时，寻求买入的机会。这个机会发生在 K7。不过即便是在此进场，就交易而言，在价格起飞之前，出现一两次袭击盈亏平衡点的回调是很常见的现象，因此你要注意多次把握住重新进场的机会，并且持有部分仓位参与波段交易。最终，K9 提供了最好的买入机会。

在图 8-12 中，K2 是对高潮式开盘上行走势的反转，并且是对昨日高点的反转，伴随着对上行通道线的射击过头。同时这也是上破昨日高点后的空头的二次进场做空位置。

图 8-12　对前高的回测可能是非常强劲（高潮式）的上行走势，最终引发反转下行

　　巧合的是，这还是对昨日的横盘区间做出等距运行测算的目标位置，不过对交易而言这一点不是主要的考虑因素。当强劲的走势触及等距运行测算的目标位时，交易员可以开始考虑逆势方向的交易机会，不过前提条件必须是先出现了高质量的开仓结构。这种等距运行测算的技术，总的来说意义不大，也不是很靠谱，因此一般情况下我们不必理会。

　　在图 8-13 中，OIH 的 5 分钟走势图开盘（图 8-13 中第三根竖线右边）便是对昨日低点的高潮式的反转，同时这也是对三个下行通道线下沿的射击过头。交易员应当在 K1 这根大幅的反转结构 K 线被上破以后买入，并且因为期待出现两段式的上行，在 K2 这个初次回调中的 H2 结构应该再次买入。每当两段式的走势可能性较大时，你应当总是持有部分仓位参与波段交易，因为该两段式走势可能会延长，甚至发展为新的趋势。

图 8-13　对前低的回测也可以是强劲的高潮式下行，并使反转走势出现

　　当 5 分钟的趋势非常强劲时，在 3 分钟走势中会有很多次构造反转的尝试，而在 1 分钟走势里，这种反转尝试出现的次数更多。除非在 5 分钟走势图里已经出现了清晰的反转结构，否则你在观察 3 分钟走势图和 1 分钟走势图时，要注意把每一次构造反转的尝试看作顺势开仓的结构。在图 8-14 中，3 分钟走势图里标注了 5 次构造反转的尝试，每一次都吸引了急切的多头进场，他们的想法是在这些位置开仓所承担的风险很小，万一真的捕获了高潮式的 V 形底部的最低点，潜在的收益将会很大。当然由于这种事件发生的概率太小，因此显然是不切实际的妄想。作为理智的交易员，我们不但不能效仿他们，反而要思考他们会在哪里止损，并且在这个同样的位置设置卖出开仓的条件单。这种思维方式会使你易于成功，易于从他们身上实现交易盈利，这才是交易的主要目的。比如，当多头在 K1 这个向上反转结构后面进场做多时（由于在这个凌厉的下跌趋势中，之前没有出现主要的下跌趋势线的上破，因此不该考虑做多），聪明的交易员应当在

这些信号 K 下方一跳的位置设置卖出开仓的条件单。

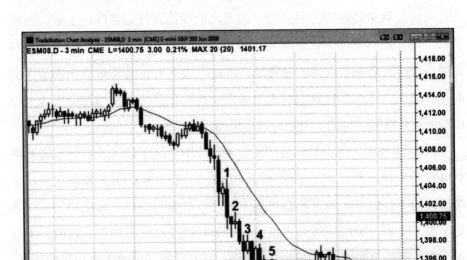

图 8-14　不要在 3 分钟走势图里交易逆势的开仓结构（除非在 5 分钟走势图
里也出现了开仓结构）

　　K4 这里的做空进场点，是进场 K$^\ominus$的低点，因为部分多头习惯于在进
场 K 收线后，收紧他们的止损条件单。由于目前还在下跌趋势中，因此你
应该持有部分头寸参与波段交易。

　　K5 是一个 ii 结构，通常来说算是反转结构（前提是先出现趋势线的
上破），它也是很常见的在两段式逆势走势段出现以前的最后的旗形结构
（图 8-14 中便是如此）。ii 结构代表多空双方取得了平衡，对这个结构的突

　　$\ominus$　指多头的进场 K，也就是 K4 这根阴线，在其发展过程中一度上破了前一根 K 线的高点，
　　　引发了部分多头进场。——译者注

破意味着平衡被打破。因此会有一种强力的动能使其回归到这个结构内部，并且通常会刺穿到结构的另一侧。由于之前没出现过趋势线的上破，因此唯一合理有效的进场方向就是向下的突破。不过，ii 结构的波幅通常足够宽阔，能够突破一些小型的趋势线，因此若接下来几根 K 线内出现了向上的反转结构，这算是有效的多头进场点，此时之前的 ii 结构便演变为一个小型的最后旗形结构向下突破失败构成的反转结构。

图 8-15 是同一处下跌趋势的 1 分钟走势图，其中标注的 K 线位置和图 8-14 中的完全一样。图 8-15 中的 K 线 C、K 线 D 和 K 线 E 都是在出现了两段式的下行以及小型下跌趋势线上破之后有效的逆势开多结构，每一处都引发了有利可图的短线开多机会。虽然这些交易是有可能实现的，不过很少有人有能力阅读这么快速的走势图，并且足够快地布置进出场的指令，所以若你仅阅读 5 分钟走势图，一般会有机会赚取更多的收益。在交易日结束以后，我们看着被打印出来的走势图，觉得进出场很容易，市场也不过如此，但在实时交易中做到这一点要困难得多。不过若你要在 1 分钟走势图中寻找卖出的机会，图 8-15 中 5 个被标注号码的 K 线都提供了顺势进场做空的机会，并且令你能持有部分仓位参与下跌的波段交易。

图 8-16 是 1 分钟走势图，截取自 5 分钟走势图（未展示）中强劲的上行趋势的一部分。在图 8-16 中，要想通过做空实现盈利是非常困难的（图 8-16 中标注的 6 个开空结构，没有一个能实现 4 跳以上的盈利）。作为交易员，如果我们仅仅关注 5 分钟走势图中的顺势开仓结构，而对 1 分钟走势图不闻不问，这显然会大幅增加盈利的可能性，同时交易的压力也会小得多。观察 1 分钟走势图的唯一合理的理由，就是找到（顺势的）多头进场点。在 1 分钟走势图中，一旦做空的 K 线结构信号被触发，那就定位空头设置保护性止损的位置，并且在这个位置买入开仓。这是因为被套住的空头将不得不买回自己亏损的仓位，这会推动价格继续上行，靠近你做多的止盈目标位置。

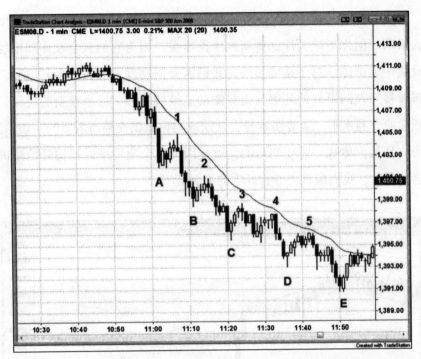

图 8-15 在 1 分钟走势图和 3 分钟走势图里开展逆势交易很有诱惑力，不过当心这注定是亏钱的策略，并且会令你错失很多更有盈利潜力的顺势开仓结构

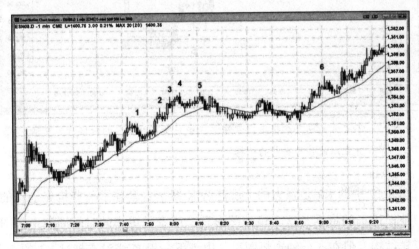

图 8-16 1 分钟走势图中逆势的开仓结构，最好被理解为顺势的开仓结构（在它们失败时进场）

如图 8-17 所示，10 时 30 分启动的一轮急跌，想必是受到什么突发事件的影响。但你不该关注这些新闻事件本身，因为它们只会在你和市场之间设置一道屏障。对于新闻事件，我们需要调动理解力去把握其内涵，进而需要将对新闻事件的理解与走势图动态维持一致，这个繁杂的过程只会降低你的盈利水平。走势图本身会默默地为你提供交易所需要的一切信息。作为交易员，你唯一需要知道的，就是因为某个突发事件机构开始激进地卖出。此时，我们应该去寻找开空的 K 线结构。

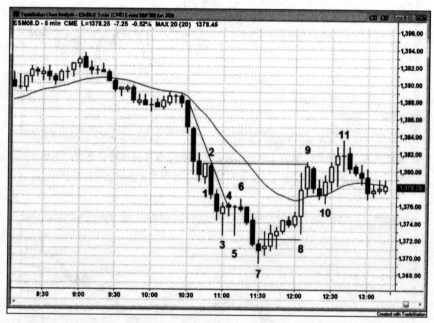

图 8-17　不要管新闻怎么报道，专注于这些突发事件引起的价格行为变动，并且以此作为交易的依据

图 8-17 中的 K1 是强力的上涨趋势 K 线，这套住了一些抢先进场的多头，他们进场的依据是这个蜡烛图形态，或者是更小的时间周期走势图中的反转结构。但在 5 分钟走势图里，由于下一根 K 线没有越过 K1 的高点，因此买入信号没有被触发。这些多头会在 K1 的低点被跌破时离场，并且

除非有更多的价格行为线索出现，否则他们短期内不会再重新进场了。交易员可以在 K1 低点下方 1 跳的位置设置卖出开仓的条件单，这个价位也是多头设置保护性止损的价位，他们平仓的行动会为价格提供进一步下行的动力。当这个价格被触及，你就知道这些被困住的多头将被迫止损离场，短期内不想再重新买入了，而聪明的空头将会在这个位置增加开空的持仓。由于此时市场中已经没有人再考虑买入了，因此我们非常确定市场将会提供一次短线做空的机会，并且收益可能远远不止一次短线交易的回报。

　　顺便提一下，K5 是第三根重叠的 K 线，其中至少有一个是十字星（实际上三个都是十字星）……这符合铁丝网形态的定义，通常这种形态是趋势继续的形态，你不该考虑在这个形态的高点买入，或者在低点卖出。你应该在它的端点位置出现小 K 线时，进行否定式交易，耐心等待趋势 K 线突破铁丝网形态并失败（在两根趋势 K 线跌破这个形态以后，在 K7 等到了这个信号）。

　　K3 和 K5 是非常经典的蜡烛图形态的陷阱。死记硬背蜡烛图形态的交易员会在这些非常大幅的带长下影、收线在高点的蜡烛图出现时大量买入，因为他们认为这种形态是多头正在主导盘面的证据。但请记住，十字星本质上是一根 K 线时长的横盘，因此在下跌趋势里你不应该在横盘区间的上沿买入。由于十字星代表的是一个横盘区间，因此它是下跌趋势中的旗形结构，而不是一个反转结构。每当你在下跌趋势中看到一根大幅的 K 线，带着长影线且实体又很小，这根 K 线给你传达的信息是，如果你在它的高点买入，你将付出高昂的代价。在下跌趋势中，你应该寻求在低点买入，而不是在没有趋势线突破的背景下，在大幅的、实体很小的 K 线的高点买入。让我重申一次，这样的 K 线是经典的蜡烛图形态给我们带来的陷阱。K5 的欺骗性比 K3 更大，因为这是一个墓碑线形态的十字星，是蜡烛图形态中交易员非常推崇的一种形态。此外，后面价格上破了这根 K 线的高点，似乎在"确认"多头的强度，并且这已经是在底部推升价格的第二次尝试（和 K3 一起构成了双重底部）。但问题到底出在哪里？每当你在强力的趋势行情中看到这样的实体很小但幅度很大的 K 线出现，你应当感到兴奋，因为它们是很不错的陷阱，因此也是完美的开空结构。你应当耐心等待接下来必然出现的小幅 K 线，由于它代表后续跟随力量的缺失，因此会令这些早早进场的多头十分恐惧。市场中所有人都知道这些多头会将保护性止损设置在什么价位，这恰恰就是你应当设置开空进场条件单的位置。当你看到这些大幅的十字星，同样地，你也看到了这些做多的动能，但由于价格在形态的高点徘徊，你应当假定此时多空双方的实力处于均衡状态，这些 K 线的高点将是横盘区间的中高部位置，而不是底部位置。

到 K6 的两段式上行，上破了下跌趋势线，你现在已经知道多头急于买入，因此接下来出现的向上突破失败，将构成完美的多头陷阱，并引发走势下行至新低。聪明的交易员会等待价格跌破 K3 和 K5，然后开始在前一根 K 线高点上破的位置设置买入条件单。如果买入条件单没有被触发，他们将不断下移条件单的触发价格。但如果这个价格下行距离形态低点太远，他们将在再次进场买入前，等待下一次出现下行趋势线的向上突破。而之前早一步进场的多头，由于连续亏了两三次，这一次会等待更多的确认线索出现，不会这么早进场，而这些价格行为的交易员在后面再次进场做多时，将会为上行走势提供额外的动力。

尽管 K7 的实体是一根阴线，但至少它收线在自身中部以上的位置。这表明存在一些多头的力量。我们猜测多头在之前的 K1、K3 和 K5 的进场点发生亏损后，现在开始变得有点小心谨慎。另外，这也是对铁丝网形态的向下突破失败。因此在这里开多盈利的概率相当大，而聪明的交易员已经预期到了这一点，他们没有理由错过这个开仓机会。

进场 K 线的实体是阳线，虽然幅度很小，但这根阳线对于买入而言还是有意义的。另外，它也是孕线的变体（K 线的实体位于信号 K 内部，强度比不上孕线结构），这都意味着空头没能实现控盘。到这个时候，因为你设置的保护性止损没有被打到，这比那些早早进场的多头要好得多，你现在应当对持仓充满信心。

接下来三根 K 线都是阳线，并且收盘价逐渐抬升，这些收盘价处于上涨趋势。有一类最好的波段走势，它的起始阶段是一些重叠的 K 线，作用是令你感觉到不耐烦、忧心忡忡。我们可以很合理地假设后面应当出现至少两段式的上行，不过在第二段走势出现之前，很可能先出现一些袭击止损单的走势。设置在盈亏平衡点的止损单，没有被 K8 的下行所扫到，最终 K8 演变为一根强势的吞没形态的大阳线，并且构成了第二段上行的启动点（稍高的低点）。

该上行走势的目标位，是之前下跌趋势中引发做多的信号 K 构成的高点（比如 K3、K5 以及 K2 的高点）。K9 突破了最后一个目标位，幅度仅仅只有 1 跳。由于上行的动能如此强劲，因此 K8 的低点很可能仅仅是第一段上行段的启动点，而不是第二段上行。因此后面应当有一次更大的回调走势，然后才是第二段上行段（上行段最终终结于 K11）。

在自 K8 低点启动的上行段中，K11 在其中构成 L2 开空结构。

8.5 双重顶／底形态的回调走势

如果市场在经历一轮下跌后，形成了双底结构，但就在价格上涨之前，先出现了一次回调，刚好回测了双底结构的低点上方，这就构成了双底回调开多结构。市场尝试了两次价格下行，不过每一次多头都在同样的价位战胜了空头。构成双底的两个价格不需要完全相同，通常第二个底会比第一个稍低一点，这使得这个结构有时看起来像是头肩底结构。若第二个底没有触及第一个底的价位，很可能这个看起来像是双底的结构不过是在构造两段式向上回调，此时最好是以短线思路而不是波段思路处理这个开多机会。双底回调结构的底部（或者顶部）也可以看作三重推动构造的底部（或者三重底），其中第三重推动力无力创出价格新低。这也可以看作两次想要突破前低的尝试（都失败了），一般发生两次失败的尝试，往往就意味着引发走势反转。有些技术分析师认为三重顶／底的反转结构不会成立，只能成为趋势继续的结构，不过他们所说的三重底需要三个价格完全相等。按照这么严苛的定义，这种形态将非常稀有，因此我认为不用特意去留意它们。如果交易员采用更为宽泛的定义，更有可能实现盈利。当市场中出现看起来接近于某个可靠结构的结构，交易上也完全可以用相对应的思路来处理。

双底回调结构是反转结构，而不是类似于双底牛旗结构那样的顺势结构。这两种虽然都属于开多结构，但是前一个位于上行趋势的开端（反转形态），而后一个发生在上行已经非常显著的趋势中（趋势继续形态），或者发生在已经出现了一段强力的上行段之后。

同理，如果上涨趋势中出现双顶结构，然后发生一次接近高点的回测走势，这种双顶回调结构也是非常好的开空结构。

图 8-18 是 SPY 的月线走势图，其中 K5 是吞没形态的 K 线，在越过前一根 K 线的高点时，构成了双底回调开多结构。K4 的低点略微低于 K3，不过这在双底回调结构中非常普遍，并且实际上效果更佳。这种双底回调也常常形成头肩形底部。

K1 和 K2 构成了双顶熊旗结构（双顶熊旗是下跌趋势的继续形态，有别于双顶结构那样出现在上涨趋势末端的反转形态）。

虽然专家们会分析巴菲特在别人恐慌时的贪婪买入动作，并得出价格底部已经临近的结论，但是到目前为止还没有价格行为的线索指出底部的临近，因此巴菲特眼里看到的巨大的建仓价值可能要过好几个月才会逐渐显现出意义。所以，不要因为巴菲特在买入，你就跟着买入。你先要耐心等待日线图的下跌趋势线被上破，然后等待回测低点的走势引发反转。在当前如此强劲的下跌动能面前，思考是否买入实在是为时尚早。你最终一定会等到价格行为线索指出底部的来临。大幅度的 K 线或许意味着空头力量耗尽，不过在明确的价格行为线索指出底部到来之前，聪明的交易员如果根据日线图进行交易，应该只能把握做空的机会。

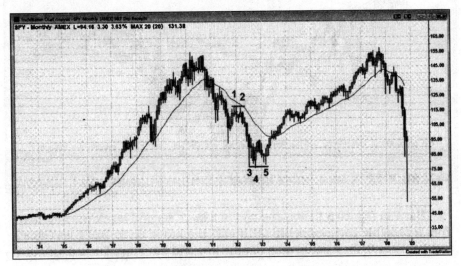

图 8-18　双底回调结构的开多机会

在图 8-19 中，K1 出现在第二段大幅下行段的尾部，因此存在构造出反转结构的可能性，尽管到 K2 的上行段非常不起眼，不过 K3 和 K4 都无法跌破 K1 的低点，因此构成了双底牛旗结构。

K6 是对 K3 的低点的精准回测，但没有跌破 K3（也没有跌破 K1 的低点），因此这构成了一个规模更大的双底牛旗结构，其中 K3（或者 K3 和 K4）构成了第一次底部。有些技术分析师也把这种结构称为吸筹。机构交易员坚决地捍卫 K1 的低点，而没有去突袭挂在 K1 下方的止损单，这表明他们相信价格将要开始上涨。

K5 是 EMA 均线缺口 K 线，这种 K 线结构本身能够产生足够的趋势动能。但是，K5 已经上破了下跌中的主要趋势线，而 K6 是对 K1 这个下跌趋势极限点的一次稍高的低点的回测。

图 8-19 双底牛旗结构

在图 8-20 中，K4 看起来有点像双底回调的开多结构，不过 K3 比 K2 的低点高了 5 美分，并且它本身处于非常强劲的下跌趋势。这个略微抬升的低点进一步否定了双底回调结构的有效性，相比于发动新的上涨趋势，更有可能构成下跌中的两段式反弹。此外，强力趋势中的初次回调（K2 后面的反弹走势），几乎总是能构造出顺势的开仓结构，因此，在这个区域寻找底部反转结构不是明智之举。不过，如果有交易员在此做多，价格还是能上行超过 1 美元的距离。K2、K3、K4 的长下影线，也因为市场仍然位于第一个 90 分钟的交易时间，倾向于构造出开盘阶段的反转结构，结合这两点看，这笔交易还是有可取之处。不过，聪明的交易员会在回测 EMA 均线时开空，因此若你在此选择了短线参与做多，那么接下来要想再快速切换到做空的思维就会比较困难。

K8 构成了双底回调开多结构，其中 K7 要比 K6 的低点低了约 13 美分，但进场信号没有被触发（K8 后面的 K 线无法越过 K8 的高点）。在此再次强调，在强力的下跌趋势中，如果没有强力的趋势线上破作为前提条件，盲猜底部的到来绝非明智之举。图 8-20 是自开盘便启动的下跌趋势，这也是下跌趋势中最强的那一类。你应当专注于寻找做空机会。只有在下跌趋势线被强力突破后，你才能寻找反转的交易机会。

K11 是第三次构造底部的尝试。K10 要比第一个低点（K9）高了 2 美分，这只能起到令反转结构变弱的作用。

在下跌趋势中，最聪明的交易员依托于 EMA 均线进行顺势开空，例如 L8 之后一根 K 线的 M2S 开空结构以及 K11 处的 M2S 结构。

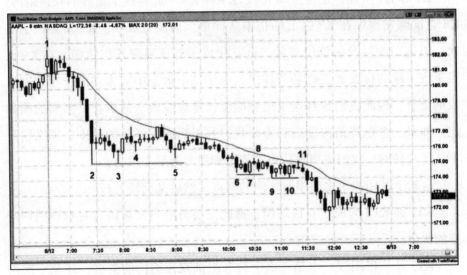

图 8-20　双底回调结构需要在具体的走势背景中被审视，不能直接将其作为反转开多的依据

在图 8-21 中，K1 和 K2 构成了双底结构，尽管 K1 的低点乍看很不起眼。在进场 K 的低点下方存在保护性的条件止损单，通常这个位置会被回测，就像 K2 这样的回测走势。当发生两次下行触及同样的位置，就构成了双底结构，哪怕前一个低点不是波段低点，也不影响双底结构的

有效性。因为 K1 的下方是长的下影线，这意味着在 1 分钟走势里存在着稍高的低点（情况确实如此）。K3 这里出现了很深的回调，测试这个双底结构，因此这是第二次触发止损单的尝试，但是这一次甚至还不能靠近前一次回测的低点（K2 的低点），空头便败下阵来，于是多头再次主导了盘面。

在这个以区间方式构成的趋势中，K4 和 K5 构成了双底牛旗结构，并被后面 K6 的回调所测试，进而构成了一个规模更大的双底回调结构。你也可以把它叫作"三底结构"，但是这种凭空创造的概念对交易没有帮助，因此不必画蛇添足。

K7 和 K1 一样，也是进场 K 线，K7 和 K8 一起构成了微妙的双顶结构。K8 尝试触发预埋在 K7 之上的止损条件单，但没有成功。K9 又尝试了一次，但这一次触及的价位更低，这就构成了双顶回调开空结构，在 K9 低点下方 1 跳的位置触发进场条件单。由于这个形态中有太多的十字星和 K线的重叠，因此我们预判这里很可能仅仅是短线做空的机会，事实的确如此。如果一个走势结构复杂到需要我们分析到如此详尽的程度，那么它是不值得交易的，我们应当等待更加清楚和强力的形态机会。

这轮下跌回测了之前横盘区间的高点，然后又反转上行。

K11 和 K12 构成了双顶结构，据此交易员应当密切留意对双顶回调开空的机会。

K13 是一根阳线，也是一次上行和测试双顶结构的尝试，还是一次构成 H2 结构的尝试 (M2B 结构)，不过它没有成功。但是，在靠近横盘区间的低点位置做空不是明智之举，除非先出现了强劲的开仓结构，但这里显然不够强劲。

K14 是一个更加清晰的回调，但它距离双顶结构太远，因此不够可靠。另外，在这里做空的话，会面临在横盘区间低点做空的问题，更不用说背景还是在以横盘区间的方式向上运行的上行趋势里。

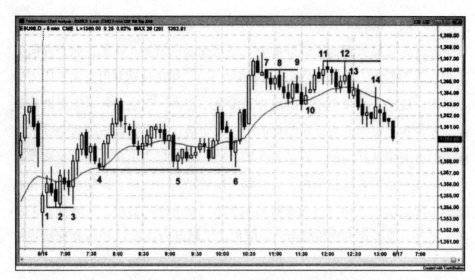

图 8-21 对双顶／底结构的回调构成的反转结构

8.6 高潮走势：冲击走势和横盘区间走势构成的反转结构

高潮走势就是在交易员看来价格运行得太远太急，并且后面出现了反转的走势。高潮式的反转结构，是先出现一次强力的冲击走势，伴随着大幅的K线，往往对通道线射击过头，进而发生反转。冲击意味着单方向的强力走势，随后往往突如其来地出现反向的强劲走势。在冲击和横盘区间组成的反转结构中，横盘区间代表了反转走势的犹豫。而普通的冲击反转结构直接完成反转动作，中间缺少横盘区间所代表的犹豫环节。在冲击和横盘区间构成的反转结构中，价格无法快速穿破EMA均线形成强力的逆势走势，而是在反转持续了一两根K线以后，开始形成窄幅横盘区间，后面突破方向不定。这看起来就好像市场在尝试构造反转结构，但似乎无法充分实现它。而在更长的时间周期里，K线的反转结构就消失了，取而代之的是一根大幅的带有长影线的K线，收线位置在K线的半位。

有时候，反转走势后的横盘结构中会形成逆势方向上的双顶/底旗形形态，这为交易员提供了额外的参与逆势交易的理由（如果在顺势方向上形成双顶/底旗形形态，这便成为顺势交易）。初次反转并引发横盘区间的走势段，规模上相较于原有的趋势通常会小很多，但它通常也能突破趋势线，并且它有可能成为反向趋势的第一段走势。尽管我们理解这个分析过程，但盘面中这样的细节容易被我们忽略。因此每当出现高潮式走势，我们便应该主动留意这种结构。有时候，反转结构中的横盘区间会向原有趋势的极限点缓缓漂移，进而导致回测失败（在上涨趋势中，回测形成了稍低的高点，或者在下跌趋势中，回测形成了稍高的低点），也存在继续越过极限点，产生新的极限点，并不再构成反转走势的可能性。但如果经过这样的漂移，后面确实发生了反转，这个新的反向趋势有时候会变得异常强劲，运行得非常快速，构成向下冲击和通道形态。

突破走势后，如果跟随一根孕线，可以被看作可能正在构造的迷你的冲击和横盘区间反转结构。其中突破的 K 线端点到后面孕线的另一侧端点的距离，就是冲击走势的距离，它代表一段小型的高潮式反转，而孕线则可以看作横盘区间。正如所有的冲击和横盘走势那样，后续的突破可以发生在任何一侧，重点是我们应当记住，两个方向的突破都有可能发生。不过一旦处于趋势中，你应当重点把握好顺势方向的开仓机会。

有时候出现了强度相当惊人的冲击走势，然后是回调，而后开启通道走势，不过通道没有延续下去，随后走势反转。事后来看，回调走势看起来就像是反方向的冲击走势，并引发了通道走势。但是，一旦你意识到这个情况，你就知道这里存在一个新趋势，你应当把握住每一个顺势进场的机会。

图 8-22 是 Emini 的 1 分钟走势图，受早上 5 时 30 分发布的数据报告的影响，出现了一波向上冲击走势，但在 K1 处形成了强力的反转向下 K 线。K1 波幅达到 3 个点，这在 1 分钟走势图中算是相当大的波动幅度，因

此说它是向下冲击也不为过。K3 是两段式的上行，构成了下跌趋势的 L2
结构。此外，如果只看 K 线的实体部分，K2 可以算是 ii 结构的变体（K2
的实体处于 K1 实体的内部，而 K1 的实体又位于前面大阳线的内部，ii 结
构代表市场运行暂无方向），而到 K3 为止的上行可以看作 ii 结构的向上假
突破。接着市场连续横盘了十根左右的 K 线，代表向下冲击后的横盘区
间。K4 对一条迷你下跌趋势线构成了微小的突破（但失败了），然后市场维
持下行趋势。K5 是一个二次进场点（突破后的回调进场结构）。

图 8-22　向下冲击和横盘区间构筑的顶部结构

如图 8-23 所示，在当天开盘第一根 K 线就出现了强力的反转结构
（K5），它先对上行通道线射击过头，然后反转下行，跌破通道线，但马上
再次反转，回到通道线之上。市场连续横盘了 5 根 K 线，就在 K5 向下冲

击走势之后，在 K7（从 1 分钟走势图看，之前先经历了向上冲击，再反转向下冲击）处形成了稍低的高点，完成了小型的横盘区间的构筑。K9 可以看作横盘区间的延展，也是一个稍低的高点，或者叫双顶熊旗结构（粗略地看，K9 和 K7 可以看作同一高点，并且 K9 是第二次回测 K5 高点的尝试）。不过具体怎么称呼这个结构是次要问题，重点在于，这里是相当好的开空结构。市场接下来在剩余的交易时间里，持续向下运行，并且加速下跌。K10 是一个冲击走势，接下来的 K11 是通道走势。昨天，K3 是一个冲击走势，后面跟着自 K4 启动的通道走势。一般来说，通道走势的启动点会在一两个交易日内被回测（K4 的低点，在 K5 启动了向下冲击和横盘区间的顶部结构以后，在后续的下跌中被回测，而 K10 的高点，也就是下行通道的启动点，在接下来的两周里都没有被回测）。

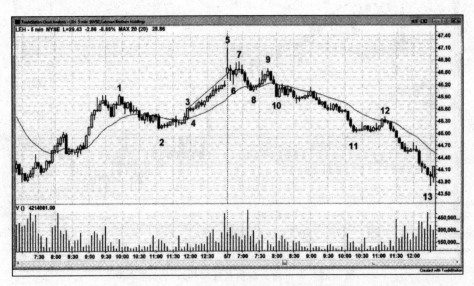

图 8-23　向下冲击和横盘区间构筑的顶部结构

图 8-24 中的两张图都是 SPY 的 5 分钟走势图。到 K2 的上涨是强力的上行冲击走势，然后到 K3 出现了一段回测 EMA 均线的凌厉的回调，跌破

了迷你上行趋势线，接着启动了上行的通道。不过在 K4 处完成的两段式的上行，并没能越过前高，形成了稍低的高点。当后面出现到 K5 为止的回调，并跌破了向上的通道和主要的上涨趋势线后，局势已经很明显，这已经不再是向上冲击和通道走势了。市场正在形成一个横盘区间。这逐渐演变为一个三角形的顶部结构，然后是向下冲击走势，进而引发了向下的通道。K8 处出现了对 EMA 均线的第二次填补缺口 K 线的尝试，但没有成功，这就是非常明显的空头控盘的迹象，因此下行通道的走势展开就毫不意外了，而之前到 K5 为止的下行可以看作引发了下行通道的向下冲击走势。在这之后，你应当尽可能把握住每一个开空的机会，并且把做多的结构仅仅看作短线交易的机会（一般来说，在这么强的下行趋势里，最好只做顺势开空的交易，不要在其中开多的结构中进行交易），直到出现对下行通道线的射击过头，然后反转向上。K13 位置是跌破了三条下行通道线后才出现的反转向上结构。

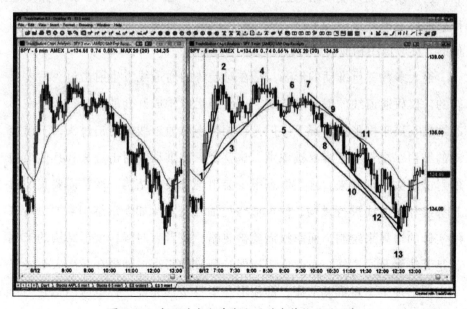

图 8-24　失败的向上冲击和通道走势构筑的顶部

8.7 高潮走势：三重推动与楔形形态（对趋势通道线的射击过头构成的反转结构）

趋势在终结时，往往会出现对趋势极限点的回测，回测往往以两段式的方式开展，有时能够创下新的极限点（上涨趋势中稍高的高点，或者下跌趋势中稍低的低点）。前一个极限点和接下来的两段式的回测，就构成了三重推动走势，这是一个相当有知名度的反转结构，在不同的交易体系里这个结构有不同的叫法。它也常常会以楔形的方式呈现，但有时候这个楔形是基于 K 线的实体，而不是影线部分。这些细节对交易倒是帮助不大，因为在这些形态的变体之间，存在足够大的相似度，使它们可以用类似的思路来交易。出于简化的目的，可以把这些三重推动的形态都看作楔形结构，因为它们中绝大部分都是在高潮式的、类似楔形的结构中终结走势的。这种三重推动结构中的趋势线和通道线，可以构成阶梯形态这样的平行形态，也可以表现为楔形结构这样的收敛形态，还可以表现为扩张三角形这样的彼此分离的形态。具体是哪一种情况并不重要，因为它们的表现是相似的，你应该用相似的思路去处理这些交易机会。

绝大多数三重推动的形态，是在对趋势的通道线发生射击过头后才反转的，仅凭通道线的射击过头这一点已经足以构成开仓的理由，即便在形态结构不属于楔形的情况下。但是，相较于对通道线的射击过头，三重推动的结构在视觉上更容易被识别，这就令三重推动的射击过头和其他结构的射击过头区别开来。这些形态很少会出现完美的结构，通常需要我们对趋势线和通道线进行微调，使得形态更加凸显。比如楔形结构需要沿着 K 线实体的边界来绘制，而影线需要被忽略。或者有时候，楔形结构的末端就是无法触及通道线。对此你应当保持开放的心态，如果在一次大幅走势的末端出现了三重推动形态，即便形态本身不够完美，你也应当把它当作近似的楔形结构去处理。但是，如果它对趋势的通道线射击过头，反转交易最终成功的概率就会明显提升。此外，大多数对趋势通道线的射击过头，都会具有楔形的形状，但往往与构成楔形结构的走势段相距较远，因此可以不用管。正如前文所述，构成射击过头的反转结构本身就足以成为交易的理由。

如果一个楔形结构触发了反转的进场信号，但没能持续引发反转走势，反而市场向着楔形结构的极限点继续突破了一两跳，此时它很可能会很快发生一次等距运行的走势（运行的距离大约等于楔形结构的高度）。但有时候，突破极限点的尝试也会失败，价格再次反转回来，构成第二次反转趋势的尝试。如果出现这种情况，新趋势方向的走势往往会更加延伸（持续至少一个小时），并且其中至少有两段走势。

有时候，三重推动中的第二重推动比第一重推动的动能更加强劲，如果看到这种情况，那就忽略第一重推动，并认定第二重推动才是真正意义上的第一重推动。第二重推动和第三重推动都是延展趋势的两次尝试，而这两次尝试都没有成功。一般来说，我们总是可以期待在强力的走势之后，会出现两段式的走势。

在反转的第一段逆势走势段出现后，如果回调是一个楔形结构，通常这不会越过反转趋势的启动点，尽管少数情况下会越过去。不管是哪种情况，交易员都应当留意把握住新趋势的二次进场机会，并预期这个回测走势能够成立（比如在下跌转上涨趋势后，预期出现稍高的低点或稍低的低点）。

在交易日的中间时间段内出现反方向的、低动能的三重推动走势段是很常见的现象，这个结构的作用是酝酿尾盘的动能并延续开盘以来的趋势。基于以下理由，我们把这样的结构也看作楔形：①它有三重推动；②其中往往出现对于回调方向的通道线的射击过头；③它常常具有楔形的形状；④行为表现也和楔形结构完全一样。请记住，在交易的世界里没有非黑即白，习惯于探索不确定的领域，你才能成为更好的交易员。

如果出现三次以上的推动走势并且每次突破的幅度都变得更小，这便构成收缩阶梯形态。比如，在上涨趋势中有向上的三重推动，其中第二重推动末端比第一重推动高了 10 跳，而第三重推动末端仅比第二重推动高了 7 跳，这便构成收缩阶梯形态。这是明显的动能减弱的迹象，并且后面出现两段式反转的概率增加了。有时候，如果趋势很强，甚至会出现第四次、第五次收缩阶梯形态，但由于动能正在减弱，此时便可以考虑逆势交易了。如果第三个阶梯明显越过了第二个阶梯，然后反转，这就可能在构造通道线射击过头的反转进场点。

有时候，第三重推动没法触及第二重推动的极限点，进而形成双顶结构，不过在这里盘面传递的信息是一样的，仍然是一个反转结构。如果第三重推动大幅弱于第二重推动，这便是在构造头肩形顶／底的反转结构。

正如前文所述，有时候，突破失败的最后旗形结构，会演化为楔形的旗形结构，这将成为第二个规模更大的突破失败的最后旗形结构。举例来说，在下跌趋势中出现向下突破失败的最后的旗形结构后，原来熊旗结构的高点就成为楔形结构的第一个完成点，向下突破失败成为楔形结构的第二个完成点，接下来的两段或两段以上的反弹走势就补齐了楔形结构的剩下部分，整体成为一个更大的熊旗结构。这很有可能在构造更大规模的突破失败的最后熊旗结构，然后反转进而驱动市场上行，但也有可能是在构造一个走势继续形态，驱动一波更大规模的下跌趋势，当然，还存在横向运行、继续盘整的可能性。

在横盘区间里，当靠近区间顶部向上突破失败的 K 线的低点被下破后，空头会进场，而在靠近区间底部向下突破失败的 K 线的高点被上破后，多头会进场。之前的波段走势的高点或低点如果被突破，也是逆向走势变强的标志，可能构成开仓结构。注意在图 8-25 中，到 K12 的这段上行，上破了之前下跌趋势的波段高点，但是在接下来一根横盘 K 线收线后，上破没有成功（K12 同时也是向上的三重推动，并且如果这一天之前

的两段高点连线的话，K12同时也是对这条通道线的射击过头，图8-25中
没有画出这个通道）。图8-25中还有一些对通道线和趋势线突破失败构成
的交易机会，它们已经被标注出来了。

K2、K3、K6标志着收缩阶梯形态，这大概率会引发反转走势出现。
在收缩阶梯形态中，第二次突破会比第一次突破幅度更小，这代表动能的
减弱。图8-25中，K3比K2高了19美分，而K6仅比K3高了12美分。
每当出现收缩阶梯形态，反转成功的可能性就更大，通常这意味着即将出
现动能相当强劲的两段式回调。

K3正是突破失败的最后旗形结构扩张为楔形结构的范例。楔形结构
的第一段（第一次下跌）就位于这个失败的旗形的低点位置，就在K3左
边这根K线。而K3是楔形结构的第二段。到K4的两段式下行，补齐了
这个向下的三重推动结构的剩余部分。这在整体上就构成了更大规模的上
涨旗形结构，并最终成为这个上涨波段走势中向上突破失败的最后旗形
结构。

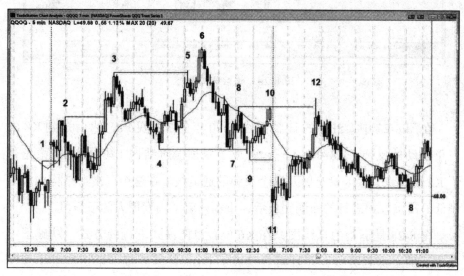

图8-25 在横盘区间里，对突破行为进行"否定"是相当好的交易机会

收缩阶梯形态的每一次突破都比前一次突破的幅度更小,这表明趋势动能减弱,并且增大了逆势交易的成功率。在图 8-26 中,K4 这个阶梯完成以后,上行到 K5 的走势突破了趋势线,因此接下来便要注意回测 K4 低点的走势可能会引发两段式的上行(在 K6 位置稍低的低点的回测完成后,出现了两段式的上行)。

K3 到 K5 的走势,又是突破失败的最后旗形结构逐渐演化为楔形的熊旗结构的过程,整体就构成了更大规模的突破失败的最后旗形结构。

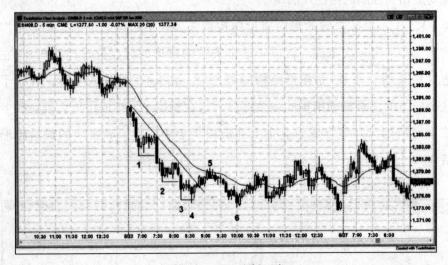

图 8-26 收缩阶梯形态

在图 8-27 中,SPY 的日线图在 2000 年的 3 月见顶,然后是到 K8 的三重推动的反弹。K8 和 K2 一起构成了双顶熊旗结构(其中 K8 略微超过了 K2 的高点)。K8 没有触及这个反弹的通道线。在这个以楔形结构构成的稍低的高点方式进行的回测完成后,市场开启了幅度惊人的下行段。

图 8-28 是道指的日线图,在 K6 位置以两段式下行的方式,跌破了一条主要的上涨趋势线,并且明显跌破了 EMA 均线。接下来形成了小规模的三重推动构成的反弹结构,并且在 K7 位置形成了稍低的高点的回测走

势，进而引发了 1987 年大股灾。

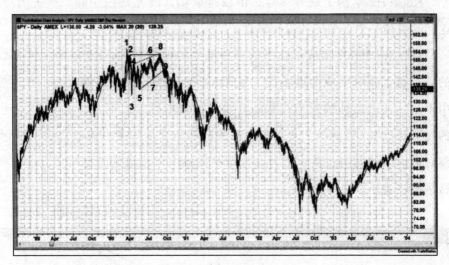

图 8-27　楔形结构的回调

图 8-28　三重推动向上，但构成了稍低的高点

在图 8-29 中，K3、K4、K5 形成了楔形结构，但 K5 没有发生对通道
线的射击过头，K5 这个孕线结构是一根阴线，因此以此为 L2 结构下破的

开空点非常合理。

K6 是 H2 结构上破开多点，但没有成功，因此是做空的二次进场点。这同时也是一个小型的冲击和横盘区间构成的顶部结构。

K7、K8 和 K9 构成了向下的三重推动的做多结构，K9 这个反转 K 线的高点被上破时就成为进场点，尽管 K9 在 K 线的中间位置收线，有点美中不足。这个结构的通道线和趋势线是扩张形态的，不过，由于 K8 之后的高点要比 K7 后面的高点更低，因此这不能算是扩张三角形。K9 没有实现对通道线的射击过头，不过在这个整体倾向于横盘的交易日里，这已经算是很好的开多结构了。

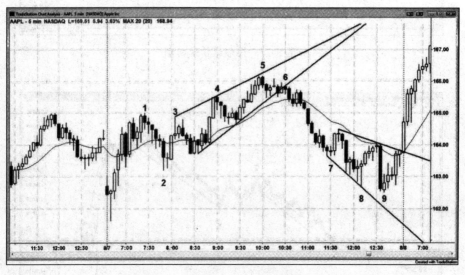

图 8-29 未发生射击过头的楔形结构

8.8 扩张三角形形态

扩张三角形是三重推动形态的一种，既可以是反转结构，也可以是顺势结构，它至少由五段走势构成（有时候是七段，极少数情况下是九段），每一段都比前一段规模更大。在下跌转上涨的过程中，它在突破上一个稍低的高点时表现出了足够的强度，这令多头进场被套，接下来价格快速回落并创下新低，使多头止损出场，并且令空头进场被套，然后走势再度反转，迫使多空双方不得不追逐市价买入。在上涨转下跌的过程中，情况完全相反。空头会被稍低的低点骗进场，但接下来在稍高的高点出现时又不得不止损离场，换成多头被骗进场，最终市场决定反转下行时，多空双方不得不追逐市价卖出。扩张三角形的反转结构被确立后，走势的第一目标位是三角形另一侧的对应位置，在这里市场经常会尝试构建扩张三角形的旗形结构（顺势结构）。命名为三角形其实有点误导性，因为这种形态经常看起来一点也不像三角形。它的突出特点在于，它由一系列稍高的高点和稍低的低点构成，不断地将参与突破交易的仓位困于其中，等到某个临界点后他们决定放弃抵抗，然后所有的交易员都突然站队到同一个方向，这就促成了趋势的发生。扩张三角形形态也有三次推动，因此可以看作三重推动的反转结构的变体，只不过它的回调要比常规的三重推动更深一些。比如在下跌转上涨的过程中，扩张三角形结构的回调走势，会构成两次稍高的高点，而常规的三重推动结构，比如楔形结构，两次回调都只能产生稍低的高点（缺少扩张动作）。

如图 8-30 所示，Emini 在这一天高开，随后回调测试了 EMA 均线和昨日的收盘价，在 K6 处构造了开盘时的反转结构，然后价格快速拉升。K5 是昨日的低点，并构成了扩张三角形的底部结构（由于进入扩张三角形形态之前的趋势方向是下跌，因此目前是反转形态），这种形态下一步的发展往往是构成一个新的波段高点，然后尝试构造扩张三角形的熊旗结构（趋势继续的形态）。在 K7 处出现对上行通道线的射击过头并下行，完成了这个熊旗结构（注意三角形是由 K2、K3、K4、K5 和 K7 构成的）。每当发生对上行方向的趋势通道线的突破失败，尤其是 K 线处于扩张三角形结构内部时，后续出现两段式下行的概率就会大大提升。顺便指出，不必苛求

扩张三角形结构的形态完美，也就是说，它们不必每次都要触碰到趋势通
道线（比如 K5 就差了一点，没有碰到下方的通道线）。

图 8-30 扩张三角形的底部结构

尽管到 K7 为止的上行走势非常强劲，但是考虑到所处的市场环境偏
弱，这个 L2 结构下破的开空点仍然值得参与（身处扩张三角形结构中且存
在小的突破失败的最后旗形结构）。K8 是连续出现的第二个十字星，十字
星代表的是多空双方力量均衡。由于他们在这个价位实力差不多，因此均
衡点通常位于后续下行走势的差不多中间位置，这会给你提供线索，指出
价格大约还需要下行多少，才能找到足够的买入力量来再次托起市场。目
标价位在 K9 处被触及，但是价格没有马上反弹，而是直到 K10 处出现了
对下行通道线的射击过头并构成反转结构，才开启了又一次上涨。另外，
K10 也对原先在 K6 处进场做多的进场点，进行了一次精准的回测（对突破
点的完美回测引发的开仓结构）。

在扩张三角形构成的反转结构中，低点依次降低，而高点依次抬升。
经典的扩张三角形反转结构在走出反转前，要先构造出 5 个转折点，不过

有时候也可能是 7 个，就像 SPY 的 5 分钟走势图那样。在三角形的每一段都有充分的理由进行短线交易（比如，每一段都在构造出波段的新高或者新低），但当反转结构第五段完成时，潜在的更大规模的趋势就具备了发展的条件，此时将部分持仓转为波段交易（更久的持仓）是明智的选择。此外，一旦形态完成，它就会开始产生反向的扩张三角形。比如当它先构造出反转三角形之后，形态的下一步（如果能构造出来）就是顺势方向的扩张三角形结构，反之亦然。

K10 是对 K8 低点的回测，仅差 1 跳就能触及。不过，作为对昨天低点的回测、H2 结构以及 EMA 均线第二缺口 K 线的上破，这是一个相当好的交易开盘反转结构。另外，它也十分接近扩张三角形的第九段，你应当明白，这在交易的世界里差不多就算是很不错了。

在图 8-31 中，K5 是扩张三角形结构的第五段（K1 是第一段），因此这构成了买入结构，后续期待至少两段式的上行。但是，K6 是一个向上突破失败引发的开空结构，同时位于小型的楔形结构内部，这就构成了扩张三角形形态的熊旗结构（这里从 K2 开始数，正好五段）。

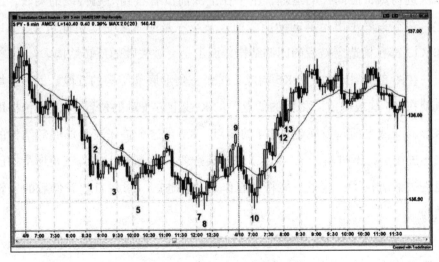

图 8-31 扩张三角形的底部结构

三角形的第七段在 K8 处出现了二次进场点（K7 是构成新低后的第一次进场点，但它没能成功实现反转，这一点不意外，因为这个进场点要向上突破的对象是铁丝网形态，因此本来就不该参与）。

K11 是突破开盘后的高点形成的回调结构，尽管它还没有突破三角形结构的高点 K9。

在这个 SPY 走势图里，K12 是一个 L2 结构下破的开空点，同时也是幅度只有 1 跳的向下突破失败构成的开多结构（指对前一根 K 线的低点下破了 1 跳，但是立马反转，又上破了它的高点）。不过，在 Emini 走势图中，同样位置的 K 线一直维持在前一根 K 线的低点上方，没有触发下破开空。Emini 给的假信号更少，这是因为它的每一跳价值 25 美分，因此出现假突破信号需要至少出现 25 美分的波动，这等同于 SPY 走势图中出现 2.5 美分的波幅，难度较大。不过，从价格行为的角度看，因为在此之前没有发生对重要的上涨趋势线的突破（意味着上行动能非常强劲），所以这里没有产生开空结构。

在 K9 高点上破后，如果以向上突破失败的交易思路去开空，K13 是二次进场点，但同样的道理，由于在上涨前没有看到对趋势线的突破，因此，在空头展示出足够的动能之前，开空不是明智之举。由此可见，K12 和 K13 都在构造突破后的回调结构，而不是突破失败的反转结构。

在图 8-32 中，K1 ~ K5 构成了扩张三角形底部结构的五段。做多进场点就在 K5 这根构成"稍低的低点"的 K 线上方 1 跳的位置。K6 在价格即将形成新低之前，没能越过 K4 的高点。K7 是这个扩张三角形底部结构的二次进场点，不过由于 K5 和 K7 之间夹杂的 K 线数量太多，三角形结构已经失去话语权了，这里只能将它看作一个普通的、形成日内新低后的反转结构。

K8 是对 K5 和 K7 构成的双底结构的回调，形成了稍高的低点，是一个开多的结构。

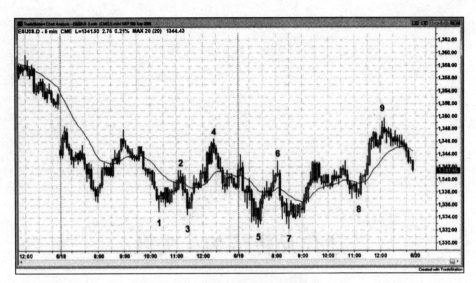

图 8-32　扩张三角形的底部结构

　　在触及走势新高的目标位之后，K9 构造了扩张三角形的熊旗结构（K2、K3、K4、K7 和 K9），这个开空结构的目标位是跌破 K7 的低点。但最终，在这个多空来回拉锯的、规模逐渐扩大的三角形结构中，必然有一方要失败，然后新的趋势行情便开始了。顺便指出，在下一个交易日里，价格跳空低开，开盘时跌破了 K7 的低点并触及了目标位。

| 第 9 章 |

迷你反转结构：失败

每种形态都有失败的时候，交易员对此不必大惊小怪，并且形态失败可能还会给出别样的交易机会。另外，形态失败时给出的交易机会也可能失败，这就导致原有走势继续。所谓失败，是指任何走势都没有达成预期目标的交易机会，这导致盈利减少或以止损收场（更常见）。对短线交易员来说，他们的交易目标就是实现一次短线规模的利润。不过如果交易员期待的是更多的价格运行幅度，但市场的实际表现没有满足这个期待，那么即便是价格运行一度提供了短线交易的利润，这样的交易仍然算是失败。由于此前被迫止损的交易员通常在再次进场时都会有点犹豫，此时市场多空双方力量便短暂地失衡了，因此走势失败经常能够为反向交易者提供绝佳的交易机会。另外，他们的止损离场行为还会给反向的价格运行增添额外的动力。

如果一次交易实现了短线的利润目标（因此交易员带着部分或者全部

的持仓离场），然后价格折返，打掉了设置在原有信号 K 或者进场 K 位置
的止损条件单，此时驱动市场向新方向运行的动能就不会太强，因为此时
受困被套的持仓已经不多了。此外，很多短线交易员在部分止盈以后，还
有在盈亏平衡点保本离场的习惯，因此这个时候他们的止损条件单会设置
得比一开始进场时更加紧。

尽管迷你的反转结构可能仅仅是发生在横盘区间里的反转，仅适合参
与短线交易，但有时候它也能跃升为趋势中主要转折结构的一部分。在强
力趋势的回调末尾出现的迷你反转结构，是最可靠的迷你反转结构，尤其
是当这个结构发生在 EMA 均线附近时。由于你的进场顺着更大的趋势方
向，因此期待接下来至少要测试原有趋势的极限点是非常合理的。不过任何
反转结构，包括主要趋势的反转结构，都可能会失败并使得原有趋势继续。

9.1　信号 K 和进场 K 的失败，以及 1 跳突破失败

很多交易员进场以后，习惯在信号 K 线外 1 跳的位置设置保护性的止
损单。在进场 K 线收线以后，又会将止损条件单进一步移动到进场 K 线外
1 跳。你问我是怎么知道的，看图表就知道了。你就观察任何走势图，找
找其中可能存在的信号 K 和进场 K，注意观察如果价格发生反转，突破了
这些信号 K 和进场 K 之后，走势有什么变化。很多时候，这种反转会演化
为强力的趋势 K 线，大多数时候这种反转的价格运行会至少给出一次短线
交易的利润空间。这是因为一旦交易员在一次新进场后被迫止损出场，他
们会变得更加谨慎，在再次进场之前需要看到更多的价格行为线索。这种
状态就导致市场短暂地处于"一边倒"的格局中，因此接下来的走势对于
短线交易来说，通常是速度快、幅度大。

为什么 1 跳突破失败的现象如此常见？特别是在 Emini 市场中。对于
股票交易来说，突破失败意味着 1 ～ 10 美分的突破幅度，这取决于股票的

价位，以及这个股票走势的特点。每一只股票在交易时都会表现出不同的特点，这或许是因为每天交易这只股票的都是同一拨人，因此一小撮交易员能够贡献出足够的成交量，他们有足够的力量驱动同样的形态反复出现。比如在疲弱的上涨趋势中，市场处于横盘的回调中，很多交易员会认为如果现在这根K线越过了前一根K线的高点，会有多头力量在此条件单买入开仓。大多数聪明的交易员都会预料到这一点。但是，如果其他具备足够成交量的交易员觉得调整幅度还不够，或者时间还不够（比如他们觉得应该起码出现两段式的调整），这些交易员可能会在前一根K线上方1跳的位置开空。如果他们的成交量压倒了在这里新开多的成交量，并且接下来接力做多的成交量不够多，价格就可能要向下回落一两跳。

到这个节点，这些新进场的多头就开始觉得紧张了。他们认为如果自己确实在非常理想的价位进场，那为什么买入力量不跟进呢？另外，既然现在价格便宜了两三跳，对于想做多的交易员来说应该是更有吸引力了，那他们应该买入更多，把价格托起来。但价格在之前向上突破位置之下停留的时间越久，就会有更多的多头担心他们进场的时机是错误的。一部分多头会开始用市价指令平仓离场，这给空头增加了动能，另一部分会在下方一两跳的位置设置卖出止损条件单，他们离场的依据可能是1分钟走势图或3分钟走势图中最近的一根K线下方。当这些位置被触及，又会有一部分新进场的多头加入空方阵营，这驱使价格进一步下行。此外，一开始进场的空头会察觉到这些多头已经被困住了，因此不少空头还会加码开空。当价格继续滑落3跳、4跳乃至5跳，被迫止损出场的多头会从寻找再次开多机会的伺机状态切换为等待更多价格行为的观望状态。由于买方力量的缺失，价格会持续下探到买方愿意再次出手的低位，来承接卖方的抛售需求。到某个低位，卖方开始平仓止盈，这延缓了价格下落的势头，而多头会再次买入。当买入力量再次战胜卖出力量，价格就又要开始上行了。

对于新手交易员来说，这种1跳突破失败是常见的亏损原因之一。交易员认为他发现了一个很好的买入开仓结构，他非常自信地将买入条件单设置在前一根 K 线高点上方 1 跳的位置。如他所愿，价格上行并且触发了他的条件单，使他持有多头仓位。但是马上价格转身下行 1 跳、2 跳乃至 3 跳，在接下来半分钟里，他眼看着止损条件单被触发，已经亏掉了 2 个点。他非常困惑，为什么会有人正好在他买进的时候卖出，这明明是一个非常好的买入开仓结构。他的买入行为大概率是逆势而动，在没有看到足够多的多头力量出现之前，比如对下跌趋势线的上破，任何买入都是逆势交易。他可能对着一个大号的实体很小的十字星买入，或者交易的是铁丝网形态，抑或者明明遇到的是熊旗结构，他却将其误判为反转结构。他在趋势早期阶段进场的渴望，使他将熊旗结构解读为下跌过度的反转结构。

第三种常见的场景是出现了一根大幅度的趋势 K 线，影线很短或者没有影线。如果这是阳线，很多交易员会把保护性止损条件单设置在这根阳线低点下方 1 跳的位置。而对于市场来说，一路下行触发这些止损条件单也是很常见的行为，这会令交易员被骗出场，然后价格马上反转，恢复到趋势的方向。

突破后的回调走势常常会非常精准地回测进场点，这会将那些意志薄弱的交易员骗出场，接下来，他们不得不追逐市场价格，以一个更差的价格再度进场。

新手交易员无法理解这些，他们不懂得为什么很多大机构的交易员将这些开多的形态看作极好的开空结构，这是因为机构已经判断出只有实力差劲的交易员才会在这种地方买入，而这些仓位被止损时，还将会驱动价格进一步下行，因此机构交易员乐于在这些位置开空。1 跳突破失败是非常可靠的信号，它告诉我们市场将要向着反方向运行了，因此，你应当寻找对应的开仓结构，使你能够及时进行交易。上述所有论述，对于下跌市场也是同样成立的。此外，1 跳突破失败的形态有时候也可以扩大为 2 跳，甚至对于一只 200 美元的股票来说，有时候这种突破失败的幅度可以是 5 ～ 10 跳。

在图 9-1 中，标记了 6 处 1 跳突破失败的位置（K1 标注的位置要比对应的 K 线高出不少）。当参与突破交易的交易员因条件单被触发而进场时，他们发现价格回落了一两跳，而没有像预期那样继续前进，他们便开始设置止损条件单，而反方向的交易员会在被困住的多头止损离场的位置开仓进场。

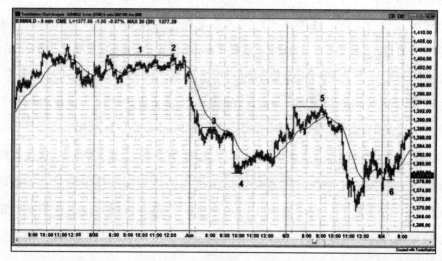

图 9-1　1 跳或者 2 跳的突破失败导致的反转走势在 5 分钟走势图中非常常见

在图 9-2 中，两个交易日里有多处 1 跳突破失败的陷阱走势。

K1 是铁丝网形态中 1 跳突破失败的 L2 结构。

K2 是铁丝网形态中 1 跳突破失败的 H2 结构，在这里被困住的交易员还觉得自己已经算是足够保守了，因为他们耐心地等到吞没形态的上涨 K 线的高点被上破时才进场，但是他们大意了，没有注意到自己买入的位置是在 EMA 均线下方的横盘区间的高点。

K3 是发生在奔走型上涨趋势中的 1 跳突破失败的反转结构。聪明的交易员会急切地等待任何回调结构的出现以买入开仓（这里是一个 H1 结构）。

K4 下破了四根 K 线之前的波段低点，但下破幅度只有 1 跳。

K5 是一根大幅的阳线，因此在低点下方 1 跳的位置存在止损条件单。

这些条件单在 K7 处被触发了，仅仅刺破了 1 跳。

K9 仅仅下破了 1 跳，困住了空头，他们看到了一次稍低的高点，因此认为是一个开空的机会，但实际上这里仅仅是一个上涨趋势中的横盘结构。

K10 回测了 K6 开空进场的进场点，触发了这个位置埋伏着的盈亏平衡的离场条件单，仅仅刺破了 2 跳。

K14 是最可靠的那一类 1 跳突破失败结构：这是一个失败的 H2 结构，很多新手交易员会错误地把这里判断为上涨中的回调结构。这是一个完美的陷阱，进而引发了一次强力的下行走势（图 9-2 中未充分展示下行）。他们没有注意到到 K11 为止的回调走势已经跌破了上涨趋势线，然后在 K12出现了稍高的高点的回测。另外，这里的自高点回落的下行走势中出现了连续五根阴线和一个十字星，而在 K13 的 H1 结构中没有出现下行趋势线的上破。由于多头没有先展现出足够的强度，因此这不是理想的 H2 开多结构。你要记住，单纯一个 H2 结构不能算是充分的买入理由。你要先看到走势有上涨变强的迹象，而不是反转下行的迹象（比如这里首先发生了上涨趋势线下破，然后产生稍高的高点的回测，并反转下来）。

图 9-2 1 跳突破失败的陷阱走势

信号 K 和进场 K 所在的价格水平线，也是一些交易员可能设置保护性止损条件单的位置。

图 9-3 展示了信号 K 和进场 K 的止损条件单被触发后会发生的情况。在大多数情况下，会出现至少一根趋势 K 线，K 线的幅度足够短线交易员获得收益。图 9-3 中有很多开仓失败，来自一些疲弱的结构，聪明的价格行为交易员不会在这些位置进场。但是，因为有足够多的交易员在这些位置进场，因此他们还是能够在止损离场时，驱动价格向反方向运行。比如，在 K4 的反转结构中做多的交易员，会将止损条件单设在进场 K 或者信号 K 的下方，这两个位置都被 K5 这根大阴线所触发，而聪明的交易员会在这些止损条件单的位置进场做空，至少能收获一波短线利润。

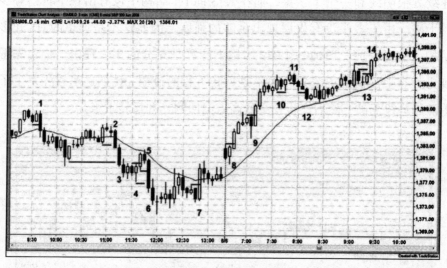

图 9-3 当止损条件单被触发后，价格运行的距离常常能允许至少做一次短线交易

我们可以进一步推测，如果 K 线的极限位置被回测但没有被越过，那么止损条件单也是被回测但是没有被触发，此时交易常常是容易盈利的。比如在多头进场点设置的保护性止损条件单因为差 1 跳而没有被触发，这个回测走势就有效地形成了双底牛旗结构，其中第一个底部是信号

K 或者进场 K 的低点，而第二个底部是回测但没有触发止损条件单的走势低点。

9.2 H2/L2 结构的失败

H2/L2 结构是最可靠的顺势进场结构之一。如果一个 H2/L2 结构突破失败，那么在出现 H4/L4 结构之前，通常会先出现至少两段回调走势。如果 H4/L4 结构也失败了，那么这个回调很可能会进而演变为新方向上的趋势，此时要再开仓，就要先看到更多的价格行为线索出现。

H2/L2 结构之所以会失败，最常见的原因是交易员认为强力趋势不再存在，在强力的趋势线还没有被突破时，他们就想寻找逆势开仓的机会。这是高潮式反转之后非常常见的现象，而那些思路转变不及时的交易员，还在按原有趋势方向寻找进场点，但原有趋势显然已经失去主导权了。这些位置已经不是反转结构，实际上是顺势结构。当这些反转结构突破失败，便给出了一个顺势进场点。比如在上涨趋势中，失败的 L2 结构会转变为 H2 结构的开多进场点。

三重底部结构或者双底回调结构，都是失败的 L2 结构所转变的开多结构。在这两种情况里，市场两次尝试延续空头的下行趋势，但两次都没有成功。每当市场尝试做同一件事情，尝试了两次都没有成功，那么通常接下来它要去做完全相反的事情了。顺势交易员会观望，等待更多价格行为线索的出现，而逆势交易员现在已经很清楚他们这边的阵营目前在主导盘面，至少能够获得一波短线利润。

在没有出现强力的上涨趋势线的下破之前，单纯一个 L2 结构不足以支持我们在上涨趋势中开空。实际上，它几乎注定是要失败的，转变为一个极好的顺势进场点，比如 H2 开多结构，这正是图 9-4 中 K4 和 K6 所展现的情况。在强力的上涨趋势中，在你开空之前，要先看到空头展示出足够

的强度，表明他们积极进取的姿态。你应该把握他们第二次尝试驱动价格
下行的进场机会，避开第一次，因为第一次通常是要失败的。

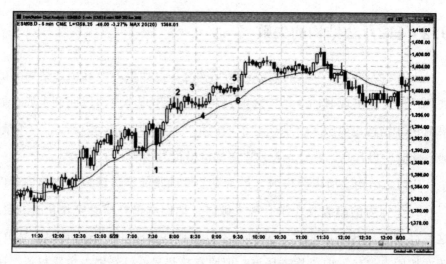

图 9-4 在上涨趋势中，失败的 L2 开空结构是极好的顺势开多进场点

在图 9-5 中，该交易日有一个跳空低开的双顶结构（K2 所在的位置），
然后价格下行并创出新低。交易员此时还不知道到 K3 为止的两段式下行是
否足以终结这个下行走势，或许后面还有更多的下行段（昨日收盘位置到
该交易日的 K1 是第一段下行）。K4 所在的 L2 开空结构已经触及短线交易
的止盈目标位，因此严格来说不算是失败的结构。但这里向下突破上行趋
势线再反转上来的价格走势，使得这里看上去非常接近失败的 L2 结构，因
此预判后面至少再出现两段式上行，然后才会有构造 L4 开空结构的尝试。

在 K4 处的 L2 结构开空存在几个问题。首先，它是发生在下行趋势线
被向上突破以后（指上行至 K2 这一段），由于日内的高点或者低点通常出
现在开盘后 1 个小时左右，这意味着 K3 有可能成为当天的低点（因此不是
一个理想的开空位置）。其次，这个 L2 结构距离 EMA 均线太远，因此不
算是理想的 EMA 均线回测。在正常情况下，第二次回测 EMA 均线的走势

会更加靠近均线，或者刺穿的幅度比第一次回测更深一点，在这里，第一次回测 EMA 均线发生在 K2 处，显然距离 EMA 均线更加接近。很多交易员会觉得发生在 EMA 均线附近的回调，才是舒服的进场点。当反转结构出现的位置距离 EMA 均线比较远，它就会缺失一部分本应该由这些交易员提供的趋势动能。

K6 处形成了 L4 开空结构，并且这里是第二次上破 EMA 均线的尝试。但是，这段上行走势充斥着太多重叠的 K 线，夹杂着若干十字星，这意味着多空双方处于大致均衡的状态，因此接下来出现大幅的、快速的下行段的可能性不高。对于那些追求高胜算、高盈利的交易员来说，在这个位置进场的性价比不理想。怎么办？要么等待更多的价格行为线索出现，你要相信，只要你有足够的耐心，好的开仓结构迟早会到来；要么你就开空进场，但是做好回调走势出现的心理准备，就比如这次进场后出现的大阳线那样。

图 9-5　在下跌趋势中，失败的 L2 结构会转变为买入开仓结构

在图 9-6 中，K2 跌破了头肩形底部结构的右肩位置（也就是构造一个稍高的低点的尝试失败了），这引发了强力的空头趋势继续的行情。

K3 和 K4 都是强力地向上突破了头肩形顶部结构的右肩位置。

K1 尝试越过这个稍低的高点（头肩形顶部结构的右肩位置），但是没有突破成功，这构成了双顶熊旗结构。

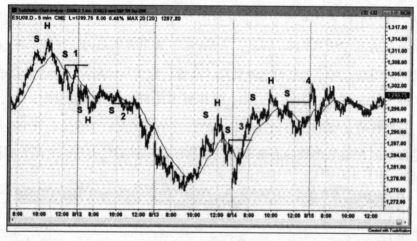

图 9-6　失败的头肩形反转结构通常会转变为顺势开仓结构

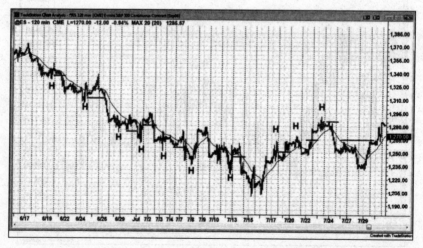

图 9-7　屡次出现的失败的头肩结构

　　绝大多数反转结构是要失败的，进而转变为两段式回调的顺势结构。注意在图 9-7 中，在头肩结构的右肩位置被突破后（向上突破右肩的价位向右延伸的水平线），随之产生的大幅的 K 线和强力的动能，逼迫交易反转的交易员不得不止损离场，这也是顺势交易员强势进场的信号，他们在（下跌走势中）稍高的低点构造形态失败时顺势进场做空，在（上涨走势中）稍低的高点构造形态失败时顺势进场做多。

9.3　稍高的高点和稍低的低点，突破的失败

　　在大多数交易日里横盘才是主旋律，在波段高点或低点突破失败时，提供了很多进场机会。在有趋势的交易日里，在趋势线突破之后，如果出现波段新高或者新低位置的强力的反转 K 线结构，你也可以参与反转交易。

　　如果价格突破了前一个波段高点，但动能不是很强劲，可以在这个稍高的高点处的 K 线低点下方 1 跳的位置，设置开空的条件单。如果在 K 线收线时，条件单都没有被触发，那就将条件单上移到最新收线的 K 线低点下方 1 跳的位置。在现在上行走势上的价格太高之前，你可以一直这样做，直到上涨动能太强，让你觉得在开空前有必要三思而后行，等待更多的价格行为线索出现。后续的价格行为线索，可以是二次进场点（L2 结构），也可以是稍高的高点，还可以是先跌破上涨趋势线，然后回调形成的稍高的高点。如果你等到一根强有力的阴线作为开空的信号 K，那样在操作上会更加可靠，初学者应当把自己的开仓对象严格限定在这类 K 线结构中。

　　同理，在前面的波段低点处，第一次对其下破就构成了稍低的低点的买入结构，你可以在 K 线收线后的高点上方 1 跳的位置设置买入条件单。我重申一遍，如果信号 K 的收线方向是顺着你进场的方向，成功的概率要大得多。所以在开仓买入之前，最好先等到上涨的反转 K 线出现。如果你的条件单没有成交，可以不断将条件单下移到最新一根收线的 K 线的高点

上方。如果价格跌得太深太快，那就等待二次进场的机会，等一个稍低的低点结构出现，或者先等回调走势出现，再等稍低的低点结构出现。

在图 9-8 中，到 K1 为止是一段强力的上行走势，不过我们已经知道开盘时的反转结构通常出现得非常突然，并且这里是一个稍高的高点（上破了昨日收盘时的波段高点），刺破了上行趋势的通道线，由此可见这是很合理的开空机会。开空点要么是对着吞没下跌的 K 线，要么是对着接下来的一根孕线，而后者是更好的选择，因为吞没形态的 K 线往往可靠性不高。

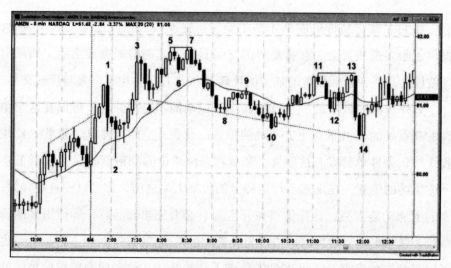

图 9-8　稍高的高点的反转结构失败，就构成了买入的开仓信号

在 K1 的波段高点出现以后，K2 的回调幅度很深，K 线的幅度也很大，影线也很长。显然这是多空双方战斗十分激烈的价位，除非我们看到清晰的多头走势出现，否则应该假设多空双方势均力敌。由于该交易日到当前为止，表现得不像是一个多头全面压制的交易日，在交易上我们应该把它理解为横盘区间。K3 是一个波段高点并且比之前的一个波段高点更高，因此是一个稍高的高点。到 K3 为止的上涨动能过于强劲，因此在没有二次

进场点或者强力的反转 K 线出现之前，做空都是不必考虑的。不过如果有交易员在此做空，下跌的幅度为 26 美分，还是有收益的。

K5 是一个稍高的高点，并且是一个合理的开空点，特别是这段上行还是一个两段式的上行（上行段中有一根阴线，代表自 K4 以来的上行段中的第一小段）。但是价格在再一次上行之前，仅仅回落了 18 美分。反应够快的交易员或许还能从这种走势中获得一点收益，但是大多数交易员只能以 4 美分的止损离场。

K7 也是这个上行段的一部分，因此这里构成二次进场的（L2 结构）开空机会。K7 和 K5 完美地构成了双顶结构，并且实际上是一个被压缩的向上的三重推动形态（K3、K5、K7），因此可以预期后面至少出现两段式的下行。

K10 是一个稍低的低点，并且是一个潜在的更大规模的牛旗结构中的第二段下行（低点还是位于 K2 的低点之上，因此市场可能还是在形成一个上涨趋势中的大幅度的波段走势）。上涨趋势或者横盘走势中的两段式的下行，特别是在走平的 EMA 均线之下的两段式下行，往往能构成比较好的开多机会。

K11 是一个稍高的高点，原因在于它位于 K9 这个波段高点之上，尽管 K9 是之前下行段中的一部分，但还是会有不少交易员选择在这个节点进场（这里有空单的止损条件单，有多单突破进场的条件单，还有新空头进场），这是因为能够突破之前的波段高点，已经是当前走势强度的体现，并且也是横盘区间交易日中一个潜在的反转点（潜在的反转是指等待突破的失败，突破缺少后续跟随力量是自身弱势的体现）。

K13 比 K11 的高点只低了 1 跳，因此是一个双顶熊旗结构，并构成一个开空机会。自 K10 以来，已经有两段式的上行，并且是第二段位于平坦的 EMA 均线之上的走势段（K11 是第一段）。

K14 相较于 K10 和 K12 而言都是稍低的低点。

顺便指出，K10 和 K14 所给出的做多机会，都是源自对 K4 到 K8 所画的下行通道线的射击过头，这个结构背景增大了在此开多的胜算。

AMZN 的 5 分钟走势图有一个特点，就是容易形成大幅的 1 跳突破失败的 K 线，但即便是对 AMZN 来说，该交易日的行情也算是不寻常。在图 9-9 中，开盘后出现了高潮式上行，然后是大幅的反转下行，多空双方都各自展示了实力，龙虎相争，接下来日内单方向的走势将被对手反转的概率大大提升（意味着更有可能出现横盘区间）。图 9-9 中标注数字的地方，都是突破失败的位置。自 K3 以后形成的窄幅横盘区间，转而形成了小型的扩张三角形结构（在 K7 位置结构终结），这发生在该交易日的中间时段，导致剩下来的交易时间都没什么趋势动能。到该交易日的中间时段就已经很清楚，该交易日很可能是一个小幅度的横盘走势，这就增大了任何突破最终失败的概率。

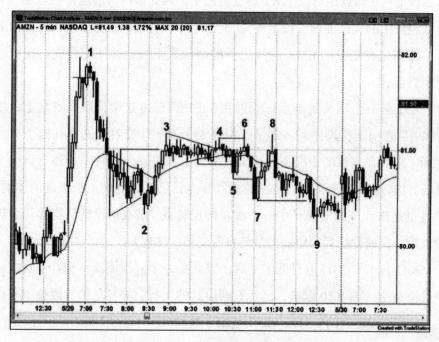

图 9-9　突破的失败

在图 9-10 中，K1、K2、K3 都是交易突破失败的二次进场点。位于
K3 之前的大阳线走势很急，成交量很大，这吸引了很多充满幻想的多头进
场，他们认为终于要出现一波趋势了。在一个小幅波动的交易日中，这样
的冒险总是低胜算的。如果你选择在突破失败或者强势突破后的回调走势
进行交易，结果会好得多。在 K1 的低点以及 K2 的高点之前的突破走势，
看起来都十分疲弱（影线较多，K 线的重叠也多），因此这两次突破成功的
概率都不会高。而到 K3 为止的向上突破没有给出突破后的回调进场机会，
因此多头无法以低风险的交易代价参与开多，因此这里唯一合理的交易机
会就是二次进场开空的机会。

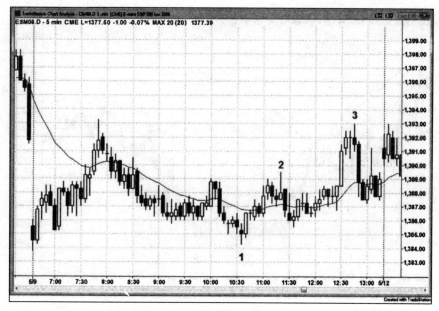

图 9-10　突破失败后反转走势的二次进场点

AAPL 是对日内交易员来说表现最好的股票之一。但也正如其他股票，
AAPL 有时候也会在大行情展开之前，通过袭击止损条件单的方式，诱骗
交易员出场。在图 9-11 中，在下跌趋势线被上破以后，在 K2 处回测了下

跌趋势的低点，K2 先跌破了 K1 的低点 1 跳，K2 的下一根 K 线给出二次
进场做多的机会。第一个进场点是 K2 之前两根 K 线位置的 H2 开多结构，
但由于这个结构发生在五根阴线之后，并且跌回到之前的窄幅横盘区间内
部，因此开多信号的质量不高。等待更多价格行为线索出现是更合理的选
择，而窄幅横盘区间的下破失败是一个绝佳的开仓机会。尤其是它刚刚将
新进场的多头骗出场，又马上反转回来，在心理机制上使得这些刚刚止损
出场的多头很难马上再次进场买入。他们不得不一路尾随市场，在更晚的
时间点再进场，这给上行走势增添了动能。这也是一个双底牛旗结构（K1
和 K2 构成双底）。

图 9-11　二次进场点

9.4　通道线和趋势线的失败

趋势线和通道线本应该维持住价格，并令价格反弹，离开这条线，这

能够表明趋势被维持住了。但有时候，其中一条线没能维持住价格，在价格触及时没有停下，没有在回测这些线时完成反转动作。突破趋势线和突破通道线的意义完全相反。突破趋势线意味着趋势的反转即将到来，但突破通道线意味着趋势的强度增大，趋势线变得更加陡峭了。

趋势线的突破，是趋势反转的第一步，如果在突破时表现出了足够的强度，后续回测原有趋势极限点并且反转成功的概率会增大。比如，在下行的趋势线被上破以后，回测原有趋势的低点的走势，有可能会构成一个稍高的低点，然后启动第二段上行，或者构成稍低的低点，然后启动至少两段式的上行走势。

如果是陡峭的趋势线，其中出现一根 K 线或者两根 K 线的突破失败，这就构成了可靠的顺势进场结构，并会吸引很多的交易员进场。但是，不管什么时候，如果一个本应该很可靠的形态失败了，那么接下来会有大量的交易员被困在其中。随后的反向走势很可能会带来相当丰厚的利润，反向走势很可能相当凌厉，进而导致趋势的反转。这在 1 分钟走势图中相当常见，不过最好不要交易 1 分钟走势图里的反转结构，因为绝大多数反转结构注定会失败。你应当在绝大多数时间里，顺着 5 分钟走势图的趋势方向开展交易。

每当你观察到通道线没能维持住价格（市场突破了通道线，而不是从这里反弹回来）时，你应当假设现在趋势已经变得比你想象的更加强劲，你应当去把握顺势进场的机会。

如图 9-12 所示，在 K3 这个稍低的低点出现后（扩张三角形底部结构），K4 是对下跌趋势线的强力的上破，交易员开始期待回调走势，以及后面出现第二段上行。如果观察到稍高的低点出现，有可能后面只出现一段上行，这是因为自最低点算起，已经出现第二段上行了。

K8 处已经上破了另一条下行的趋势线，因此对 K7 低点的回测就又构成了一个买入机会。在稍低的低点出现后，通常会至少出现两段式的上行走势。

在更长的时间周期里，K9 相对于 K3 而言是一个稍高的低点。

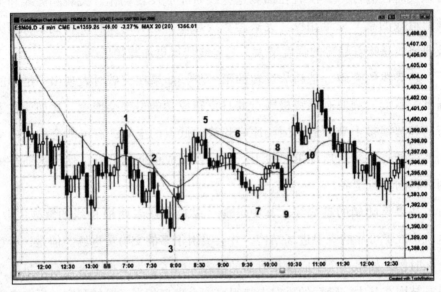

图 9-12　突破后的回调

　　在图 9-13 中，K1 上破了一条三根 K 线长的陡峭的迷你下跌趋势线，然后在它的低点下方 1 跳的位置就构成了很好的开空机会。

　　K3 是一个强力的多头反转结构，并向上突破一条陡峭的迷你下行趋势线，因此是一个开空结构（任何上破下行趋势线的走势，即便表现为强力的向上反转结构，都首先构成一个开空结构），并且在接下来的孕线结构被下破时，又触发了一个开空的机会。K3 出现的位置，是在一个 ii 结构被下破以后（这可能构成最后的旗形突破失败形态），但是在这个 ii 结构之前，并没有先突破趋势线，而且除此之外也没有其他可以表明多头具有强度的迹象，因此多头在这里会宁愿等待二次进场点，也就是 K4 的位置。虽然反应灵敏的短线交易员可能在 K4 的低点下破时，通过做空赚到 29 美分，但这一点是很难实现的，因此这实际上是一个失败再失败（首先市场越过下跌趋势线的尝试失败，然后给出一个短线开空的机会又失败）。失败再失败结构发生后，有较大的概率会出现一次两段式的走势，当它和迷你趋势线一起出现时，尽管有时候已经形成了稍低的低点的回测，但它的作用还是堪比突破后的回调开多结构。在 K4 之后的吞没上涨 K 线的高点被上破以后，出现了小型的两段式上行走势。由于在前一根 K 线所在的位置迷你下行趋势线上破失败，因此这里埋伏着很多空头的止损条件单，这使得 K4 的开多机会更加确定。

K6 上破了陡峭的迷你趋势线，这构成了一次开空的机会，但在 K7 处开空下行失败。K7 也是一个横盘区间或疲弱的上涨趋势中的 H2 开多结构，并且可以被认为是双底牛旗结构的一部分（和 K5 的低点一起）。

图 9-13　对趋势线的一根 K 线或者两根 K 线的突破失败，常常构成很好的顺势开仓结构

在图 9-14 中，K1 上破了一条陡峭的迷你下行趋势线，但这里没有形成回调的 K 线结构，不足以开空。对于吞没形态的 K 线，大多数交易员的做法是在 K 线的高点上方和低点下方 1 跳的位置都设置条件单进场，等待任意一处成交。但一般来说，此时最好等待更多的价格行为线索，在这里走势是横盘，说明大多数交易员都选择了继续等待。

K2 已经是第二次上破下行趋势线的尝试，因此这是很合理的开多进场点，尽管在 K1 的吞没 K 线出现后，走势一度是窄幅横盘结构。实际上，这是在 K1 上破了迷你趋势线以后构成的突破回调开多进场结构。接下来三根 K 线尝试把价格往回拉，但是没有成功（这些 K 线都有同样的低点，并且没有一根 K 线能够跌破前一根 K 线的低点），这意味着多头开始崭露头角了。

图 9-14　趋势线的突破失败，再失败

在图 9-15 中，K4 完成了自 K2 和 K3 以来的三重下推动作，并且自一条 K1 到 K3 的下行通道线处弹起。但是，这之后市场选择了横向运行，而不是反弹向上。这表明多头不够强劲，因此乍看像是超跌的结构，但渐渐地失去了价格支撑效果。每当你注意到高潮式结构没有办法引发反向的价格动能时，你应当假定你已经误判了市场，并且当前是在错误的方向上寻找交易机会。

K8 曾一度是一个多头反转 K 线结构，但直到收线前的最后几秒，空头快速抛售使它转变为下跌趋势 K 线。这些急切的多头认定这必然是一个楔形结构底部的多头反转 K 线结构，以及对两条下行通道线的射击过头，但这个结构最终却演变为对下行通道线的向下突破，这种 K 线结构的转变，表明市场的多空双方已经达成了共识，那就是价格还有很深的下探空间。这个判断被楔形反转结构失败后连续出现的阴线所证实。如果你一直在监控市场的价格行为，你就会注意到这个多头反转 K 线结构崩塌，转变为下跌趋势 K 线，从而你就会在这个位置开空，因为你已经知道这里套住了很多早早进场做多的多头，他们还以为自己是买在了位于下行通道线上的强力的多头反转 K 线结构（这给了我们一个教训，不要抢跑，你应当先等待信号 K 收线，然后等待下一根 K 线上破来确认反转结构的成立）。即便你不清楚上面的盘面过程和推演思路，在遇到下行通道线被下破时，在低点下方 1 跳位置进场开空，仍然是更明智的交易策略。

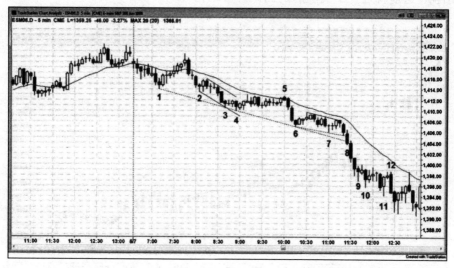

图 9-15 楔形结构的失败，通常至少会引发等距运行的走势

　　K11 处又是一个三重下推形态，但是这里有太多十字星和走势重叠的 K 线，因此对于做多来说需要等一个二次进场的信号，在此之前交易员可以在铁丝网形态的高点附近等一根小 K 线再开空（比如 K12 明显是在上破前一个向上反转结构时套住了多头）。K12 这里的多头反转结构质量不好，

因为这里和前面的 K 线存在太多重叠，这就会使你在位于下跌趋势中横盘区间的高点买入。（记住，你本应该低买高卖！）这一天是一个非常强势的下跌趋势，顶尖的交易员不会在这种日子找楔形反转结构来买入。相反，他们会去寻找靠近 EMA 均线的开空机会。但由于这种机会很少，空头趋势又很强劲，因此聪明的空头会找每一根失败的做多信号 K 线，以及 L1 和 L2 开空进场点来做空。

在图 9-16 中，K3 上破了一条陡峭的迷你下跌趋势线，这构成了一次开空的机会。但是，这个趋势线上破的失败所引发的下跌在两根 K 线之后的 K4 就停下了脚步（从技术上说，这个下跌不算失败，因为它还是触及了短线交易的利润目标），而每当出现失败再失败，总是成为非常理想的开仓结构（这里就是一个突破后的回调开多结构）。

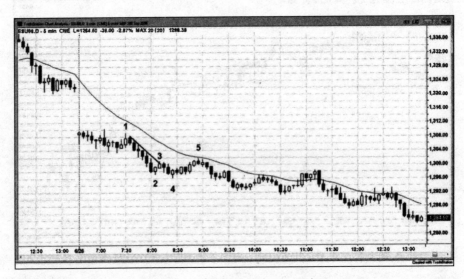

图 9-16　趋势线的突破失败，再失败

图 9-17 展现了强劲的趋势，而你一路错过了其中的顺势开空点，这是因为你眼中看到的都是通道线以及潜在的反转结构，而你觉得这一天是一个横盘走势，因此已经是超跌了（冲击和通道结构的走势看起来就是这样

的）。你应当保持耐心，并且只参与顺势开仓结构，除非你看到清晰的强劲反转结构出现，那种不必画线也能看到的趋势突破，比如 K6 这样从昨日的低点反转上来，并且处于向下的三重推动形态之中（K4、K5、K6）。不要在交易时把你觉得会怎样来作为开仓理由。你应当只根据价格行为的事实来展开交易，哪怕有时候 事实的发展让你不敢相信。

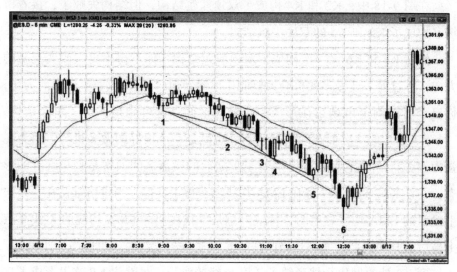

图 9-17　每当你发现自己画了太多的通道线，就可以确定你当前处于盲目状态，出于焦虑你无法冷静观察当前正在发生的市场动态

9.5　反转结构的失败

所有的形态都存在失败的可能性，不管它们一度看起来有多么牢靠。当形态失败时，就会有很多交易员被套住，不得不止损离场，触发离场的位置通常在进场 K 或者信号 K 另一侧，而这个位置恰好就是聪明的交易员可以以低风险获取短线收益的良机。你应当在这些被套住的交易员设置止损条件单的位置设置你的进场条件单，在他们离场时你就会被趋势动能带着进场。而他们一旦止损，短时间内就不再渴望顺着这个方向交易了，这

就导致市场短时间内多空力量失衡，局面对你的开仓方向有利，并且常常能引发两段式的走势，至少提供一次短线交易的机会。

大多数这种形态的失败都能够提供不错的交易机会，但还是要记得对部分仓位做短线的平仓止盈，并且把剩下仓位的止损条件单前移到盈亏平衡点处，以防形态在失败以后再次失败。

在图 9-18 中，K2 和 K4 构成了双顶熊旗结构，但结构失败了，接着市场又构成了 K3 和 K5 的双底牛旗结构。

然后 K4 和 K6 又一次构成了双顶熊旗结构，你不得不再次改变交易的方向，不过前一波做多的机会大概能让你赚到 70 美分的收益。到目前为止，你已经可以判定市场正在形成一个横盘区间，这可能是一个三角形结构。

K7 处又是一次形态的失败，不过这里是一个很好的做多机会，因为在强力趋势行情（指到 K1 的上涨走势）之后的横盘区间通常是趋势继续的形态，并且 K3、K5、K7 都在 EMA 均线上获得了支撑。当价格维持在一条向上倾斜的 EMA 均线之上时，你应当总是寻找在回踩 EMA 均线的 K 线高点上破后的开多机会，尤其是当回踩的 K 线是一根阳线时，更应当如此操作。

到 K9 处的抛售行情延续了 7 根 K 线的时长，虽然说 K9 这里形成了一个稍高的低点（相较于 K7 的低点），但是看不到多头强势的迹象，因此最好等待二次进场的机会。

K10 处是一个突破后的回调结构，因此是一个完美的二次进场开多点。在 K10 之前，发生了迷你下行趋势线的向上突破失败，但是这个失败仅仅引发了一次短线下跌的机会，因此这个上破失败引发的下行，在 K10 的位置再次失败。

在图 9-19 中，K4 是双底牛旗结构的开多结构 K 线，但在 K5 处出现了 M2S 突破回调开空结构，引发了两段式的下行，并导致 K4 的开多结构失败。你可以选择在 K5 的 M2S 开空结构进场，也可以在 K4 低点下破的位置设置条件单开空。每当市场做一件事情（在这里是指自 K2 低点的上行动作），尝试了两次都没有成功，那么它接下来便很可能要做完全相反的事情。

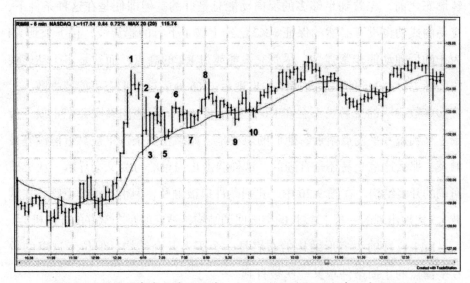

图 9-18 股票通常在交易日的第一个小时里形成双顶或者双底旗形结构

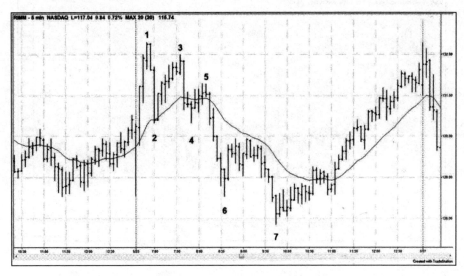

图 9-19 失败的双底牛旗结构

在图 9-20 中，K5 和 K11 都是头肩形反转结构的右肩，一般这种结构会失败，正如图 9-20 所示。形态本身不足以成为你逆势交易的理由。在出现反转形态之前，先看到足够多的反向动能总是好的。但即便是在这种条件下，交易的成功也没有必然的保证。K2 已经上破了下行的趋势线，接下来到 K4 为止的反弹动能非常强劲，尽管它没能越过 K2 的高点，而这是多头动能疲弱的标志。在 K5 的双底牛旗结构出现后，K6 处的这个形态可能要失败，尽管大多数聪明的交易员不会在 K6 这里反转做空，但他们确实会把止损条件单上移到盈亏平衡点附近，他们的想法是，如果止损条件单被靠近但没有被触及，那么这笔交易还是合理的，这种袭击止损单的行为又会导致一次突破回调的开多结构。在图 9-20 中，止损条件单被触及，但价格继续下跌。在跌破 K5 之后出现的一根 K 线长的突破回调结构，被证明是非常好的开空机会。

K11 位置的头肩形结构的右肩是一个买入开仓结构，但位于这里的盈亏平衡点的止损条件单又一次被打到。

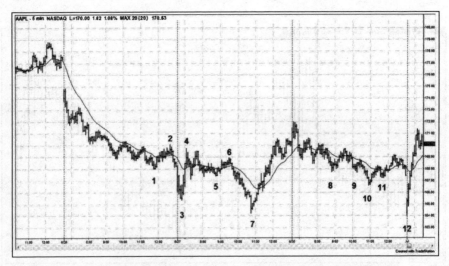

图 9-20　大多数头肩形反转结构会失败，进而构成顺势开仓结构

在图 9-21 中，到 K2 和 K6 的两段下行都跌破了主要的上涨趋势线，因此接下来两段式回测原有趋势高点的走势，都构成了很好的开空机会。

K3 处的 L2 开空结构非常有效，空头可以选择在 K3 低点下破时开空进场，或者在两根 K 线之后的二次进场点开空进场。

对 K8 处的开空机会把握不是很大。因为这里的回测高点的走势，是一根大幅的吞没形态的阳线（只能说几乎算是吞没形态，因为它的低点和前一根 K 线的低点平齐）。一般的交易员处理吞没形态的 K 线的手法，是在 K 线的上下两端设置条件单进场，在任何一个方向的条件单被触发时进场。但是，吞没形态的 K 线在本质上是一根 K 线时长的横盘区间，而大多数横盘区间的突破进场会失败。因此你作为交易员，应该尽量避免在吞没形态的 K 线被突破时进场，因为在这里进场风险很大（你要承担的止损风险是信号 K 线的一端到另一端的距离，而这里已经是一根大幅的 K 线）。

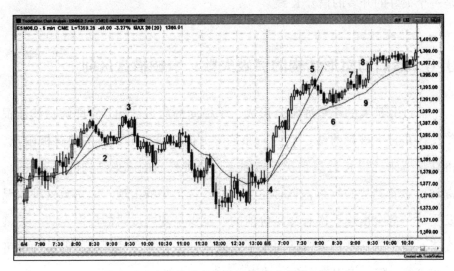

图 9-21 失败的反转结构，演化为顺势开仓结构

如果你在 K8 处的突破孕线时开空，那么在这根 K 线收线时你应该感觉到不安了（这是一个十字星，代表方向感的不确定）。但是大多数交易员不会在这个位置开空，这是因为当前连续三根以上的横盘 K 线，其中至少有一个十字星，通常会制造出太多的不确定的氛围（铁丝网形态）。位于吞

没形态的 K 线前面的两根小 K 线的实体太小，因此效果和十字星差不多，此时最好等待更多的价格行为线索出现。然而，如果你没有在 K8 位置开空，此时你应当相信仍有不少交易员确实在这里开空，而他们的进场 K 最后收线成为一个十字星，这会令他们对自己的头寸感到担忧。除非他们赶紧平仓离场，否则可能会被套住。他们很可能会在 K8 的进场 K 上方 1 跳的位置被上破时买入以平仓止损，并且在看到更多的价格行为线索之前，短时间内不愿意再开空进场。随着这些空头平仓离场，你恰恰在他们离场的位置买入开仓（K9，即空头进场 K 线的上方 1 跳的位置），这应该是一笔很好的短线交易，后面很可能出现两段式的上行。要么买在 K9 上破前面十字星 1 跳的位置，要么就买在 K9 被上破时，K9 本身是一根阳线，因此是一个很好的开多的信号 K 线。

9.6　最后的旗形结构的突破失败：窄幅横盘区间

被过分延展的趋势通常会形成一个横向的旗形结构，它能够持续数根 K 线，并且突破趋势线，然后向原趋势方向突破，形成新的趋势极限点，再在接下来几根 K 线里很快反转回来。这种最后的旗形结构的突破失败，常常标志着趋势的结束，有时还会引发反转走势的出现。大多数这种情况发生时，都会出现一次有交易价值的、至少呈现两段式的反向走势。关键在于，这个旗形结构通常是向水平方向延伸的，有时候这种旗形结构也可以很简单，仅仅表现为一个 ii 结构。

横向运行的区间，通常是多空双方互有来回的区间，这里他们处于势均力敌的状态，因此这个价格区间就起到了磁铁的作用，当价格走高或者走低时，将价格拉回到区间的中间位置，甚至拉至区间的对立一侧。比如，在一次上行段出现后，多头已经短期控盘并且将价格推高，但他们可能很快止盈平仓，而空头会对之前的横盘区间（旗形结构）很有信心，觉得这个价格区间代表平衡点，因此很可能会被回测。多头通常在短时间内不会再考虑激进地买入，除非是看到了两段式的回调，并且已经下破了旗形（也就是旗形结构的下破失败）。

对迷你趋势线的突破回调结构，有点类似于最后的旗形结构。比如，当在下行走势中，迷你下行趋势线被向上突破，但这个突破失败，价格又反转下来，但是这轮卖出在一两根K线里就停止了，此时这个上破迷你趋势线的动作，实际上就起到下跌趋势中最后的旗形结构向下突破失败的效果。

有时候，最后的旗形结构的反转结构，最终构成了一个更大规模的、楔形结构的旗形结构。比如，在上涨趋势中的最后的旗形结构里，旗形的低点构成了楔形结构的第一段，旗形被上破后再下破构成了第二段，接下来再有两段式的下行就补齐了楔形结构的第三段。现在这里就形成了一个更大规模的牛旗结构，后面要么成为最后的旗形（上破失败），要么成为位于上涨趋势中部的继续形态。

在图9-22中，K1结束了开盘以来的两段式下行，因此可能是这个交易日的低点。在下跌趋势被过分延伸后，它还下破了一面横向运行的熊旗，因此这里可能是一个最后的旗形形态下破失败构成的反转开多点，使得交易员开始期待后面至少出现两段式的上行。

在图9-23中，K4以强力的上行突破了开盘后的高点，并进而引发窄幅横盘区间的形成。通常这会构成上行趋势的中间段。在图9-23中，对这个旗形结构的上破走势强而有力，但上行在K7处被终结，这里实质上已经是两段式的上行了（K5可以看作上行的第一段）。突破旗形后形成两段式走势，通常会构成一个反转点，后续至少反向运行两段。你不该把K6位置处理为上破后的回调开多点，而是应该仍把它当作水平旗形结构的一部分，是K5高点下来的第一段走势的终结点。K6后面的阴线实际上构成了第二段的下行，在这里的高点买入是一个合理的策略，因为此时你的买入是发生在上涨趋势中两次下跌的尝试都失败以后。你总是应当尽你所能去思考和理解盘面的动态现状。

图 9-22　最后的旗形结构的突破失败

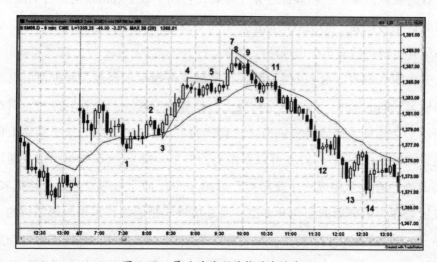

图 9-23　最后的旗形结构的突破失败

到 K10 为止的下行已经展现出了两段式的结构，但是其中只有一根反向 K 线（K9），这意味着它很可能是规模更大的两段式下行的第一段。

K9 处的止跌强度不够，不足以把它当作第一段的末尾。在任何情况下，如果对走势感觉不确定，就应该及时把止损单前推到盈亏平衡点。另外，在趋势启动初期出现的吞没形态 K 线，才应该被看作趋势真正的启动位置，而在吞没形态 K 线之后通常会出现至少两段式的下行，因此 K10 之后的 H2 结构本质上是一个 H1 结构。此外，这里还是一个迷你下行趋势线的向上突破失败构成的开空机会，因此这里还是一个 L1 结构。

K11 没能触发空头的止损，并且位于 EMA 均线附近的 H2 开多结构（M2B）也失败了，引发了强力下跌段的出现，这完全符合预期，因为这里的 H2 结构本质上是一个 H1 结构。我们不难预料到这个 H2 结构会失败，因为聪明的交易员会把它处理为 H1 结构，并且，K7 是在下破了上涨趋势线后形成的稍高的高点的回测，因此到当前位置已经是趋势反转了。聪明的交易员不会在这里的 H2 结构买入，特别是在吞没下跌的 K 线出现以后，这里很可能将要形成第二段下行段。从事后的角度看，K4 之后形成的横盘区间，最终演化为自 K1 启动的上涨趋势中最后的旗形结构的突破失败。不过聪明的交易员已经预料到了这一点，因此选择持有部分空头头寸，参与波段交易。

9.7 最后的旗形结构的突破失败：大幅的趋势 K 线

有时候，最后的旗形结构可能只有一两根 K 线的跨度。在价格快速运行，出现大幅的 K 线时，这种短旗形现象会很常见。从这个小的旗形结构启动的突破，经常会在一两根 K 线里结束，进而常常导致持续一两个小时的两段式的回调。这是一个具有交易价值的反向开仓结构，不过它未必能引发趋势的最终反转。这些大幅的 K 线代表存在强劲的趋势性动能，后续通常会跟随一次对趋势极限点的回测。

在图 9-24 中，K3 是一根大幅的阴线，它发生在三根大阴线之后，并且发生在该交易日高开上破下跌趋势线之后。这上破下跌趋势线的走势，提醒交易员去把握回测 K1 的低点的交易机会，到这个位置观察空头还能不能把价格再压下去。

图 9-24　最后的旗形结构的突破失败

K4 这里是一个小的熊旗下破的开仓结构，同时也是位于迷你下行趋势线上的 L1 开空结构。不过考虑到市场在这个位置已经出现了高潮式的走势，并且昨天的下行趋势线已经被上破过一次了，因此交易员此时应该把这个结构看作最后的旗形结构，它可能在回测了 K1 的低点之后引发走势反转。

K5 又是一根大幅的阴线，接下来的 K6 是一个 ii 开多结构，到这里交易员应当预期出现 1 个小时以上的反弹走势，并且至少出现两段式的上行。这个 ii 结构的两根 K 线都是阳线，使得在此开多的盈利概率大大提升。两段式中的第二段，是在下一个交易日的 K9 这里的上行走势。强力的大阴线展示了下跌的动能，令交易员在接下来的一两天里尝试卖出，试探价格在低点的反应。K9 的高点在同一个交易日里引发了一轮抛售，最终大幅地跌破了 K5 的低点，尽管图 9-24 中未展示。

在图 9-25 中，K3 位于一个大幅的、带有高潮式特征的大阳线后的两根 K 线构成的回调结构里，因此，这可能是最后的旗形形态。到 K4 为止也构成了自昨天低点启动的上行走势的第二段（K1 是第一段上行的末尾）。

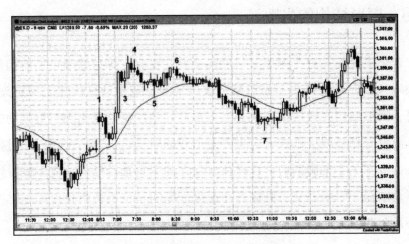

图 9-25　最后的旗形结构的突破失败

K4 构成了一个 ii 开空结构，考虑到这里还是一个潜在的最后的旗形上破失败结构点，这个开空结构应当可以引发两段式下行的、延长的回调。后面确实如此。K3 的牛旗结构最终演化为最后的旗形结构，而对它的上破最终失败，在 K4 以后出现了反转下行。请注意，构成 ii 结构的第二根 K 线是一根阴线，当你要做空时，ii 结构的 K 线的收线方式如果和交易方向一致，那显然是乐见其成的。第一根 K 线也是一根阴线，不过，第二根 K 线更能代表最近时间段的市场状态，因此总是更重要。

到 K4 高点的这段上行展现出了强力的动能，这会令交易员在接下来的时间里，大概率要尝试推动价格上行，尝试回测上涨趋势的极限点。

K3 到 K5 演化为更大的、楔形的牛旗结构。K3 是楔形的第一次下推，K5 是第三次，K5 之前的三根 K 线是第二次下推。在这个倾斜向下的、楔形结构的牛旗形成后，市场尝试上破但力度疲弱，在 K6 处止步，形成了稍低的高点。像这种楔形的旗形结构后续可能引发又一次上行走势，也可能演变为大幅度的突破失败的最后的旗形结构。

9.8 楔形结构的失败

若很多交易员过于渴望参与反向交易，没有先等待清晰可见的趋势线突破以及反向动能出现，而对第一次出现的三重推动结构建立反向头寸，此时，楔形结构失败的概率就会大大提升。请注意，只出现三重推动的结构，而没有趋势线突破或者对主要通道线的射击过头然后反转，此时扭转趋势的概率是非常渺茫的。这样孤立存在的三重推动结构，应当被看作顺势开仓结构，聪明的交易员应当在逆势进场的仓位不得不止损离场时把握顺势开仓进场的机会。

有时候楔形反转结构出现后，反转走势失败，不过接下来在原有的趋势方向上，也仅仅出现了一次失败的突破（勉强产生了新的极限点就缩回）。这就是失败再失败，也就是第二个信号，很可能会引发至少两段式的调整。举例来说，在上涨趋势中出现了楔形的顶部结构，价格因此回调了一些，但马上强力反转创下新高，不过没能维持住新高，由于这已经是多头第二次尝试将价格推到这个区间上方，但又失败，因此这很可能会引发强力的下跌走势。自原先楔形结构下来的走势通常会跌破趋势线，而对原有高点的回测产生的稍高的高点，就构成了开空的结构。

在图 9-26 中，市场尝试构造楔形反转的底部，不过 K3 是连续第三根幅度重叠的 K 线，位于一片十字星覆盖的范围内（铁丝网形态）。这意味着市场对更低的价格区间的接纳，而不是拒绝，因此这令反转向上的可能性大幅降低。K3 这根进场 K 线是吞没形态，在这个位置，多头假如忽略了这里还没有出现对下跌通道线的显著的射击过头这个事实，眼里只看到三重推动而进场做多，就会被套住。楔形结构是一种高潮式的反转结构，因此楔形结构若想发挥作用，走势中出现一点高潮的特点是必要的。这里我们期待看到的是向下冲击的价格走势，而不是像这样走势重叠的K线组合（构成了横盘整理区间或者熊旗结构）。

　　每当楔形反转构造失败，下一步价格通常会等距运行，距离大约是楔形结构的高度（在图9-26中，跌破K3后运行的幅度，大约是K1以后楔形结构的顶部到楔形结构的底部，即K3的低点）。

图9-26　失败的楔形反转结构，进而构成了顺势开仓结构

　　如图9-27所示，这个交易日跳空低开以后，自第一根K线起，市场便处于下跌趋势。过于渴望进场的多头，可能会觉得在K2位置的楔形反转的底部结构买入是合理的，他们相信这已经是位于两段式下行的末端，并且在K1处已经出现了趋势线的上破。殊不知，K1只能作为对下跌趋势线的上破失败，它完全不能代表多头在这里已经开始主导价格行为，并展现出上行动能。K2处的楔形结构后的孕线被上破的做多点，只能代表一次成功的短线交易机会，它的意义仅此而已。自开盘到K2的迷你下行趋势线，是空头动能强势的体现。到K2为止的这段下行中没有出现显著的趋势线

的上破，或者表现出上行的动能，因此它看起来更像是单一的一段下行段，其中由两段更小级别的下行段构成。因此，在后续上破了下跌趋势线之后，应当预期先出现第二段下行，然后才会有反转上行的可能性。

K3 处出现了 L2 开空结构。这里的小反弹确实已经上破了下跌趋势线，因此多头可以考虑在新低构造失败时，寻找短线开多的机会，K4 处出现了这个机会。但是，由于没有出现强力的反转结构，因此在这里做多很可能失败。这个可能性在 K5 这里的 M2S 开空结构应验了。接下来价格下跌，走出了第二段下行段，直到 K5 这里，对最后的旗形结构下破失败，才止住了跌势。

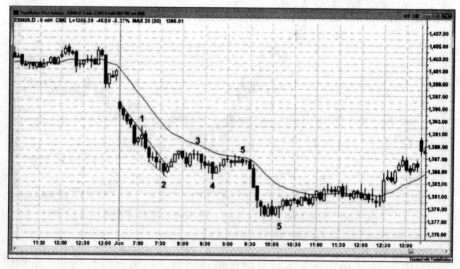

图 9-27　若没有趋势线的突破作为前提条件，应当预期楔形反转结构不会成
　　　　功，不要进行逆势交易

这就是自开盘启动的下跌趋势，也是最强劲的下跌趋势中的一种。聪明的交易员在这种市场环境下，会强迫自己抓住每一次开空的机会，完全不会有做多的念头。

在图 9-28 中，K9 是三重推动结构（楔形）中，明显对通道线射击过头的反转结构。但是，由于它和之前的 K 线重叠部分太多，并且 K 线的收线形态太弱（阳线实体太小），因此不是一根强力的多头信号K线。对于这个持续下跌的弱势行情，价格没有出现鲜明的拒绝迹象。即便真想做多，你也应该等待二次进场的买入机会。另外自K5以来，还没有出现过强力的上行动能，因此，你不该考虑做多。

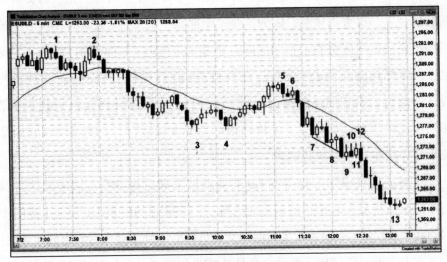

图9-28 没有趋势线突破作为前提的楔形结构，算不上反转结构

对很多在这个楔形结构买入的交易员来说，K10是1跳突破失败的陷阱。到这里已经是第三根连续横盘的K线了，所以聪明的交易员会把它看作下跌趋势中的横盘区间，而这种形态通常是顺势形态。走势重叠的K线意味着市场正在接纳这些位置更低的价格区间，而不是拒绝它们。在下跌趋势中若想买入，你需要先看到价格拒绝的现象。反过来说，如果总是基于"趋势已经运行得太远了，回调该出现了吧"这样的理念进行交易，极容易造成亏损。趋势运行的距离，总是会大大超过大多数交易员的想象。

交易员可以考虑K11处的L1结构开空的机会，不过，由于这里是横盘区间内部，聪明的交易员在没有看到多头被套之前，不会直接对着横盘区间的底部开空。这里已经是第二次出现1跳突破失败了。另外，一个楔形结构的底部，通常能引发至少两次上行的尝试（两段上行段），因此你应当仅仅在楔形结构失败时开空（这里是跌破 K9 的低点时），或者在它第二次引发上行的企图失败时开空，正如 K12 这个 L2 开空结构表现得那样。

K12 是连续第三次出现的 1 跳突破失败，不过这一次，它发生在两次上行企图失败以后（K9 和 K11），并且是一个 L2 开空结构。聪明的交易员在这里会第一次考虑做空，因为这是一个熊旗中的 L2 结构。而在楔形反转结构出现后，两次引发上行动能的尝试都宣告失败（K10 和 K12），又使得这个开空结构的质量出奇得好。这表明楔形反转结构之后，已经出现了两段式的上行，而它们显然都很疲弱。另外，连续三次出现 1 跳突破失败是相当罕见的现象。因此接下来价格很可能要大幅运行了，更不用说它还是位于趋势交易日中的顺势结构。

交易员还可以耐心地等到 K9 的低点被下破后再开空，因为到这时我们才能确信楔形反转结构的确已经失败了。突破点的巨量（1 分钟走势图中 14 000 手成交量）表明，很多聪明的交易员耐心等到了这个时间点后才开空。

在上方的双顶结构下破后，交易员可能会把这一天看作以移动的区间方式运行的趋势日。一般来说在这种带有显著横盘特征的下跌走势中，参与多空两个方向的交易都是安全的。但做多仍然是逆势的，因此需要开仓结构特别强势才行，比如 K3 或者 K4 之后两根 K 线的位置（二次进场做多的位置）。

要想买入，你应当先看到下行趋势线的上破，做多时，信号 K 如果是强势的阳线，效果显然会更好。由于 K9 是弱势的 K 线，如果因为下跌通道线的射击过头并反转而想参与做多交易，应当等待二次进场的机会。K12 是二次进场的机会，但如果在这里买入是买在了四根 K 线构成的横盘区间的顶部，在熊旗高点买入是我们应当杜绝的操作。一旦这个疲弱的二次进场点失败，空头再一次主导盘面，这就是你不容有失的开仓机会，不要继续沉湎于判断做多条件是否成熟。

在图 9-29 中，K1、K2、K3 构成了楔形反转结构。K4 上破了下行趋势线，不过接下来出现的是对 K3 的低点的"稍低的低点"的回测。有时候楔形反转的底部结构会失败，但这个失败再次失败，引发了稍低的低点的回测。由于之前已经发生了 K4 这条趋势线的上破，因此稍低的低点是一个反转结构。K5 其实是完成了一个规模更大的楔形的底部结构。

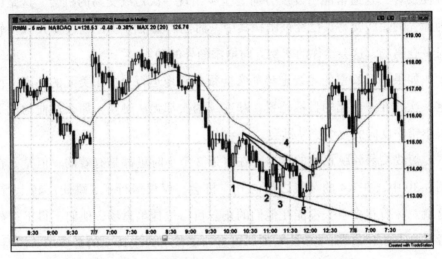

图 9-29 当失败的楔形结构再一次失败（失败再失败）

9.9 短线空间失败：5 跳突破失败，无法触及短线交易员的止盈目标

在 Emini 市场中，有种流行的交易策略是追求 4 跳止盈的短线交易。在趋势行情里，通常会有一连串的短线交易机会，但是如果价格触及 4 跳的短线止盈目标位，但无法充分击穿目标价位，这种 5 跳突破的失败，就是趋势正在失去动能的迹象。这在 1 分钟走势图和 3 分钟走势图中很常见。如果要完成一次 4 跳的短线交易目标，其实需要 6 跳的走势幅度（1 跳是进场的代价，4 跳是盈利目标，还有 1 跳是为了确保限价成交指令单能够最终成交），那么如果出现价格只运行 5 跳便反转，这就意味着趋势交易员

正在失去盘面的主导权，接下来可能要出现回调或反转了。在其他短线交易员活跃的市场中，比如 SPY 和 QQQQ 中，也有类似的短线交易失败的现象存在。对于这两个市场来说，通常短线止盈的目标是 10 跳，这意味着需要在信号 K 之外，出现 12 跳走势幅度。如果价格仅仅运行了 10 跳或 11 跳便反转，这通常能引发反方向上至少出现一次短线交易的机会。这是因为原先的短线交易员已经被困在其中，而他们会在信号 K 或进场 K 被反转时平仓离场，这会给你的交易方向增添额外的动能。

如果一只股票的短线走势通常能很可靠地运行至少 1 美元的幅度，而这一次，在 1 美元的目标位置，却连续两次都无法触及，那么这便构成了很不错的反向的短线交易机会。

短线交易 4 跳止盈的策略，在将近 2 个小时里都是有效的。但是，在图 9-30 中，在 K4 的孕线之后的开空机会，仅仅运行了 5 跳便反转上行。这就意味着很多空头没能在他们的止盈目标位挂单离场，他们不得不在盈亏平衡点快速离场，K5 被上破后更意味着没有短线持空的必要了。注意，市场此时是在回测昨日的低点，并且这里已经是第二次刺破下行通道线的尝试了（基于 K1 到 K3 所绘制的趋势线，锚定 K2 的低点绘制平行线所得到的通道线）。多头在找买入的理由，而这个做空的短线交易机会的失败，对多头而言，是一个最新的买入交易理由。

图 9-31 是 QQQQ 的 5 分钟走势图，其中每一次短线交易机会都能在反转前运行 8 ~ 11 跳。而在盈亏平衡点位置设置的保护性止损单会令短线交易员平安离场。不过，这种交易看起来很复杂，实际上收益并不理想。当然，还有很多成功实现盈利目标的短线交易机会，但是，如果出现了这么多不成功的短线交易，继续这种交易是令人非常疲惫的。这会导致交易员失去专注，错失其他本来更加有利可图的交易机会。在这种开盘便启动的明显的下跌趋势行情里，最好的交易机会是仅仅参与顺势交易，并且对着 M2S 开仓结构或者简单的 L2 开空结构进行卖出。这样你的胜算会很高，

从而能够保持积极健康的心态并持续地从容进场。

图 9-30 在 Emini 交易中，5 跳突破失败的现象

图 9-31 短线交易机会如果失败，通常能构成反向交易的机会

AAPL 通常能产生很多 1 美元幅度的短线交易机会（短线运行的幅度通常都超过 1 美元，从而短线交易员可以在 1 美元的目标位仅仅做部分止盈，并持有剩余仓位）。在图 9-32 中，K2 在 K1 之后的进场点上破后仅仅延伸了 93 美分，然后便产生了 L2 开空结构。这个 L2 结构意味着市场连续两次无法触及短线交易的目标位。由于市场大致处于横盘运行的区间，并且刚刚又错失了 1 美元的短线止盈目标位，交易员可能会将盈利目标降低至 50 美分。因此在这个从 61 美分价格回落的过程中，他还有机会能收到一点平仓的利润。

图 9-32　短线交易机会，如果没有触及止盈目标位，通常就构成了反向开仓的进场结构

第 10 章

日 内 交 易

日内交易的首要考量因素便是交易品种的选择，以及将要开展交易的时间图表。最好选取那些受机构青睐的股票，因为你不希望遇到少数庄家或做市商操纵市场，并且机构青睐的股票成交量大、流动性好，滑点也会少。任选 5 ～ 10 只股票，每天都能产生大量绝好的交易机会，因此你不必再理会成交量少的股票，它们可能还会招致额外的交易风险。

在一个交易日里，图表中 K 线数量越多，你的交易机会就越多，每一次进场承担的风险就越小。但是，你可能无法快速理解图表，看清其中的结构，你也无法在不显著提升犯错率的情况下，及时地设置进出场条件单。基于你的性格特点和交易能力，统计上存在一个最佳节点。大多数成功的交易员都可以对 5 分钟走势图进行交易。如果观察 3 分钟走势图走势，和 5 分钟走势图通常十分相似，不过提供了更多的交易机会，而止损更小，但总的来说 3 分钟走势图会降低交易的胜算。如果你发现自己错失了太多好的交易机会，特别是日内最有利可图的机会，你应该考虑切换到运行速度更慢的图表中进行交易，比方说 15 分钟走势图。

你也可以使用其他类型的图表来交易，比如基于成交量的（每根 K 线蕴含等量的成交量）图表、点数图（比如每个点代表 500 跳价格波动）或者简单的竹线图。线形图也可以用来交易，不过对于习惯于利用价格行为交易技术的交易员来说，在这样的图表上交易，由于看不到 K 线或者竹线，意味着要放弃太多的市场信息。

总的来说，参与日内交易的每一次开仓所需要承担的交易风险是最小的。一旦你能够实现日内的稳定盈利，你就可以用你能够承担的最大开仓量进行交易（但在实现稳定盈利之前，你应当仅仅交易一手的 Emini 股指期货或 SPY 份额）。沃伦·巴菲特曾说："1 分钱的小生意，完全可以做成1 角钱的大生意。"等到你认为自己已经可以把握住一个有效的开仓方式，你就需要准备好以合理的成交量展开交易。

交易员总是在寻求盈利水平最大化，对交易来说，有两点最重要的考虑因素：交易品种的选择和头寸量的大小。交易员的主要任务是把握每一天出现的质量最好的进场点，一般有 2～5 次，要么是在以横盘为主的交易日中出现了波段新高或新低后的反转结构提供的二次进场点，要么是在以趋势为主的交易日中出现的回调进场的机会。当交易员可以稳定实现盈利时，他下一步要做的事情应该是扩大成交量，而不是给自己增加更多的进场方式。如果交易员在 Emini 市场中，每天能稳定赚 1 个点，但是成交量是 25 手，这就等于每天有 1000 美元的盈利了。如果他能够把持仓量扩大到 100 手，那么每年的利润将超过 100 万美元。如果他每天净赚 4 个点，那一年就是 400 万美元的收益。而这种交易体量，对于 Emini 市场和国债市场来说，完全可以轻松驾驭。对任意股价超过 100 美元 / 股、流动性充足的股票来说，经验丰富的交易员可以轻松地在大多数的交易日里实现 50

美分到 1 美元的盈利目标，而这些股票可以承担 1000 ～ 3000 手的进场，并且不会引起明显的滑点。像 QQQQ 这种 ETF 基金，每次可以容纳的进场手数高达 10 000 手，不过它的日内波幅要小得多，因此对优秀的交易员来说，在这个市场交易，更现实的盈利目标是每次获取 10 ～ 20 美分的盈利，对一整年来说就是大约几十万美元的规模。

如果交易员管理的基金规模是 5000 万美元的级别，他交易 Emini 股指期货的每次进场手数为 1000 手（每次进场需要把指令单拆分到 200 ～ 400 份），而每天只赚取 1 个点，他每年就能够为客户产生 1000 万美元的利润。所以，你应当专注于捕获最佳的开仓机会，然后致力于不断扩大交易的规模。

10.1 选择合适的市场

价格行为交易技术适用于任何类型的市场交易，不过大多数日内交易员偏爱的是 5 分钟走势图中每天能产生多次进场机会、能容纳较大数量的开仓手数而不至于引起显著滑点的市场品种。5 分钟级别的标普 Emini 股指期货就可以容纳个人交易员所能开出的最大开仓量，你的开仓几乎不可能超出市场的承载量。而罗素股指在部分个人交易员群体中比较受欢迎，他们觉得这个品种的日内趋势表现良好，收取的保证金又相对较低。不过，大多数成功的交易员最终会转向能够承载更大进场量的交易品种。

在交易的初学阶段，你应当仅仅交易 SPY 而不是 Emini。如果 Emini 当前的交易价格是 1100 美元，那么 SPY 此时就大约是 110 美元，并且 Emini 中 4 跳（1 个点）的短线波动空间，对于 SPY 来说就是 10 美分的短线波动空间（Emini 的每 1 跳都是 SPY 的 2.5 倍）。一手 Emini 合约等价于持有 500 手 SPY，因此如果你交易的是 300 ～ 500 手的 SPY，你可以适度扩大你的头寸量，但前提是不增加太多的交易风险。交易 SPY 有个好处，那就是 10 美分的短线波动太小，发生得又太快，因此更有助于培养交易员基于波段而不是短线去开展交易的思维，而这一点差别对于交易初学阶段是大有裨益的。

当你逐渐扩大了交易的手数，达到 1000～1500 手规模的 SPY 时，如果还想继续扩大你的成交量，那就可以考虑切换到 Emini 市场，它可以承载很大的进场手数，又不至于引发滑点问题。在起步阶段，你可以用 100 手 SPY，而 2 点的 Emini 止损风险等价于 20 美分的 SPY 止损风险，因此你承担的风险是 20 美元加上手续费。但是，如果你的手续费不是 1 美元 / 100 股这种最低的手续费档位，要想在 SPY 市场中通过短线交易实现盈利是非常困难的。另外，你需要一套可以设置条件单进场的交易系统，这使得你能够快速布置进出场条件单。如果你没有这样的交易条件，那就仅参与波段交易，直到你能够稳定实现盈利，再去考虑短线交易的机会。

此外，除非你已经能够实现稳定盈利了，否则应当专注于一个市场。因为如果你连一个球都颠不好，还想尝试颠更多的球只会显得愚蠢并且浪费资源。基本上所有的主流股票在交易上的表现都不错，都具有交易价值，因此不管你选哪只股票进行交易都没有问题。关键是你要专注于单一的市场、单一的时间周期进行交易，直到你能够实现稳定盈利为止。即便到那个程度，如果你选择专注于单一市场，你也很可能会赚到更多的钱。我在交易 Emini 之外，还会交易股票，因为这令我感到愉快，并且让我觉得自己没有脱节于交易的世界，由于我的风格更像是交易员中的隐逸者，因此这样做对我的身心健康是有益的。但是，如果我仅交易 Emini，我完全可以赚到更多的钱。

在大多数的交易日里，外汇期货、外汇现货、国债期货都可以容纳更大的交易体量，但是相较于 Emini，它们提供的进场机会要少得多。国债期货在日内的趋势往往延伸得很远，因此一旦开仓结构确立，你在进场后很可能可以持仓数小时。外汇市场在和 Emini 重叠的交易时间里，通常不会给出太多好的交易机会，为了避免在 Emini 交易中分心，最好不要交易外汇期货。而 DIA 和道指期货盘口还是有点稀薄，因此短线交易的流动性会是一个问题。正如 SPY 走势完全等价于 Emini，QQQQ 的走势完全等价于纳斯达克股指期货，并且两者都可以承载很大的交易体量。因此，QQQQ 也十分受日内短线交易员的青睐。

很多股票从日内交易的角度看，效果非常好。那些日内波幅在几美元范围，而平均成交量达到 500 万手以上的股票，交易起来是最容易的。你将乐于见到短线交易的幅度在 50 美分到 1 美元，滑点的风险也降到了最低，并且还有机会波段持仓、实现数美元的盈利。目前来说，AAPL、RIMM、GOOG、AMZN、GS、OIH、DUG、UYG 和 SKS 都是很好的交易对象，还有其他很多不错的交易选择，你可以根据自己的需要进行增减。UYG 的价格仅仅是 10 美元，不过它可以轻松容纳 3000 手以上的订单，因此 30 美分的波幅就能实现 900 美元的利润。

在本书后续的篇幅中，将会介绍日内交易案例的细节，展示大量的走势图，证明以价格行为方式进行日内交易的可行性。

10.2　时间周期和走势图的类型

对短线交易员来说，使用 5 分钟的蜡烛图进行 Emini 合约的交易是最简单的。不过，对于日内波段交易来说，简单的 5 分钟竹线图就能够发挥很好的作用。原因在于，如果你用的是笔记本电脑，或者一台显示器，你可以在显示器上设置 6 张图（见图 10-1），每张图展现不同的股票，并且每张图都容纳一整天的 K 线数量。如果你使用蜡烛图，每根 K 线会比竹线更宽一点，你的图中只能够展示半天的走势。我指出这一点很重要的原因是，本书所展示的交易方法对于简单的竹线图也是有效的，如果你只想进行波段交易，只想参与其中最佳的若干交易机会，情况就更是如此。而对于 Emini 的短线交易员来说，蜡烛图的优势在于它能够让我们一眼就看出多空双方谁在主导这根 K 线，尤其是对信号 K 来说，识别价格的方向是很重要的。另外，很多 H2 结构或 L2 结构的变体在竹线图中的识别难度会大一点。

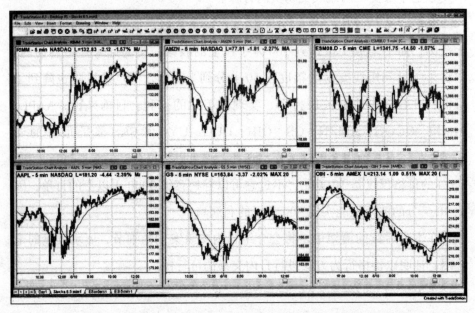

图 10-1　简单的竹线图也足以令你用价格行为理念开展波段交易

你是否认为自己有能力在更短的时间周期中开展交易呢？比如 3 分钟甚至 1 分钟的走势图。如果你有这样的自信，那就试试交易 100 手 SPY 并坚持数小时吧。然后你回头看看走势图，扪心自问是否能够正确地理解价格行为走势，并且准确无误地设置进出场的条件单，在最近的 5 个开仓结构中，至少设置对 4 个？如果你能够办到这一点，那么或许你有资格参与更短的时间周期，比如 3 分钟走势图的交易。但是，我还没有发现有人能够适应 1 分钟走势图的频率和强度，考虑到这个时间周期中每天都会产生 40 ～ 50 次交易机会，再想想要日复一日、经年累月地这样交易，太不切实际了。如果交易是一份工作，你得能够长期坚持下来，你应当令交易的压力尽可能小，你应当能对自己的业绩感到满意。我认为 5 分钟走势图是最适合的，它每天至少能够提供 10 次交易机会，并给你留出充裕的时间思考开仓结构，设置进出场条件单。另外，它也可以承载你想要交易的开仓手数。3 分钟走势图的效果大概也很不错，但是你很有可能在这个周期里要做的选择过于频繁，导致整体胜算降低。

当市场中存在趋势时，你应当寻求在回调中把握顺势进场点，比如上涨趋势中的 M2B 结构，或者下跌趋势中的 M2S 结构。另外，在发生强力的趋势线突破后，在出现回测走势时，比如下跌转上涨、稍高的低点或者稍低的低点的回测中，如果出现强力的反转 K 线结构，就寻求反向交易的机会。

价格行为交易理念，适用于任何市场以及任何时间周期，因此交易员应当做好最基本的决策，那就是选择该交易什么市场品种，以及采用什么时间周期图表。对于大多数交易员来说，交易的目标是在长期交易中实现盈利潜能最大化，这意味着他要建立和自己性格特点适配的交易方法。

假如 5 分钟 Emini 走势图每天能够提供 10 个左右好的进场机会，3 分钟走势图能提供 20 个，而 1 分钟走势图能提供 30 个。而每次进场所承担的风险，如果在 5 分钟走势图中是 8 跳的话，在 3 分钟走势图里就是 6 跳，而 1 分钟走势图里就是 4 跳。那么，为什么不交易更短的时间周期呢？似乎有更多的交易机会、更小的风险、更多的盈利，对吗？是的，前提是你能够在实盘交易中足够快速地理解走势图，在准确的价位设置进出场条件单，并且在一天 7 个小时的交易时间里保持水准、发挥稳定，然后日复一日、年复一年。对大多数交易员来说，他们参与的时间周期越短，就越会错过更多好的交易机会，因此他们的交易胜算反而下降了。对他们而言，在 1 分钟和 3 分钟走势图中参与短线交易，盈利效果不如在 5 分钟走势图中参与短线交易，因此他们本该专注在 5 分钟走势图里，并且致力于不断扩大自己的交易数量。最好的交易机会通常出现的时机比较意外，其交易结构似乎很难得到交易员的信任，大多数交易员无法快速及时地处理盘面给出的复杂信息。因此，他们面对太多的交易机会，会开始挑剔、选择性执行，而没能抓住其中最有盈利潜能的开仓结构，而这些结构本该是他们在交易事业中安身立命的所在。

在时间周期更长的走势图中，走势的波幅要大于时间周期更短的走势图。但是，几乎所有时间周期更长的波段走势，都是由 1 分钟和 3 分钟走势图中的反转结构启动的。但是在时间周期短的走势图中，究竟哪一个反转结构能够引发长时间周期中的反转，我们很难事先预料到这一点。在一天中尝试去把握 30 笔以上的交易机会，祈求这一次能把握住大走势的开端，这将是相当耗人的交易体验。在 1 分钟和 3 分钟走势图中，最佳的几次进场机会将使 5 分钟和 15 分钟走势图中出现相对不错的进场机会。对于大多数交易员来说，专注于 5 分钟走势图中最佳的交易机会，并致力于不断扩大交易的体量，才是更有盈利可能性的路径。一旦他们能够实现交易的成功，就能够获得可观的盈利并保持相当高的胜算，这进而又使得交易的压力大大减轻，并更有可能长期保持较高的交易水平。

此外，随着你的交易体量扩大，到某个临界点后，你的下单将会影响很多在 1 分钟时间周期中的交易。我举一个极端的案例，如果你在目前价格 2 跳之上的位置，设置了 5000 手卖出的止盈挂单，任何有阶梯下单系统的交易员都会看到这个挂单，这会给你的成交增加难度。此外，以这种体量设置条件单，也会引发一两跳的滑点，这会破坏你短线交易的盈亏比。对交易员来说，运用价格行为理念开展交易，可以每次交易 5000 手以上，不过当交易体量到了这个程度，对大多数交易员来说可行的短线交易技巧便无法充分施展了。我衷心祝愿你有一天也会面临这样的困扰，由于你的交易体量已经开始影响成交的效果，到时候你也要开始对交易思路进行反思和调整。

　　1分钟走势图在两种情景中会有帮助。但是，这里我谈的仅仅是理论上的可能性，实践上的效果可能有出入，因此我强烈反对你直接据此开展交易。比如当5分钟走势图中是狂奔的趋势，你现在没有持仓想要进场。此时你可以观察1分钟走势图，寻找H2或L2的回调，寻找顺势进场的交易机会。另一个1分钟走势图会有所帮助的情景是，对5分钟走势图中的趋势行情进行波段持仓。当股票处于趋势状态中，EMA均线对趋势的指导效果相当不错，在EMA均线位置发生的H1/H2或L1/L2可以提供顺势进场的机会，此时需要承担的风险等于信号K的幅度。交易员可以通过在1分钟走势图中把握进场点来降低交易的风险，具体做法是，在5分钟走势图接触或者穿破EMA均线之后，在1分钟走势图里寻找第一次反转结构。如果你在1分钟走势图中绘制出5分钟走势图里的20周期EMA均线，你就能很快发现这种接触均线的回调走势，然后设置进场的条件单。实际上你需要在1分钟走势图中绘制的是90周期EMA均线，用它替换5分钟走势图中的20周期EMA均线。为什么是90周期EMA均线而不是100周期EMA均线呢？因为在1分钟走势图中，EMA均线是取每一个而不是每五个1分钟K线收盘价的平均值，而最近的K线会被赋予更大的权重，这就使得100周期EMA均线显得略微有点平坦。为了纠正这一点，你应当使用90周期EMA均线，这很接近5分钟走势图中的20周期EMA均线。在实际交易中，你将很少有机会去观察1分钟走势图。但是，如果股票目前正在强势运行，你偶尔可能需要在1分钟走势图中把握一个快速进场的机会。但我再强调一遍，我强烈反对在交易中观察1分钟走势图，因为它看起来太简单，太有吸引力，你常常会受此吸引，据此开展交易，但是长此以往，你账户的盈利水平大概率会降低。所以，别这么干！

　　在图10-2中，缩略图是Emini的5分钟走势图，该缩略图显示开盘后上行11.75点，没有出现明显的回调。如果交易员错过了开盘后第一根K

线的做多机会，他就会错失整个波段走势，因为其中没有出现明显的回调。
但是，如果他观察 1 分钟走势图，其中有三处 H1 结构（分别是 K 线 A、K
线 B 和 K 线 C）可供进场。但是，记住永远不要在 1 分钟走势图中寻找反
转结构。如果你观察 1 分钟走势图，应该只出于一个目的，那就是寻找 H1
和 H2 的做多结构，因为此时 5 分钟走势图中没有出现回调。在 1 分钟走
势图中开展逆势交易会令你遭受很大的损失。实际上，这三处做多的位置，
正是在 1 分钟走势图中逆势做空的交易员会止损的地方。当他们平仓离场
时，会贡献额外的买入力量，推动价格进一步上行。

图 10-2　1 分钟走势图提供顺势进场结构，帮你进入 5 分钟趋势

　　图 10-3 是 AAPL 的 1 分钟走势图，在强力的下跌趋势日中，在 90 周
期 EMA 均线位置（等价于 5 分钟走势图里的 20 周期 EMA 均线位置）给出
了 3 个不错的低风险（风险是信号 K 的高度）的进场开空点。右上角的缩
略图是同期的 5 分钟走势图，可见其下跌趋势力度之强。

图 10-3 在 1 分钟走势图中，仅考虑和 5 分钟趋势方向同向的交易机会

在图 10-4 中，最上方是 5 分钟走势图，中间是每根 K 线代表 1500 跳（意思是每根 K 线里都发生了 1500 次成交）的走势图，最下面是每根 K 线代表 20 000 手成交量的走势图（每根 K 线自开始到结束，容纳了 20 000 手或比此稍多些的成交量）。这三张走势图的价格行为表现非常相似，并且都可以用于交易。但是，由于开盘后第一个小时里发生了大量的交易，因此，以相等的成交次数或者相等的成交量刻画的走势图，在时间上会被扭曲，在每个交易日的开始和结束阶段，都会出现更多的 K 线。

报告的发布可以引发市场非常情绪化的反应，表现为大幅 K 线、吞没形态以及数次反转结构的出现。但是尽管有情绪化的反应导致的价格快速波动和大幅 K 线产生，价格行为理念下的开仓结构仍然十分可靠。一般来说，你应该持有部分头寸参与波段交易，将平仓条件单设置在盈亏平衡点，因为有时候波段走势运行的距离可能会远远超出你的想象。

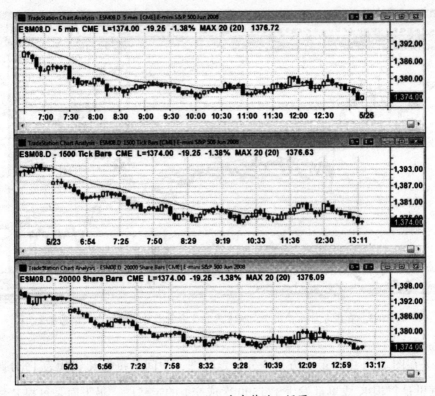

图 10-4　Emini 日内走势的三幅图

　　在图 10-5 中，FOMC 报告在上午 11 时 15 分公布，引发了市场极为情绪化的反应，表现为数根大幅度的 K 线，在接下来的半个小时，还多次出现吞没形态的 K 线以及数个反转结构。尽管市场环境复杂，但那些没有忘记价格行为基本交易理念的交易员仍然能从容应对。K2 是一个大幅向上反转结构，但是每当出现 K 线和前面的 K 线大面积重叠时，很可能正在构造横盘区间，而你绝对不应该在横盘区间的顶部买入。相反，你应该寻找被套住的交易员、小幅度的 K 线以及二次进场的机会。K3 是相当不错的短线开空结构，因为此时已经有很多渴望交易的多头在进场后被套住了，他们错误地把之前出现的大幅反转 K 线看作可靠的做多结构。

　　K4 是在跌破当日开盘形成的低点后第二次反转向上的尝试。二次进场点相比于第一次的进场点总会有更大的参与价值，而其中阳线作为孕线的开仓结构，是这个情绪化的交易日里，交易员所能期待的最好的那一类开仓信号了。由于在这种结构下，我们预期至少要引发两段式的上行，因此你应当保留部分仓位参与波段交易。进场后，止损条件单一开始应当设置在信号K大约中部的位置，然后等K线收线以后，将止损单设置到K4这个进场K的低点下方1跳的位置。然后不断地跟踪、上移止损单到最近一根K线收线后的低点下方，最终将它移动到盈亏平衡点。情绪化的交易日通常会产生趋势行情，价格运行距离将远远超过你的想象，把握住一次这样的交易机会，产生的利润要远远胜过很多次小短线交易的盈利之和。在图 10-5 中，多头趋势继续运行了将近 30 点，每手产生了 1500 美元的利润。

图 10-5　即便是在报告发布导致市场出现激烈反应、产生大幅 K 线的背景下，也可以遵循价格行为来交易

在图 10-6 中，K1 是在高开以后出现的向上突破失败。

K2 是 EMA 均线位置的 H2 开多结构，同时也是在倾斜向下的通道线上射击过头的反转结构。

K3 是在跳空高开后，尝试突破开盘的新高但突破失败，这可能会导致对跳空缺口的回测（市场通常在这种情况下会回测跳空缺口，因此交易员可以寻求回测方向上的交易机会）。

K5 是在 EMA 均线位置的 L2 结构。

K6 是对迷你趋势线的上破失败。

K7 是对两条下行通道线射击过头后的反转结构，不过它构造的做多结构没有引发足够的上行波幅，这令你确信空头仍然占据主导地位。

K8 是对下行趋势线的上破失败，是双顶回调结构，也是 M2S 开空结构，并且是自 K7 启动的 5 跳突破失败的结构。这么多因素都支持开空，接下来价格快速下跌就不意外了。

K9 是第二次对下跌通道线的射击过头，并尝试构造反转上行结构。此时应当期待出现两段式的上行。

K10 这个开空结构的质量存疑，因为到此为止交易员应该期待出现稍高的低点，以及第二段上行段。最终这个开空结构在 K11 止步，构成 5 跳突破失败，并构成反转上行结构。K11 既是上行趋势线向下突破失败，又是一个稍高的低点，还位于对下行趋势线上破之后。

K12 是对牛旗结构上破失败构成的开空结构，不过在这里开空最终导致 1 跳的亏损。

K13 是一个失败再失败结构，因此是向上突破后的回调开多点，同时这也是一个 H2 结构。

K14 是在波段高点出现的 L2 开空结构，并且是在通道线位置形成的反转结构，还和 K5 一起构成了双顶熊旗结构。

K15 是在 EMA 均线位置出现的 L2 开空结构（M2S），也是对下行趋势线（自 K14 高点以来的下行趋势线）的向上突破失败，还是向下突破了 K11 到 K13 的上行趋势线之后，形成的稍低的高点的回测。

K16 是 M2S 开空结构。

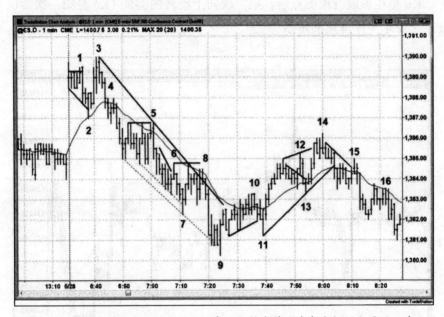

图 10-6　每天的第一个小时，Emini 在 1 分钟走势图中都会提供大量的、有盈利潜能的短线交易机会，那些自认为理解走势图的速度以及下单的手速非常快的交易员可以尝试在 1 分钟走势图中进行交易，但是在实盘中持续保持这个水准是相当困难的

在图 10-7 中，K1 是一个楔形结构的反转开多点，并且是双低结构，不过对大多数交易员而言，它会导致 1 跳的亏损。一般来说，楔形结构（或者三重下推结构，抑或其他类似但命名方式不同的形态）的底部反转会导致两段式的上行。

K2 是一个稍高的低点，并且是迷你趋势线下破失败构成的反转结构。

K3 是一个 M2B 结构。

在 K4 这个时间点，有一份报告公布，导致向上突破失败（最后的旗形结构向上突破失败），然后是向下的吞没形态 K 线。交易员应该在 K3 低点下破时开空，因为这里是多头设置止损条件单的价位。

K5 是一个突破后的回调开空位置。

K6 是在形成波段低点后，第二次向上反转的尝试（K5 是第一次尝试），这给了多头二次进场的机会。

图 10-7　盘前时间段也有交易的价值，不过在纽交所早上 6 时 30 分开盘前的
　　　　一两个小时里，进场机会不会太多。在早上 5 时 30 分常常有报告公
　　　　布，导致价格快速形成趋势结构和反转结构

10.3　全球电子盘交易，盘前、盘后以及隔夜市场

同样的价格行为交易技术适用于所有的市场，其中也包括隔夜行情的交易。在盘前形成的极端位置，通常会在日内行情时段被测试，不过，对

于日内交易来说，我们不必非得参考隔夜行情走势来开展交易，因为其参考意义非常有限，而且我们归根结底要基于日内行情中给出的价格行为信号来开展交易。

在图 10-8 中，K1 是一根孕线结构的阳线，它位于向上突破走势之后，因此在它的高点上方 1 跳的位置构成了开多结构（H1 结构）。

K2 是在吞没形态 K 线的高点上方 1 跳的位置构成的开多机会，同时这也是下破一条上行的迷你趋势线所构成的反转向上结构。

K3 是在一条主要的上行趋势线被下破后，构成的 H1 突破开多结构。

K4 是一个开空结构。这里出现了一个反转向下的 K 线结构，并且构成了对 K3 这个牛旗结构的上破失败（最后的旗形结构的突破失败）。同时，K3 这里的旗形突破了一条主要的上涨趋势线，这意味着空头的力量开始增强。如果你想在趋势中参与反向交易，要先确保已经出现了对趋势线的突破。另外，在强力的趋势行情中要进行反向交易，需要至少在 5 分钟走势里出现一个反转 K 线结构（1 分钟或 3 分钟的反转 K 线结构，都不足以支持 5 分钟走势里的反向交易）。市场价格在接下来的交易时段，一直维持横盘运行。

在图 10-9 中，该交易日早上 5 时 30 分有份 PST 失业报告公布，但 Emini 价格走势对此表现乏力。注意在 K1 到 K5 之间，有 30 根 K 线，盘中观察到每根 K 线持续的时间都不到 1 分钟，这是报告公布后大量快速的成交导致的。这些 K 线运行得如此之快，以至于如果不用市价下单我们无法成交。从理论上来说，基于价格行为理念，这里有很多可供盈利的短线交易机会，但交易员不应该参与这种交易。我展示图 10-9 的唯一目的，是证明标准的价格行为走势形态存在于各种类型的图中。

图 10-9 中的两张缩略图分别是这长达 30 分钟的走势里，对应的 1 分钟和 5 分钟的走势图。

图 10-8　DELL 在收盘后公布的营收报告，并且在盘后行情中给出了交易的机会

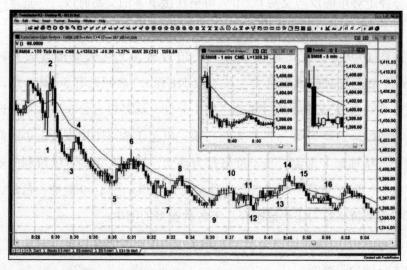

图 10-9　这是一张 100 跳的走势图，每根 K 线包含 100 笔成交，这种走势图
不考虑每笔成交量大小或者持续时间长短

在图 10-10 中，Globex 平台的走势图展现的是一个扩张三角形形态，末端位于 K5 的高点。缩略图是其中白天时间段的行情走势。参与日内交易的交易员即使没有注意到在 Globex 时段中出现的扩张三角形，也可以在 K5 开空。K5 上破了昨日的高点，然后反转下行回测 EMA 均线，并反弹形成 L2 结构以及稍低的高点的回测开空机会，而后再弹起，到 K6 构成双顶熊旗结构（前后两个顶相差 6 根 K 线的距离）。

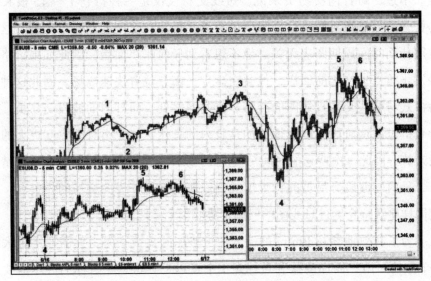

图 10-10　Globex 平台 24 小时的全天交易时段

10.4　短线交易、波段交易、趋势交易和投资

所谓投资者，是指那些基于基本面买入股票的交易员，他们计划持有股票达到 6 个月以上，甚至持有多年，使得基本面的利好能够在股价中充分体现出来。如果股价走势对他不利，他常常还会加仓，这是因为他的交易理念是，股票在当前价格是有买入价值的。交易员是指那些依据日线图和短期基本面事件，比如营收报告、产品研发公布，来开展交易的人。他

的目标是把握住一次快速的、持续时间在几天以内的价格变动。他会在价格行为第一次陷入停顿时做部分止盈，并将剩余仓位的止损条件单上移到盈亏平衡点。他可不想看到有浮盈的单子最终亏损。交易员有时候也可以指代短线交易员，不过这个概念目前更常指代日内交易员。

在交易员或投资者的认知中，他们只认可日线图到月线图这种大的时间周期框架里的交易，而所有日内交易的行为，在他们看来和短线投机无异。不过，对日内交易员来说，短线交易仅仅是一种持仓 1 ~ 15 根 K 线的行为，最终在目标价位以限价单离场，目标在于把握住一段走势，这和他用什么时间周期图表无关。他不想看到任何账户回撤，因此如果价格在触发止盈目标位之前回撤，他会在盈亏平衡点位置快速离场。因此这种行为模式与那些交易日线图的交易员有共同之处。而日内的波段交易员，会持仓挺过回调阶段，他想把握的是日内的长达 2 ~ 4 小时的幅度更大的波段走势，因此每次持仓的时间短可至 15 分钟，长可达一整天。在这种情况下，日内的波段交易员的行为模式很像那些参与日线图交易的投资者，他们同样愿意持仓挺过日线图的回调走势。

为了有效地参与 Emini 的 5 分钟走势图的短线交易，你需要承担大约 2 个点的风险，而你的盈利目标是 1 个点以上。这意味着你的胜率需要超过 67%，才仅仅能够维持账户的盈亏平衡。不过，如果你正确地解读图表走势，这个目标还是可以实现的。另外，如果你在部分止盈以后，用盈亏平衡点的止损单来保护剩下的仓位，这种习惯还可以降低你维持账户盈亏平衡所需要的胜率。最终，如果你在进场 K 收线以后，将止损单从信号 K 的极限点移动至进场 K 的极限点，然后在价格运行突破 5 跳以后，移动到盈亏平衡点，这个良好的交易习惯还能进一步降低你维持盈亏平衡所需要的胜率。最后，有些高水平的短线交易员会使用更宽幅的止损，比如 3 ~ 5 点，在价格运行不利的时候继续加仓，并使用更远的止盈目标位置，这就进一步压缩了实现账户盈亏平衡所需要的交易胜率。

波段交易员使用的开仓结构和止损，其实与短线交易员差不多，只是他们会更加专注于一天当中有可能实现两段式以上走势段的机会，因此他们面对的交易机会要少得多。他们通常可以在每次交易实现 3 个点以上的利润后，将止损移动到盈亏平衡点。很多波段交易员会允许开仓后价格反向运行，从而能以更好的价格进行加仓。但是，他们总是会至少保留一个心理上的止损位置，如果价格击穿了这个位置，他们会认定自己对市场的观点不再有效，因此会止损离场。在价格形态依然成立的前提下，你应当不断寻找短线交易员会设置止损的位置，并且在这些位置加仓。比如你在一个反转结构买入了，你可以允许价格接下来产生一个稍低的低点，然后利用二次进场点加仓。举例来说，比如你交易的是像 AAPL 这样可靠的股票，如果这一天走势整体上不算太弱，你在一个你认为是低点的位置买入，此时你应当考虑在这笔交易上承担 2～3 美元的风险，在浮亏 1～2 美元时继续加仓。但是，切记只有经验相当丰富、对自己观察图表的能力十分自信并且在判断失误时能够从容接受发生一次更大的亏损的交易员，才能进行这种尝试。在大多数交易日，价格应当立刻向你交易的方向前进，因此也可以不必考虑这种逆势加仓。

如果碰到行情不像预期那样展开，大多数波段交易员也会以短线方式止损。而如果进场点是非常理想的开仓结构，大多数短线交易员也会接受以部分仓位参与波段交易。因此这两个群体有相当大的重叠范围。两者最本质的差别在于，短线交易员的开仓频率会更高，并且大多数开仓的盈利都不会超过一次短线交易的目标盈利。而波段交易员仅参与最佳的、能够产生两段以上走势段的交易机会。我们无法说这两种方式哪种更好，交易员应当选择更加适合自己性格特点的交易方法，这两种风格的交易员在尖峰状态都能收获很不错的交易回报。

不过，在交易 Emini 时主要参与短线交易，在交易股票时主要参与波段交易，这是很合理的选择。对 Emini 来说，在走势产生了 4 跳的利润以后，可以用限价单做部分或全部仓位的止盈。这通常需要走势在信号 K 之后，运行至少 6 跳（进场点位于信号 K 以外 1 跳的位置，而你在 4 跳位置挂的限价平仓单，只有在这个价格被越过以后才能确保被成交）。在 Emini 中，4 跳就是 1 个点，这等价于 SPY（ETF 合约）中 10 美分（10 跳）的价格运行幅度。

在股票交易中，在止盈目标设置上还存在一些不同情况。一个 500 美元的日均波动幅度对 10 美元的股票来说，参与目标为 10 美分的短线交易是非常愚蠢的行为，因为平均需要的止损是 2 美元以上，因此你需要胜率高达 95% 才能在这种交易中取胜。但是，10 美分的短线交易目标对于 QQQQ 来说可能完全合适，尤其是你交易的持仓量高达 10 000 股时。

在成交活跃（每天成交量至少 300 万，如果 700 万以上效果更好）并且日均波动在数美元的股票中寻找波段交易的机会，会相对容易一些。你希望滑点最小、价格形态可靠并且每次交易能够产生至少 1 美元的利润。你先尝试捕捉 1 美元的短线波动，然后将止损单移动到盈亏平衡点，再一直持仓到收盘，或者等到清晰和强力的反向开仓结构形成。你或许可以在一天里持续监控大约 5 只股票的走势，寻找交易机会，偶尔还能多观察 5 只股票，但额外的股票你应该只看不碰。

Emini 的短线交易员可能一天里最多交易一两次别的股票，因为 Emini 的日内交易占用了太多的精力。另外，在交易股票时你仅仅使用竹线图，这样就可以在一个屏幕里同时展示 6 张图。在 5 只股票的走势里，你只需要选择其中一只趋势表现最好的股票来交易，寻求回调靠近 EMA 均线的交易机会。如果你观察到了通道线的射击过头或者在强力的趋势线突破以后出现的反转结构，你也可以进行反转交易。如果当天的 Emini 走势十分活跃，你可以考虑对股票仅观察 15 分钟走势图，这样在股票交易上占用的精力会更少。如果你发现自己错过了太多很好的 Emini 交易机会，这代表你可能被额外的走势图所分心，此时你最好不要再观察别的走势图了，而是应该专注 Emini 的交易。

虽然所有的股票在交易手法上没有本质的不同，但是它们还是有细微差别。比如，AAPL 在回测突破点的时候，回测得就相当精准，而 GS 会倾向于打到开仓点附近的止损条件单，因此止损的幅度需要设得稍微宽一点。

在图 10-11 中，Baidu 在昨日的尾盘上破了 15 分钟走势图的下行趋势线，因此有可能产生两段式的上行。其中第二段可能在 K5 位置就结束了，然而今天的开盘是如此强劲，在回调之后还是有可能继续创下走势新高。回调到 K7 的下跌比较凌厉，不过 K7 位置出现了强力的反转 K 线，并且逆转了 EMA 均线的缺口、开盘的跳空缺口，还回测了 K3 的高点（它打到了位于 K3 高点之下的止损单，然后立马反转上行）。对于一个 300 美元的股票来说，你交易时需要的止损空间要更宽一点，因此你的开仓量要更少一点，以将交易风险维持在同样的水平，不过同样的道理，在波段交易中，设置的止盈目标也要更大一些。2 美元是合理的初始短线止盈目标位，在这里可以做部分平仓，然后将剩余仓位的止损条件单移动到盈亏平衡点，并持仓到收盘前离场。

当你预期大的波幅要出现，或者价格要进入新趋势，或者你要在强力趋势中的回调中进场，你应当在短线止盈位置平仓 25% ～ 75% 的仓位，若趋势能够继续发展，再择机增仓。当你短线止盈部分仓位后，应当将剩余仓位的保护性止损移动到盈亏平衡点（有时候如果你强烈地感觉到趋势发展非常好，你可能会愿意多承担 4 个点的风险，以及准备一套先止损然后在更差的价格重新进场的方案）。如果一个交易机会确实非常好，它就不应当再出现回调，令那些姗姗来迟的交易员能够与那些聪明的把握住了最佳时机的交易员以同样的价格进场。如果一个交易机会非常好，所有那些错过了初始进场点的交易员，现在应该已经非常迫切地想要进场，以至于他们愿意以更糟糕的价格进场，并且在最初的进场点之外，稍微差了一两跳的位置也愿意设置进场条件单，这就使得一开始就早早进场的交易员的盈亏平衡的保护性条件单不被触发。但是，有时候最好的交易机会也会回调，回测并刺破盈亏平衡点，骗交易员出场，接下来发展为巨大的、快速的、趋势性的波动。如果你认为存在这种可能性，那可以考虑多承担几跳的风险。另外，如果价格回调，打到了这些保护性止损单，但马上反转并继续之前的趋势，此时你应该考虑重新进场或对波段头寸进行增仓，开仓点就在前一根 K 线之外 1 跳的位置（比如在新的上涨趋势中，就在前一根 K 线的高点被突破了 1 跳时进场）。

图 10-11　在下跌趋势线被强力上破以后，期待出现两段式的上行

有时候，当价格触及短线交易的止盈目标位置，但还没有穿透这个价格，此时如果你设置的限价平仓单被成交了，这意味着市场中实际的趋势性的动能要比走势图所体现的更强，在接下来的数根 K 线里，价格越过这个短线止盈目标位的概率正在增大。如果你在做多，你感觉市场很乐于买

入你要平仓的仓位（你挂的限价单卖出的指令很容易就成交了），并且就在这一段走势的最高点成交，表明多头现在非常迫切地想买入，他们很可能在任意回调中再次买入。此时你应该积极寻找再次进场做多的机会。

同样的道理，如果价格触及你挂止盈单的目标位（信号K之外5跳位置）但你无法成交，此时有可能发生突破失败。你可以考虑是否在现在这根K线收线时，在另一侧端点外1跳位置设置反手开仓的条件单。比如，你在做多，价格击中了信号K之上5跳的位置，但你的止盈挂单没有成交，此时考虑将止损上移到盈亏平衡点。在这根K线收线以后，考虑在这根K线低点下方1跳的位置设置开空的条件单，因为这个位置就是剩下的短线做多的交易员想要平仓离场的位置，这将会提供下跌的动能。此外，他们暂时也不想再次进场做多，除非看到了更多的价格行为线索，因此这就创造了多空力量失衡的局面，增大了价格继续下跌而你有机会对空头仓位进行增仓的概率。5跳突破失败的现象，在被过分延伸的趋势末期非常常见，它也是趋势要反转的迹象。

10.5　不间断交易

除了短线交易、偶尔以部分仓位参与波段交易，还有一种不错的交易思路，就是尝试在日内大多数行情里一直留在市场中，在收盘时才离场。交易员应当重点关注主要的波段反转位置，寻求进场机会，要么以全部的持仓参与波段交易，要么至少交易两张合约，先短线平仓一张合约，然后将剩余仓位的止损位移动到盈亏平衡点。对 Emini 来说，袭击止损条件单和深度回调的现象比较常见，因此交易 Emini 时我推荐半仓短线交易、半仓波段交易，以确保你每次交易都能够有所收获。

对股票来说，位于盈亏平衡点的止损单被打到的概率要小得多，因此在股票中参与波段交易更加有利可图。一般来说，你可以在实现了1美元的波幅后，增加 1/3 到 1/2 的仓位，然后保护好盈亏平衡点，以持仓参与波段交易。如果市场看起来要反转但还没有反转，比如当前正在回测日内高点，此时你可以考虑再平掉 1/4 到 1/3 的仓位，不过你应当保留至少 1/4 的仓位，直到你的盈亏平衡条件单被触发，或者出现了清晰而强烈的反转信号，或者持仓到当天收盘。趋势最终运行的距离常常比你能想象的要远得多。

你应当坚定持仓，不论回调多么激烈，要挺过反复出现的回调走势，直到保护性止损单被触发。如果止损单被触发，你应当保持空仓，直到再一次出现强力而清晰的开仓结构。等到出现了强力而清晰的开仓结构，再重复这个过程。如果你交易的持仓量是两手，在反转结构触发时你的持仓是一手，那就反向开仓三手。其中一手用来平掉剩余的多头持仓，剩下两手参与新的趋势方向。然后，以其中一手参与短线交易，另一手参与波段交易。

这个交易思路的核心在于，仅在清晰而强力的反转结构出现时，才进场或者进行反手交易。如果反转信号没有出现，那就仅依靠你在盈亏平衡点设置的止损单，即便这意味着要承担浮盈全部消失的风险。若你每日观察一组股票池，几乎每天都会至少出现一只股票，能产生足够可靠的开仓结构，使你能参与一次波段交易。

在图 10-12 中，AAPL 在 K1 处对开盘缺口进行了回测，这里在创下了日内新低、下破下行通道线后，产生了强力的反转向上结构。这是一个参与波段做多的好机会，在收盘时能产生将近 4 美元的盈利。

K3 是在上破了昨日高点以及对上行通道线射击过头后，产生的强力的反转向下结构。这里出现了大幅的阴线，这个结构后面至少能产生两段式的下行走势。

K8 是对 K6 的低点产生的稍低的低点的回测，并且在此之前发生了对下行趋势线的上破。同时这里也测试了下行通道线，因此是一次非常好的反转交易机会。如果你仅对空头平仓而没有反转做多，这笔交易能够产生的利润大约是 2.4 美元。

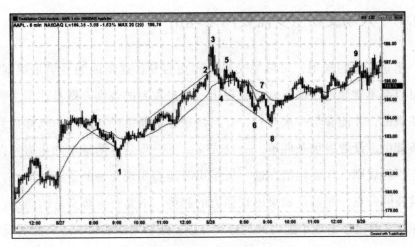

图 10-12　不间断交易案例 1

　　在图 10-13 中，第一个交易日是一个横盘区间，如果采用不间断交易的思路，会收获 52 跳，或者说每手 600 美元的盈利。第二个交易日是开盘启动的下行趋势，会产生 79 跳，或者说每手 950 美元的盈利。如果交易员交易两手，一手短线一手波段，他大概每天能进行 10 次短线交易，这能够每天每手增加 450 美元的盈利。这种交易似乎听起来很容易，但实际操作起来难度很大。

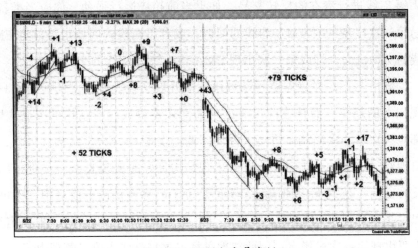

图 10-13　不间断交易案例 2

10.6　入场交易至少需要两条理由

　　建立简单的规则，可以令交易变得更容易，这是因为当满足规则时，你可以毫不犹豫地采取行动。我提出一条最重要的规则，就是你至少需要两条理由，才能参与一次开仓，并且两条理由便已经足够。一旦你找到了两条理由，设置进场条件单，一旦成交，下一步是遵循基本的止盈和保护性止损的规则，你要相信在这一天结束时能够实现交易的盈利。另外，记住重要的一点，那就是如果出现强力的趋势，不要有逆势交易的想法，除非在此之前已经出现了强力的趋势线突破，或者通道线射击过头然后反转，否则即便出现了 H2/L2 或 H4/L4 结构也不值得参与。另外，如果要交易反转，在此之前观察到对趋势线的强力突破，要好过仅是以横盘方式进行的突破。

　　你要学会预判交易机会，这样才能做好布置条件单的准备。比如，如果在下行趋势线被上破以后，出现了两段式的下行并跌破了波段低点，或者通道线的射击过头，又或者对 ii 结构的突破，你都应当做好交易反转的准备。如果你观察到吞没形态的 K 线或者铁丝网形态，可以在结构边缘寻找小幅 K 线进行潜在的反转交易。如果当前趋势运行强劲，你应当准备好交易第一次出现的对 EMA 均线的回调，或者以两段式回调走势靠近 EMA 均线的交易机会，抑或第一次出现 EMA 均线缺口 K 线的交易机会。

　　少数情况下，你仅需要一条理由就能开展交易。首先，任何时候只要出现强力的趋势，而且之前没有出现高潮式走势或旗形结构的突破失败，你都应当在每一次回调时进场，即便回调仅仅是 H1 或 L1 结构。另外，如果出现对通道线的射击过头，并且出现结构良好的反转 K 线，你都可以参与反转交易。还剩下一种情况，不论是位于趋势还是位于横盘中，你可以仅以一条理由就开展交易，那就是当出现二次进场的机会时。根据定义，首先要出现第一次进场点，因此二次进场点本身就代表第二条理由了。

以下列举了一些开仓进场的理由（记住，你至少需要两条理由才能开展交易）：

- 反转结构的 K 线。
- 信号 K 的形态良好。
- 趋势中对 EMA 均线的回调，如果是两段式的回调效果更好。
- 突破后的回调。
- 对突破点的回测。
- H2/L2 或 H4/L4（如果在强力的趋势中参与反向交易，要以趋势线突破为前提条件）。
- 任何形态的失败，比如前高或前低的突破失败、旗形结构的突破失败、对趋势线或通道线的射击过头产生的反转结构、5 跳突破失败。

在图 10-14 中，K2 是一个强力上涨趋势中的 M2B 结构，本身已经足够成为开多的理由。这一天跳空高开后，第一根 K 线便启动了一轮强力的上行趋势，在至少两个半小时的时间里都没能触碰到 EMA 均线，K2 是第一次出现的对 EMA 均线的回调。这里还是第一次明显地突破了趋势线，因此可预期将出现回测高点的走势。

K3 是在上行趋势线向下突破后形成的稍低的高点，到此为止已经出现了两次上破 K1 失败的尝试。这里出现了一个 ii 结构，其中第二根 K 线是阴线。

K5 这里已经是下跌波段中的 M2S 结构（K3 处出现了稍低的高点，而 K4 处出现了稍低的低点）。

K6 是对下跌通道线射击过头后形成的反转结构。不过信号 K 是一根阴线，因此要想开仓还需要找到一条理由。在 K7 处，在对自 K5 向下的迷你趋势线（未画出）上破以后，出现了突破后的回调结构，这就构成了开仓的第二条理由。

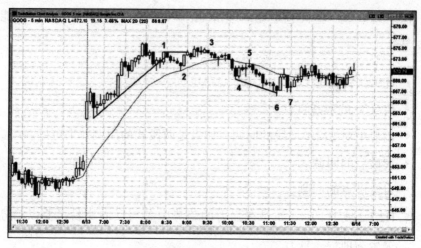

图 10-14　找到两条理由便可开仓进场

　　在图 10-15 中，昨天收盘时，到 K4 为止出现了一段上行。这就完成了扩张三角形结构的第四段。如果你注意到这个情况，你就会考虑在 K3 低点被下破时开多进场。K5 跌破了 K3，完成了这个扩张三角形的底部结构，现在你只需要等待一次进场结构的出现。在 K6 处出现了 H2 结构，并且 K6 完成了阳包阴的反转结构，在 K6 高点上方 1 跳的位置就是进场点。

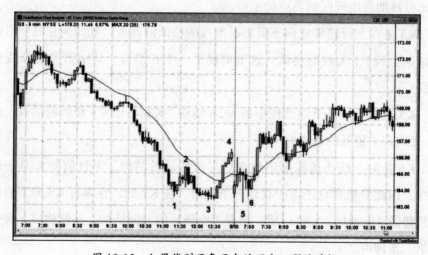

图 10-15　如果找到两条开仓的理由，那就进场

10.7 以条件单进场

价格行为交易员寻求的是开仓的理由，完成开仓结构的那根K线便被称作信号K。实际上发生进场的K线，叫作进场K。你以价格行为理念交易时，最好以条件单的方式进场，因为当你成交时，你是被市场的价格动能带进场内的，因此你实际上是和最近的、最微观的价格趋势（至少是持续了1跳的趋势）同向了。比如你在下跌趋势里开空，你可以在前面K线的低点下方1跳的位置设置卖出条件单，在你的条件单被触发以后，这根K线就成为信号K。此时，合理的止损位置应当是在信号K的高点上方1跳的位置。在进场K收线以后，收紧止损，把止损条件单下移到进场K上方1跳的位置。

在Emini市场中参与短线交易的交易员，需要在信号K之外，出现6跳波幅，才能实现4跳的短线收益。这是因为进场的条件单设置在信号K上方1跳的位置，而如果你要实现4跳的短线收益，你挂的限价单可能不会成交，除非价格击穿了你挂单的位置。有时候在价格突破你挂单的位置之前，你挂的单子就被成交了，如果出现这种情况，表明此时市场趋势动能非常强劲，很可能在你成交以后的几分钟，将要大幅突破你刚刚挂平仓单的位置。同样的道理，如果要在QQQQ中实现10跳的短线收益，实际需要12跳的价格波幅。

如果一个开仓结构看起来不是很强，最好不要参与这次交易，而是等待下次机会。如果这个结构不够强，它失败的可能性就很大，你本不必承担这种无谓的风险。有时候，一个看起来很弱的结构，后面会出现二次进场的机会，这令它有机会成为一个相当强的开仓结构。

虽然大多数交易开仓应该以条件单的方式进行，但当趋势确实很强时，不管在哪里都可以进场。在股票交易中，在回调EMA均线的位置以限价单进场，或者在1分钟走势图中以条件单进场，都是很合理的策略，盈利表现也非常理想。这种策略允许我们在胜率不变的条件下，承担更小的风险代价，博取更大的收益回报。

在图 10-16 中，线 A 处是一个做多的进场点，条件单设置的位置在 K2
高点上方 1 跳的位置。你设置的限价单，目标是实现 4 跳的短线收益，应
该挂在 4 跳之上的位置，也就是在线 B。你设置的限价单，一般只有等价
格突破你挂单的位置，价格运行到线 C（信号 K 之上 6 跳的位置），你在位
置 B 的挂单才能被成交。

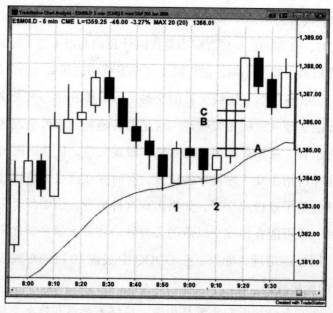

图 10-16　在 Emini 交易中，需要在信号 K 之外突破 6 跳，才能实现 4 跳的短线收益

在图 10-17 中，K1 是在回测了昨日的高点后形成的二次进场开空点
（吞没 K 线位置形成 L2 结构）。由于回测高点这段上行走势力度很强，因此
最好等待二次进场点。

K2 这里是一个大幅的十字星孕线结构之后出现的 H2 结构，不过此时
下跌的动能太强。最好在买入前先等出现一次下行趋势线的上破。同理，K3
是一个糟糕的二次进场开多点，因为它之前是一段强力的下跌阴线。此时你

在买入之前，还是应该先等出现一次下跌趋势线的上破。这一天的日内高点，是在趋势线下破后出现的稍高的高点的回测，接下来持续多根K线运行在EMA均线之下，因此你应当仅参与开空，因为多头趋势目前来看已经结束了。你应当专注于当下的行情来交易，不要一直受过去的判断所影响。

K4是一个M2S结构，但是它之前有4根重叠的K线。在像这样的窄幅横盘区间结构里，你不应该参与任何交易，除非后面出现大幅K线并突破了这个结构，幅度至少为三四跳，然后，你要先等待这个结构突破的失败，或者在横盘区间的边缘出现小幅的K线时，你可以参与反转交易。

像K2和K3这样1跳突破失败的陷阱，通常发生在趋势中反向K线形成过程中的前一两分钟里（对5分钟K线图来说）。在K线形成的最后时间里发生的突破会更加可靠，因为此时就在K线的末端，价格的动能与你的交易方向同向。相比于前面4分钟里发生的突破，在最后1分钟里发生突破，更有可能令趋势动能延续下去。

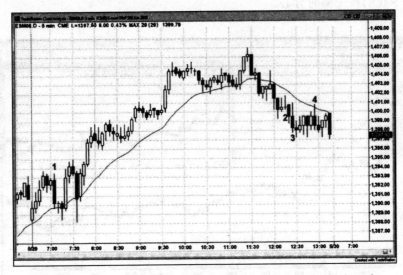

图10-17　只有在出现很好的开仓结构时，才考虑设置进场条件单

如果你不懂得放弃那些低胜算的交易机会，在它们身上发生的亏损将

会侵蚀掉你所有的交易所得。

在图 10-18 中，开盘便启动了一轮下跌趋势，当股票处于这种强势下跌趋势中时，在前面几次回测 EMA 均线时以限价单开空是可以接受的，或者你也可以在 1 分钟走势图里，在 EMA 均线附近设置进场条件单。在这个 AAPL 走势的 K1 和 K2 位置，1 分钟走势图里都是二次进场点，大约要承担 25 美分的开仓风险，如果以 5 分钟走势图中的结构进行开仓，需要承担 45 美分的风险。你也可以考虑在 5 分钟走势图中第一次出现的 EMA 均线的突破 K 线收线时以市价单进场，使用 20 美分的止损条件单。在图 10-18 中，在 K1 和 K2 位置，价格仅突破了信号 K 线收盘价上方 4 跳的幅度，便反转下行。总的来说，我们最好还是等待 1 分钟走势图中给出的二次进场机会，或者使用更加传统的 5 分钟价格行为的进场点（比如在 5 分钟走势图中，回测 EMA 均线的 K 线低点下方 1 跳的位置设置卖出条件单），这是因为我们用别的方法，收获其实不大，而且会占用我们太多的精力，令我们在交易时分心。

图 10-18　当趋势确实强劲时，你可以考虑在 EMA 均线回调的位置以限价单的方式进场（但是等待条件单进场的机会总是更好的选择）

10.8 保护性止损，被骗进场或者被骗出场

进场后的初始止损点应该设置在信号 K 另一侧 1 跳的位置，直到进场 K 收线以后，可以将止损条件单收紧到进场 K 另一侧 1 跳的位置。如果信号 K 和进场 K 的幅度实在太大，使用固定的止损幅度可能是更好的办法，比如在 Emini 的 5 分钟走势图中使用 8 跳的止损或者把止损条件单放置在信号 K60% 的回撤位置，比如，当你参与了一次大阳线之后的开多，应该将保护性止损设置在大阳线信号 K 低点之上、K 线波幅 40% 的位置。以这种方式设置止损，我们的持仓量就可以和 K 线幅度产生关联。在 2008 年 10 月的大熊市行情里，有几天波幅超过了 40 点，这需要我们在短线交易时使用 8 点的止损幅度，但这也使得你可以将止盈目标设置在 4 点的位置。在更大的止损幅度面前，你需要将持仓降低 75% 来维持每次交易的风险不变。但如果你遵循基本的价格行为理念来展开交易，在这样大幅波动的交易日里，你可以实现比普通的交易日更多的盈利。当价格运行触发了第一个止盈目标位，而你做了部分盈利的平仓锁定以后，应当将剩余仓位的保护性止损移动到盈亏平衡点（进场点，也就是信号 K 端点外 1 跳的位置）。最好的交易机会不会触发盈亏平衡点的止损，而大多数交易机会在 5 分钟 Emini 进场以后，不太可能返回进场点内部 4 跳以上（比如，当你做多以后，价格不会下破信号 K 高点下方 3 跳的位置）。如果交易的机会非常好，价格就不太可能深回调，令那些畏首畏尾的交易员有机会以更好的价格进场。如果确实发生了深回调，也表明市场没有我们想象的那么强。

如果你不确定今天会不会是大幅波动的交易日，是否需要设置更大的止损，那就在开始的一两笔交易里仅仅交易一手，观察一下你需要多大的止损才能令你不被震仓出局。在进场后，你应当仅仅依靠信号 K 之外的止损点，而当进场 K 收线以后，你应当仅仅依靠进场 K 之外的止损点。当你设置在一个点的止盈目标位的限价指令单被成交以后，下一步观察止损应

该设置在什么位置才能令止损在回调中不被触发，这个参数就可以作为当天剩下的行情里设置止损的依据。比如你观察到价格回调时，触发了 14 跳的止损，但没有触发 16 跳的止损，你就可以在剩下的交易时间里使用 4 个点（16 跳）的止损，但是，你应当将开仓的量降低 50%，并且将止盈的目标提高到 2 个点。但如果过了一两个小时以后，你发现无法触及 2 个点的止盈目标位了，此时你有可能会发现现在用 2 个点或者 3 个点的止损就足够确保你的单子不被震仓。如果情况是这样，你就回归到之前更小的止损设置条件，并且使用更小的止盈目标位，同时将你的交易仓位恢复到正常水平。

如果开仓后，在出现短线收益之前，你的保护性止损就先被触发成交了，此时你就陷入被动了。所以有时候，在设置止损单的位置再设置反手开仓的条件单，也可以成为很好的交易策略，但这么做也取决于市场走势的背景。比如，在下跌趋势中，回调后出现的 L2 开空结构如果没能引发下跌，有可能成为很好的开多机会。但是，在窄幅横盘区间中出现的止损单袭击，就不能引发反转。在你开展反向交易之前，先花点时间确认自己有没有正确理解走势图传递的信息。如果你来不及第一时间进场参与反转，那就等待下一个交易结构的出现，不用等太久又会出现一个机会。

在你仔细研究市场以后，你将会知道合理的止损空间应该设置多大。对 5 分钟的 Emini 走势图来说，大多数交易日里 8 跳的止损已经够用。但是，你还是应该认真关注在每一个交易日里，第一个小时的行情中所需要的最大的止损幅度，通常这会成为这一天所适用的最佳止损幅度。如果止损需要的幅度超过 8 跳，那么你止盈的幅度应该也要适度提高。但是，这样做也仅能略微增加你的交易优势，除非你遇到的 K 线幅度过大。

比如，你遇到一个低点，对其支撑效果很有信心，但在此做多需要的止损空间要大幅高于你习惯的风险度，你可以使用这个大止损，然后持仓等待。但如果你对额外承担的风险感到担忧，那就仅半仓进场。如果价格没怎么回调就触及了止盈目标位，那就平仓止盈。但是，如果它在你进场后仅仅突破了1跳左右就回调，几乎要触发你的止损单，然后再度拐头冲破了你的进场价格，此时你应该提高止盈的目标幅度。在此我提出一条经验法则，那就是价格通常前进的幅度，至少要超过你为了留在市场中所承担的止损空间。因此如果市场在你进场做多后，回调跌了11跳才再度反转上行，此时12跳的止损便能够承担这个回调，因此接下来价格很可能上行突破进场点，幅度达到12跳以上。不过谨慎起见，我们还是可以将平仓止盈的限价单设置在目标位一两跳以下，当价格逐渐靠近你的挂单时，记得将止损单移动到盈亏平衡点，同时观察设置的平仓止盈单能否成交。

有一种情况你可以不用条件单而用限价单进场，那就是当你看到趋势线被突破后，出现了二次进场点，并且形成了强力的反转结构K线的时候。比如，你刚刚买入开仓，价格在接下来的一两根K线里，数次回测了进场K的最低点，此时你可以考虑在低点上方1跳的位置设置限价单买入，来扩大你的持仓，而这笔额外的仓位仅承担2跳的风险（也就是原来的止损点，进场K下方1跳的位置）。但如果你把限价单挂在进场K的低点，你的限价单很可能不会被成交，这是因为通常情况下价格必须刺破挂单价才能挂单成交。市场中人人都很清楚在进场K低点下方1跳的位置有很多保护性止损的条件单。为什么聪明的交易员不击穿这个价格呢？因为如果这些止损单被触发，市场的性质就变了。此时市场就不再是强力的二次进场点，而是要转变为失败的二次进场点了，这将成为一个顺势开仓结构，并有可能会引发两段式的下行。如果聪明的交易员在底部已经加上了仓位，他们不愿意看到市场再出现两段下跌走势，因此他们会采取和你完全一致的在低点上方继续加仓的办法。他们会继续加仓，捍卫这个结构低点。最终，空头会缴械投降，开始平仓离场而价格开始上升，幅度将远远超过短线交易的止盈目标。不过不要轻易尝试这种交易方式，除非你已经能够维持稳定盈利很长时间了，在这之前，你应该保持交易风格尽可能简单，不要在交易中思考得这么复杂。

当进场 K 收线以后，将止损移动到进场 K 之外 1 跳的位置。如果止损需要的幅度太大，那就用资金额来定止损，或者用信号 K 幅度的 60% 进行止损。

若你在图 10-19 的 K1 处，即在这个双 K 双底结构处（这两根 K 线有相同的最低价）开空，初始止损应当设置在信号 K 上方。不过，由于这里是自开盘后启动的对 EMA 均线的回调走势，反弹的概率比较高，因此这不是一个好的做空点位。K1 这个进场 K，在触发了开空信号后，马上就反转向上了，但它没能越过信号 K 的高点，因此这个短线做空的机会最终产生了盈利。等到进场 K 收线以后，应当将止损及时移动到进场 K 高点 1 跳的位置。在图 10-19 中，信号 K 和进场 K 的高点平齐，因此止损没有被收紧。

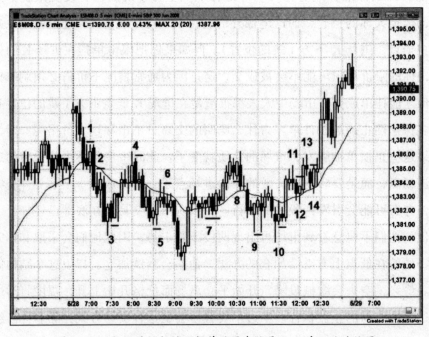

图 10-19　初始的保护性止损单设置在信号 K 之外 1 跳的位置

K3 这个（开多）进场 K 马上遇到了抛售，不过它没能跌破信号 K 的低点，也没能跌破信号 K60% 的波幅（交易员如果认为这根信号 K 线幅度太大，不适合采用这个止损方案，还可以用资金额来止损）。等进场 K 也收线以后，将止损移动到进场 K 低点下方 1 跳的位置。在 2 根 K 线以后，出现了回调，不过没能触发进场 K 下方的止损单。这个回调完美地测试了进场 K 的最低点，进而形成了双底结构，这也是一个很完美的陷阱，将不少多头持仓震出场外。

K4 处是 M2S 的开空结构，尽管进场两根 K 线后出现了回调，但 M2S 结构的止损没有被触发。考虑到这个结构的 K 线的幅度比较大，因此最好对着阴线的低点卖出，而不是简单地对着 L2 结构处的大阳线低点卖出。但如果确实对着 L2 结构卖出，止损设置在进场 K 的上方，没有很快被收紧，直到市场开始向对你有利的方向运行了大约 4 跳以后，我们才能开始收紧止损。你应该给价格一点运行的时间。另外，如果进场 K 是一个十字星，通常多容忍 1 跳的回调也是安全的。十字星在本质上是一个 K 线构成的横盘结构，因此在这种横盘结构的高点买入是很不明智的行为。因此你不应该在十字星被上破时马上买入。另外，你应当坚守你最初设置的止损价格，直到市场开始向着对你持仓有利的方向运行了数跳以后，再开始考虑收紧止损。

K5 处的 H2 开多结构，在进场后马上就遭到了一轮抛售，回测信号 K 的低点（这在 1 分钟走势图中相当明显，图 10-19 中未显示），构成了双底双 K 结构，然后是一次顺利的短线上行。你应当坚守 5 分钟走势结构的止损点，而忽略 1 分钟走势图的纷乱信息。如果你做的是 5 分钟走势图的交易，那就依靠 5 分钟 K 线结构所指示的止损位置，否则，你将会频频亏损，虽然你想以更低的风险代价参与交易，但你也将因此错失更多很好的交易机会。

K7 处的 M2B 开多结构也回测了信号 K 低点的止损，但是离触发还差

1 跳, 然后回测了进场 K 低点的止损, 但是两个止损都没有触发。位于进场 K 之前的十字星, 其实增大了这笔交易的风险 (因为正在构成铁丝网形态), 但是在日内创下新低后出现了上行到 EMA 均线之上的走势, 并且连续 6 根 K 线的收盘价维持在 EMA 均线上方, 此时你有理由去期待出现第二段上行, 因此这个 M2B 结构是一个很合理的开多位置。4 根 K 线以后, 在小阴线之后是一个更好的开多位置, 因为这里本质上是一个 H4 开多结构 (这也是在铁丝网形态之外的 H2 结构和二次进场点)。

如果交易员在 K8 处的 ii 结构上破时买入, 在进场 K 内部就会触发止损, 因此这就和大多数失败的 ii 结构一样, 成为很好的反转开空点。在这里买入, 胜算非常低, 因为此时正在构造双顶熊旗结构 (和 K4 一起), 除非走势处于鲜明的上涨趋势, 否则你不应当在形态的高点买入。此外, 之前大约二十多根 K 线都有较多重叠的迹象, 这就赋予了市场较强的区间特质 (也就是说, 自 K7 启动的上行, 构成了向上冲击和上行通道组合结构中的上行通道)。考虑到第二段上行可能处于尾声, 你不应该在此买入。

若你在 K11 处的波段高点位置开空, 后面要么是在 K12 处的回测 EMA 均线时反手开多, 要么在 K11 开空后一根 K 线的进场 K 高点上方 1 跳处触发止损再反手开多。

如果在 K13 波段高点处开空, 这里 L2 结构引发的下行, 仅仅是 5 跳突破失败, 这是一个失败的 L2 结构。你应当在 K14 处, 进场 K (进场 K 是 K13 信号 K 后面这根阴线) 高点上方 1 跳被上破时反手开多, 由于这里存在不少被套住的空头, 因此你可以期待出现两段式的上行走势。

在图 10-20 中, 到 K1 为止的一轮高潮式的下行, 在下破了孕线构成的最后的旗形结构以及出现阳包阴的底部结构后, 开启了反弹。如果交易员在 K1 高点被上破时买入 (这笔交易不太明智, 因为信号 K 是大阴线), 显然他期待的是两段式的上行, 并且预期 K1 的低点能够维持住。但是在这么强的下跌趋势里, 特别是考虑到在此之前甚至还没有出现迷你下行趋势线的上破，那么等待二次进场机会再开多是更加合理的选择。

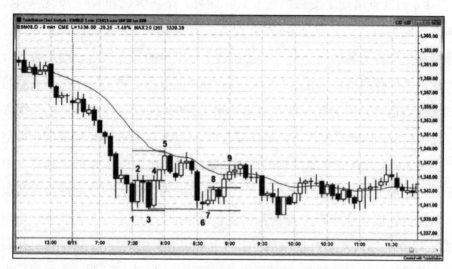

图 10-20　保护性止损单的设置

　　K3 处的回调刺破了 K2 这个进场 K 的低点，但离触及 K1 低点还差 1
跳。如果交易员在 K3 上破时做多，他已经很清楚可以接受 K1 处的开多机
会（因为之前止损未触发），但风险更大，而 K3 这轮低点下探的幅度是 17
跳，因此他要想维持多头持仓，需要承担 18 跳的止损风险。因此，交易员
如果在此做多，会将上方止盈目标由 4 跳上移至大约 16 跳的位置。第二
段上行终结的位置正好在进场点上方 18 跳的位置。注意，每当交易员在进
场时需要的止损空间是正常止损空间的两倍以上时，交易员应当以半仓交
易，以维持交易的资金风险大致不变。另一个合理的开多点是等待 K4 收
线，一旦你注意到 K4 是强力的大阳线，此时这已经是过去 4 根 K 线中第
二根强力的大阳线，并且上方距离 EMA 均线还有一定的空间（EMA 均线
是一个非常明显的磁吸位置），你可以在 K4 这根大阳线高点上方 1 跳的位
置，以条件单买入开仓进场。不错，这里固然是买在了熊旗的高点，但是
此处有非常好的上行动能，并且距离上方的 EMA 均线也有很多空间（因此

值得参与）。

K6 的低点出现了类似的情况。在此处，市场尝试和 K3 的低点一起，构造双底牛旗结构，但是 K6 的收线方式有点疲弱（上影线较长）。因此，等待参与反转交易的交易员，不会在这个十字星的高点买入，而是会等待二次进场信号的出现。在 K7 收线以后，K7 高点的上破是一个差强人意的二次进场信号，因为此时已经是第二次上行的尝试了，但是 K7 的收线方式比较疲弱，因此这里也不是最佳开仓机会。K8 这个进场 K 需要的止损空间也是 K6 这个双底牛旗结构的底部，这里也是初始信号 K 的止损点，由于这里距离 K8 进场 K 的低点不算远，再考虑到有较大的可能性出现两段式的上行，因此在止损上多加几个点是值得的。一旦在 K8 处开多，止损就是 12 跳，因此我们有理由期待上行突破也会发生大约 12 跳。这里我们把止盈目标位放在突破 10 跳的位置是比较合适的（事实证明这个设置是正确的）。市场在接下来的两根 K 线都测试了 K8 的低点，此时机构交易员正在捍卫低点来确保多头止损不被触及，这个形态令上行的可能性不断增大。K9 触及了上方 12 跳的位置，价格在两根 K 线之后，又向上突破了 1 跳。在 K8 之后的孕线被上破时进场做多会更加安全，因为 K8 这根阳线的强度表明，多头有强烈的意愿要捍卫底部不被空头侵犯。

在图 10-21 中，K1 刺破了昨日的高点，若以此为信号 K 下破开空，在进场 K 收线以后，止损需要 9 跳。K2 回测了进场 K 的高点，它会触发 8 跳（设置在进场 K 高点）的止损，但不会触发 9 跳的止损（设置在进场 K 高点上方 1 跳的位置）。在这个交易日剩下的时间里，我们要牢记这个止损参数。

如果你在 K3 处这个 L2 结构下破失败的位置买入，你开始时应当将止损设置在信号 K 低点下方 1 跳的位置，也就是承担 8 跳的止损风险。我们很清楚，在信号 K 是十字星时，突袭止损单是常见的现象，并且现在已经很清楚在这一天更早的时候，9 跳止损是我们需要承担的风险，因此此时多承担 1 跳风险是明智的选择。但这里不是最好的买入机会，因为它发生在一次轻微上破之后，并且过去 7 根 K 线大致是横盘走势，其中有几个十字星（构成铁丝网形态）。等待二次进场点是更好的选择。

图 10-21 每个交易日第一个小时里需要的最大止损幅度，通常在这个交易日剩余的时间里也适用

在图 10-22 中，该交易日大幅跳空低开低走，因此有条件酝酿出上行或下行的趋势性行情。在 K3 以后，价格一路下行，跌入更低的横盘区间，等到 K6 形成的时候，该交易日的情况已经很清楚，是一个"以横盘区间方式进行趋势性移动的交易日"，或者说是自开盘启动的下行趋势交易日。在这种"以横盘区间方式进行趋势性移动的交易日"中，在每一个横盘区间的低点买入或者在区间高点开空，都是安全的操作。

K5 上破了一条迷你的下行趋势线。K4 和 K6 都是强力的多头反转 K线结构，K6 实质上构成了（对迷你趋势线）突破后的回调开多结构。后面进场 K 收线时变成了一根阴线，这是走势变疲弱的标志。若后面价格跌破了这个进场 K 的低点，这就是做多失败的标志，价格很可能还要再跌出至少两个下行段。不过，聪明的交易员会认为该交易日是一个"以横盘区间方式进行趋势性移动的交易日"，他们会在二次进场点开多（K5 是第一次开多进场点），他们会在价格下行靠近进场 K 低点时，通过持续买入来捍卫低点的止损单不受空头侵犯。他们不想看到价格跌破进场 K 下方，因为这将意味着他们的交易变成了亏损。价格在接下来 15 分钟里多次试探止损，但下跌失败，最终多头的耐心获得了回报（一小段上行走势）。

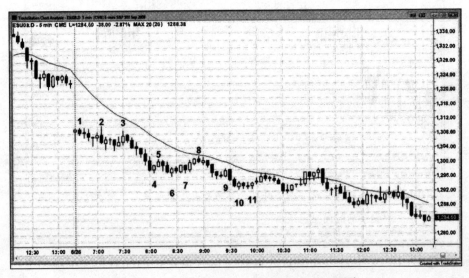

图 10-22　机构持续交易，在捍卫它们的止损单

第 11 章

第一个小时

开盘后最初时间段里的最佳交易机会，是和昨日的走势形态相关联的，你首先要去找那些突破失败的位置、突破回调、自开盘启动的趋势以及初次回调结构，然后再去找更常见的价格行为形态。尽管在交易人群中有这样一种认知，认为开盘后第一个小时里的形态是特殊的，但是实际上从价格行为体系来看，这段时间也没什么不同。第一个小时里的开仓结构和剩余交易时间里或者其他时间周期中的表现没有太大不同。不同之处在于，开盘后第一个小时里，成交量通常要大得多，因此形态运行的距离会更远，而反转突然降临的情况也会发生得更加频繁。引发反转的结构，乍看很疲弱、很不起眼，连续出现两三个十字星，但反转趋势也常常会突然降临。你应当认识到这是常见现象，如果你进场后看到这种疲弱的形态，不要轻易离场。你要相信你的读图能力，因为此时你很可能是对的，持有仓位可能会获得较大的波段收益。

如果 K 线的幅度比较大，为了维持开仓风险大致不变，交易员需要缩减开仓量。市场运行的节奏相当快，因此要一边阅读图表并设置进出场条件单，一边花时间计算是相当困难的。所以不妨简单点，把头寸量减到原来的 1/2 或者 1/3。你具体怎么选不重要，重要的是你要在非常短的时间里处理好，不要过多思考，而要专注于当下更加重要的事项：正确地阅读图表并设置你的进出场条件单。

关于开盘交易时间段还有一点不同，此时很多开仓结构是基于上一个交易日的价格行为信息产生的。通常在上一个交易日的尾盘，会出现较大的旗形形态，今天开盘时会出现对此形态的突破或者市场跳空并大幅离开这个旗形形态。在上述两种情况中，你都要仔细观察是否出现顺势和反转结构。

关于开盘时间段，还有最后一点非常重要的差异，那就是大多数交易日中，日内的高点或低点就发生在开盘后的第一个小时里。因此在该时间段的交易中，持有部分仓位参与波段交易是非常重要的，因为这可能会构成一个主要的高点或低点，你应当使用设置在盈亏平衡点的止损条件单，令你有机会获得这笔经常发生在开盘时间段的意外之财。

开盘后的第一个小时里经常会蕴含很多可靠性较高的交易机会。在大多数交易日里，开盘时段会出现一个以上有交易价值的反转结构，常常有多次机会令你在短线止盈后再次进场。有时候，趋势会从第一根或第二根 K 线开始启动，然后持续运行 1 个小时以上不带回调的趋势行情（这被称为自开盘启动的趋势，或者自第一根 K 线启动的趋势），不过，交易员还是应当在第一个小时里寻找反转结构，因为在开盘时间段里，反转结构出现的频次更高，它们经常能引发一段被延长的趋势行情。

在大多数交易日中，在开盘的第一个小时里，会不止一次出现有交易价值的反转走势。为什么市场会在开盘后几根 K 线里出现大幅的波动，然后出现反转呢？我们应当知道，开盘价并不是由某个机构决定的，而是代表了多空双方在开盘这个瞬间达成的均衡水平。如果机构今天有大量的买入订单，为什么市场还会在高于昨天收盘价的位置开盘，然后经历一轮下跌再重新涨到新高呢？假设你是机构交易员，今天有很多买入订单，你会乐于见到价格高开在你想要买入的价格之上，然后出现大幅下挫并跌破你要买入的价格区间，你期待看到一轮小型抛售高潮并形成日内的价格低点，在这个过程中你可以和其他想要买入的机构一起激进地买入。

若反转上行的动能足够强劲，接下来很少会有交易员敢做空，因为此时市场呈现的观感是上行动能足够强劲，在下方低点被回测之前（如果有回测的机会），有较大概率先形成第二段上行段。假如你是机构交易员，你能做点什么来促使这种现象发生吗？是的！你可以在盘前市场将要结束时，持续买入来推升价格。在早上 6 时 30 分之前的盘前市场的时间段，要想推升价格不需要太多成交量。这样等市场正式开盘时，你就可以平掉部分或全部的多头仓位，甚至反手开一些空单。由于你希望在更低的价格买入，因此只有价格跌落到你认为有价值的区间，你才会开始买入。价格行为的理念非常重要，价格在跌到一些关键位置，比如 EMA 均线、前期波段高点或低点，抑或昨日低点时有什么样的表现，这个线索很重要。如果下跌动能开始减弱，市场开始在这些关键价位上反转上行，你就应该清掉空头仓位，开始激进地买入。由于此时大多数机构的交易方向是一致的，价格将开始上行。如果你相信当天价格的低点已经出现了，你就会在价格上行时持续地买入，在回撤出现时你也会继续买入。由于你想要买入的数量很多，你不会一次性下单，因为这样有可能导致价格飙升，进而造成买入高潮。相反，你会保持非常有序的买入节奏，直到你所有的订单都已经成交。

上述内容是否符合实际情况？机构交易员清楚这是否符合实际，但具体到某个交易日，没有人知道价格发生反转的真实原因。另外，某个具体走势发生的原因，在我看来也没那么重要。真正重要的是价格行为。反转通常发生在一份重量级报告发布后的几秒内。但个人交易员不可能通过收看电视新闻，就能搞懂一份报告对市场的影响，即便是专业交易员，在缺少价格行为时，也无法解读报告给市场带来的影响。我们要想知道报告对市场的影响，最好的方式就是在报告发布以后静观市场价格演变，按照价格行为提供的信息来下单。很多时候，报告发布前的这根 K 线会构成非常好的开仓结构，然后在报告发布的时间点触发进场信号。你要做的就是设置好条件单和对应的止损单，然后相信你自己对价格行为的解读。

开盘时的反转通常发生得非常快，这种突如其来的反转令我们很难深入理解市场的实质。如果价格在几分钟前还那么疲弱，为什么一转眼就可以变得这么强势？你不应该在这种问题上劳神苦思。相反，你应当仅仅关注标准的价格行为开仓结构，然后心无旁骛地对它们进行交易，而不必思考反转背后的原因。你唯一需要了解的就是市场当下给你展现的信息，你应当把握住当下的市场。

尽管 5 分钟走势图是最容易理解的、最可靠的，但是 3 分钟走势图在交易效果上也很不错，特别是在每天的第一个小时里。但是，3 分钟时间周期容易导致更多的亏损，如果你追求的是最高的胜算，你不愿意体验亏损带来的负面情绪，你应当坚守住 5 分钟走势图的交易，并致力于不断扩大你的交易开仓数量。

作为交易员，你最好令你的分析过程尽可能简单，特别是在第一个小时里，在价格运行节奏如此快的背景下更是如此。绝大多数开盘时的价格行为线索，是和上一个交易日的最后一个小时的走势相关联的，表现为突破、突破失败、突破后的回调或自开盘启动的趋势，这些形态中任意一种都有可能出现，并且可以发展得相当快。

11.1 与盘前市场相关联的结构形态

若我们观察的是 Globex 平台的成交量图表，开盘时间点是不容易被发现的，因为这个时间点仅仅是 24 小时交易时段的一部分，并且表现得和图表中剩余的交易时间段别无二致。不过，对于 Globex 平台来说，白盘时间段更有可能发生对高点或低点的回测走势，并且一些走势形态会在白盘时间段最开始的 K 线交易中完成。第一个小时里的价格运行非常快，白盘本身的走势信息就能够提供足够的价格行为线索。由于大多数交易员没有办法同时交易两张图，特别是在开盘后这段价格节奏非常快的市场背景中，那么在这段时间里仅仅观察 5 分钟走势图就足够了。大多数基于 Globex 走势图的价格行为所捕获的开仓结构，只在白盘时间段中就已经能获得足够多的价格行为开仓理由。我想，你应当愿意偶尔错失一些交易机会，而不是承担亏损的风险，因为你在同时观察两张走势图的过程中，会因尝试快速分析、设置进出场条件单而被过多的信息所迷惑。

在图 11-1 中，左图是 Globex 平台走势图，右图是日内走势图，K1 在两张图中对应的时间点都是早上 6 时 40 分。在 Globex 平台走势图中，K1 对应的是旗形结构下破失败的买入开仓位置，而在日内走势图中，是上破了昨日尾盘的两段式上行走势后出现的突破回调买入结构，并且今天有可能构成自开盘启动的趋势行情。你要记住，在每天第一根 K 线形成时，如果是一根趋势 K 线，它常常会构成一次短线交易的机会。如果这个信号失败，特别是后面出现了反方向的趋势 K 线，就会构成反向交易的开仓结构。

观察两张图对你来说没什么好处，并且这样做只是增加了你无法及时开仓、在交易中犯错的风险。

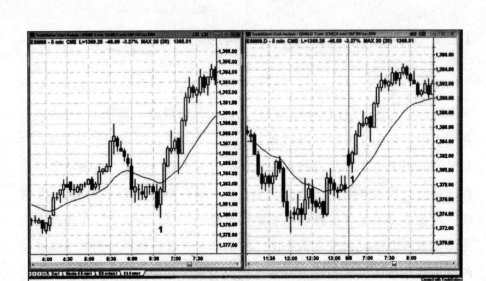

图 11-1　同时观察 Globex 平台走势图和日内走势图，你不会因此受益

11.2　与昨日走势相关联的结构形态

突破、突破的失败、对昨日波段高点或低点突破后的回调、大幅的旗形结构、趋势线以及横盘区间都是在第一个小时里最可靠的交易形态。这些开仓结构通常会使一天中的价格端点形成，因此都是重要的可能引发波段交易的开仓结构。你应该尝试基于昨天的价格行为表现，在今天市场开盘前预判今天可能形成的开仓结构。从开盘以后可观的成交量可以看出，世界上最顶尖的交易员正在对此展开交易，你也应该如此。

在第一个小时里，很多交易机会都和前一天的走势形态相关联，很多大型机构的交易员，基于日线图走势以及前一天的高点、低点、收盘价来决定开仓进场。每天在开盘之前，看看昨天最后一两个小时的走势，观察是否存在强力的趋势或者横盘区间，是否能找到趋势线，是否发生对趋势线的突破，如果是的话，现在就很可能要发生对趋势极限点的回测，还要观察是否存在三重推动形态或者对趋势通道线进行回测的可能性。市场经常会在第一个小时里对昨日的高点或低点进行回测，这会使得具有交易价值的突破回调或反转结构出现的可能性增大。

图 11-2 是 OIH 的 5 分钟走势图，在上一个交易日的早盘抛售之后，下午出现了一次长达 3 小时的两段式的上行，它上破了一条主要的下跌趋势线（图 11-2 中未画出），并且这个反弹对其通道线射击过头两次，每次都引发了反转向下（K4 和 K5），这表明多头力量正在衰减。但是，这个反弹持续的时长本身就是多头强度的证明。在每个交易日的最后一两个小时，出现一次两段式的逆势走势，突破一条主要的趋势线，这是非常常见的现象。当出现这种现象时，交易员就要提高警惕，在次日开盘时寻找趋势反转的机会，这个反转具体可以表现为稍高的低点或稍低的低点的回测。

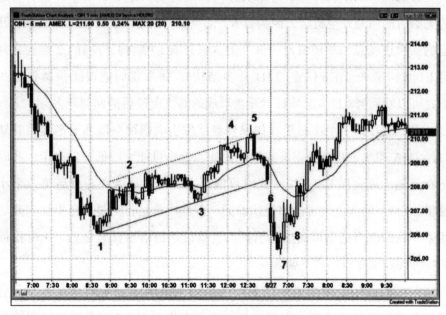

图 11-2　突破失败

在本交易日价格低开，快速下行并跌破昨日低点，但在此形成了强力的反转 K 线。注意这个长达两天的大幅的旗形形态，最终发生了突破失败，给我们提供了非常好的开多机会，进场点就在 K7 高点上方 1 跳的位置。开盘时间段构造的反转结构，如果还顺带反转了上一个交易日的高点或低点，这经常会产生本交易日的高点或低点，交易员应当掌握这个规律，并因此持有部分仓位参与波段交易。

由于在开盘的一两个小时里很可能会形成当日的最高或最低点，因此持有部分仓位参与波段交易是很重要的。在图 11-2 中，如果进场后坚持用盈亏平衡的止损点，交易员就有机会一直持仓，直到 K5 这个波段高点被上破为止，并在波段交易中实现 5 美元以上的收益。

每当开盘时出现了对昨日尾盘构造形态的突破，交易员首先应当考虑基于突破失败的 K 线结构进行开仓，然后，如果突破失败再失败，成为一次突破后的回调结构，那就考虑反方向再度进场。在图 11-2 中，没有合适的突破后的回调开空机会，因为自 K7 低点上行的走势非常强劲（如果有开空的二次进场点，那还值得一试，但这里只有 L1 结构，没有 L2 结构，并且 L1 结构带来了 K8 位置的 H1 开多结构），如果我们把视线稍微聚焦一下，可以看到 K8 是本交易日对开盘形成的高点突破后的回调开多点。

很显然在第一个小时里，如果开盘就发生大幅跳空但马上迅速填补缺口，EMA 均线走势将会误导我们。比如，价格可能大幅低开后高走，此时正在迅速上涨，但 EMA 均线此时可能是下行的。尽管在开盘后第一个小时里，EMA 均线也常常能够提供助力，但此时价格行为显然是更加重要的线索，我们应当基于市场走势给我们直接传达的信息开展交易，此时指标的参考性和优先级都要下调。

在图 11-3 中，市场高开并在 K5 形成上涨的阳线，这就存在自开盘启动的上涨趋势的可能性。但是，接下来没有出现对 K5 的上破，反而跌破了 K5 的低点，形成了一根阴线并构造了一个阴包阳的 K 线结构。每当开盘时前两根 K 线里，有一根是比较强劲的趋势 K 线时，它至少能引发一次有价值的短线交易机会，并且经常能进而引发一次很好的波段交易机会。

那些在 K5 形成过程中过早进场的多头，不得不在其低点下破时止损，并且第二根 K 线还是大阴线，多头就倾向于在下次买入前先等待更多的走势线索，此时短线开空的成功率还在继续走高。在出现这种背靠背的阴包阳或者阳包阴的 K 线组合时，在两个方向上至少能产生一次短线交易机会，在两个方向上都失败的情况是非常罕见的。

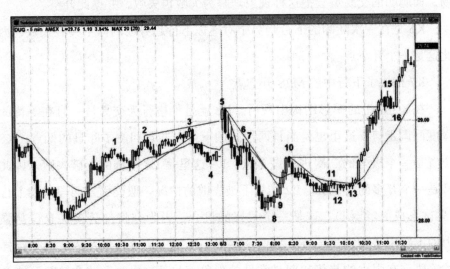

图 11-3　对昨日高点的回测失败，对昨日低点的回测成功，后面跟随一个稍高的低点

昨天尾盘是一次强力上行之后的三重推动的上行结构（这实际上构成了楔形结构），这种结构通常能引发对结构低点的深度回调，然后再启动反弹，越过楔形结构的高点。K3 到 K4 的下行走势动能比较强，因此对 K3 高点的失败的回测出现的可能性比较大（这里的"失败"是指回测形成稍低的高点），并且在回测出现时可能构成第二段下行的启动开空点。楔形结构的顶部出现后，第二段下行也是常见的现象。在本交易日开盘，市场在 K5 处出现了对昨日 K3 的"稍高的高点"的回测，尽管昨日楔形结构的顶部没有引发太深的下跌（仅仅跌破 K4），但是 K5 完全可以被看作第二次下探上涨启动点的尝试。请记住，市场中没有非黑即白，尽管楔形结构通常

不会失败（到 K5 的上行走势，因为上破了楔形结构的高点，所以被看作楔形结构的失败点），但这个失败再度失败，而"失败再失败"通常构成很好的进场点。你应当不断让思维跟上市场运行的节奏。楔形结构在引发两段式回调前，通常失败的可能性很小，因此当它跳空高开，形成一根阳线趋势 K 线时，场内多头开始兴奋。但就在下一根 K 线，多头纷纷被止损出场，而聪明的交易员会把这种现象理解为失败再失败，并据此开空。

K6 是在一次陡峭的下行趋势中对迷你下行趋势线的向上突破失败，因此这是一个开空点。

K7 构成了下行中的 M2S 开空点。

在 K3 这里的楔形结构出现后，K8 就是价格行为交易员一直在等待的深度回调走势。这里也是当日两段式的下行，并且回测了昨日的低点。K8位置是一个极好的二次进场做多点。K9 这里是 L2 结构的下破失败，因此又是一个开多的好机会。L2 结构下破失败的情况一般能引发两段式的上行（尝试形成 L4 结构）。这是一个很好的机会，因为它将部分多头仓位从强力的上行走势中震出场外，后面这些多头不得不追逐市场买入。类似这样的陷阱，在强力的趋势初期是常见的现象，并且这也暗示这个趋势可能会运行得非常远。到 K10 为止是强力的上行段，它上破了趋势线，还上破了EMA 均线，其中包含多根阳线，因此接下来很可能回调构成稍高的低点。K10 也是一根 EMA 均线缺口 K 线（K 线在 EMA 均线之上形成一个缺口），并且是一根阴线，因此以此为做空信号 K，我们有理由相信它至少能引发一次短线下行。不过，由于趋势方向已经拐头向上，此刻我们还是应该寻求在回调中买入的机会。

K11 是处于窄幅横盘区间的向上突破失败，并且它上破了一条趋势线。K12 是在上破窄幅横盘区间失败后，（向下突破）再度失败。市场现在表现为在下破底部的过程中再度出现突破失败。

接下来反弹到 K13 的过程中出现了两根小阴线，这本质上就构成了自

K12反转上行之后的两段式的回调。你可以考虑在K13，也就是上破了第二根阴线的位置买入，还可以考虑在K14，也就是上破了孕线结构以后的位置买入，这根孕线本质上就是一个更小规模的突破后的回调结构。

当价格上破了K10的高点以后，没有出现回调，这意味着上涨趋势相当强劲。此时，交易员可以在1分钟走势图里找一个H2结构来开多，也可以等待5分钟走势图中出现停顿或回调结构再进入趋势。

K15的做多机会不太理想，因为在它之前出现了一次对上行通道线的突破，然后形成反转结构。此外这个开仓结构的K线幅度太大，其高点位置太高（你总是应该买低卖高）。K16是H2结构，也是上破了小幅孕线之后的开多点，这令我们的止损空间可以设置得相对较窄。

在图11-4中，AAPL在昨日以窄幅横盘区间收盘，这可能会在今日构成最后的旗形结构的突破失败。在K3处，AAPL快速回测了牛旗下方的空间，然后从旗形结构上方发起突破，但就在下一根K线又反转回来。尽管这个旗形突破失败的开空进场点算是合理，但问题在于此时的上行动能太强，而且一开始下破旗形失败的尝试，意味着此时最好在进场前先等待更多的价格行为线索出现。不过到目前为止，上破旗形失败以及在昨日的高点处的反转下行，这些线索都指向今天价格下行的可能性要大一些。

K5位于铁丝网形态末端，构成了H2结构，骗了不少多头进场，在H2结构的信号K（K5前一根K线）低点下方1跳的位置是极好的开空位置。这根K线会把多头骗进场，然后强迫他们止损。铁丝网形态可能会发生第二次反转，因此你要做好价格反转的准备。K6是反转做多的信号，因为这里出现了向下突破失败，并且是上涨趋势中（指大多数K线位于向上攀升的EMA均线之上）回调到EMA均线的第二段走势。

请注意到K6为止的抛售下破了上行趋势线，这表明空头更加积极进取，因此你要做好准备迎接对K4的上涨趋势高点的回测。

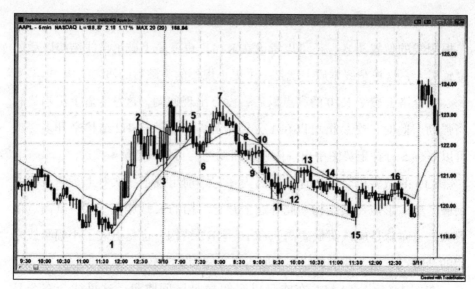

图11-4　在最后的旗形结构上破失败以后，出现一次回测走势（进而形成三
　　　　重推动的上行，并构成双顶结构）

K7是反转K线，它尝试创下新高但是失败，并且这里已经是第二次
企图突破昨日高点的尝试了（K4是第一次）。由于截至目前，当日的走势
波幅大约仅是正常近期日波幅的一半，因此很有可能在任意方向上的突破
都能导致区间被扩大一倍，并且很有可能出现至少两段走势（也就是趋势
交易员对于在回调后至少出现第二段走势很有信心）。在K7位置的双顶结
构（并且是上涨趋势中的第三重推动）同时产生了日内的价格最高点。

K9跌破了K6这个波段低点，但还没有跌破当日的低点，因此接下来
至少出现一段下行来回测日内低点的概率相当高，此时日内低点非常接近
当前位置，对市场价起到了磁吸的作用。K10完成了一个铁丝网形态，不
过此时场内交易员都已经预见了第二段下行段将会出现，并且创下日内新
低，因此这里在小幅孕线被跌破时，构成了很不错的M2S开空机会。此
外，这也是在下破了K6之后的回调开空结构。

到K10为止的铁丝网形态的回调，突破了一条下行的迷你趋势线（在

图 11-4 中未画出），因此这结束了第一段下行的回调，不过此时下跌动能过于强劲，因此多头还没有信心积极买入。多头需要等到更多的价格行为线索出现才敢做多。

接下来，到 K11 为止的向下突破创下了日内的新低，并且它本质上是一个纯粹的下行段，因此下行不太可能在此结束（就是说交易员预期将出现第二段下行，至少回测 K11 的低点）。不过，由于这里出现了对下行通道线的向下突破失败，因此可能会先出现两段式的上行。

K12 是双底结构之后的回调开多结构，并且是一个失败的 L2 开空点，不过由于之前没有出现明显的向上突破趋势线的上行走势和强力的反转 K 线结构，因此在此只能以短线思路参与做多。此外，由于第二段下行段发生的概率很大，因此交易员最好专注于把握下一次开空机会，或者在这个反弹过程中加空，不要在 7 根具备长上影线的横盘 K 线之后，被这个小反弹所分心。

K13 又是一次 M2S 开空的好机会，但在反弹靠近 EMA 均线的过程中，向上突破了一条重要的下行趋势线。这个动作对多空双方来说都是一个警示信号，意味着下一次从波段低点开始的反弹上行，如果反转结构比较强劲的话，有较大可能会出现第二段上行。

K14 又是一次 M2S 开空结构。

K15 是向下突破并创下日内新低的过程，在新低位置有一个强力的向上反转 K 线组合，并且它对两条下行通道线射击过头。由于此处是一个向下冲击和下行通道的结构组合，因此后市回测 K14 这个通道启动点的可能性比较大。同时它也是自 K13 处回调上破了下行趋势线后，出现的两段式下行中的第二段。最后，它还是自当日高点下来的第二段下行段。上述种种迹象都是多头具有强度的表现，也增加了后续反弹中出现两段式上行的概率。两段式上行的第二段在 K16 结束，这一次上破了第一段上行的高点然后才反转下来，但它没能突破 K14 的高点，因此与 K14 一起构成了双顶熊旗结构。

需要指出的是，当价格经历了一次强力的上行，并且以向上三重推动收尾时，若接下来以较弱的动能回调（表现为斜率更小，其中趋势 K 线的幅度更小，影线更多），这种回调结构之后，三重推动的高点在后市被上破的概率会非常大，因为在更长的时间周期中观察，很可能看到回调并形成一个稍高的低点。价格在第二天开盘时完成了上破 K7 的目标。

在图 11-5 中，上一个交易日是一个以区间方式运行的上涨趋势，也可以称作以阶梯方式运行的趋势，不过这也构成了三重推动形态，并沿着一条趋势线上行，这意味着趋势线的突破即将发生。价格在第二天跳空低开并跌破了趋势线，K1 是向下突破后回调的开空点，并且这里可能构成自开盘启动的下跌趋势的起始点。

K3 尝试构造向下突破失败，但是这个下行过程中存在太多 K 线重叠，并且没有出现高潮式的底部。到 K3 为止是具有三重下推的结构，但是这个下推的规模太小，并且之前没有出现对下行趋势线的上破。

K5 尝试和昨日的低点一起（非常精准）构成双底结构，但是这仅仅引发了一次楔形结构的反弹，与 K6 一起构成了双顶熊旗结构。在自开盘启动的下跌走势以后，像这样的双顶熊旗结构是比较常见的，后市通常会跟随一次被延伸的下跌走势，并且常常表现为以区间方式向下运行的趋势行情。请注意，K6 这个信号 K 还是一根 EMA 均线缺口 K 线。

K7 是一个向下突破的回调开空点，虽然向下突破还没有发生，但是只要形态接近就具有交易价值了。同时，这是一个失败的双底回调开多点，是一个成功的双顶回调开空点，还是迷你下跌趋势线上破失败的开空结构。

K9 是在向下突破了昨天和今天的低点以后，出现的两段式的突破回调结构。

现在看来，昨天这持续了一整天的上行不过是下跌趋势中一个大幅度的熊旗结构，而今天是这个熊旗向下突破构成的下跌趋势。

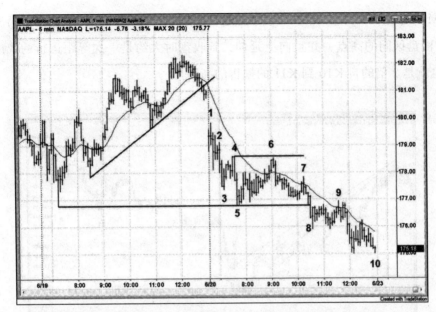

图 11-5　小型突破回调结构可能构成自开盘启动的下跌趋势

在图 11-6 中，昨天是一次强劲的下行趋势，但是 K4 上破了一条主要的下跌趋势线，这表明市场可能有意愿在回测 K3 的低点（回测通常是以两段式的方式）后尝试构造反转上行。但是，随之而来的是价格直接以两段式的方式一路下行到收盘。

K8 向上突破了这条由 K4 的上行引发的新的、更加平缓的下行趋势线，然后到 K9 为止，出现了回调 EMA 均线的两段式的调整（2 根阴线夹杂 1 根阳线）。这个突破后的回调引发了一次自开盘启动的上行。同时，这也是一个稍高的低点，并且是自 K7 处对下行通道线的向下射击过头后，出现的两段式的上行中第二段的启动点。

到 K10 为止已经是第三段向上推动的走势（这里表现为 3 次以横盘区间方式运行的趋势），因此我们可以预期将出现两段式的向下回调。

K11 回测了之前横盘区间的低点，并且时间已经是上午 11 时 45 分，这个时间段容易出现凌厉的调整，将多头持仓洗出场外。这里形成了一个

EMA 均线缺口开多结构，同时也是 H2 结构，最后一段上行上破了第三个横盘区间的高点，并且向上延伸，到收盘时大约是一次等距运行的幅度（也就是 2 倍的自 K10 到 K11 的抛售的高度）。

图 11-6　突破后的回调，以及潜在的自开盘启动的上行趋势

在图 11-7 中，K1 是一次凌厉的回调走势，目标是回测昨日强劲的收盘点，但它很快反转上行，在 K1 高点上方 1 跳被上破时构成了一次买入开仓机会。

K4 是向下突破后的回调开空结构。在前一天 K3 形成了稍低的高点以后，今天开盘时形成了稍低的低点，而 K4 构成了 L2 开空结构。

在上破了下行趋势线后，K5 位置出现在对昨日的低点形成稍低的低点的回测之后。这一天高开低走，并且回测了昨日尾盘这个稍低的低点。

由于到 K5 为止，已经是第二段下行了（昨日收盘时是第一段下行），因此上破 K5 这个向上突破后的回调开多点，本质上是一个 H2 结构。

K6 是一个小型的稍低的高点结构，接着出现对上行趋势线的突破，引发了突破回调开空点的出现。上一个交易日全天走势实际上构成了一个大幅度的熊旗结构，并且和前一个交易日的高点一起，构成了双顶熊旗结构。

K7 位置是一个楔形结构开多点（对下行趋势通道线的向下突破失败，并且是对昨日低点的下破失败），这个楔形结构发生在对主要下跌趋势线的上破之后。

自 K7 启动的强力的上行段，上破了下行趋势线，到 K8 为止是这之后出现的两段式的回调。由于此时第二段上行段发生的概率较大，因此交易员应当把握买入的机会，最容易把握的开多进场点是 K9 处的 H2 结构。

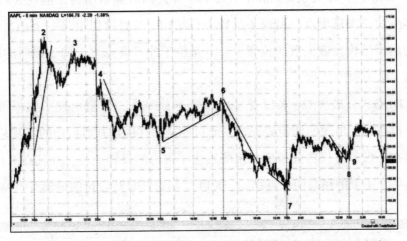

图 11-7　上一个交易日的走势形态总是会影响当日第一个小时的走势

AMZN，突破后回调的开多点。在图 11-8 中，在市场昨日收盘，今日向上突破一条主要的下行趋势线后产生的大幅度回调走势中，K1 是其中的双底回调结构。这是在趋势线上破以后形成的稍高的低点，是一个很好的进场点。K2 是一个楔形结构的开空点，也是最后的旗形结构向上突破失败形态，还是一个稍低的高点。

AAPL，突破后回调的开多点。当日市场跳空高开，上破了昨日的下行趋势线，然后回测 EMA 均线，K3 是在二次回测 EMA 均线的过程中出现的 H2 开多结构。每当走势中 K 线重叠较多时，交易员最好等待二次进场的机会，比如 H2 结构。K4 是楔形结构的开空点，并且是上破昨日高点失败的形态。

RIMM，突破后回调的开多点。价格上破了昨日的高点，然后在 K5 形成了位于 EMA 均线的 H2 结构的回调开多点，并且可能构成自开盘启动的上行趋势。K6 是位于两段式回调之后的 EMA 均线缺口开多机会。

FCX，自开盘启动的趋势。当日市场大幅高开，接下来维持数根 K 线的横盘走势，在 K7 的 ii 结构之后，构成了 H2 开多点。K8 是一个楔形结构的开空点。

Emini，突破失败。Emini 下破了昨日大幅的熊旗结构，但在 K9 位置的多头的二次进场点，出现了反转上行结构，并且这里也是一个小型的最后的旗形结构突破失败的位置。K10 是位于昨日高点之上的、最后的旗形结构上破失败的结构。

DUG，突破失败。K12 是一个双顶熊旗结构，开盘出现了大幅跳空，并且没有马上出现回调走势，这一天可能是潜在的自开盘启动的下跌趋势。不过在一份经济报告公布后，市场发生了强力的反转上行，并且在 K13 构造了一个小型的稍高的低点结构。K14 是靠近昨日收盘价的楔形开空结构。

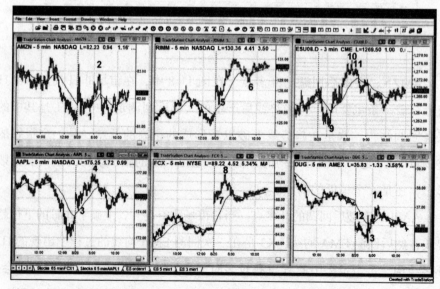

图 11-8　5 分钟周期的竹线走势图，把握波段交易机会

11.3 跳空开盘的趋势 K 线：第一根或第二根 K 线

若开盘时出现大幅跳空缺口，且第一根 K 线是强力的（影线很短，K 线幅度在中等以上）趋势 K 线，对这根 K 线开展突破交易是很好的策略。如果你进场，但在下一根 K 线就被打了止损，你应该马上反手并且持有仓位进行波段交易，因为此时相较于你第一笔交易的亏损，市场很可能会运行更长的距离，并且在这种情况下总是存在自开盘启动的趋势的可能性。

即便开盘时没有跳空缺口，第一根 K 线的突破开仓也是一个不错的策略。但是如果有缺口，交易成功的概率会高一点，这是因为价格行为此时更有力量，因此走势会倾向于变得更强。

这一天，跳空低开后的第一根 K 线是阳线。在图 11-9 中，下一根 K 线引发的开多进场最终演变为 1 跳突破失败，然后反转下行。你应当在做多的止损位置，也就是阳线低点下方 1 跳的位置反转开仓。通常这个第二次进场会产生更多的收益，在弥补了第一次交易的亏损之后还有盈余。

图 11-9　遇到开盘时的进场点失败，反手交易

11.4 跳空开盘：反转或顺势

开盘时出现的大幅跳空缺口，代表交易行为的极端化，很可能会在任一方向上引发趋势。但在日线图的视角下，有没有出现缺口是无妨的，因为在短线交易的视角下我们还是以同样的思路来处理。唯一需要关注的是市场会对这种相对极端的情况如何反应：它会接受还是拒绝这个价格？跳空的缺口幅度越大，这里就越有可能会是趋势的启动点。在每天开盘时段出现的几根 K 线中，K 线的幅度、方向以及数量，常常会为这一天接下来的趋势行情指明方向线索。有时候市场会从开盘后的前两根 K 线开始启动趋势，但在更多时候，它会先测试错误的方向，然后反转进入趋势，并持续一整天。总之，每当你遇到大幅度的开盘缺口，最好假设这一天可能会出现强力趋势行情。但是，有时候趋势可能要耗费几个小时才能启动。你要确保在每次交易中以部分仓位参与波段交易，即便偶尔波段交易的仓位被止损出局了也不要灰心。因为一次成功的波段交易，能够产生至少 10 次短线交易的利润，所以不要轻易放弃趋势，直到走势出现了清晰的线索，证明这一天不可能再有趋势为止。

当出现跳空缺口，它应当被处理为一根大幅的、隐形的趋势 K 线。比如出现大幅跳空高开的缺口，接下来跟着小幅的回调走势，然后是持续一整天的通道形态的反弹上行，这就构成了缺口形态的"向上冲击和通道"的上涨走势，高开缺口就可以理解为向上冲击。

在图 11-10 中，这三个交易日每天都是在开盘时段出现大幅跳空缺口（前一个交易日收盘与当日开盘的缺口），其中，K1 和 K9 这两个缺口在日线图上也能看到。

K1 是一根光头 K 线（上方没有影线），并且是一根大幅的下跌趋势 K 线，这通常是一个很好的短线开空结构（开盘后第一根 K 线是强力的趋势 K 线，如图 11-10 中的缩略图所示，尤其是在开盘出现缺口时，后续出现走势跟随的可能性相当大），K1 后面跟随的是第二根大幅的阴线。在大多数交易日中，这种开盘方式会引发持续一整天的下跌趋势，图 11-10 中也是如此（自开盘启动的下跌趋势）。接下来是到 K3 为止的强力的反弹并回测了开盘价，这个失败的突破回调（也就是自 K2 启动反转上行的企图失败了）使得稍低的高点出现，也可称为双顶结构，然后出现了漫长的下行走势。

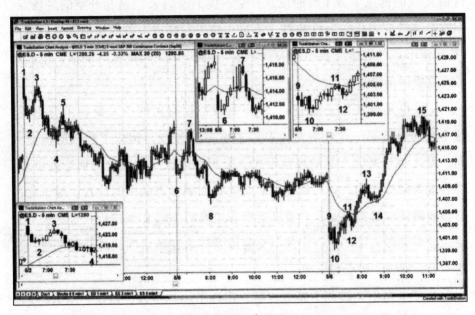

图 11-10 开盘的缺口

　　K6 是 EMA 均线缺口 K 线，并且是对昨日最后两个小时形成的大幅熊旗结构的下破失败，同时也是开盘时的阴线下破失败。在这根 K 线开空风险会相当大，因为它处于昨日最后一个小时的横盘区间当中。更加合理的选择是等待二次进场开空点，但我们没有等到，或者等下破失败，也就是 K6 这根信号 K 之后所发生的情况。

　　到 K7 为止的强力反弹，回测了昨日的收盘价，尝试向上突破但失败，构成了一次稍低的高点，并且这实质上成为向下突破的回调结构以及双顶熊旗结构（和昨日的最后一根 K 线一起构成双顶）。大幅上行（到 K7 的上行）、大幅下跌的组合通常构成了横盘区间，这一天也是如此。

K9 在昨日的低点下方大幅低开并形成一根阴线，但它的影线太长。这里有成为自开盘启动的下跌趋势的启动点的可能性。第二根 K 线是强力的阴线，收线位置在 K 线低点，这表明空头实力很强劲。大多数交易员会在这根 K 线的低点下方 1 跳的位置开空。接下来的 K 线就是开空的进场点，但它最终转变为反转上行 K 线。不过，位于它高点上方的止损没有被触发（并且两个点的资金止损也没有被触发），因此如果短线做空的话，还能在 K10 这里做部分止盈。

K10 也是自 K7 高点的第二段下行段，这有可能引发反转走势出现。这个交易日的第一个小时里，有很多重叠的 K 线，构成了窄幅的横盘区间，因此参与突破交易的风险很大。窄幅横盘区间和铁丝网形态差不多，都表现为磁吸作用，将后续的突破走势拉回到形态的中间位置。对于这种形态的最佳应对策略是，对着靠近形态边缘的小幅 K 线进行"否定式"交易、参与突破失败的"否定式"交易以及寻求突破后回调的开仓机会。在这一天，这三个机会都出现了。

在 K10 向下突破创下新低以后，出现了小幅孕线，以及一个 H2 变体的买入开仓结构，这里是一个可以做多的位置，但是由于这一天前 5 根 K 线中，有 4 根都是阴线，因此在这里做多不是最理想的。到目前为止，这仅仅是一个在昨日低点下方的下破失败的结构。

K11 是一个突破后的回调走势（突破昨日的横盘区间），并且是一个下跌中的 M2S 开空结构。这个 M2S 结构，在 K12 处下破了一条小型的上涨趋势线，然后反转向上，在 K12 之后的孕线上破时，构成了突破后的回调开多结构。当价格自 L2 开空结构下破失败后反转上行时，后面一般至少要发生两段式的上行，并且我们知道大幅跳空开盘的交易日很可能发展出趋势行情，因此这里有可能是（并且实际上也是）一次大幅波动的启动点。

11.5 开盘启动的趋势，或者自第一根 K 线启动的趋势

有时候，交易日中的第一根 K 线就形成了当日的最高或最低点，这一天就是自第一根 K 线起便启动了趋势（自开盘启动的趋势中，有一种类型叫作自第一根 K 线启动的趋势）。趋势也可以是自第二根 K 线启动（或者在经历一些横盘运行的 K 线之后启动），这仍算是自开盘启动的趋势。这样的走势常常引发自开盘启动的强力的趋势行情，因此如果你错过了开盘时的进场点，应当在后续的初次回调中寻求进场机会。

在图 11-11 中，价格在昨日的低点下方跳空低开，并且向下突破了昨日后半段交易时间形成的大幅横盘区间（一个头肩形态的熊旗结构）。本日第一根 K 线是阳线，这通常能引发部分的缺口回补。很多交易员会选择在这根阳线高点 1 跳的位置设置开多条件单。但是，接下来市场困住了这些多头，在两根 K 线之后价格跌破了阳线这个信号 K 的低点（以及进场 K 的低点）。K1 在跌破阳线低点时，提供了非常好的开空机会，因为这里是大多数被困住的多头将要止损离场的地方，这就驱动价格进一步下行。这本质上构成了向下突破后的回调开空机会。另外，潜在的多头将会等待更多的价格行为线索出现，因此此时只有空头活跃在市场中，做空的胜算会非常高。空头会在下行中出现的熊旗结构中加空，这些熊旗结构会起到引诱多头早早开仓进场的作用。

K2 似乎要表现为 L2 开空结构的失败，但是它没有触及进场 K 之上的保护性止损，并且聪明的交易员会在下跌趋势里坚定做空的思路。由于这之前没有出现强力的反转 K 线或者对下行趋势线的明显上破，并且自开盘以来的下跌动能仍然算得上强劲。另外，这里是下跌中的铁丝网形态，概率上偏向于向下突破。我们推测这一天是一个自开盘启动的下跌趋势，并且是很强的趋势，因此聪明的交易员会尽可能留住空头仓位。另外，很多交易员会在这个 L2 结构开空时犹豫，因为它位于阳线的吞没 K 线之后。

他们会乐于等待二次进场开空的机会，也就是 K2 低点被下破时。

图 11-11   自开盘启动的趋势行情

K3 位置的旗形结构出现在当天的第二段下行段之后，市场通常会在两段式的运行之后尝试反转，这令空头更加谨慎，令多头更加积极。不过，一旦这个两段式的反转企图失败，市场中所有人便都会开始期待出现两段式的下行，后面走势确实如此（K4 的旗形终结了第一段小的下行段，K4 以后的一根 K 线是第二段的终结）。这就构成了一个小型的三重下推结构，引发了对 EMA 均线的两段式的回测，但是在这样一个强力的下跌趋势中，我们最好不要管那些开多的信号，以确保我们能够把握住每一次做空的机会。

K4 到 K5 的走势，向我们展示了最后的旗形结构下破失败并演变为楔形的熊旗结构的过程。这个楔形结构的第一段是到 K4 的高点为止的反弹，而楔形结构的第二段是到最后的旗形结构下破之后的反转结构的低点为止。到 K5 为止的两段式的上行走势，构成了楔形结构的后面两段上行段。像这样的楔形结构通常会构成更大幅度的最后的旗形突破，在图 11-11 中也确实如此。

聪明的多头会在 K5 反弹到 EMA 均线的上行上破了下跌趋势线之后，才开始考虑做多的机会。

到 K6 为止，是两段式下行创下新低的走势，一次"稍低的低点"的回测，给了一个 H2 结构开多进场机会。

K7 是一个稍高的低点的回测构成的进场开多机会，也是一个 H2 结构，还是一个迷你上行趋势线向下突破失败的开多点。此时，即使是空头也开始期待再出现一段上行，因此这是一个很好的买入开多机会。三根 K 线之前的大幅阴线，是一个非常厉害的空头陷阱，会令很多交易员认为空头又一次开始主导盘面了。但是，由于后面跟随的是两个十字星，这就意味着空方对价格继续下跌缺少信心，因此这仅仅起到将多头骗出上行趋势的作用。注意这种价格倾泻但创下稍高的低点的走势可能是新的上涨趋势的起点或者至少能引发两段式的逆势上行走势。注意，在进场后的第二根和第四根 K 线都产生了回调 K 线（分别构成 L1 结构和 L2 结构）。这对多头来说是不太寻常的信号，这种走势给我们传递的信息是，我们还需要更多看涨的价格行为信息，才能有信心见到一次延长的上行趋势段。但是，下跌趋势中失败的 L2 结构通常能引发至少两段式的上行，接下来几根 K 线里，确实表现如此。这种走势令空头感到紧张，逼迫他们快速止盈。空头进行部分或全部止盈的第一个位置就是之前的波段高点。

在第二段上行段出现并走出波段新高之后，价格在 L4 结构位置停止上行。多头进行平仓止盈并且不愿再次买入，除非先看到明显偏强的价格行为信号出现。而在接下来回测高点失败的过程中，新进场的空头们此时比较有信心，认为在这个整体偏向于下行的交易日里，多头暂时不会卷土重来，因此他们在价格下落时会持续卖出。这引发了接下来的连续 7 根阴线。

在图 11-12 中，K1 是下破了 5 分钟信号 K 的进场 K。K2 上破了由 2 根 K 线构成的迷你下行趋势线并形成了 H2 结构。这个结构引诱急于进场的多头，只是在下一根 K 线又会平仓止损，止损点就在进场 K 下方 1 跳的位置，这就使 L2 结构形成。这个 L2 结构是非常好的开空位置，不仅因为这是一个顺势的 L2 结构，而且因为这些刚刚被套的多头一旦被迫卖出止损，短时间内不会再考虑买入。这就令进场 K 成为一根大幅阴线，并且后续连续跟随了数根阴线。当 5 分钟走势图和 1 分钟走势图中的多头被迫止损清仓时，市场中只有空头存在。多头从这一刻开始，将会等待更强的价格行为线索出现，来确认反转的可能性，在此之前不会轻易买入。而空头将会不断加仓，他们认为任何反弹走势都是暂时现象，并且接下来应当至少出现波段新低，即便是在最不利的情况下，他们也能够在盈亏平衡点离场。

图 11-12　同样的行情走势（1 分钟走势图的版本）

在图 11-13 中，开盘第一根 K 线是下跌趋势 K 线，可能构成自开盘启动的下跌趋势的起点。价格接下来没能在 K2 波段低点价位实现反转上行，因此接下来有可能回测昨日的低点，也就是 K1 的位置，这是一个相当明显的价格磁吸点。交易员应当在 K3 的低点下方 1 跳的位置设置卖出条件单，尽管这根 K 线下方存在明显的下影线，表明空头还未彻底主导盘面。当后续市场价格跌破昨日的低点，也就是 K1 的位置，它大概率会尝试再次反转上行，因此你要做好在遇到第一个高质量的开多信号时以条件单再次进场的准备。K4 是一根下跌趋势 K 线，但接下来的 K 线构成了阳包阴买入结构，下一根 K 线就是多头进场 K。但如果上方的买入条件单没有被触发，你还是应当尝试在新出现的 K 线高点上方设置买入条件单，因为你此时在期待对昨日的低点下破失败，并构成自开盘启动的反转上行。但是，如果价格继续深度下滑，也没有出现高质量的进场结构，交易员就应当仅参与做空交易，直到出现一波反弹并向上突破了下跌趋势线。

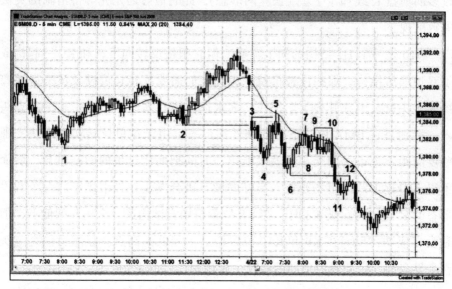

图 11-13 市场以适度的缺口开盘，这可能位于当日的最高点或最低点附近

接下来，市场产生了小幅的两段式上行反弹到 EMA 均线位置，并且越过了当日的开盘高点。这个两段式的上行，是由两根阳线夹杂一根阴线

构成，第二段上行段就是指 K5 这根阳线。逆势的回调通常由两段式构成，由于开盘的走势让我们预判当日是一个下跌趋势，因此这里是比较好的开空位置（在跳空低开的交易日，构成两段式调整，创下当日新高，在 EMA 均线处构成双顶旗形结构）。由于你没有在 K5 后面的 K 线触发进场单，因此你可以将条件单移动到 K5 后面这根 K 线的低点下方，这是一个孕线结构，你最终得以成交空单。同时，这也是一个 L2 结构向下突破后的回调开空位置（L1 结构位于 K3 后面这根 K 线）。

K6 是一个 H2 开多结构（H1 结构位于 K4 之后），并且这也是来自当日新低的反转，还是对昨日低点的二次回测。上行在 EMA 均线位置止步，并且形成了一系列的横盘 K 线，其中有不少是十字星。

K9 是 M2S 开空结构，这是一个相当合理的进场结构，但是，这里有较多的横盘 K 线和十字星（铁丝网形态），此时最好还是先等待清晰的突破失败出现。

K10 是一个 H2 结构的向上突破，但它很快反转向下，和 K9 一起构成了双顶熊旗结构，那些没来得及意识到他们需要反转仓位以及没来得及离场的多头就被困在其中了。记住，你永远不要在铁丝网形态中找突破点买入，特别是在 EMA 均线下方的铁丝网形态。由于这里反转实在太快，那些反应跟不上市场的交易员就没能第一时间把握住这里的做空机会，后面不得不追逐下跌的市场开空。最好的做空机会发生在当市场形成一个吞没形态的 K 线或者跌破 K8 时。在 K8 位置市场尝试构造一个稍高的低点，但是没有成功，反而在 K9 和 K10 位置构造了稍低的高点。显然目前是空头在主导盘面，因此我们预期后面至少出现两段式的下行。

K12 是一个突破后的回调结构，这里或许是第一段下行段结束的位置。基于这两个结构，你应当在 K12 低点下破时开空，并期待第二段下行。K12 的高点精准地回测了 K6 的低点（对突破点的回测），然后下跌趋势继续。

K5 这个新高比较关键，它令这一天从"自开盘启动的下跌趋势"转变为"以横盘区间运行的下跌趋势",下跌的强度变弱了,并且在这种"以横盘区间运行的下跌趋势"中,经常会在尾盘出现反弹,至少会逆转最后一个横盘区间,这使得收盘位置位于当天低点之上。

11.6 每天的第三根(5分钟)K线,15分钟K线的收线位置

当我们在交易5分钟走势图时很容易忽略一个事实,那就是很多机构交易员也会关注15分钟走势图。第一根15分钟K线收盘的时间点正好对应第三根5分钟K线,因此围绕第三根K线的交易将会影响第一根15分钟K线展现的面貌。比如,如果前两根K线是同向的,第三根K线是一根小幅停顿K线,那么对这根K线的突破将会决定15分钟K线是突破还是不突破,因此对日内第三根K线进行突破交易,常常引发大幅的价格波动。在大多数日子里,不要仅因为看到第三根K线就开仓,但是你的确要认识到它的极端重要性。如果第三根K线是一个重要的信号,通常还会有别的价格行为线索来支持这笔交易,我们应当依据其他价格行为信息(而不是仅依据K线序号为第三这个信息)来开展交易。而这一点本身不是特别重要,因此大多数交易员可能不会注意到。

同样的逻辑还可以用在30分钟与60分钟K线形成的最后一根5分钟K线里,但是聚焦于这种长周期并且由于它们频繁出现,交易员需要不断做判断,这会增加我们错失5分钟盈利交易机会的可能性,因此有点得不偿失。

在图11-14中,K1是日内第三根K线,它是从EMA均线以及昨日的波段低点启动的反转结构。这是一个非常不错的开盘反转做多结构,并且它阻止了第一根15分钟K线的走弱,使之没有成为一根强力的阴线。

K3也反转了昨日的波段低点,并带来了一次短线的盈利,但这根多头进场K线马上反转并构成了阴包阳结构,给出了一个空头进场点。注意K3是一根阴线,因此向上反转的信号K质量一般,这里不算是反转开多的好位置。

下破 K3 低点的时候，同时也是下破第一根 15 分钟 K 线的时候，考虑到这一天的背景还是大幅低开，因此这增加了波段开空的胜算。

图 11-14　开盘后第三根 K 线就是 15 分钟 K 线收线的位置

11.7　开盘后第一个小时里，强力的趋势 K 线能够指引当天余下的行情走势的强度

有时候，在每个交易日的前两根 K 线中，价格表现出趋势的特性，并且这个位置最终成为当日价格区间的一个端点。当市场产生了自开盘启动的趋势行情时，交易员应当尽早进场。这种形态通常伴随着跳空开盘，缺口可大可小，虽然你在当天第一个小时中需要以部分仓位短线交易，但是如果你进场的位置可能是一次大幅趋势的启动点时，持有部分仓位参与波段交易也很重要。如果走势非常强劲，你应当持有大多数仓位进行波段交易，并且快速将平仓条件单移动到盈亏平衡点。

但是，如果这种强力的开盘走势后面被反转了（比如在反方向突破了另一侧的端点），那么这一天可能会发展为反方向的趋势或转变为横盘区间

（一整天的大起大落）。如果是自开盘就启动的强力趋势，那即便后面被反转了，仍然意味着存在积极进取的交易员，他们后面仍愿意在这个方向上积极交易，并且在这一天晚些时候，当反向价格动能有所弱化时，他们可能很快卷土重来。

若在开盘时就出现了连续的强力趋势 K 线，然后产生了一段回调，并且回调的端点在后面 5 ～ 10 根 K 线后被回测（也就是初次回调后小幅调整，然后再次回调测试前一个回调的极限点），这就构成了双底牛旗或者双顶熊旗结构，是一个非常好的进场点，很可能会引发当天走势出现新的极限点，也经常会引发一次趋势行情。

如图 11-15 所示，开盘后到 K4 为止是 7 根 K 线，其中有一些是大阳线，只有 2 根是小阴线，这表明多头是积极进取的。交易员应当留意这个特征，当天晚些时候如果再次出现买入结构，交易员将会更有意愿持有多头仓位参与上行的波段走势。

K8 是在创下新低时反转市场的第二次尝试，这次反转成功，因此交易员应当期待它会引发两段式的上行走势。实际上，这后面出现的两段式的走势之后，只跟着一次小的回调（K10），这就使得上行到 K9 的走势段可能是更大的两段式走势（指到 K11 的两段式走势）的第一段。

K12 是更大的两段式走势中的第二段 M2B 买入结构，第二段本身又是一个两段式结构。

一般来说，如果股票的日均波幅在 3 美元以下，你不应该频繁进行短线交易，但是价格行为理论还是适用的。在这种股票中，你要交易的手数会比较大，即便是 1 美元的手续费，也会在短线交易的盈利中占比过高。INTC 在第一个 15 分钟里有 2 根大幅的阴线，然后它形成了双顶熊旗结构（图 11-16 中的 K3 和 K5）。这种很可靠的开空形态后面往往能引发一次下跌。不过昨天的上涨走势太强，因此今天的两段式的下跌在 K6 就遇到了多头的反扑（可能是遇到了 15 分钟走势图或者 60 分钟走势图的 EMA 均线位置），不过这个交易机会仍然算得上不错，能够实现至少 10 美分的短线收益。

图 11-15 自开盘启动的强力走势段，通常会在这一天后面的交易时段再现

图 11-16 窄幅交易日中，在股票上进行短线交易

11.8 开盘后的形态，反转结构

除了前面篇幅讨论过的跳空开盘以及自开盘启动的趋势，在开盘时间段常见的反转形态和走势与日内其他时间段的走势结构是一样的，包括：

- 横盘区间的突破。
- 凌厉的、到 EMA 均线的回调走势。
- 任何形态的突破失败，包括波段高点或低点、趋势线、通道线、横盘区间、昨日的走势极限点。
- 突破后的回调（突破失败再失败，也就是参与突破失败的交易企图再次失败）。

在大多数的交易日里，日内的高点或低点往往在开盘后的一两个小时中便得以确立。当其中一个端点被确立，价格就会反转并向另一个端点前进。（显然，在自开盘便启动的趋势行情里，开盘时没有反转，但价格仍然会向另一侧的极限点前进，位置通常靠近当天的收盘价。）这种开盘时的反转结构不难辨识，并且可以作为很好的波段交易机会。很多时候，开盘后的第一段走势的速度之快、幅度之大，感性上很难让人相信它会忽然变向，但实际上这种现象屡见不鲜。这种走势的反转点，通常位于一些关键位置，比如回测昨日的高点或低点、昨日和当日的波段高点或低点、突破昨日和当日的横盘区间、趋势线或通道线、EMA 均线，或者上述对象在不同时间周期中的位置抑或在 Globex 图中的位置。不过，即便是在 60 分钟走势图中出现了最好的开仓结构，在我们交易的 5 分钟走势图中，也必然会完整地给出一个基于 5 分钟周期的价格行为的进场理由，因此熟练掌握图表阅读技术的交易员，在交易时只需要认真观察一种时间周期图表就够了。

在第一个小时中出现的形态和日内剩余时段的形态大同小异，只不过开盘时的反转会以更加剧烈的方式展开，并且趋势倾向于延伸得更持久。

为了实现收益最大化，有一项重要的策略，那就是在任何可能构成日内高点或低点的位置，至少以部分仓位参与波段交易。如果进场点看起来特别强势，你应当以全部的仓位参与波段交易，并且在价格运行到所承担风险的至少两到三倍的空间时，再考虑做 1/3 或半仓的止盈。比如，你依据价格行为体系所决定的止损点是 3 个点的距离（比如，到信号 K 另一侧的距离是 3 个点），而根据资金管理规定，止损点是 2 个点的距离，那么综合来看，你初始承担的风险是 2 个点，你应当在大约 4 个点的盈利空间出现后，再去做 1/3 至半仓的止盈操作。若出现了强力的趋势线的突破，价格停顿并反转，回测趋势线的突破点，此时你再做一些止盈，比如 1/4 的仓位，以防整个趋势形态失败。至于剩下的仓位，你应当坚持持有，直到出现强力的反向信号，或者你设置在盈亏平衡点的止损条件单被打到。在中间的趋势里，你应当在每一次顺势结构出现时寻求加仓的机会，比如在强力的趋势中，对 EMA 均线的两段式的回调。对于这些额外新加的仓位而言，还是以短线思路处理其中大多数的仓位，不过应当保留少量仓位以继续参与波段交易。

相较于一开始就出现强力的趋势，有时候反转也可以很低调地展开，比如先出现很多小幅的趋势 K 线，然后才突然强力地转变为趋势。作为交易员，我们应当对一切走势的可能性都抱有开放的心态，并且确保自己把握住每一次开仓信号，特别是不要错过那些强力的开仓信号。在反转出现时的最大挑战是，当反转走势又快又急，交易员可能都来不及让自己确信这个反转结构真的能引发反转走势。但如果信号 K 是强力的趋势 K 线，那么交易的胜算将会显著上升，你就应该把握住这个交易机会。如果你觉得自己确实还需要时间来仔细评估这个强力的开仓结构，至少你以半仓或 1/4 的仓位开仓，因为这个开仓结构可能会忽然间运行加快，移动很远，所以你有必要参与其中，哪怕是以很小的仓位参与也胜过完全踏空。然后，如果行情开展顺利，你应当寻求在初次回调的走势中加仓的机会。

在图 11-17 中，K1 是位于陡峭的 EMA 均线处的 M2S 开空结构，并且

还差 6 跳就完全填补了昨日的低点之下的缺口，这就构成了突破后的回调
反转开空点，并且构成了当日的走势高点。

K2 是一个 EMA 均线回调位置，出现了 ii 结构的上破，然后是对一条
小型的上行通道线射击过头的反转结构。

昨日尾盘的上行趋势线，在 K3 位置发生了向下突破失败，构成反转
向上结构。

K5 是一个 H2 结构，同时是双底旗形结构（第一个底发生在两根 K 线
之前），并且这也是突破了昨日高点之后的第一次回调（突破回调结构）。这
些积极因素可能使它成为自开盘启动的上行趋势。

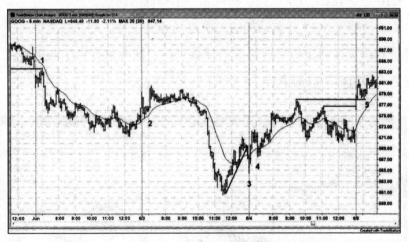

图 11-17　GOOG 5 分钟走势图的开盘时反转走势

如图 11-18 所示，K1 位置在开盘就构造了反转结构，K1 是对趋势通
道线射击过头后反转下行中的二次进场开空点。

K2 是对昨日尾盘的横盘区间的上破失败构成的反转结构，同时也是对
昨日一整天的下行趋势线的反转。接下来，价格在 EMA 均线位置再次反转
向上，并构成了 K3 这个稍高的低点，并且 K3 也是一个突破后的回调结构。

K4 是在稍高的高点之后的反转下行结构，由于这一天还没有表现出强

力的上涨特征，因此这算是很好的开空位置。此外，这里也是一个楔形结构的高点，并且位于对昨日强力下跌的两段式的回调走势中。

在 K5 下破了趋势线之后，形成了 K6 这个稍低的高点的回测。

这一天大幅跳空高开以后，K7 是突破后的回调的 H2 结构，不过接下来，K8 处是稍高的高点回测与最后的旗形结构上破失败的结合体，在这里出现了反转下行结构。由于这一天到当前为止还不能算是强力的上涨，因此这里是很好的开空位置。

K9 是当日的新低，不过到这个位置的下跌动能比较强劲，这就使出现第二段下行段的概率加大。

K10 是一个 L2 开空结构，同时是一个稍低的高点。

K11 是基于 M2S 开空结构的二次进场开空位置。此外，这里可能是向上冲击和横盘区间走势组合构成的顶部结构，同时也开启了向下冲击和下行通道走势组合构成的下行。

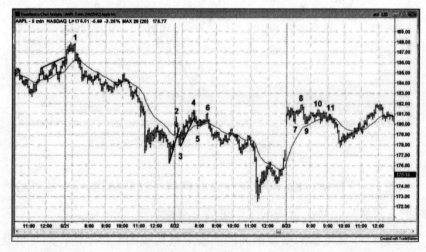

图 11-18　AAPL 在开盘时的交易机会

在图 11-19 中，K2 是在强力的下行中出现的强劲的向下反转 K 线，它也位于向上突破昨日的下行趋势线（图 11-19 中未画出）但失败的位置。但是，它以跳空的方式上破了昨日的下跌趋势线，因此可能会有第二段上行段（第一段是指跳空缺口）。

K3 不是反转 K 线，不过它却是 H2 结构的变体（其中 H1 是指位于 K2 之后的阳线，它被视为第一次向上的尝试），因此可以看作向上突破后（上破昨日的下行趋势线）回调结构中的买入开仓点。在昨日的高潮式下跌收盘以及今日的高潮式下探之后（昨日收盘前的下跌基本上没有回撤，这是一种很难持续的走势，因此有高潮的特征），这里可能构成一次稍高的低点，后续大概率会出现两段式的逆势向上走势段。

K6 位于楔形结构的顶部，也是自 K3 稍高的低点上的两段式上行段的顶部。

K10 完成了一个双底牛旗结构，并且是对 K7 以来的两段式上行走势的下破失败。双底牛旗的第一个底部位于 K8，或者位于 K7 低点之后的孕线中。同时，K10 也是对昨日低点的回测中构造的反转上行结构。

K12 是一个稍高的低点，并且引发了对 ii 结构的上破。这个位置也是下跌趋势中 L2 开空结构的突破失败点，那些空头如果看到大幅跳空低开，然后在二次进场点（对跳空缺口回调中的 L2 结构）做空，就会被套住。

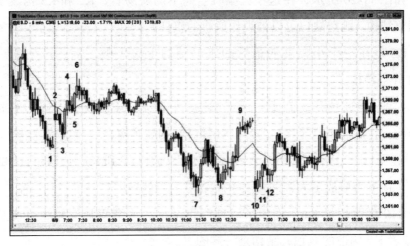

图 11-19　Emini 在开盘时的交易机会

11.9 双底牛旗结构和双顶熊旗结构

双底回调结构是下跌反转成上涨的反转结构，而在上涨趋势形成后，双底牛旗结构是一个顺势结构。不过在功能上，这两个结构是一样的，都是买入的开仓结构。

同样的道理，双顶熊旗结构是下跌趋势中的顺势结构，而双顶回调结构是反转结构。但是，这两个都是卖出的开仓结构。在强力的下跌段启动后，出现了回调反弹，后续下跌趋势大概率延续。如果价格再次反弹回调，然后在初次回调位置差不多的价格水平，再次遇到了空头的卖出力量，那么这样构成的横向价格区间便成为双顶熊旗结构，这是一个卖出开仓的结构。当市场两次尝试上破一个价位，但都遭遇失败时，就会引发市场去做完全相反的动作，如果大背景处于下跌趋势中，这引发的价格下跌的动能就会更大。更常见的情况是，第二个回调的高点会比第一个回调的高点略微低一些，这个特性符合下跌趋势中的应有表现（下跌走势段中每个高点要低于前面的高点）。开空的进场点就位于完成双顶的信号 K 的低点下方 1 跳的位置。

如图 11-20 所示，在这个大幅跳空向下的交易日，K2 和 K3 构成了双顶熊旗结构（跳空缺口可以被视作熊旗的旗杆）。

K3 是在一个小幅度的最后的旗形结构上破失败之后，产生的一个 M2S 开空结构。

如图 11-21 所示，在上行至 K2 之后，K3 和 K4 形成了大幅的双底牛旗结构。在后面下行至 K5 之后，K6 和 K7 构成了双顶熊旗结构。

在图 11-22 中，GS 在向上回调的过程中产生了到 K1 为止的强力的上行段，接下来形成了大幅的双底牛旗结构。

K10 略微超过 K6，构成了双顶熊旗结构。这个双顶熊旗也可能是与 K5 或者 K7 构造的双顶，结构是一样的。

　　K8 和 K9 构成了双底牛旗，不过这里 K 线重叠得太多，铁丝网形态的痕迹太重，因此作为开仓结构的质量欠佳。

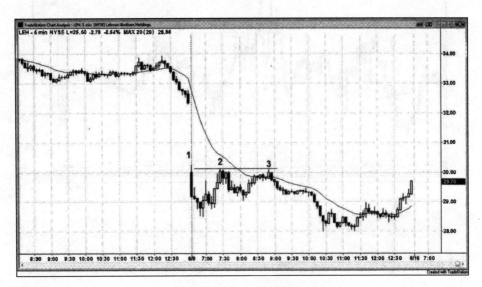

图 11-20　双顶熊旗结构

图 11-21　双底牛旗结构

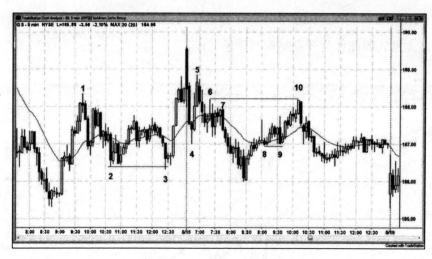

图 11-22　双底牛旗结构

11.10　横盘区间的突破

有时候，市场在刚开盘的 3 ～ 10 根 K 线里，形成了横盘区间，其中出现 2 次以上的反转结构。如果这个横盘区间的幅度相较于正常的日线波幅来说很小，后面就很可能发生区间的突破。交易员固然可以尝试直接对区间进行突破交易，不过，如果你能在靠近区间的顶部或底部时，对着出现的小幅 K 线进行"否定式"交易，风险会小得多，或者就和其他的区间交易思路一样，干脆等到突破真正发生以后，再去交易突破的失败，或者突破成功后的回调。

如图 11-23 所示，GOOG 在早上 7 时的报告公布后，进入横盘区间，横盘一段时间后，选择了向下突破。交易员可以选择在下破横盘区间时开空，不过如果在 K5 下方的 L2 低点位置开空，风险会小得多。这里是一个 L2 结构，因为 K3 和 K5 是两段式上行段（两根阳线夹着一根阴线的结构）。同时，这也是一个失败的 H2 结构。这本质上是一个 EMA 均线下方的铁丝网形态，因此向下突破的概率较大（下跌中的熊旗）。

图 11-23　开盘时形成的横盘区间交易

有时候，开盘位于一个平坦的 EMA 均线附近，K 线是大幅的、互相重叠的，我们没有等到安全的开仓结构出现（也就是说，没有在横盘区间的上下沿出现小幅 K 线，使我们可以参与"否定式"交易）。在图 11-24 中，开盘时出现了这样的铁丝网形态，我们应当像对待其他铁丝网形态那样处理它，需要保持耐心。首先等待多空双方中其中一方在突破时被困住，然后参与这次"否定式"交易。

K7 是在突破铁丝网形态的底部后出现的反转上行结构，不过在它之前是一连串的阴线，并且之前没有出现对趋势线的上破，信号 K 的质量也不好。因此，我们需要等二次进场点。虽然 K7 是一个 H2 结构，但上方的 H1 结构是一根吞没形态的阴线，并且困住了多头，H1 位置应当被视作下跌的启动点。这就是说，我们应当期待在吞没下跌 K 线困住多头之后，出现两段式的下行段，因此这就使得 K7 实际上成为 H1 结构，而之前的下跌应当从 K6 算起，而不是从 K5 算起。

　　K7 上破了一条迷你的下行趋势线（之前三个 K 线高点的连线，但图
11-24 中未画出），然后 K9 第二次在当日新低和昨日低点之下，尝试构造反
转上行结构。二次进场点总是比第一次进场点效果更好，特别是在这种没
有明显趋势的交易日里，单单这一点就足以成为进场做多的理由，尽管信
号 K 是比较弱的 K 线（以阴线收线，但至少收盘价位于 K 线的中部以上）。
市场接下来向上穿越了开盘时的横盘区间，然后在 K10 位置出现了一次
M2B 的突破回调开多机会。

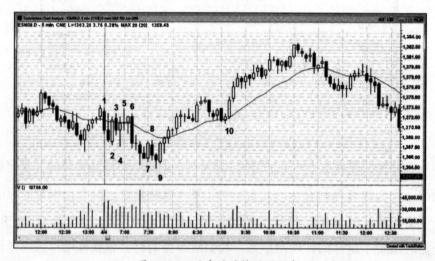

图 11-24　开盘时的铁丝网形态

11.11　初次回调

　　在强力的第一段走势出现后，在初次回调时进场的依据是利用了强力
走势段倾向于回测其极限点的特性。大多数强力走势段至少会形成两段式，
因此在初次回调时进场，交易胜算会很高。这种进场方式对自开盘启动的
趋势行情来说尤为重要，因为在这种交易日你大概率会踏空最开始的开仓
信号。不过在强力的趋势行情里，构成初次回调的走势段并非总是那么清

楚，因为趋势行情常常会出现两三根横盘K线，但还不至于突破一条明显的趋势线，因此它们的重要性不够，不足以被我们视作回调。不过它们都是很好的顺势进场点，你可以在后面出现初次回调并突破了重要的趋势线后，继续顺势进场。只有等到趋势线被突破，我们才能认定市场中出现了重要的初次回调，并且第一段走势段可能已经结束了。不过，即便是在这个时候，对趋势线的初次突破也大概率构成顺势进场点，后面很可能会引发第二段上行，并引发趋势产生新的极限点。我们应当把第一次突破趋势线后的顺势进场点当作初次回调结构，而发生在突破之前的顺势进场点，都只能作为趋势的第一段走势的组成部分。交易时，寻求H1/L1或H2/L2结构的开仓点，并且在构成结构的信号K的外侧1跳位置设置进场条件单（比如对买入来说，在结构K线上方1跳的位置设置买入条件单）。

在图11-25中，这一天市场形成了自开盘启动的上行趋势，其中K2跌破了迷你上行趋势线的位置，这就是初次回调。尽管这根信号K有点疲弱（以阴线收线，但收线位置至少在K线的半位之上），但交易员应当把握住上破信号K高点的买入机会。

在图11-26中，OIH产生了自开盘第一根K线启动的上行趋势，并且后面确实没有出现具有足够反向强度、能够突破一条重要的上行趋势线的初次回调。其中，K1位置的ii结构是一个不错的进场点，K3位置上破了一个两段式的（横盘式的）回调，也是一个不错的进场点。最后，在K4位置发生了窄幅横盘区间的上破。上述的所有进场点，都应当被视作第一段上行段的一部分，而不是初次回调，初次回调应当出现在第一段上行结束以后，并且会引发第二段上行。在很罕见的情况下，市场一整天都没有出现回调，交易员被迫在很短暂的横盘停顿中以突破方式进场。实际上，当我们遇到这种强力的走势时，可以在任意位置以市价方式买入波段交易的持仓手数，我们应当相信后面即便是出现了回调，在回调结束以后，市场依然有很大的概率创下新高。

图 11-25　初次回调

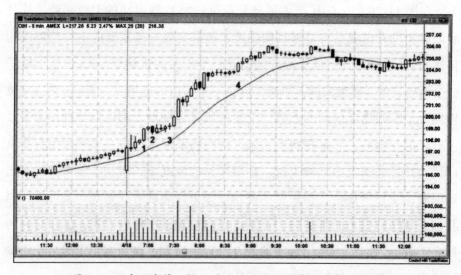

图 11-26　自开盘第一根 K 线启动的上行趋势，没有出现回调

如果出现了这么强的走势，你最终交易盈利的概率很高，因为如果回调结构模糊不清，这意味着反向的交易力量非常软弱。在图 11-27 中，K2 和 K3 是没有突破重要趋势线的小回调结构。K4 处发生初次回调，向上突破了下行趋势线。第一次出现对趋势线的突破时，后面大概率会跟随第二段顺势走势段，因此这是很好的顺势进场点（在 K4 低点做空）。

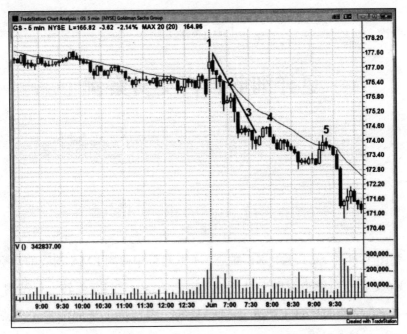

图 11-27　在强力的趋势行情中，初次回调很可能不太起眼

第 12 章

更详细的日内交易案例

在图 12-1 中，K3、K4、K5 都是在下跌趋势中回测 EMA 均线的开空点。

K6 是对下行通道线射击过头的二次进场点，并且是反转上行结构。但是，自 K6 启动的反弹上破了下行趋势线，因此接下来回测走势低点时，可能会构造开多机会。

K9 是对 K6 的低点的"稍低的低点"的回测，并且是对一条下行通道线射击过头后的反转结构，它还是一个向上反转的阳线结构。另外，这还是一个楔形结构的失败再失败（楔形结构在 K6 尝试构造底部反转但是失败，接下来在向上突破趋势线后形成两段式的下行，创下了稍低的低点，但是没能延续下行趋势，再次失败），这种楔形结构的失败再失败，就是非常强力的买入信号，接下来强力的上行走势段证明了这一点。

K10 是一个孕线结构，终结了第一段小的上行段（阳线），因此交易员可以在这之上买入开仓。在向下冲击（K2 终结了向下冲击走势）和下行通道的组合，以及三重向下推动之后（K2、K6 和 K9），此时很可能构造出被延伸的两段式的上行，因此 K10 这里的停顿，很可能仅仅是第一段上行段的一部分，而不是第一段的终结（如果这里终结了第一段，那第一段过短，和我们所期待的在这么强的反转结构出现之后该出现的上行走势段不匹配）。在冲击走势和通道走势的组合之后，后续走势通常会回测通道的启动位置，这里也就是 K3 的高点。

K11 是 M2B 买入结构（H1 结构发生在两根 K 线之前），并且由于这里才突破了趋势线，因此这是初次回调发生的位置。

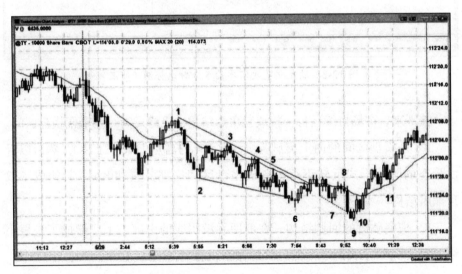

图 12-1　TY 期货，10 000 手单位成交量图（每根 K 线代表的是 10 000 手的
　　　　成交量，而不是基于时间）

图 12-2 是欧元兑美元汇率的 5 分钟走势图，其中在 K2 处创下日内新高后走势反转下行。这里的上行段动能太强，其中连续出现 8 根阳线，因此后面回调出现稍高的低点，然后反弹回测 K2 高点，再跌破上行段的启动点（K1），这样的走势出现的概率相当大。K3 是一根 EMA 均线缺口 K

线，同时也是对 K1 这个上行启动位置的回测。

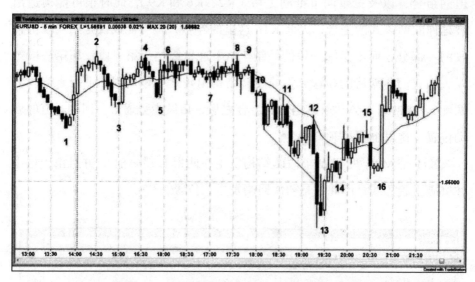

图 12-2　欧元兑美元汇率的 5 分钟走势图（外汇）

接下来，市场持续运行，构成三角形结构，最终成为一个窄幅横盘区间。

K8 是横盘区间的向上突破失败（对 K4 的高点上破了 1 跳），然后以吞没形态的阴线形式反转下行，跌破横盘区间底部，它和 K6 一起构成了双顶熊旗结构。

K9 是突破后的回调结构，在前面吞没阴线的中部之上，形成了一根小幅 K 线，这给了我们一个低风险的做空机会。

K10 又是一次突破后的回调做空结构。你不应该在小十字星之上买入，因为十字星本质上代表一根 K 线时长的横盘区间，而在下行的市场中，你不应该对着横盘区间的高点买入。

K11 是一个 M2S 开空结构，并且是第二次向下突破 K3 这个下行冲击走势的低点的尝试。

K12 又是一个 M2S 结构。在行情发展中，你应当不断根据最新市场运行情况来设置进场条件单。或许，因为下跌中出现了代表看涨力量的阳线、十字星以及稍高的低点，空头趋势看起来似乎要结束了，但是你仍然要保持以空头思路来对待走势，并且一旦价格下破这根 K 线，就构成了 M2S 开空结构。

K13 是一个 ii 开多结构，它位于对下行通道线射击过头之后，并且构成 ii 结构的第二根 K 线是强力的大阳线。

K15 是三重推动上行，并且是第一根 EMA 均线缺口 K 线。

K16 是一个位于稍高的低点位置的 ii 开多结构（构成 ii 结构的两根 K 线都是阳线），并且由于这里是对通道线的射击过头，是自 K13 的低点反转上来的，因此交易员期待应当出现两段式的上行。K16 和 K14 构成了双底牛旗结构。K16 之前的大幅阴线将空头骗进场内做空，并且将不少多头仓位震出场外。

在图 12-3 中，K1 是向上冲击走势，K2 位于之后的横盘区间内。K3 是在 K1 这个向下冲击后⊖形成的第二段小型的上行段，它尝试上破横盘区间的顶部但是没有成功（失败的最后的旗形结构），这就在 K3 低点下破或者横盘区间下破时构成了很好的开空机会。

K4 是对一条下行的迷你通道线的射击过头，然后反转向上。做多的进场点位于 K6 这个 ii 结构高点（阳线）的上破位置。

K9 是自 K4 开始上行的四段式上行走势末尾，并且处于楔形结构末端，反过来看，这成为一个 L4 结构的变体。它尝试回测 K3 的高点，不过没能触碰到这个高度，因此没能构成完美的双顶熊旗结构。

K10 是自上行趋势线下破后的突破回调结构。

K11 是在日内创下新低后形成的大幅的阳线反转结构，但 K12 没能越过 K11 高点，而在 K12 这根孕线下破时就是很好的开空位置，因为在 K11 的阳线形成过程中早早进场的多头就被困住，不得不止损离场，并且这个

⊖ K1 的长上影线使之同时具备了向上冲击和向下冲击两种成分。——译者注

下破还带来了一个突破回调结构，它位于 K13 这个开空点。

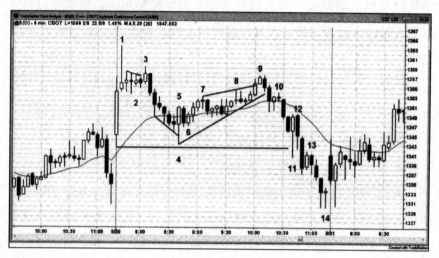

图 12-3　大豆的 5 分钟走势图

在图 12-4 中，K1 是自之前的横盘区间上破后形成的 H1 突破回调开多结构。

K3 尽管身处铁丝网形态中，但还算是一个很好的 H2 开多结构，因为 K2 并非高潮式上行，此时上行动能还是很充沛的（K2 之前的大阳线代表上行动能强劲）。

K5 位于三重推动结构的高点，是一个反转开空结构，因此后续应当期待两段式的回调下行（每当出现高潮式走势时，大概率跟随至少两段式的回调）。到 K6 为止的下行跌了上行趋势线，并且跌破了 K3 这个前期上行趋势中的被抬升的波段低点，这表明空头力量正在强化。

K7 是对 K5 这个开空信号 K 的两段式回测，并且 K7 形成了稍低的高点，这里有一个阴包阳开空结构，同时在 EMA 均线上方的空间里出现了强烈的"拒绝"迹象。⊖

⊖　这里的拒绝是指价格在 EMA 均线的上方空间不被多空双方所认可，所以在很短时间里就发生冲高回落，与此相反的是接纳，比如铁丝网或横盘区间这样的形态。——译者注

图 12-4　原油

　　图 12-5 是 1 分钟走势图。大多数交易员不可能在保证正确率的前提下，有足够快的反应速度捕捉到其中的大多数交易机会。但图 12-5 证明，价格行为分析体系即便在 1 分钟这个层次上也是完全适用的。

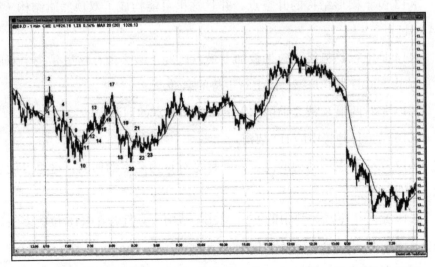

图 12-5　1 分钟走势图展示了在交易日开盘后的 90 分钟里，会出现很多的价格行为体系下的短线交易机会

在图 12-6 中，K1 是一个失败的 L2 结构，因此构成了极好的 H2 开多机会。

K2 是一个楔形结构的开空点，并且是上破牛旗结构的失败。

K3 是向下突破后的回调开空点。

K4 是向下突破后回测突破点的开空机会，K4 实际上构成了稍高的高点的回测（也就是上破了 K3 这个波段高点），这表明多头具有一定的强度。

K5 是一个稍低的高点，并且是 EMA 均线下方的 M2S 开空结构。

K6 是楔形结构的开多点，同时位于一个扩张三角形结构的底部。

K7 是上破下行趋势线但突破失败的开空点。

在 K7 上破趋势线之后，K8 是以两段式实现的对低点的"稍低的低点"的回测，这一天横盘的特性比较突出，这里构成了当天的稍低的低点。

K10 是在这个横盘的交易日中产生的楔形结构低点，并且是稍低的低点。

K11 是在上破趋势线后出现的初次回调，这里也是一个 M2B 做多结构点。

K12 又是一个上涨中的 M2B 买入点。

K13 位于楔形结构的开空点，并且这里可能构成了双顶熊旗结构（和 K4 一起）。

K14 是上行趋势线下破失败加上横盘区间下破失败，这里是一个双底牛旗结构，并且可能是第二段上行走势的启动点。

K15 是对两根 K 线之前的向上突破的突破点的回测。

K16 是上行趋势中的 H2 结构。

K17 是一个楔形结构的高点，并且是对日内高点的回测，这里可能会构成稍低的高点。

K19 是一个下跌趋势中的 L2（M2S）结构，并且若在 K18 位置多头进场，K19 这里出现了 5 跳突破失败。[⊖]

K20 是两段式向下推动，在以横盘为主的交易日中（尽管自 K17 的高

⊖ 意思是短线波动都没有实现 5 跳的收益，是弱势信号。——译者注

点以来，有一段很强力的下跌段，但到 K20 这里已经没有太多下跌动能）创下日内的新低（K18 是前一个低点）。此外，这也是当天在向下突破 1 跳后反转向上的结构（幅度只有 1 跳的突破失败）。此外，这也是一个楔形结构低点。

K21 这里是很短的第二段上行段，并且构成了双顶熊旗结构（和 K19 一起）。

K22 是在（K17 到 K19 的）下行趋势线上破以后，出现的两段式回调走势，产生一个稍高的低点，这也是对（K10 和 K20 构成的）双底结构的回调开多点。

K23 是一个上行趋势线的下破失败，并且构成了双底牛旗结构（K23 的低点只比 K22 的低点高了 1 跳）。

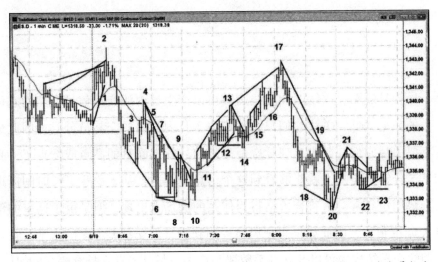

图 12-6　Emini 的 1 分钟走势图展示了开盘后 90 分钟里的价格行为短线交易机会

第 13 章

日线图、周线图、月线图

　　尽管日线图、周线图和月线图也可以产生日内的交易信号，然而它们产生的频率太低，关注它们只会让专注于日内交易的交易员分心，因此最好不要关注它们。其中出现频次最高的信号就是昨日的高点或低点了，我们从 5 分钟走势图上就能够看到这个信息。不过，基于这些更长时间周期的走势图也经常会有符合价格行为体系的进场点出现，但是由于这里的信号 K 幅度很大，因此如果想把风险控制到和日内交易差不多的水平，在长周期的交易结构中可以开仓的手数要小得多。另外，存在持仓隔夜的风险，意味着交易员还需要进一步缩小持仓量，或者考虑参与期权交易以承受固定风险，比如买入期权，或者参与跨式交易。作为日内交易员，应当仅仅在这种长周期的交易不会干扰日内交易时，才能考虑酌情参与。因为参与周期长但持仓量很小的交易时，我们很容易错过一些周期短但持仓量很大的交易机会，而这种踏空日内交易机会造成的利润损失，可能是利用长周期交易信号所收获的利润无法充分弥补的。

在股票交易中，世界上最大公司的股票的价格行为模式会表现得比那些小公司的股票更有规律。大公司的股票在持仓隔夜中，特别是在一段延伸的上涨趋势中，所需承担的大幅的、不利的、反向走势的风险要小得多。这意味着，相较于 CHK，WMT 反向交易失败的风险更小。⊖但相对地，大公司的股票在交易时盈利的潜能也会更小。

当交易员在强劲的日线趋势行情中尝试反向交易时，盈利目标应当仅仅是短线的止盈位置或者 1～2 个百分点的止盈位置，因为在趋势中，大多数反向走势最终仅仅产生回调结构，并构成顺势进场点。跳空缺口的出现给进场增加了一点复杂度，但一般来说如果市场开盘时位于昨日价格区间的内部，交易的风险会小一点，我们可以在价格突破昨日区间 1 跳的位置进场。如果你无法关注股票在日线图上的走势，并且开盘时又出现了缺口，那最好不要参与这次交易。如果当天价格在日线图上出现跳空缺口，你应当仔细观察尝试回补缺口的回调，然后在回补失败时顺势进场，并期待今天的价格继续向着远离昨日价格区间的方向前进。换言之，如果你准备找买入的机会，但今天是跳空高开，此时你应当把握住开盘时的下跌走势，并在它尝试填补跳空缺口但失败，再构成反转向上结构的回调点时买入，同时将止损条件单设置在当日的低点。如果你的进场开仓失败了，止损也被触发了，那就关注其他交易机会，或者如果有二次进场点的话，再给它一次机会。如果这只股票走势情况没有如你所愿，今天就不要花太多时间在它上面，因为接下来亏钱的可能性相当大。人性有一种很自然的倾向，会让你想要把在这只股票上亏损的钱赚回来，但这个想法恰恰标志着你情感上的软弱。如果你认为你有必要证明自己的正

⊖ WMT 是零售业巨头沃尔玛，代表大公司的股票，CHK 是切萨皮克能源，代表小公司的股票。——译者注

确，非要证明自己拥有了不起的看图能力，也许你是对的，但你绝对不是伟大的交易员。伟大的交易员会坦然接受交易的亏损，然后迎接下一次挑战。

在日线图上的回调很少会出现经典的反转 K 线结构，相比于 5 分钟的短线交易，长周期上的回调会令交易员感到更不确定、更加迷茫。不确定性意味着风险，当风险增大时持仓的量需要减小，交易员应当考虑持有部分仓位，并且在后续价格行为走势展开时，找机会加仓。在上涨趋势中的回调走势中，交易员可以抓住空头尚未控盘但价格逐渐走低时的加仓机会。在你初始进场以后，若趋势继续，并且回调走势幅度很小，构成了稍高的低点，你也可以考虑在逐渐走高的价格中加仓。

当你在交易日结束时，审视日线图走势，你可能经常会看到第二天值得考虑的开仓结构。一旦日线图的结构被触发，后面经常会出现数日的趋势行情，这其中会给你提供很多很好的 5 分钟周期中的交易机会。只要股票的成交量每天在 500 万手以上，即便这只股票不是你正常情况下会选择的标的，你也可以考虑将它加到你的日内交易自选股列表中观察几天。有时候，即便是像 OIH 这样流动性非常好的股票，经纪人可能也没法找到足够的标的来做空，此时你可能只能参与其中的买入结构。

数以百千计的交易员各自基于不同的理由，尽其所能通过开仓和平仓赚钱，而这些行为汇总在一起，在更高的维度上就构成了价格行为现象。基于这个道理，价格行为的理论基础是不会动摇的，并且将会继续为那些可以理解它的交易员提供盈利的可靠渠道。图 13-1 是道琼斯工业指数在 1933 年到 1934 年间的日线走势图，它看起来就跟今天任何时间周期内的股票走势图完全一样。

K2 是上破了下行趋势线的 L2 结构。

K3 是最后的旗形结构向下突破失败，并且是对 K1 低点构成的"稍低的低点"的回测（趋势线突破后，跟随一次对原有趋势极限点的回测，可以构成主要的趋势反转结构）。

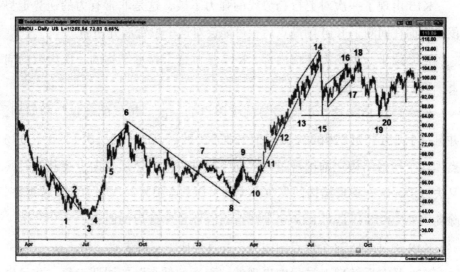

图 13-1　道琼斯工业指数在 1933 年到 1934 年间的日线走势图

K4 是上破后的回调结构，并且是一个稍高的低点。

K5 是位于强劲上行趋势中的初次回调做多点，并且是一个 H2 结构。

K6 是一个楔形结构高点，后面引发两段式的下行走势，并在 K8 结束。在强劲的上行走势的末端出现的楔形结构，经常会引发非常深的回调，然后再创下新高。

K7 是对下行趋势线的上破，并且是两段式的回调。

K8 是在趋势线上破以后出现的对低点的"稍低的低点"的回测，并且是对 K2 这个突破点的回测。

K10 是一个稍高的低点。

K11 是在 K7 和 K9 构成的双顶熊旗结构被向上破坏后，出现的突破回调开多的 H2 结构点。

K12 和 K13 是迷你趋势线下破失败后构成的反转向上结构。

K14 是一个楔形结构顶部。

K15 出现了一次对上行趋势线的强力下破，这是非常有力的逆势走势段，后面在回测了 K14 的高点后很可能会对这个位置展开回测。

K16 位于一个楔形结构内部，K17 是对这个楔形结构的一次失败的向下突破。

K18 是对 K14 这个上涨趋势的极限点的一次"稍低的高点"的回测，并且这里是在楔形结构的突破发生失败再失败后，产生的一次 L2 开空进场点。这个楔形结构之前出现过一次向下突破失败，然后在向上突破的时候又失败了一次。楔形结构的失败再失败，通常会引发一次强力的反转走势。除此之外，K18 还是对 K14 这个开空的信号 K 突破后的回测。

K19 是对 K15 这个低点的回测，并且构成了双底牛旗结构。

K20 是在反转向上过程中出现的"稍高的低点"的回调走势，并且也是双底回调结构。

在图 13-2 中，AAPL 在日线图中（右侧的缩略图）是强力的上行走势，并且在 K1 位置出现了靠近 EMA 均线的初次回调结构，同时，这次回调还伴随了一次下行通道线的射击过头（缩略图和主图上的数字标记对应同样的位置）。K2 在日线图上表现出了较强的反转上行结构，并且收盘价位于 K 线的高点附近。因此，在上破 K2 这个交易日的高点上方 1 跳的位置进行买入是很合理的策略。不过，下一个交易日大幅跳空高开。交易员与其去承担回调下行的风险，不如观察在回调缺口之后，反转上行结构能否确立，这是更加谨慎的选择。

在 5 分钟走势图中，K6 回补了跳空的缺口，并且这里是一根 EMA 均线缺口 K 线，同时还是对下行通道线的射击过头，并确立反转向上结构。这是一个非常好的开多结构，止损条件单就设置在 K6 的低点下方。这里承担的 62 美分的止损风险，换来了每股几美元的收益。

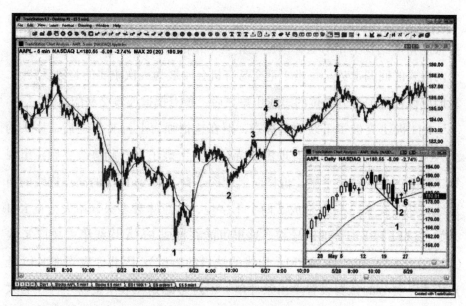

图 13-2 AAPL 的 5 分钟走势图

在图 13-3 中，在一次被过分延伸的上涨趋势之后，市场在 K2 位置的 H2 开多结构之后，向下突破了一个牛旗结构。

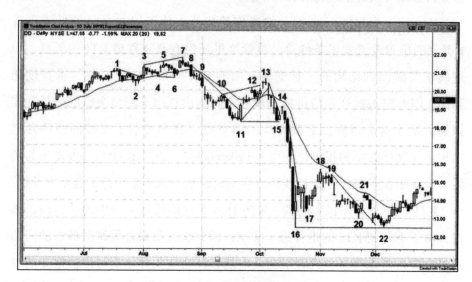

图 13-3 1987 年大股灾中的 DuPont

K7 是对 K3 和 K5 高点连线构成的通道线的回测，并且这里也是构成扩张三角形结构的信号 K，因此是相当不错的开空结构，后面可以期待至少两段式的回调走势。每当一笔交易有机会发展为一次主要的趋势反转点，我们应该在做了部分仓位的短线止盈之后，重点把握波段交易的机会。

K11 向上突破了下跌的趋势线，但在这根强力上行 K 线之后，多头的买入激情开始退却，我们有理由期待在这次上破了下行趋势线之后，出现第二段下行走势。接下来，价格向上刺探了自 K10 到 K12 的高点连线的通道线，然后在 K13 位置形成了两个十字星，这意味着多头开始失去自 K11 开始的这段上行走势的主导权。这里可能在构成 EMA 均线第二缺口 K 线（第二次尝试填补 K 线和 EMA 均线的缺口的尝试），因此你应当在 K13 低点下方 1 美分的位置设置卖出条件单。不过考虑到在股票交易中存在着太多开盘缺口，导致实际的成交价位不理想，所以最好等第二天开盘以后，在没有跳空的情况下，再去设置卖出条件单。但如果出现了图 13-3 中所示的跳空低开，你可以观察 5 分钟走势图，在尝试回补缺口以后，用价格行为分析思路寻找开空进场的合理位置。

K14 向上突破了一条下行的迷你趋势线。你可以在 K14 的低点下方 1 美分的位置设置卖出条件单。尽管这里还没有真正跌破 K11 的低点，但这属于突破回调结构的一种变体。回测 K11 低点的 4 根 K 线，垂直度相当高，因此空头这样强的价格表现和实际上出现向下小型突破的效果是类似的。基于这个道理，下破 K14 的开空点，其实等同于突破回调的开空结构，像这样的结构很可能会引发延展的趋势。进场 K 线是一根光头的阴线，这意味着空头自这根 K 线刚刚启动时，就一直牢牢掌控了盘面主导权。

K11 终结了第一段下行段，K16 补齐了这两段式下行中的第二段。不过，由于下行到 K16 的走势过于陡峭，因此交易员最好等待对低点的回测走势出现再考虑开多，或者出现其他能够证明空头开始变得谨慎保守的盘面线索。不过，第二段走势的陡峭程度以及阴线的巨大幅度，都表明这里很可能是一个卖出式高潮走势，在这种情况下，后面通常会跟随至少两段式的逆势反弹走势，持续的时间也可能会大大超出多数人所料。

自高潮式下跌的低点启动的两段式的反弹，上破了一条下跌趋势线，尽管这根趋势线非常陡峭，但是，在 K17 的 H2 结构高点（稍高的低点）突破买入仍然是合理的策略。接下来，你可以在 K18 靠近 EMA 均线的 L2 结构开空，或者由于这次回调还没有触碰到 EMA 均线，并且信号 K 是阳线，所以有一定的概率会继续反弹，你可以选择等待更多的价格行为线索出现再决定。

K19 是位于下跌趋势中的 L2 结构中的信号 K，同时是一个失败的 H2 上破结构，这里还靠近 EMA 均线，因此是很强力的做空点。同时，这还是一个横跨了三根 K 线时长的双顶熊旗结构。

K20 刺探了 K17 的低点，但马上遇到多头买入和空头平仓离场。市场此时在尝试构造一个双底牛旗结构。不过，自 K20 的信号 K 进场的多头，只将价格推到 EMA 均线附近，到达目标位后他们会进行部分止盈，并将止损条件单上移到盈亏平衡点。他们会被价格回调带出场外，但他们也会在 K22 的 H2 的信号 K 高点处再次买入进场，注意，在 K21 上破了下行趋势线后，K22 是对原有趋势低点的回测。不过 K22 位置没有出现强力的反转结构 K 线，因此尽管这里可能是上涨趋势的开端，值得参与做多，但是交易员仍然要在强力的趋势行情出现之前，做好多空来回拉锯的心理准备。

如图 13-4 所示，在 1987 年上半年，GE 上涨得非常有力，但是，在 K6 位置，对着自 K2 和 K3 连线所绘制的通道线上，出现了第二次射击过头的反转结构，这里有一个小型的做空机会。在信号 K 下方 1 跳（1 美分）的位置触发了进场条件单。由于之前尚未出现显著的下行，因此这里的做空很可能仅仅是两段式回调，有可能在 EMA 均线附近止跌，后面大概率继续创新高。

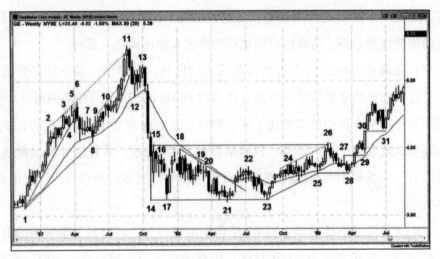

图 13-4　1987 年大股灾期间的 GE 的周线图

　　K9 位置的 M2B（EMA 均线附近的 H2 结构）是很好的开多进场点，后续大概率创下新高。

　　K11 向上突破了一条通道线，这是通过绘制 K1 到 K8 的趋势线的平行线并将其平移到 K5 所得到的。如果你通过自 K2 到 K5 的高点连线绘制趋势线，这里可以获得相似的走势信号。

　　K11 位置是一个潜在的开空信号 K，不过下一根 K 线没能跌破它的低点。此外，下一根 K 线是一个孕线结构，它的强力的阴线收线方式进一步强化了下跌的力量。如果你选择在这根孕线的下方设置开空条件单，它将会在下一根 K 线被触发成交（使这根孕线成为开空的信号 K）。在这么强的上行走势射击了通道线，并且跌破 K8 这里的趋势线之后，现在空头应当期待出现至少两段式的下行，下方目标位应当是回测位于 K8 位置的（K1到 K6 向上冲击走势之后的）通道结构的启动点。

　　在新发展的下跌趋势中，K13 位于回调反弹走势中的第二段上行段内。这里的两段式表现为，先出现自 EMA 均线反弹上来的阳线，然后是阴线（在更短的时间周期中就表现为一段下行段），最后是由两根阳线构成的第二段上行段。由于此时空头期待的是，在走出新高之前，先出现下跌趋势的第二段下行段，因此交易员可以在 K13 下方 1 跳的位置设置卖出条件单（一旦条件单被触发成交，K13 就成为开空的信号 K）。初始设置的止损条件单位于这根信号 K 的高点上方。等到进场 K 收线以后，将止损条件单移动到进场 K 高点上方 1 跳的位置。

接下来市场崩盘，超长的第二段下行段一路跌到 K14。由于这已经是两段式的下行，并且它没有跌破之前上涨趋势的低点，因此在更长的时间周期中，这里构成稍高的低点。另外，由于下跌的阴线幅度太大，后续很可能出现至少两段式的上行（甚至可能是四段上行），并且接下来横盘或者上行的走势应当持续相当长的时间（基于我们对走势图结构的目测估计，至少是 20 ～ 30 根 K 线）。空头将不得不在相当长的时间里放弃对盘面的主导权，并且在先看到一些适合做空的价格行为线索出现之前，暂时不会再激进地进场做空。空头会对反弹上行做空，不过在下跌中一旦出现走势停顿就会止盈离场。同理，多头也清楚市场接下来将要在相当长的时间里维持横盘或者上行走势，因此他们会开始对着回调走势买入，不过也会在上涨陷入停滞时快速离场，直到清晰的价格行为线索出现，表明新的上涨或下跌趋势已经开始，这种以短线为主、快进快出的局面才会有所改观。

K16 可能是潜在的 L2 结构的信号 K，因此空头会在它的低点下方 1 跳的位置设置卖出条件单。

K17 回测了下跌趋势的低点，并且这里可能是 H2 结构的信号 K，因此多头将在它高点上方 1 跳的位置设置买入条件单（而空头将会在同样的位置对剩余持仓进行平仓处理）。这里尝试向下突破最后的旗形结构但失败。

K18 和 K15 一起构成了双顶熊旗结构。

K20 是 L2 结构的开空进场 K，在此，价格无力维持在一条自 K18 高点下来、持续了 6 根 K 线的迷你下行趋势线之上（这条线未画出），这增加了做空的理由。不过，这里也是一个铁丝网形态，面对这种形态，通常对交易员来说更好且压力更小的应对策略是，等待铁丝网形态的突破点失败，然后在失败发生时进场。

K21 是对下跌低点的又一次回测，并且和 K14 一起构成了双底结构（或者与 K14 和 K17，这两个点都可以被处理为第一个底部）。到 K18 为止的反弹走势上破了一条自 K13 到 K15 或 K16 的非常陡峭的下行趋势线。先是对下行趋势线的向上突破，然后是双底结构，这种组合有可能成为新的上涨趋势的开端。K21 这里还完成了一次对下行通道线射击过头后的反转动作，这条通道线是通过对最近 7 根 K 线的低点做最佳拟合分析得到的。

到 K22 为止的反弹走势又突破了一条下行趋势线。像这样连续发生的对下行趋势线的突破，表明多头正在展露实力，后续很可能出现延伸的上行波段走势。不过，由于这是第一次回测 EMA 均线之上的空间，因此 K22 之后的 L2 结构也是一个不错的做空点，此时交易员可以期待小幅的两段式下行。

K23 构成了一次 H2 结构的开多进场点，这里同时也是一个稍高的低点（位于 K21 之上），并且是对双底结构的回调，它还发生在 K22 处的上行走势之后，这段上行中有 7 根尽管幅度很小，但实体收阳、连续的阳线。接下来反弹到 K24 的上行中只有 1 根阴线，并且在阴线之后连续出现 5 根收盘价位于 EMA 均线之上的阳线，这些线索都表明多头已经开始主导市场。

K26 是在向上刺探了上行通道线（由 K23 和 K25 的低点所绘制的趋势线平移得到）以及 K15 这个高潮式下跌后初次反弹的高点这两个位置之后，发生的向下反转动作。这构成了潜在的双顶熊旗结构。由于到 K26 的上行动能较强，很可能在 K23 的低点被下破之前，先回测高点，因此接下来出现的两段式下行的力度会被削弱。

K28 构成了 M2B 结构（在 EMA 均线位置出现的 H2 结构），并且在连续出现 24 根收线于 EMA 均线之上的 K 线之后，这里是第二次以阴线压回到 EMA 均线之下的尝试（第一次出现在 3 根 K 线之前）。若市场尝试一件事情，失败了两次，我们应当期待在反方向出现大动作。此外，在K26上破了K15以来的横盘区间之后，K28还是一个突破后的回调结构，并且是对K14（或K17）与K23（或K21）的双底结构构成的回调结构，有些分析师会把它称为"杯柄形态"的开仓结构。

K29回测了K27的高点，这构成了对突破点的回测，这里出现的吞没形态震出了一些多头持仓，令他们不得不追逐价格上行，随后，价格开启一段猛烈的上涨。

K31回测了K30之后的缺口，这也构成了上涨回调中的H2开多结构。

在图13-5中，自2000年的高点（A位置）启动了两段式的下行，到B位置。接下来到C位置的反弹，向上突破了一条下行趋势线，因此交易员开始寻求在对B的"稍高的低点"或"稍低的低点"的回测中，把握买入开仓机会。

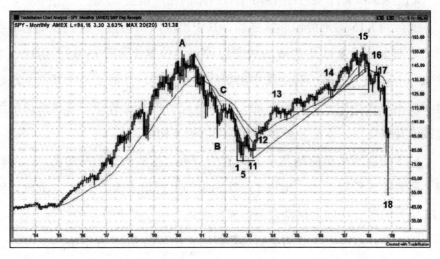

图13-5　SPY的月线图显示在2003年出现了双底回调结构

K1位置跌破B太深，因此交易员在看到更多价格行为线索支持价格上涨之前，不会有过于激进的买入动作。

K5 位于铁丝网形态（3 根以上的横盘 K 线中至少有 1 个十字星），此时交易员应当仅仅把握在形态上沿出现的小幅 K 线的结构下破引发的做空机会，或者在形态下沿出现的小幅 K 线的结构上破引发的做多机会。尽管 K1 和 K5 的低点不完全一致，但它们非常靠近，存在构造出双底结构的可能性，在交易的世界里，结构上类似就可以发挥作用了。自 K5 启动的反弹向上突破了一条下行趋势线，因此交易员应当把握住回测 K5 低点的回调买入机会。

K11 是对双底结构构成的低点的深度回调过程中，出现的反转上行结构。这个双底回调结构算是终结了自 A 的高点下来的两段式下行，预示着接下来将要出现延伸的上行。接下来经典场景再次上演，价格在上行过程中，逐步突破了之前自高点 A 启动到 K5 结束的下跌中，未能成功引发反转上行的做多信号的信号 K 的触发点。

K1、K5 和 K11 对应图 13-6 中日线图的相应位置。

上行到 K15 的走势段非常强劲，其中出现回调结构，我们预期它将会回测之前上行段 K11 中失败的做空信号 K 的位置（见图 13-6）。但这轮下跌实际上跌破了之前所有上涨中出现的开空信号，并演变为主要的下跌趋势了。不过市场中一切都有可能，交易员应当根据走势图中直接给出的形态线索开展交易，不必非要等待月线图的形态构成。

K15 的顶部是对前期高点 A 位置的三重上推式的"稍高的高点"的回测（显然自 A 位置开始，出现了一次明显的上行趋势线的下破）。此外，到 K15 位置的第三次向上推动之前，先出现了一次小型上行趋势线的下破。

K16 是在跌破了主要的上行趋势线后，出现的 M2S 开空结构。

K17 是向下突破的回调开空结构（L1）。

到 K18 位置尽管是大幅的阴线，可能是对 K5 的低点构成的高潮式的回测，电视财经节目上的专家对此会有各种评论，但是，从价格行为意义而言，此时没出现可以证明价格已经在此见底的线索。这次高潮式的下跌可能会导致反转上行，或者进入一个横盘区间，但是这里还没有出现对下行趋势线的上破，因此还没有表现出足够的上行动能。此时，趋势的方向仍然是向下的，尽管我们很难想象在这样的情况下价格还能大幅下跌，但是这个可能性是真实存在的。到这个位置，市场并不会自发转入价值交易的逻辑，并且当这样情绪化的走势出现时，它会继续下跌直到最后一个卖家完成了卖出的动作。当抛压耗尽，接下来会出现上破下跌趋势线的反弹走势，然后是对低点的回测，但在此之前，趋势的方向仍然是向下的。

顺便提一下，尽管财经专家一直将 2008 年的股市崩盘归咎于房地产泡沫破裂和由此引发的金融危机，但房地产市场几乎在 3 年前便已经开始崩盘，而信贷危机也已经持续激化了数年。股市崩盘的真实原因是，市场开始预见到奥巴马将会竞选成功，他的施政措施是加强商业监管，提升用工成本，这两项都会大幅降低企业的盈利能力。公司盈利减少，股票的估值就要下降。世界范围内的金融市场快速地调整自己的估值，聪明的资金已经预见到奥巴马政府施政环境下出现的公司盈利大幅减少的场景。市场估值在这个时候可能已经下杀得太厉害了，或许接下来几个月在市场实际观察到奥巴马的所言所行以后，市场将会反弹回来。这个情况和 1994 年共和党接管国会权力以后的股市大幅上涨的情景非常相似，只不过当时的评论家们没有将股市上涨归功于他们（这里我得提一下，我的政治面貌是无党派自由人，不是共和党党员）。整个市场对于未来企业盈利水平的估值发生了剧烈的向上修正，这显著提升了股票的内在价值。上述信息对日内交易员而言没有太大用处，但这是交易员愿意独立思考，保持自己的主见，不人云亦云的体现。你不要害怕自己和别人看问题的角度不同，尤其是和电视上的专家不同，是时候给他们"祛魅"了。

在图 13-6 中，到 K3 为止的强力的上行走势段大幅上破了 EMA 均线，并且突破了一条下行趋势线。这段上行的末端看起来像是楔形结构，每当强力走势段末端出现类似楔形结构的形态，后面大概率会回测走势段的启动点（在图 13-6 中就是 K1 的低点）。

K5 是对 K1 的"稍低的低点"的回测，构成了双底结构。你应当记住，交易的世界充满了不完美，因此如果形态看起来接近一个可靠的形态，就可以预期后续的价格表现也会很相似。这里在自 K3 启动的下行走势的低点，出现了一次对下行通道线的射击过头，然后反转向上，后面可能会出现回测 K3 高点的走势。

K7 是对 K3 的"稍低的高点"的回测，构成了双顶熊旗结构，这里也是一个小型楔形结构的末端位置，因此接下来可能会出现深度的向下回测。

K11 是对 K5 低点的深度回调，然后反转向上，构成对（K1 和 K5 的）双底结构的回调，并引发一次被延伸的上涨趋势。K11 是对下行通道线的突破失败，构造了一段回测 K7 这个下跌段启动点的反弹。不过，在日线图、周线图和月线图上的双底回调结构，使得对 K7 的回测没有引发另一轮抛售，而是最终演变为向上的突破行情。

图 13-6　前面图 13-5 中月线图里的双底回调结构（日线图的放大版本）

很多技术分析师会将这个形态描述为"头肩形底部"，但是这种说法没有传递出任何与价格行为有关的信息。绝大多数双底回调结构都是头肩形底部，但是由于大多数头肩形反转结构最终会失败（它们通常会成为持续形态，而不是反转形态），并且大多数双底回调结构能够反转成功，因此你需要仔细辨别这两者的不同，并且不要再执着于"头肩形结构"的辨别。

在图 13-7 中，K1 位置是一个向上冲击走势，它引发了一段到 K6 结束的通道走势。

K2 到 K3 的上行又是一段向上冲击走势，并且这个冲击走势也引发了到 K6 为止的通道走势。市场此时上涨动能如此强劲，以至于它没有再尝试回测两个通道的启动点（K2 和 K4）。

K2 到 K6 这段上行本身又是一段向上冲击走势，最终引发了到 K9 为止的通道走势。此外，这里的上涨动能太过强劲，以至于 K10 这里的回调走势无法靠近 K7 这个上行通道的启动点。

在 K1 和 K4 之间存在紧致价格区间，然后在 K4 附近有一小段横盘，这后面跟着一段大约到 K6 为止的等距上行走势（以 K2 到 K4 的横盘区间中部的垂直距离来测算）。

接下来，在 K5 和 K7 之间又出现了一次紧致价格区间，然后是等距运行测算的上行，幅度是 K4 到 K5 的高度，到 K9 附近等距运行到位。

K7 位置的横盘区间的中部是上行冲击走势之后的停顿结构，以此为锚定点，从图 13-7 的低点以等距运行的方式触及了图 13-7 的高点。在这个旗形结构向上突破之后，出现了突破回调的开多点。不过要记住，这种等距运行测算仅仅是一种观察经验，但不够可靠，不足以作为交易的依据。

在 K10 位置，上行通道中在尝试向下突破，但是这轮下跌仅仅形成了双底结构，以及 EMA 均线之下的缺口 K 线。到 K16 的高点为止，还出现了多次趋势线的向下突破失败，这些都构成了很好的开多结构。K9 和 K12 之间的紧致价格区间，自 K7 低点开始，向上等距运行测算到 K13 的高点附近。

到 K15 的这轮下跌跌破 EMA 均线与主要的上行趋势线，在后面反弹回测高点之后，这个位置大概率会被回测。

这次向上的回测是一次射击过头（构成了稍高的高点），并且构成楔形结构（先是向上冲击，然后是到 K16 为止的 3 次小型推动），并且位于扩张三角形的末端（K11、K12、K13、K15 和 K16）。

K18 是突破回调结构（由于还没有向下突破 K15 的低点，因此这是突破的一种变体，但下跌到 K17 的动能足够强劲，使得图 13-7 表现得就像确实发生了突破那样），并且是对双顶结构的回调。

K20 又是一次突破回调结构，并且是对 K7 和 K10 的趋势线下破后的自下而上的回测。

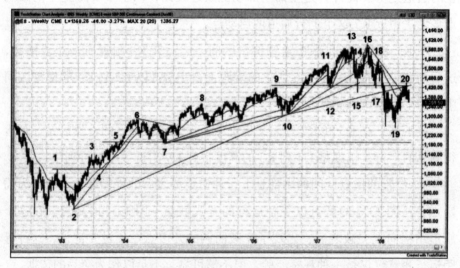

图 13-7　在 Emini 的周线图中，K2 位置的双底回调结构的低点引发了一次主要的上行趋势，其间多次出现向上冲击和上行通道的组合形态

随后价格下跌回测 K19 的低点时，它可能会构造双底回调结构，但是由于到 K19 的下跌动能太强，市场更有可能出现的是第二段下行段，最终结束于 K19 之下，甚至有可能会回测 K7 这个通道结构的低点，甚至继续

下探。这里我们可以总结为，每当市场中出现很强的强度，并且连续多个形态都没有回测预期的价位，比如图 13-7 中自 K1 启动的上行过程中，许多冲击和通道结构的低点都没有被回测，那么当调整走势最终真的出现时，它持续的时间和幅度都会大大超出交易员的预期。⊖

通道结构之后的调整通常会形成横盘区间，由于这里是周线图，因此横盘区间可能会持续数年。最终市场会在横盘区间中选择一个方向进行突破，由于我们处于一个不断增长的经济体里，而 Emini 代表的是经济体量的平均估值水平，因此市场最终应该选择向上突破，不过这可能需要花费很长时间。

CNBC 上所有专家都表示下跌底部已经出现，后面将要再创新高，但价格行为给出的线索似乎指向了另一个方向。每当市场上涨了几个百分点，媒体就推出多头权威来摆出证据，证明下一次大牛市行情已经启动，而每当市场下跌了几个百分点，它们又找到空头权威，声称经济将要陷入衰退局面。你应当以一种轻松愉快的情绪观看节目，因为你没有按照它们的节奏交易，这种预测和你的盈利毫无关系（并且和价格行为给我们的线索也毫无关系）。我上述列举的这些观察是想说明，价格行为体系不但适用于日内短线，也同样适用于更长时间周期的交易。

放量的反转结构

当股票的日线图位于陡峭的下跌趋势时，然后出现了成交量 5 ～ 10 倍的交易日，这可能是多头最终放弃了抵抗，具有交易价值的底部终于出现的信号。这个放出巨量的成交日，通常是跳空低开的交易日，如果它的 K

⊖ 我对此的理解是，当趋势中应出现的调整未出现时，最终整体上行趋势就像单一的、整体的上行段，这就属于长周期运行的一段上行，那么接下来回调的时间和幅度也可能会出现相应的级别扩大。——译者注

线收线位置偏强（位于中部以上），接下来做多的胜算会进一步提升。此处，交易员未必会期待趋势反转真的出现，不过经历了这样高潮式的下跌之后，大概率会出现至少两段式的上行并回测 EMA 均线，这就使得交易员愿意参与这次做多，反弹行情可能持续数天甚至数周。

值得注意的是，在 Emini 的 1 分钟走势图中，如果处于强力下跌趋势，接下来出现了放量的 K 线（大约 25 000 手），这不太可能是下跌走势的末端，但是它意味着反弹快要出现了，反弹通常发生在再来一两次缩量的"稍低的低点"的回测之后（这属于成交量上的背离）。不过，在日内交易中你不应该观察成交量，因为它对于 5 分钟走势图来说，具有的预测价值太不稳定了，而 5 分钟走势图才是你在日内交易中应当绝对专注的走势图。

雷曼兄弟在 K3 位置出现了大幅的低开，然后跌破了下行的通道线（图 13-8 中 K1 低点和 K2 低点的连线），但这一天以强力的反弹收盘。这一天的成交量是前一天的 3 倍，大约是过去一个月平均成交量的 10 倍。有这么强劲的阳线（在图 13-8 右上角的缩略图中看得更清楚），在尾盘买入的风险很小，但是谨慎的交易员还是应当等待价格向上突破了这根信号 K 的高点再考虑买入。市场在第二天大幅跳空高开，交易员可以在开盘时就买入，或者等待回调下行然后在创下日内新高时买入，或者等待 5 分钟走势图中出现对缺口的下跌回测，在尝试填补缺口的努力失败并形成反转上行结构时买入。像这样强的结构出现时，后面几乎总是会跟随至少两段式的上行（在 K5 这个对缺口的"稍高的低点"的回测结束后，引发了第二段到 K6 为止的上行段），并且回测 EMA 均线。

K4 和 K6 构成了双顶熊旗结构。

K7 尝试和 K5 一起构成双底牛旗结构，但是经历了 3 根 K 线的反弹后，它最终成为突破回调的开空结构。

时至今日（指图 13-8 的最右端），市场在测试 K3 的低点，尝试保卫这个低点使其不被下破，并形成双底结构，但如果这个结构失败，价格一

且跌破 K3 这个大家都认为强力、高成交量的底部位置，就会引发恐慌式
抛售。

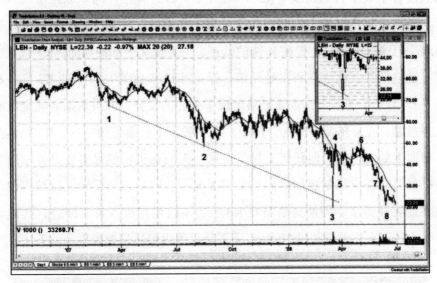

图 13-8　在日线图上，成交量放量并引发反转结构的 K 线

在图 13-9 中，贝尔斯登在周五出现了大幅的阴线，成交量大约是正常
交易日的 15 倍，股票市值在过去两周里下跌了 70%。不过，在这个放巨量
的交易日，成交量大约只有上一个交易日的 1.5 倍，并且它的下影线很短。
价格行为体系此时也不支持做多，因为还没有出现在突破下行通道线后的
反转上行。实际上，这根阴线的收线位置远远低于通道线，进一步确认了
这根通道线完全无力阻止空头行动的这一事实。到下周一开盘时（K3），股
票市值又跌去了 80%，但成交量已经没那么多了。交易员如果在周五收盘
时买入，认为既然出现了这种高潮式的底部，全美的第五大投行完全不可
能还会有下跌的空间，那么在周一他们就要绝望了。在强力下跌趋势中，
高潮式的放量本身在没有强力的上行动能配合时，不足以成为逆势买入的
理由。电视上的股评家可能会推荐这样的买入行为，但若没有相配合的价

格行为表现的支持，这种做法就是在无谓地冒险。

图 13-9 的时间范围和图 13-8 差不多是同期。不同的是，在图 13-8 中，周五没有下破下行通道线（K3），周一才下破，并且在周一以巨量反转上行。而在贝尔斯登的走势图中，巨量发生在周五，并且已经跌破了下行通道线，但这一天收线位置在 K 线的低点，并且毫无上涨的动能。K3 位置出现了跳空低开，这一点和雷曼兄弟一样（图 13-8 和图 13-9 中的 K3 都是在周一），但是在这一天，雷曼兄弟出现了强烈的反弹，而贝尔斯登完全没有反弹意愿。在贝尔斯登的走势图中，在突破了下行通道线之后，K3 仍然是一根向上的反转 K，但任何交易员在这一天面临买雷曼兄弟还是贝尔斯登的选择时，一定都是更加倾向于买雷曼兄弟，因为它的反转上行结构包含的强度要强得多。即使交易员在 K3 上方 1 跳位置买入贝尔斯登，其盈利能够在接下来三天里超过 100%，买雷曼兄弟也仍然是把握更大的下注。

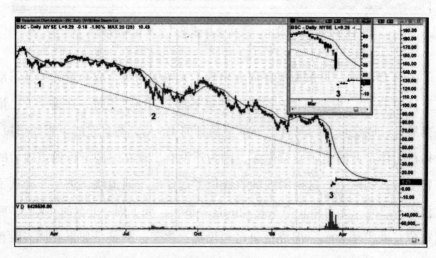

图 13-9　成交量放量，但没有引发反转的 K 线

在走势图被截取之后，贝尔斯登被摩根大通以相对于几个月前市值的很小一部分完全收购，而雷曼兄弟则在几个月后完全破产了。

第 14 章

期　权

从事日内交易的交易员如果不去管日线图的走势，能够实现更多的利润，这是因为日线图走势会令他在日内交易中经常分心。从期权中赚钱是很有趣的，但是这可能会让你付出利润减少的代价，原因还是出在你在日内交易上分心了。也许每个月你都能发现几次买入期权的极好机会，但是如果你专门进行日内交易，交易频率很高，那么关注这种一个月一两次的机会很可能是得不偿失的。

尽管有很多基于价格行为体系的交易期权方式，但如果你主要是一个日内交易员，你应该专注于 5 分钟的 Emini 走势图。但如果你在日线图的级别上对大幅的走势进行"否定式"反转交易，期权就有用武之地了。最简单的期权交易方式是买入看涨或看跌期权，有时候卖出跨式期权组合，并持有数日。你可以暂时允许对你持仓方向不利的新的走势极限点发生，并且你乐于在此回撤中继续加仓，因为通过期权策略，你的持仓风险已经锁定了。当走势位于顶部，你也可以开空一小部分股票，但这种策略可能会让你不得不一整天密切监控它的走势，导致你错失了 Emini 中出现的短线交易机会，最终影响整体交易收益。

还存在一个期权交易相比于股票和期货更有价值的交易场景。那就是当市场处于大幅的自由落体状态，并且接近跌停时。如果可靠的反转结构形成，你或许会认为买入的风险很小，但即便是很小的持仓体量，最顶尖的经纪商执行你的交易，也会存在巨大的风险。为什么这么说？因为他们的交易系统可能已经过载了，你的订单可能在将近 30 分钟里都得不到处理。如果你在你认为是底部的位置买入了，然后价格大幅跌破了你设置的条件性止损价位，但你在将近 30 分钟里都没有收到成交通知，因此你完全不知道你的单子已经成交了。在这种情况下，在 Emini 交易中，你很容易就亏掉了 10 个点。此时我们还可以选的是买入看涨期权，此时交易的风险是完全可控的。

如图 14-1 所示，切萨皮克能源在过去的四个月里上涨了 85%，不过自 3 月出现了凌厉的下行之后，发展出了很多小型回调结构，这增加了后续创下新高后走势反转的概率。价格向上突破了 K1 到 K3 的通道线，以及 K3 到 K5 的通道线。上涨趋势中的最后六个交易日构成了楔形结构。在 K4 之后产生了强力的上行走势，接着再出现两段式的上行并创下新高。K8 是一根小幅 K 线，实体部分是阴线。上述所有的元素都表明，多头正在失去价格主导权，现在价格大概率要回撤到 20 周期 EMA 均线的位置，就像 K2 和 K4 那样，并且大概率会回测通过连接 K2 和 K4 所画的趋势线，而且有可能出现主要趋势的反转。理想的交易方式是在 K8 对应的这一天买入看跌期权，或者等到第二天价格跌破 K8 的低点，形成 L2 结构再开空，此时已经是创下新高后的二次进场开空机会，这是胜算很高的交易机会。你可以买入到期日靠前的实值看跌期权，因为它们的滑点最小（流动性最强），并且由于标的物价格大幅下跌的可能性相当大，因此不必担心时间价值的快速流失。另一种策略是卖出实值看涨期权，再买入更高一档行权价的虚值看涨期权，不过这个策略过于复杂，并且由于我们所关注的标的物的下跌走势相当凌厉，因此买入看跌期权的策略提供了最佳的风险收益率。到目前为止还没有出现对 EMA 均线的缺口 K 线的回调，这次下跌很可能产生一个 EMA 均线缺口的回调，然后构造出反弹结构，回测 K8 的高点。

图 14-1　切萨皮克能源的日线图

图 14-2 是 AAPL 的股价周线图，在不到两年时间里，AAPL 上涨幅度超过 300%，然后在过去两个月里，到 K6 为止的下跌已经跌去了 55% 的市值。在到 K5 为止的 L2 结构买入看跌期权，是非常好的交易策略，因为

在此之前出现了强力的下行到 K3 的走势，跌破了 K1 以来的上涨趋势线。此外，这个 L2 进场点是自 K3 以来所绘制的上行趋势线的第二次向下突破，并且是两段式上行走势构成的"稍高的高点"（两段式走势通常标志着调整的完成）。K1 和 K3 两次下跌都回测了 20 周期 EMA 均线，由于在上行趋势中，空头已经两次表明自己具有足够的强度，因此自 K5 的高点启动的下跌，大概率也会出现这样规模的调整。

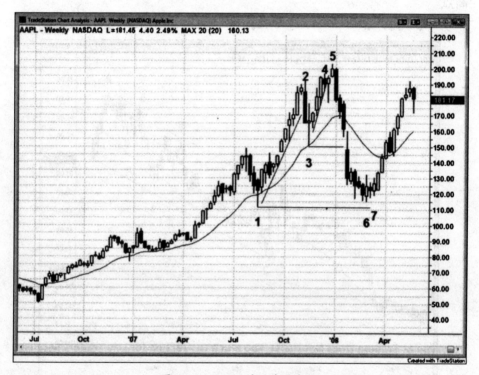

图 14-2　AAPL 的股价周线图

K7 位置是 EMA 均线的第二缺口 K 线，是位于 EMA 均线之下、第二次向上填补 K 线和 EMA 均线之间缺口的尝试，并且它和 K1 一起构成了双底牛旗结构。第一步的上行目标是快速回测 EMA 均线的位置。不过，这里启动的上行动能非常强劲，因此可以期待出现更多的上行走势，并且大概率会出现第二段上行段。不过，由于自 K5 高点启动的下行走势动能很强，因此在后续价格上破 K5 高点之前，大概率会先回测 K6 的低点。目前在构造一个大型的横盘区间，顶部可能已经出现了。一旦出现做空的信号 K，买入看跌期权就是合理的交易策略。

　　每当价格像这样剧烈波动，市场的预测性降低，并且持仓的风险变大的时候，买入期权是不错的应对方式，交易风险非常可控。

　　在图 14-3 中，ANR 在日线图里（左侧插入的图）处于强力的上行趋势中，并且在 4 天之前向上突破了楔形结构的顶部。昨天，它跳空高开，又向上突破了一条上行通道线，并且突破了 100 的整数关口。当 5 分钟走势图里价格开始向下折返时，我们预期很可能出现回测 100 的走势。7 月到期的行权价是 100 的看跌期权，此时售价是 7.2 美元 / 股，此时合理的止损离场策略是上破开盘时于横盘区间的高点平仓，看跌期权会损失 1 美元左右。当价格跌到 K2 位置，看跌期权的价格已经上行到 8.8 美元 / 股。在下跌中第一次停顿的位置很适合进行部分止盈，因为在高开并回测了 EMA 均线和 100 整数位之下以后，可能会出现开盘后的反转上行动作。但是，开盘以后的下行走势强度很大，因此最终出现两段式下行的可能性非常高。如果交易员将止损移动到期权价格 7.3 美元 / 股附近，这个条件单根本不会被触发，那么到收盘时，期权价格将上升到 10 美元 / 股以上。而在日线图中，这一天最终形成了一根吞没形态的下跌阴线。在强力的上涨趋势中，这样的阴线后面通常不会有太好的下跌跟随表现（在图 14-3 中，第二天是小型十字星），这是因为在强力的上涨趋势中大幅的吞没阴线更有可能开启的是横盘区间（而不是反转下行）。不过，近期很有可能回测日线图中上行的 EMA 均线位置。当日内交易员在期权上实现了短期大幅的收益时，最好是平掉期权持仓，然后第二天再去找交易机会。如果选择继续持有仓位，额外收益会非常有限，并且到第二天，期权持仓还会因造成分心干扰日内交易。

图14-3 在狂奔的市场中运用期权策略，经常能给出很有盈利潜力的"否定式"交易机会，并且由于风险是高度可控的，这种交易方式不会占用日内交易员太多精力

如图14-4所示，今天跳空低开于昨天的低点之下，并且位于下行通道线之下，然后反转上行，交易员可以以5.7美元/股的价格，买入7月的行权价为170美元的看涨期权，当时市场的流动性非常好，这个价格可以当即成交50手，买卖价差只有0.1美元（非常小的差距）。这就是交易成交量大的股票的优势。你可以在K5位置回测K3高点附近时，以9.2美元/股的价格卖出一半持仓。你可以在K6这里的双顶结构以及"稍低的高点"出现时，卖掉剩余持仓。这里实现的收益是150美元/股（扣掉手续费）。初始的买入价格是5.7美元/股，也就是每手期权570美元。由于这个进场点不错，你的风险大约是每手期权200美元（期权价格跌破3.7美元止损），并且在回撤100美元时，如果出现二次进场开多点再加仓做多。当然，由于初次进场点的效果已经不错，加仓动作不是必需的。

A 点这个当日的低点也标注在图 14-4 中左侧的日线图上了。[⊖]

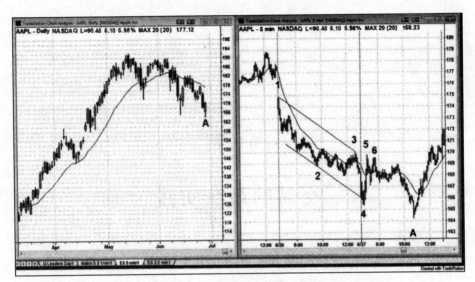

图 14-4 AAPL 在日线图上（左图）出现三重下推

⊖ 图 14-4 中日线图上的 A 点也是位于通道结构下沿，相当于大小级别都遇到支撑位。——译者注

| 第 15 章 |

交易的最佳实践

  本章列举的所有交易案例，都已经在前面的篇幅中论述过，本章额外展示了一些案例以供深入了解。本书中所介绍的各种开仓结构，在 Emini 或者其他任何交易品种的 5 分钟走势图中，每一天都会频频出现。如果交易员耐心等待数小时，并且严格按本章展示的交易结构来开仓，他将在交易上非常成功。但是，学会限制自己仅仅参与最好的交易机会，这或许是交易中最困难的环节。如果你到目前为止还没有实现稳定的交易盈利，那么这就是你要认真考虑并且执行的事情。要想实现交易盈利，其中最重要的部分就是你应当避免那些糟糕的交易机会，相比于你从好的交易机会中实现的收益，糟糕的机会总是会抹掉更多的收益。其中，在你熟练交易、实现稳定盈利之前，最应该回避的交易形态就是铁丝网形态，尤其是当它位于日内交易区间的中间位置，靠近 EMA 均线，在 EMA 均线的错误一侧，并且这一天还不是方向清晰的强力趋势行情时。

现在，让我们回到本书最开始展现的交易走势图，也就是 AAPL 的日线走势图，上面标注了很多绝佳的进场点，这些在本章中都会提及。本章将展示趋势线的应用，以及它如何令交易机会更容易被发现和理解。

在图 15-1 中，K1 位于靠近 EMA 均线的两段式回调（旗形、三角形形态、窄幅横盘区间）中，产生了一个 H2 买入信号。这里是在突破了一条陡峭的趋势线后产生的初次回调结构。

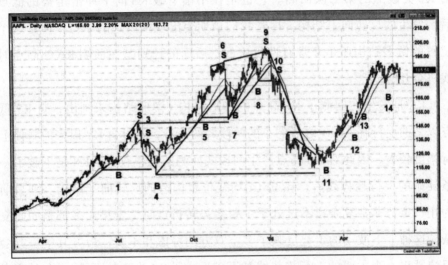

图 15-1　AAPL 截至 2008 年 6 月的日线走势图

K2 是一个楔形结构的开空点，同时也是小型的扩张三角形形态。它出现在 K1 跌破了趋势线之后，因此这里可以开展反向交易，而且在楔形结构之后，这个反向交易机会应当能产生两段式的下行（实际上也确实如此）。

K3（数字标注在 K 线之上）是自楔形结构引发的凌厉下跌以来，产生的 M2S 开空结构，以及双顶熊旗结构，因此大概率会引发第二段下行段，后面和 K1 一起构成双底牛旗结构。

K4 是在回测了 K1 的旗形所在的位置后产生的楔形结构，与 EMA 均线第二缺口开多点，构造了上行的反转。

K5 是对向上突破点（对 K2 的向上突破点）的 H2 结构的回测。

K6 是在 K4 下破了上涨趋势线后，反弹出现的楔形结构开空点。一般来说，它应当穿过 EMA 均线，并且出现两段式的回落。但是，这次下跌是高潮式的，它回落的幅度比较合理，但下行中只产生了一段走势。

K7 是第二缺口开多位置，和 K5 一起构成双底牛旗结构，并且这里是对 K2 突破点的第二次回测。它也是在小幅下破 K5 向下冲击走势的低点后，发生的反转向上结构。尽管我们预期会出现两段式的下行，但是这个位置的做多结构还是非常有性价比的，后面的计划是在回测 K6 的高点时找机会开空。

K8 是发生在回测了 K6 高点的楔形结构（楔形结构未画出，自 K7 低点以来的上行有三段）之后的小的两段式的下行，不过自 K7 以来的整体上行幅度较大，因此对 K6 高点产生两段式回测的概率较大。K8 是下破了一条陡峭的上行趋势线后，在 EMA 均线位置构造的反转向上结构。到目前为止，走势非常复杂，不过处于主要趋势转折点时，走势大多都是如此复杂。这种上下波动的走势反映了多空双方的疑虑和不安，最终其中一方会很快胜出。当主要的上行趋势线被下破后（到 K7 为止的下跌），在对高点的震荡上行的回测过程中，空头力量显然更容易占据上风。

K9 是对 K6 高点完成的两段式回测，构成了"稍高的高点"。同时，它发生于 K7 这里的强力的上行趋势线下破，以及 K8 这里稍短的上行趋势线下破之后。现在有可能出现至少两段式的下行。它还是楔形结构的向上突破失败，因此是二次进场开空点。这个楔形结构一开始向下突破，但是到 K8 时下破失败，然后反转上行并向上突破，最终在 K9 位置反转向下。

K10 是在强力的初段下行之后出现的 M2S 开空结构。它也是对 K8 低点向下突破后构成的突破回调结构，并且位于 EMA 均线之下。

K11 是一个双底回调结构（是相当好看的头肩形底部结构），在下行趋势线上破后，形成了"稍高的低点"，并构成了 H2 开多进场点。在下跌走势继续回落下破 K4 的低点之前，在此就发生了反转向上，这给了多头更大的信心。还有一点，那就是它和 K4 一起构成了双底牛旗结构，并且是在三重下推后出现的突破回调结构，因此它后面应当至少有两段式的上行。

K12 是在上破了陡峭的下跌趋势线后，出现的初次回调中的 M2B 开多结构，并且它也是上破了 1 月的跳空缺口后产生的突破回调结构。

K13 位于小型的两段式回调结构中，并且这是一个失败的 L2 开空结构，因此实际上构成了 H2 开多结构（第二次下行失败等于开启了第二次向上的企图）。

K14 是对 EMA 均线的楔形结构的回测，也是在突破了一条陡峭的趋势线后产生的初次回调结构。此时价格靠近 K9 的高点，并且可能位于新启动的下跌趋势中的初次大幅回调的顶端附近。不过，这里也有可能仅仅是在回测大型横盘区间的上沿，或者位于走势继续创新高的过程中。但考虑到自 K11 以来这么强的下跌，以及当前相对有点疲弱的上涨，后面继续上涨的可能性是最小的。

之前自 K4 启动的上行通道，是本次向下回测的目标位置，回测发生在 K11，构成了双底牛旗结构。通道走势常常会形成横盘区间，因此这次上行很可能在 K9 高点附近止步，然后再出现一次下行走势。最终市场会选择一个方向进行价格突破。

交易员在尝试新的交易方法时，首先要做的就是找到他想要交易的市场的周线图，来观察他的开仓结构是否有效。在他开始交易时，不管账户资金有多充裕，他应当只交易一手。只有在数周都稳定实现交易盈利的情况下，他才能逐渐扩大自己的持仓量。不过，绝大多数交易员都需要数年才能实现稳定的盈利。

交易中最困难的部分，在于判断一个开仓结构是否具有交易的价值。在实盘交易时，难度会更大，你总感觉自己还需要一根 K 线才能确定，但是当这根 K 线真的确认了你的判断，你又错过了最佳进场点。你需要持续训练多年，才能具有一眼就看出图表所传递的信息的能力，并且即便到这个程度，市场中的信息也不是完全清晰的。但是，有一些信息相比于其他信息更加容易辨认，交易员如果只关注那些更容易预判的信息，将会做出更加明智的策略选择。幸运的是，存在不止一个非常容易辨别的开仓结构，并且交易的胜算非常高。

如果走势图展示的走势是从左下角靠近右上角，其间没有出现能够跌到屏幕中间以下的下跌段，或者一直处于波段走势，很多阳线的回调很浅，此时你应该考虑在每一次靠近 EMA 均线的 H2 结构买入点出现时买入。一旦你开多进场，并且等进场 K 收线以后，你应当将止损条件单从信号 K 低点移动到进场 K 低点下方。在实现一定盈利后，短线止盈一半（你可以根据经验调整这一步），然后将剩余仓位的止损移动到盈亏平衡点附近。后面出现新的进场机会时，继续加仓。在大多数市场中，行情只有在 20% 或更少的时间是处于强力的趋势状态中。

当市场没有处于清晰的趋势状态时，你可以寻求把握住创下波段新高或新低时的二次进场的"否定式"交易机会。在这样的交易日中，会出现多次持续了 5～10 根或 10 根以上 K 线的波段走势，然后突破了趋势线，引发反向的波段走势。如果突破趋势线的走势很强劲，那就等待二次进场的机会，通常经过大约 5 根 K 线就会出现。

当你可以稳定实现每天在 Emini 中赚取几个点，或者在 AAPL 之类的大公司股票中赚取 50 美分或 1 美元，你应当致力于扩大你的交易持仓，而不是再去寻找更多新的开仓结构。你应当专注于最好的开仓结构，如果你交易 25 手 Emini 合约，每天仅赚取两个点，你也能一年实现 50 万美元的收入。如果你交易的是 100 手合约，每天赚取 4 个点，一年就能赚 500 万美元。很多大公司的股票，比如 AAPL、GS、RIMM 以及 SKF，它们的盘口都可以承载 3000 股以上的成交，不会引起显著的滑点。如果你交易 3000 股，每天能赚取 50 美分，那么一年下来也能赚 30 万美元。

在经历了几次成功之后，交易员很自然会变得更加自信，大多数交易员会开始增加自己的开仓结构。另外，他们很厌恶自己坐在那里一两个小时什么也不干，因为最佳的开仓结构没有出现，但同时他们看到很多非常有利可图的短线交易机会。最糟糕的选择就是开始交易铁丝网形态。这种形态一般出现在交易时间的中间段，此时你可能已经观察了一两个小时的盘面。它们位于靠近 EMA 均线价格区间的中部位置，看起来非常容易操作。但是，铁丝网形态会摧毁你的账户和心态。不幸的是，绝大多数交易员认为他们可以看透这种形态，他们开始交易铁丝网形态，到了月底惊讶于这个月怎么又亏损了几千美元。

另一种常见的错误就是开始观察 1 分钟走势图。一天结束以后，非常容易辨别 1 分钟走势图的交易机会，但是想要在盘中实时把握住这里的机会是相当困难的。如果你交易的目的是赚钱（赚钱也应该是你唯一的目的），那么你应当专注于最佳的开仓机会，避免参与铁丝网形态以及 1 分钟走势图的交易机会。但如果交易对你来说仅仅是一种令人刺激的爱好，你要记住，爱好得花钱，或许你应该寻找其他同样有趣但不那么昂贵的爱好。

有一种最佳的反转形态，是趋势线被强力的走势段突破，然后两段式回调走势导致新的极限点产生。这里两段式创下新的极限点的努力（"稍高的高点"或"稍低的低点"）实际上是两次恢复原有趋势的尝试，尽管中间出现了强力的趋势线的突破，第二次失败的尝试有很大的概率会使一次强力的反转走势出现，后面至少跟随两段式反转走势，经常会使全新的反向趋势诞生。

在股票开盘后第一个小时参与交易，是最容易盈利的一种交易策略。

你重点把握住对昨日以来的走势形态的突破失败或者突破回调结构。如果有强力的反转 K 线，那就在第一次进场点开仓。如果有 3 根以上重叠范围较大的 K 线，那就等待二次进场点。在你产生 50 美分至 1 美元的浮盈以后，将出场条件单移动到盈亏平衡点。在实现 1 美元收益的位置，做 1/3 至半仓的止盈，在实现 2 美元收益的位置可能再平仓 1/4，但是你要记住，总是要留下至少 1/4 的仓位，让利润奔跑，直到盈亏平衡点被触发或者出现了清晰且强力的反向信号，因为趋势运行的距离经常会远远超出你的想象。

15.1　主要反转结构

主要反转结构是指对持续了几小时或几天的趋势的反转。最好的趋势反转的进场点是在突破了主要的趋势线之后形成的开仓结构。这是因为交易员不希望自己参与逆势交易，除非见到反向的交易力量已经开始展示出主导价格的能力。随后，交易员可以在回调测试原有趋势极限点时进场。这种对原有趋势极限点的回调，可以射击不足（上涨转下跌中出现的稍低的高点，或者下跌转上涨中出现的稍高的低点）或射击过头（上涨转下跌中出现的稍高的高点，或者下跌转上涨中出现的稍低的低点），但是如果射击过头的幅度大幅超过了原有趋势的极限点，原有趋势很可能会继续，而你应当等待下一次出现对新的趋势线的突破。

趋势线突破后产生的稍低的低点（K9）。如图 15-2 所示，GOOG 在这一天跳空低开，在回测了跳空缺口与陡峭的 EMA 均线之后，向下突破创了新低。K1 是一个不错的做空点（EMA 均线附近的 L2 结构的缺口回测），但在向下突破创下新低后，可以由这两根大的几乎光头光脚的阴线看出，下跌趋势开始变得更加明朗了。在这段趋势中，最好的进场点是 K2 和 K3 位置的 L2 结构点（M2S）。

图 15-2　GOOG 的 5 分钟走势图

K4 是反转这个楔形结构（以及下跌通道线）的第二次尝试，因此这里可能导致两段式的上行，实际上也确实如此。触发做多的信号 K 是一个十字星，本质上是一个 K 线时长的横盘区间结构，一般来说，在下跌趋势中横盘区间的顶部买入是不太明智的选择，但是这里已经是三重下推形态中出现的二次进场点，并且已经是最后的旗形（指前面两根小实体的 K 线，几乎要形成 ii 结构）的向下突破失败。

K5 只轻微上破了 K1 到 K3 的下行通道线，但 K7 表现出了更加显著的上行动能，突破了下行趋势线和 EMA 均线，这令交易员做好了准备，在后面回测 K4 低点时找机会开多。K7 是一个合理的 EMA 均线缺口的做空点，并且和 K3 一起构成了双顶熊旗结构，还是下跌趋势中出现的两段式的回调反弹。你要记住，只上破一条下行趋势线，并不足以将下跌趋势转化为上涨趋势。目前仍然是处于下跌趋势中，直到价格回测了低点，确认趋势不再下行，因此在 K7 这里，你仍然应该去把握做空的机会。

K8 这里在当日的低点出现反转动作，但是下行到 K8 的走势非常强劲，因此需要看到强力的反转结构，比如反转 K 或者二次进场点，才有信心参与做多。K8 是一根上行的吞没 K 线，当 K 线里有被困住的交易员时可以作为进场的信号。当价格方向不明朗时，最好等待更多的价格行为线索出现。

K9 是在创下新低后第二次尝试反转走势，这是一个很好的进场点，后面可以期待两段式的上行，这里也是这个交易日中出现的最好的做多结构，自 K7 这里强力上破了趋势线之后，K9 这个做多点是不难把握的。

K10 是在 K9 这个信号 K 向上突破 8 美分（对 500 美元的股票来说，8 美分是相当小的价格波动）后的反转回测，这里是对突破点的完美回测，对上行的迷你趋势线的向下突破失败引发做多点，也是稍高的低点，这个结构令交易员有机会在它的高点被上破时加仓。这根 K 线也将部分多头震出场外，他们后面不得不追逐上行的价格买入。当你经历一次可能是主要下跌趋势反转上涨的反转结构以后，你应当留意在第一次出现稍高的低点时的买入机会。

在下行趋势线被上破后，出现稍低的低点的回测（图 15-3 中的 K13），然后是在一条更长的趋势线上破以后（未画出，是 K1 到 K11 的高点的连线），稍高的低点的回测（K17）。这只股票处于较长时间的下跌趋势中。第一个上涨的迹象来自 K10 低点处的对趋势通道线的射击过头后的反转上行结构。

K11 上破了一条主要的下跌趋势线（这条趋势线也可以自 K2、K3 或 K5 开始画，差别不大），且在 EMA 均线上方出现了 K 线缺口。到目前为止，交易员应当考虑在回测 K10 低点时，寻找"稍高的低点"或"稍低的低点"的做多机会，在此之前趋势的方向还是下行的。

K13 形成了两段式的"稍低的低点"，很多趋势都是以这种方式终结的。

K12 是初次进场点（它只上破了前一根 K 线 7 美分，在图 15-3 中很难被发现），但此时市场整体的下行动能仍然很强，因此大多数交易员选择在买入前等待更多的价格行为线索出现。

两根 K 线之后，K13 在 K10 的低点以下创了新低后反转向上，构造了第二次做多的进场点，并且此时已经是自 K11 上行以来的第二段下行段，因此这是一个非常完美的开仓结构，后面应该期待出现至少两段式的上行反弹。

K14出现在非常强力的上行段的顶部，因此不太可能成为上行走势的终结点。接下来，市场大概率会回测K14的高点，并且在跌回上涨启动点（也就是K13的低点，后面没有再靠近这个位置）之前，会先越过这个高点。

K15位于两段式的回调中，但由于之前的K14位于小型的上行通道线（基于前面5个K线高点构成的上行通道线）的射击过头的结构中，因此K15不是强力的买入结构，可能出现幅度更大、比例更加适配的下行走势。

K17是第二段下行段，出现H2买入结构，并且是对上行突破的启动点的回测。它略微超过了62%这个斐波那契数字的回撤比例，但是在交易时不应该去关注斐波那契数字，因为它们很少胜过交易员直接用肉眼去观察回撤是否适当。这里已经是在走势创下"稍低的低点"后，两段式的回调形成的"稍高的低点"，因此很可能是上行趋势的启动点。

K18完成了突破K14高点的上行目标，此时交易员显然开始纷纷止盈离场了。

图 15-3　XHB 的日线图

在上行趋势线被向下突破后，发生两段式回调，形成稍低的高点（图15-4中的K4）。在K3位置，趋势的方向仍然是向上的，因为对趋势线的突破本身不足以构成反转。不过，到K3为止的下行走势力度很强，聪明的交易员已经开始过滤掉一般的信号，只考虑参与特别强的做多信号，并且开始观察当价格尝试突破177美元（之前K2没能越过的高点）的位置时会不会再次失败。

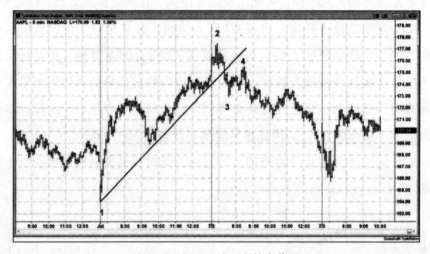

图15-4　AAPL的5分钟走势图

在上行趋势线被突破后，两段式的回调形成稍低的高点（图15-5中的K10）。K4并非印刷有误，这一天是大幅跳空高开，并且当天在高点收盘。

AMZN处于强力的日线级别的上涨趋势中，直到K5这段下行走势跌破了主要的上涨趋势线。目前趋势仍然是向上的，交易员仍然会在出现好的开多结构时（在图15-5中没有出现）寻找买入的机会，期待回测趋势高点。由于向下突破EMA均线和趋势线的下跌强度较大，因此交易员在回测高点时，不管是稍高的高点还是稍低的高点，都会尝试寻求做空的机会，尤其是当二次进场点出现时。

反弹到K6的上行走势很强劲，但这里回测高点时没有出现清晰的二次进场点。

K7 跌破了一条小型的上涨趋势线，这表明空头动能在增强，接下来上行到 K10，回测了 K3 和 K4 的高点。

K10 是位于自 K7 启动的强劲的上行段中的三重上推结构，这种形态应当被理解为楔形反转结构的一种。K10 也大致和 K6 一起构成了双顶熊旗结构，并且是对 K3 和 K4 的高点的二次回测。这已经是交易员可以遇到的最好的做空结构组合：在上行趋势线下破后，两段式的上行回测前高，第二段还是楔形结构，这构成了双顶熊旗结构，这些要素一起出现，给了交易员一个低风险的开空机会。当你遇到主要反转结构时，记得要留部分仓位参与波段交易，即便偶尔几次被止损出场也不要气馁，因为通常一次成功的波段交易，收益也可能胜过多次的短线交易。

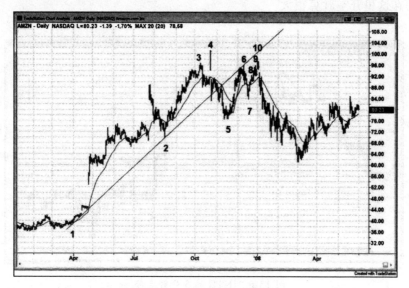

图 15-5　AMZN 的日线图

趋势线下破后，出现稍高的高点（图 15-6 中的 K5 和 K7），以及在下行趋势线上破后，出现稍低的低点（K11）。这段到 K5 为止的上行走势，几乎全部都是阳线，因此交易员在做空之前，应该等待更多的价格行为线索出现。

K6 下破了一条迷你上行趋势线，然后引发两段式的上行，形成了"稍高的高点"（K7 比 K2 和 K5 都要高），这里是一个强力的开空点，并且信号 K 还是阴线。

在之前下破了上行趋势线后，K3 位置出现了稍低的高点，在之前上破了下行趋势线后，K11 位置出现了稍低的低点，这里同时也是对最后的旗形结构的下破失败。

K9 这个位置非常好地说明了为什么突破一条下行趋势线不会自发地让下跌趋势转成上涨趋势。这里是一个非常漂亮的空头反转结构、双顶熊旗结构、两段式的上行，还是下跌趋势中铁丝网形态的上破失败，这些要素共同构成了一次很好的开空交易机会。尽管 K9 本身是一个十字星，但考虑到在这里开空是顺势的，并且有这么多支持反转下行的因素在起作用，使得在这里开空胜算很大。

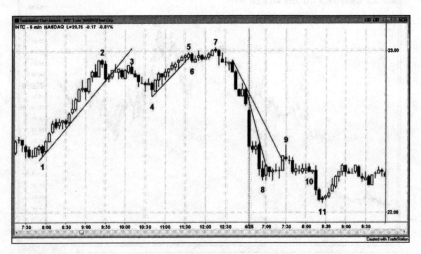

图 15-6　INTC 的 5 分钟走势图

在下破一条上行趋势线后，形成稍高的高点（图 15-7 中的 K7），并且这里也是在一个扩张三角形顶部结构（K1、K2、K3、K4 和 K7）中出现的开空进场点。

K7 是在 K6 这里下破了上行趋势线后，产生的最后的旗形结构上破失败后的开空点。由于到此时为止，扩张三角形形态已经持续了 10 个月。交易员此时应该预期多头会很快溃败离场。如果接下来走势是下行的，那么 K7 的高点应当不被突破，这里是最初设置止损条件单的位置。

K8 是在凌厉的下跌走势跌破了 K6 后，出现的稍低的高点，这个位置把最后一批做多的多头牢牢困在其中。它也是对 K7 这里最初的开空点下破后的突破回测走势。当你遇到潜在的主要反转结构之后的"稍高的高点"的回调时，一定要做好心理准备，在接下来出现的"稍低的高点"处找机会开空。

当价格又跌破了 K6 这个向下冲击的低点时，就可以把保护性的止损单移动到最近一次波段高点的上方。

K11 是一个上涨趋势中的扩张三角形的顺势开多点。尽管这笔交易算得上很不错，但它不如本节介绍的其他反转开仓点。

在 K3 之后出现的稍低的高点中，以及 K8 这里的稍低的高点，都是不错的开空位置。K4 之后出现的稍高的低点（K4 启动的反弹上破了一条陡峭的下行趋势线），以及 K11 之后成对出现的稍高的低点（双底牛旗结构），都是不错的开多位置。

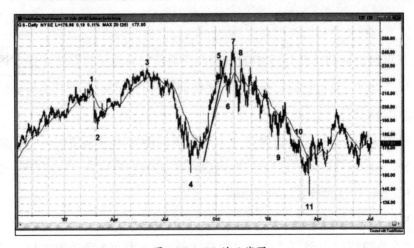

图 15-7 GS 的日线图

在下行趋势线被上破后，三重下推形成稍低的低点（图 15-8 中的 K4）。

在下行趋势线（自 K1 以来的下行趋势线）上破后，产生稍高的低点（K6）。K6 是在稍低的低点（可能构成下跌趋势的末端）出现后，产生的第一个稍高的低点。

趋势线下破后，产生稍高的高点（K9）。

反弹到 K3 的上行走势上破了一条下行的趋势线，不过这个信号本身不足以创造上涨趋势。K3 处形成的楔形结构是一个很好的开空点。

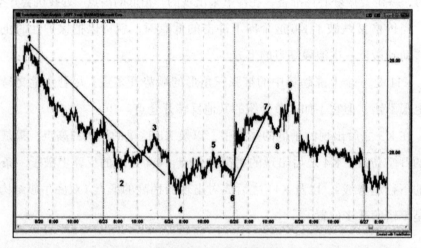

图 15-8　MSFT 的 5 分钟走势图

三重向上推动（图 15-9 中的 K4），特别是它靠近下行趋势中横盘区间的上沿。此外，K1 是在上破了一条陡峭的下行趋势线（未画出）后，形成的稍低的低点。

在图 15-10 中，K12 位置是对上行通道线的射击过头结构，同时是反转结构。

K2 是一个小型楔形结构的顶部。

K4 是上行趋势线被下破后产生的"稍低的高点"。

K6 是趋势线上破后产生的"稍高的低点"。自 K6 启动的上行，是第二段上行，不过最终它使一个双顶熊旗结构产生。

K7是在趋势线上破后产生的"稍低的低点"，这之后在K6产生了"稍高的低点"。

K9是位于稍低的低点（可能构成市场的下跌底部）之后的稍高的高点（出现在趋势线上破之后）。

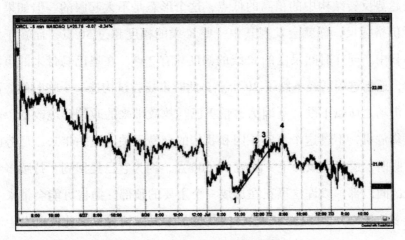

图15-9　ORCL的5分钟走势图

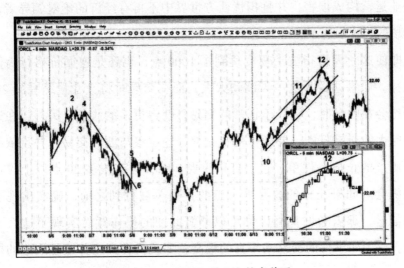

图15-10　ORCL的5分钟走势图

在冲击和通道结构的组合之后，如果出现对趋势线的突破，后面的调整通常要回测通道的启动点（在图 15-10 中回测 K10 这个通道的启动点），此时市场尝试创造一个横盘区间，然后再选择突破方向（多空两个方向都有可能）。

这真是完美的一天！如果你观察图 15-11 右侧的 5 分钟走势图，作为下跌趋势反转结构中的稍高的低点，这个形态是不太起眼的。但如果你看一下价格标尺，你就会发现其中一些 K 线的幅度超过 30 点，而在正常的交易日中，同样时间尺度的 K 线的幅度只有 2 点。在奥巴马带来的市场冲击中，道指这周已经下跌了 20 个点，此时市场尝试构造一个临时的底部结构。市场之所以下跌，是因为害怕奥巴马执政带来的政策环境改变，而不是次贷危机，不过这个真实原因和我们的交易无关。这一年来，形势已经非常明朗，道指应该要至少跌破 10 000 点，因为它已经回到了持续多年的横盘区间内部。或许这里正在形成一个主要的顶部，抛售可能会带来一个低得多的价格，但考虑到横盘区间是更加常见的情况，因此横盘发生的可能性更大。全世界都害怕奥巴马的执政会通过加强政策监管提升商业成本，对企业运营构成损害，并且担忧西方世界中不再有经济的绝对领导者，这些市场的担忧加速了盘面的下跌。

即便这一天道指波动幅度达到了 1000 点，也还是遵循价格行为体系的规律。如果你因为这一天波动太大，而在交易时将头寸量缩减到 20%，你仍然会在收盘时，相较于正常的交易日获得更多的收益。另外，在这样波动巨大的交易日中，要确保你持有部分仓位参与波段交易，并且依靠盈亏平衡点的止损条件单，这一点很重要，因为会有很多 20 点以上收益的波段机会。如果在你的盈亏平衡点的止损单被打到之前，确实出现了反向的信号，那就暂时离场，你可以感慨此前的操作竟然实现了这么大的收益。或者如果你的交易水平真的很高，那就反转开仓并重复刚刚的持仓过程。

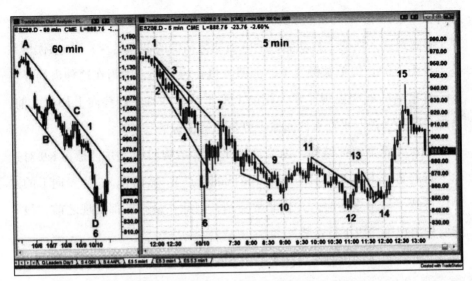

图 15-11 2008 年奥巴马执政带来的市场冲击

这一天已经是周五了，并且在本周每天都出现了 200～700 点的跌幅，因此这一天很可能要出现反转了。但是，你应当保持耐心，等待形态标准的价格行为开仓结构出现。

图 15-11 的左侧是 60 分钟走势图，其中 D 位置（对应的是图 15-11 右侧中的 K6）跌破了连接 A 位置和 C 位置所绘制的趋势线平移下来而得到的通道线，然后反转向上。

在图 15-11 右侧的 5 分钟走势图中，K6 位置在跌破 K2 低点到 K4 低点连线的通道线后，形成了大幅的十字星 K 线。虽说十字星并不是十分理想的开仓信号，但是考虑到市场目前正在同时反转 5 分钟和 60 分钟两个时间周期中的通道线，并且道指已经连续下跌 700 点了，因此很可能出现具有交易价值的反转上行。

K7 上破了一条下行的趋势线，并且在两段式反弹向上的过程中构成了最后的旗形上破失败的顶部结构，因此下一步很可能出现回调向下走势。不过，自 K6 启动的上行力量非常强，因此在接下来回测了下跌趋势低点后，很可能出现第二段上行段。交易员应当保持耐心，等待稍高的低点出现（考虑到这么强的上行动能，不应当期待稍低的低点出现）。如果你设在盈亏平衡点的止损单被触发了，那就找机会再进场，因为在这种市场环境下，有很高的概率出现非常大幅的上涨走势，并且在趋势向上加速之前，出现几次触发盈亏平衡点的回撤走势是非常正常的。

K10可能是底部结构，因为这里是楔形结构回调，并且是在K9对迷你下行趋势线上破失败后的回调（稍低的低点）。然而自K7位置向下的走势段持续了一个多小时，并且非常陡峭，因此在最终底部出现之前，很可能要先出现第二段下行走势。

上行到K11的走势又突破了一条下行趋势线，因此多头力量正在增强。

K8到K11的走势展现了最后的旗形结构演化为楔形结构的常见形态。旗形结构先向下突破，然后在K10位置反转上行，接下来两段式的上行实际上构成了楔形结构的第三段。K9高点是楔形结构的第一段。像这种被扩大的形态，通常会构成幅度更大的最后的旗形结构下破失败。

K12相较于K10是一个稍低的低点，不过对日内来说，这里可能构成稍高的低点，但是到K12的下行动作包含的动能太强，因此后面有可能出现回测低点的走势。

到K13的上行走势包含若干条阳线，这里又突破了一条下行趋势线。

K14是一个尺寸合适的阳线反转结构，并且是迷你下行趋势线上破后的回调开多点，相较于K12，这里是一个稍高的低点，因此这里很可能会成为底部结构中最后一个低点，实际上也确实如此。这就使得K12成为K6低点之后出现的第一个走强的"稍高的低点"，并且是对K6这个下跌趋势低点的完美回测。这里就是这一天不容有失的交易机会，自开盘启动的强力的上行到K7的走势之后，这个位置就是你等待了一整天的目标。当天还有其他交易机会，但是在这一次我们对后市的预判非常有信心，并且价格进展的过程非常完美。首先是在5分钟和60分钟两个时间周期上都出现了下行通道线的射击过头，然后是大幅的到 K7 的上行走势，后面有很大可能性形成稍高的低点，到 K12 为止的两段式回调，在 60 分钟时间周期里构成了稍高的低点，接下来 5 分钟走势图中在 K14 位置出现的稍高的低点，进一步确认了 K12 这个稍高的低点的有效性。你不必观察 60 分钟走势图就可以把握住这次交易机会。这里设置 60 分钟走势图是为了说明在这个反转过程中，在更长周期的时间框架中交易力量也在发挥作用，并且如果观察成交量的话，会发现机构交易员正在密切留意这个价格区间的表现。

注意在这个价格行为中，市场是如何一步步破掉四条下行趋势线的（还破了一条更长时间周期的下行趋势线，图 15-11 中没有画出）。到某个临界点之后，随着市场由下跌趋势转为上涨趋势，上涨趋势线（未画出）的形成与维护变得更加重要。这些上涨的趋势线包括 K6 低点到 K10 低点、K6 低点到 K12 低点以及 K12 低点到 K14 低点。

K15 是一个十字星，但在这个走势背景下，是非常好的信号 K。它是在当日尝试创下新高的过程中出现的对上行通道线（图 15-11 中未画出，由前面几根 K 线连线得到）的射击过头结构。这段上行走势如此凌厉，K 线幅度如此之大，以至于多头很愿意在跌破 K15 时平仓止盈。积极进取的空头也很清楚这一点，因此他们愿意在此开空，空头很清楚在这个位置没有多头愿意买入，除非先看到回调走势逐步展开。

图 15-11 完美展示了我们为什么要在主要反转结构位置，持有部分仓位以参与波段交易。如果你在 K12 进场做多，设置在盈亏平衡点的止损可能后面会被触发，但是在 K14 做多，这一次波段仓位会给你带来 60 点的收益。这种体量的波段收益，即便是你把短线止盈目标上调到 4 个点，也能获得超过你进行 15 次短线交易的效果。

K15 在当日创下新高后反转下行。

15.2　在横盘区间的交易日中，次要反转结构带来的短线交易机会

如果波段走势仅持续了数根 K 线或者一小时左右便停止，那么这一天就不算是趋势行情，在波段高点或低点进行"否定式"交易是很有效的短线策略，有时候这也能提供一些不错的波段交易机会。这种反转结构中最好的一类，是二次进场点或者创下新高和新低时的楔形结构。你可能会感到困惑，明明有这么多不错的波段交易机会，为何还要进行短线交易？原因很简单，如果你参与这次交易大概率能够实现 1 个点的收益，并且市场盘口可以承载的体量很大，那么你可以在这一个点的交易机会中实现你一整天的收益。

在图 15-12 中，K2 突破了开盘时的高点，因此聪明的交易员会寻找二次进场开空的机会（押注向上突破后的回调开多失败），这个开空点出现在 K3 之后。上行到 K2 的动能过于强劲，因此等待二次进场开空点是更合理的策略。

K9 是在跌破了 K4 的波段低点后，第二次尝试构造反转上行，并且这也是当日第二次在创下新低后尝试反转（第一次反转尝试是在 K8 位置的 ii 结构，演化为最后的旗形形态）。

在图 15-13 中，K1 是位于楔形结构中的 K 线反转结构，其中 K 线形态也是强力的反转 K。

K2 是楔形结构的顶部。

K4 是陡峭的下行段中的十字星，由于这里还不能排除演变为 1～2 根 K 线时长的熊旗的可能性，因此你要等待二次进场的机会才能买入。

K5 是当日第二次尝试向下突破 K1 的低点后形成的反转向上结构。后面作为信号 K 的孕线也是阳线。这里也是自 K4 启动的反弹上破了一条下行趋势线后构成的稍低的低点，并且是一个最后的旗形下破失败结构。

K6 是在向上突破 K3 这个波段高点后形成的 L4 开空点。它也和 K3 一起构成了类似双顶熊旗结构的开空结构。

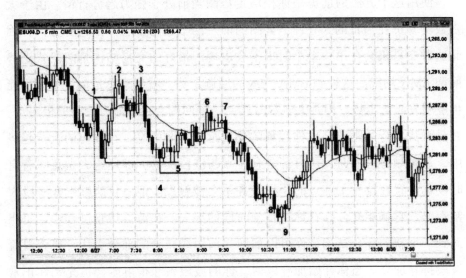

图 15-12 交易日不是趋势行情，便是横盘区间

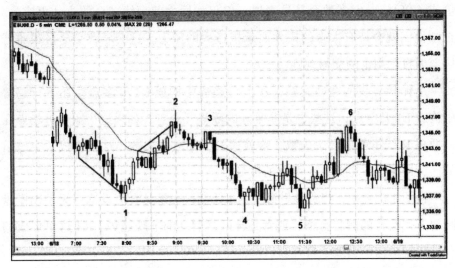

图 15-13 当日若没有明显的趋势，交易员应当把握住在创下新高和新低时的"否定式"交易机会，尤其是二次进场点和楔形结构位置

15.3　强力趋势中的回调结构

使用这个方法的前提是你相信走势图当前处于强力趋势行情。由于大多数交易员在当日的 5 分钟走势图的前一两个小时里看不出趋势方向，因此这种交易机会在第一个小时里不会出现。最好的交易结构是两段式走势回调 EMA 均线。这种到 EMA 均线的回调走势，看起来总是似乎不太可能再度引发顺势走势，但是大多数时候，这种回调会突破原有趋势的极限点，并且顺势运行的距离会比你想象的要更远。重要的是，在强力的上行趋势中，每次顺势进场时，持有部分仓位参与波段交易，即便这么做意味着有时候你设置在盈亏平衡点的止损条件单会被触发。但一旦能够把握一段大幅走势，它就能充分弥补你在其他时候的损失。在波段持仓过程中，每当遇到一个新的开仓结构，你可以加回之前短线减仓的部分头寸，或者对着波段持仓加仓。当你开始加仓以后，你的波段头寸很可能会扩充到你正常波段交易持仓量的 2 倍（如果你坚持在每个信号出现时加仓，甚至会达到 3 倍或 4 倍）。对大多数交易员来说，仅仅加回之前短线减仓的头寸更容易，否则他们就会持有太多的头寸而承担过大的压力，这会导致交易员很难严格遵循自己制定的交易规则。

迷你趋势线的突破失败，在上行趋势中构成 H1 开多点，在下行趋势中构成 L1 开空点，这些也是非常好的顺势开仓点。如果这个顺势进场点在一两根 K 线里就遇到了失败，你就遇到了失败再失败，这就构成了突破后的回调进场点，也是一个可靠的进场点。

在图 15-14 中，当价格跌破了 K2 低点，交易员会假设这一天是以横盘区间方式运行的趋势行情，或者是自开盘启动的下跌趋势。K4 这里形成的双顶熊旗结构，引发了自开盘启动的下跌趋势。

到 K6 时，形势已经明朗，交易员应该开始做空这个靠近 EMA 均线的两段式回调，后面也要做空出现的每一个 L2 结构。

K9 是一个 L2 开空点，K12 是 M2S（K12 之前的小阳线结束了第二段上行）。这两个形态看起来都不怎么样，但是你要相信在强力的下跌趋势中，在 M2S 位置做空有很高的成功概率。

几乎每天都有股票处于日内的趋势行情中，它们会给出一段式或两段式回调 EMA 均线的机会，这就提供了非常好的、风险非常有限的顺势进场点。

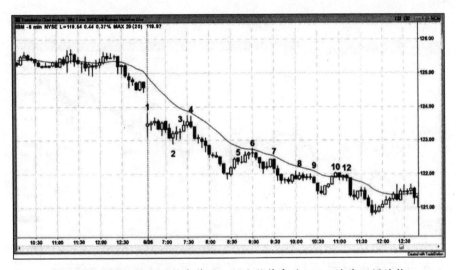

图 15-14　IBM 的 5 分钟走势图，强力趋势中的 EMA 均线回调结构

在图 15-15 中，到 K7 为止，交易员可能会觉得这看起来像是一个以横盘区间方式运行的趋势行情，可能会在 K7 位置的 M2B 结构以及 K8 位置的突破回调结构（这里 K 线实体构成了 iii 结构）买入。

K14 是对昨日尾盘横盘区间的下破失败，如果观察更长的时间周期，很显然这里是一个被抬升的高点，上行到 K15 的走势很可能引发自开盘启动的上行趋势。

K16 基于回测 EMA 均线的阳包阴 K 线结构，是初次回调做多点。这里是一个被抬升的低点，也是 EMA 均线缺口 K 线做多位置。

K18 不是理想的 H2 做多结构，因为信号 K 是阴线的十字星，并且这里太靠近 EMA 均线了，下方 EMA 均线可能有磁吸作用。此外，上行到 K17 是抛物线式的上行，带有一点高潮式的特征，这就令接下来出现的 H2 结构可靠性降低。

K19 是回调 EMA 均线的三重下推结构。

K21 是 H2 结构，同时是阳包阴反转结构，以及 EMA 均线上的 M2B 结构。

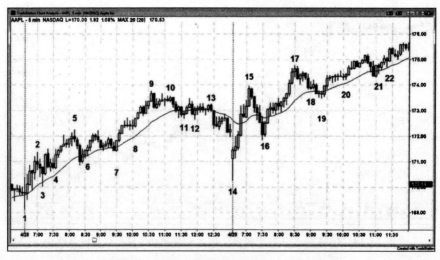

图 15-15 AAPL 的 5 分钟走势图，趋势回调结构

在图 15-16 中，K1、K5 和 K12 都是清晰的买入结构进场点。

K8 和 K13 是在 EMA 均线之下的两段式回调进场点（EMA 均线缺口 K 线）。

K8 是对 K5 这个横盘区间低点的二次回测，而 K13 是对 K6 这个横盘 区间高点向上突破后的二次回测，在这两个位置都形成了双底牛旗结构。

K10 构成了突破后的回调走势中的二次进场做多点（也是 K2、K3、K4、K5、K6、K8、K9 以来的扩张三角形的顶部结构构造失败的位置），同时也是迷你趋势线下破失败的做多点。

注意，即便图 15-16 展示的上涨趋势非常清晰，K6 也是很好的做空机会，因为在它之前，在 K5 先出现了上涨趋势线的向下突破。

K6 是两段式的、楔形结构的上涨，并形成稍高的高点，也是位于一个扩张三角形（K2、K3、K4、K5 和 K6）的顶部。

K15 是对 K11 突破后的回测。在趋势行情中，很多顺势进场点形态看起来都不佳，但你应该相信你的读图能力，并且勇敢地设置开仓条件单，否则，你将很可能和很多新手交易员一样，一次又一次踏空大的行情走势。

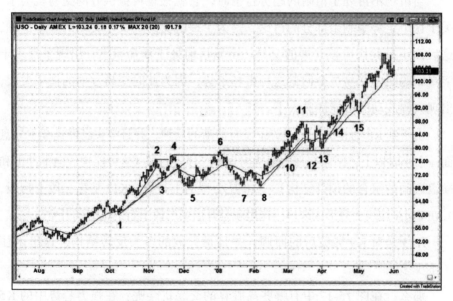

图 15-16　USO 的日线图，它显然处于上涨趋势中，最好的交易机会是 H2 结
　　　　　构的买入点，尤其是靠近 EMA 均线的位置

在强力的趋势行情中，你甚至不需要观察到开仓结构就可以买入。你可以在任意位置买入却仍然获得收益，但是对着开仓结构交易，你可以以更小的风险代价博取收益。

这个上行的过程具有鲜明的通道特征，因此当回调走势最终到来时，市场很可能要回测通道的启动点，也就是 K12 所在的价格区间，甚至可能会回测 K8 的低点（实际上，价格后面一路回落，在接下来 6 个月的时间里，最低跌到了 30 美元 / 股）。

如图 15-17 所示，到 K3 为止的第一段上行段具备很强的动能。当上涨动能强劲时，寻求在 H2 结构点买入的机会。K5 和 K6 都是很不错的 H2 结构买入点，K6 还是一个 M2B 买入结构。

K7 是第二段上行段，并且是最后的旗形结构的上破失败，接下来价格下探，跌破了日内的主要上行趋势线。

当市场不再处于清晰的趋势行情时，它就很难再提供好的交易机会了。关于这个走势中剩余部分的讨论，是为了提醒交易员关于交易的基本道理，这后面不是我们应该开展的交易。市场目前处于横盘状态，出现了很多十字星，聪明的交易员会回避这种市场走势，因为此时交易亏损的概率太大，出现大幅波动的可能性又太小。

由于到 K8 为止的下行走势中没有清晰的反弹，并且空头已经连续主导盘面一个小时以上，因此有理由期待出现第二段下行段（这可能构成向下冲击和横盘区间的组合的顶部结构）。K10 是小型的上行段，K12 是第二段上行段，并在 EMA 均线上方形成缺口。这里就是开启第二段下行的很好的开空进场点。

K13 是对 K9 突破后的回调，并且是失败的多头反转结构，这里困住了不少多头。

那么，在图 15-17 中有哪些高胜算的交易机会呢？在强力趋势中的 K5 和 K6 是最佳机会，而 K12 的做空点位于横盘区间中，也是一个好机会。这个做空发生在跌破上涨趋势线后的第二段上行段中，是一个 L4 结构，靠近一条平坦的 EMA 均线，既是自 K11 以来的第二段上行，又是对 K7 这个下跌信号 K 的突破后的回测结构，还是在 K10 这个波段高点之上出现的第二次反转下行的尝试。但是，只有那些经验非常丰富的交易员可以考虑在这个窄幅横盘区间内交易，并且即便是这类高水平的交易员，他们中的绝大多数也不会考虑在这个位置开展交易。所以，不要在这里交易！

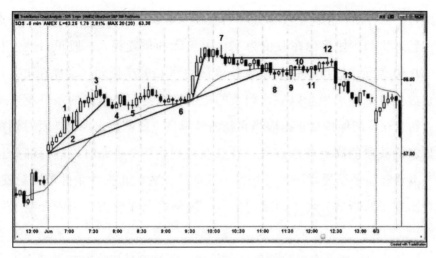

图 15-17　SDS 的 5 分钟走势图，自开盘启动的趋势行情

15.4　日间股票走势

在股票中参与 5 分钟周期的交易也可以很简单，只要你限制自己只参与三类交易：强力趋势中的 EMA 均线回调、主要趋势反转结构中的清晰强力的反转以及第一个小时里对昨日以来的价格形态的突破失败或突破后的回调进场。其中最好的交易机会发生在强力的趋势行情中，大多数 K 线还位于 EMA 均线的同一侧，并且日内出现了几次对 EMA 均线的回调走势。在这样的回调中进场，特别是在 M2B 或 M2S 结构中进场，这可能是你在股票中可以遇到的最好的交易机会了。如果你跟踪 5 只成交活跃的股票（成交量每天在 500 万股以上），并且每日波幅在 3 美元以上，那么你每天都有机会把握住一两次可以实现 1 美元以上短线收益的交易机会，在部分波段头寸的交易中，还能实现更多。在进场以后，你可以在信号 K 之外设置保护性止损的条件单（你基本上不用承担 1 美元以上的风险，止损风险一般不到 60 美分），在进场 K 收线后，把止损条件单移动到进场 K 之外。当价格顺着你的交易方向运行了 60 ～ 80 美分的

距离时，你可以将止损条件单移动到盈亏平衡点，或者比这个稍微差一点的位置。比如，如果你在股价为 120.10 美元的位置买入，股价目前上行到 120.80 美元，你可以将止损条件单移动到 120.07 美元。当你在 1 美元的止盈位置平仓了半仓以后，剩余的仓位依靠盈亏平衡点的条件单来离场。剩余仓位的保护性止损应当在新的波段高点或低点出现时，及时调整到最新的波段的高点或低点处，并且在盈利达到 2 美元时再进行部分止盈。不要轻易平仓最后一部分仓位，除非你设置的止损性条件单被触发，或者出现了清晰的、强力的反向信号。这种情况在前面篇幅中介绍了好几次。

第二类交易机会在趋势的反转结构里，不过这种机会对初学者来说非常困难，原因在于绝大多数反转结构最终会失败，而初学者过于渴望反转，并且会在一些质量不好的开仓结构中进场。要想实现趋势反转，首先要对主要趋势线发生强力的突破，这第一段反向的走势要表现出足够的反向动能，并且其中具备强力的反向的 K 线。然后，你要等待对原有趋势极限点的回测，并在回测成功时进场（上涨转下跌中的稍低的高点或者稍高的高点，或者下跌转上涨中的稍高的低点或稍低的低点）。你应当看到信号 K 是强力的反转 K。但是如果你遇到的开仓结构没有具备上述任何一个要素，那就不要参与这次交易。进场后的离场条件单的设置方式，和前文的第一种交易类型是一样的。

关于最后一类交易机会，你需要仔细观察自昨日以来的走势图，寻找其中的结构形态，比如旗形、波段高点或低点抑或趋势线，并且在今天观察盘面，在形态突破失败或突破后的回调中进场。日内的最高点或最低点常常在开盘时的反转走势中出现。

如图 15-18 所示，过去几个小时里，市场一直处于缓慢的下行状态，并且还没有回测 EMA 均线，因此处于非常强力的下行趋势中，其中最好的做空交易机会是在 K2 和 K10 位置。

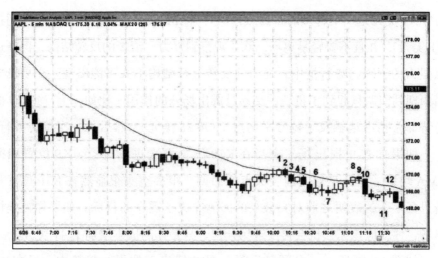

图 15-18　AAPL 的自开盘启动的下行趋势

K2 的进场价格是 169.88 美元，并且初始的止损位置是在进场 K 之上的 170.38 美元。引发空单进场的 K 线是吞没形态的阴线，因此你应当在进场后第一时间，在这根 K 线收线之前，在进场 K 高点上方设置止损条件单。这么做非常合理，因为首先这样限制了你的持仓风险，其次即便是收线之前价格忽然反转上行突破了这根 K 线的高点，在这种情况下你一定也不想再持有这个空单了。但如果这根 K 线不是吞没形态，你还是应该把止损暂时保留在信号 K 的高点。一开始你要承担的止损风险是 50 美分。

K5 是一个 H1 结构，向上运行刺破了你的进场价格大约 7 美分。不过你应该还没有把止损条件单下移，因为此时你持仓的最大浮盈也不过是 38 美分，你需要给持仓一点时间，让趋势出现。一般来说，你在实现 60～80 美分或以上的持仓浮盈之前，不应当将止损单移动到盈亏平衡点。

到了 K6 位置，你应当已经使用限价单实现了一半仓位的 1 美元幅度的止盈（K6 的底部距离你的进场价格是 1.07 美元）。你可以从这根 K 线的吞没形态看出，不少交易员也在这个位置进行了部分的平仓止盈。到目前为止，你应当将止损条件单移动到盈亏平衡点，或者稍微低一点的地方

（170.91 美元是一个合理的止损点，因为 AAPL 袭击止损单的深度很少超过 0.1 美元），并且不要轻易离场，除非观察到强力、清晰的反转结构，但在这么强力的下跌趋势行情中，强力的反转上行结构不太可能出现。交易员应当预期到回调只起到了将新手交易员震出场外的作用。比如，上行到 K9 的走势非常精准地触及了盈亏平衡点（170.88 美元），然后再一次反转下行。

如果你被止损出场，应当在 K10 位置再次进场开空，K9 位置回测 EMA 均线，并且是对之前突破点的回调。很多空头很显然在 K10 位置重新进场了，这表明之前对突破点的回测完成了震仓的目标。如果你被止损出场，你就应该抓住机会再度进场开空，只是你的成本增加了 41 美分。

如图 15-19 所示，自开盘后第一根 K 线启动的下行趋势中，只在 K2 和 K3 的低点处出现了一两根阳线（并且这些反弹都无法靠近 EMA 均线），在这些位置之前，没有出现强力的买入力量。仅仅突破一条下行趋势线，不足以作为多头力量的证明。除非你确实观察到反向的上涨力量出现，否则任何反向交易都只是短线交易机会，在强力的趋势行情中，参与逆势交易是注定要亏损的。

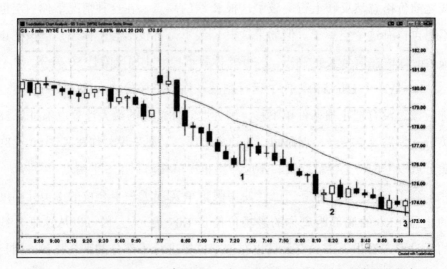

图 15-19　GS 猛烈下跌，但在 K3 位置出现的强力反转向上的 K 线结构构成了楔形结构的底部

如果你仅仅认为价格已经下跌得太远、太快，该出现上涨了，那就观察图 15-20 的走势（图 15-20 和图 15-19 标记的序号对应同样的位置）。楔形结构构造反转上行失败，市场又下跌了 6 美元！

永远不要参与逆势交易，除非开仓结构真的很完美。逆势交易的条件是出现强有力的趋势线突破以及强有力的反转 K 线结构。

图 15-20　该回避的进场点

你每天都应当仔细检查当天的走势图，特别是第一个小时的走势，要判断当天是不是趋势行情（趋势行情的主要特点在前面已经阐述过了）。如果这天的确是趋势行情，你就不能再进行逆势交易了。在图 15-20 中，像这种自开盘启动的下跌趋势是最明显的趋势。或许到第三根 K 线（大幅阴线，自开盘位置下跌）时你还会有所怀疑，但是当价格跌破 K1 位置时，你就应当确信了。

K1 这里的上行产生了一根大幅的阳线，并且上破了一条下行趋势线。过于心急的交易员可能会在 K2、K3 和 K4 的反转结构买入进场，觉得多头已经通过上破下行趋势线，展示出了足够的上涨强度。但是，价格自第三根 K 线起，便一直处于 EMA 均线之下，交易员应当记住，像这样自开盘启动的趋势，第一次回测 EMA 均线的回调大概率要失败，下一步是回测下跌趋势的极限点。不要觉得市场已经跌得够深了，反弹该出现了，这种思路只会让你不断进行逆势交易，在强力的趋势行情中不停寻找反向的短线交易机会。你不敢在靠近低点的位置开空，反而希望趋势反转的到来，这当然是胜算很低的。你应该按照数学概率行事。在这种下跌行情里，大多数做多的短线交易最终会失败，你积累的损失太大，即便偶然成功了一两次，也无法弥补整体亏损。

GS 一整天都没有出现可交易的 M2S 结构，因此大多数初学者如果想赚钱，应该去别处寻找交易机会。不过，对于经验丰富的交易员来说，他们一整天都在对着浅浅的回撤开空，依靠经典的、依次出现的回调走势来维持持仓，如果反弹上行超过了他们认为合理的水平就离场。在趋势中，初次回调出现时，后面大概率要跟随对趋势极限点的回测（图 15-20 中的下跌趋势极限点就是日内的低点）。

你总是应当寻找突破后的回调以及突破的失败点来参与交易。

在图 15-21 中，K1 是一个突破失败的开空机会。

K2 是回测了当日低点后的反转上行结构，并且这是第二次在昨日横盘区间的低点尝试构造下行走势（向下突破失败）。如果市场两次尝试一件事但都失败，那很有可能市场要做完全相反的事情（在这里就是上涨）。这里也是一个楔形结构的低点。

K3 位置尝试向上突破昨日高点但失败，进而引发反转向下。

K4 位置尝试向上突破下行趋势线与 EMA 均线，但失败。

K5 是今天跳空低开后，形成的强力的反转向上 K 线结构（向下突破昨日低点失败）。

K6 是开盘后上行突破昨日横盘区间后的回调结构。这也是在 EMA 均线位置出现的抬升的低点。

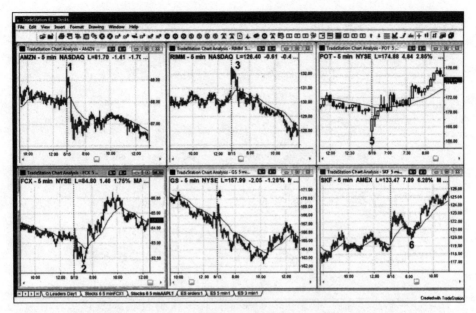

图 15-21　股票在开盘时的交易机会

交易的建议

怎么这里写的是建议而不是规则？因为在交易的世界中，不存在无可置疑的铁律。

1.所有价格形态都处于灰色地带，绝对的清晰与精确只能是奢望。接近于完美便是完美。如果价格形态看起来接近于一个可靠的形态，那么它在交易上的功效也会接近于一个可靠的形态。

2.每一根K线都可以是上涨或下跌的信号K线，而市场完全可以由此在下一根K线发动上涨或下跌的趋势。以开放的心态接纳一切走势可能性，当意外的走势出现，不要质疑也不要否认它的出现，你要做的仅仅是理解当下的走势图，并以此开展交易。

3.一切线索皆有意义。若你掌握了阅读价格行为的技术，那便不会有令你惊讶的走势出现，因为你已经完全理解了市场行为。初学者最终会在交易日接近结束时理解走势，而你的目标应当是足够快速地理解走势图，以使你能够实时地理解市场中正在发生的事。

4.仅理解价格行为，不足以使你具备稳定盈利的能力。你必须要学习如何把握最佳的交易机会，并且遵从你自己制定的交易规则。

5.交易是一份工作，如果你想好好地在交易上赚点钱，你需要有一个计划，这和你经营其他生意的道理是完全一样的。计划可以非常简单，比如只交易5分钟走势图中两三种类型的开仓结构，以及以半数仓位短线止盈，留下半数仓位进行波段交易，并且设置盈亏平衡的止损点。但是，你必须遵守你制定的交易规则。日内短线交易是一份利润微薄的工作，因此即便只是几次纪律上的松弛，也可能会导致你入不敷出。

6. 不要把市场当作赌场，因为你找到的概率优势往往会无情地、势不可挡地摧毁你的账户。很多交易策略常常看起来非常不错，使你相信你最终能靠它们盈利。但概率上对你非常不利。比如开展1分钟的短线交易就是一个非常经典的案例。你盈利的次数非常频繁，使你相信你最终可以通过精进技能而在这种交易上最终大赚一笔。但实际上，其中很多笔最佳的交易在1分钟走势图上发生的速度太快了，你无法及时跟上节奏，你最终不得不频频去挑选劣等的交易机会，最终赚到的利润远远不如你坚守5分钟周期走势的交易结果，倘若你在1分钟走势图的交易上还能有点利润的话。

7. 不存在可靠的反转交易形态，因此除非先看到对主要趋势线的突破，否则不要参与反转交易。而且即便在这种情况下，也要先观察顺势交易的机会，因为后面很可能至少出现一次对原有趋势极限点的回测。如果价格又一次在原有趋势的极限点价位附近出现了反转的走势，你应当考虑在新的趋势方向上寻找开仓的机会。

8. 形态最终都会失败，而形态的失败常常会再次面临失败，不过失败再失败却是原有趋势方向上的二次进场点，反而提升了开仓成功的可能性。

9. 每当你看到多空其中一方突然被困住，在反方向上进行短线交易开仓盈利的可能性便会明显提升。在你进场的同时，被困住的仓位也在寻求止损离场，而他们在同样的交易方向再度进行交易之前，会三思并等待更多的价格行为线索出现，因此此时场内活跃的交易力量只剩下你的同盟。

10. 看到仓位的止损条件单被突袭，交易员的持仓被震仓出局时，这与仓位被困住是同等可靠的交易信号。如果市场突然袭击了止损条件单，然后走势继续，这是一个可靠的开仓结构，至少值得尝试一次短线交易。

11. 很多新手交易员追逐交易的刺激感，倾向于过度交易。而很多伟大的交易员将交易视作孤独、无聊但有利可图的事业。

12. 越简单越受推崇。你不需要各种技术指标，并且你仅仅需要观察一张走势图。如果你在一个时间周期且没有技术指标的走势图中不能够实现盈利，那么给你的分析增加更多的要素也只是徒增分析的难度。另外，你应当仅仅专注于少数最佳的开仓结构，除非你已经非常稳定地具备了盈利的能力。

13. 你应当决定交易是你的爱好还是你的事业。如果你把交易当作爱好，你应当换一个爱好，因为交易作为爱好实在是太昂贵了，而且存在致命的诱惑力。虽然绝大多数对交易上瘾的交易员最终难逃破产的命运，但所有伟大的交易员都对交易上瘾。

14. 如果你连一个球都颠不好，那就别去琢磨同时颠两三个球。如果你还没有从交易中稳定盈利，那就专注于一张走势图、一个市场品种、一个时间周期（5分钟）、一个理念（价格行为，不带技术指标）。

15. 当你开启交易事业时，你应当观察 5 分钟走势图，带着止损进场，在止盈目标位以限价单进行部分或者全部仓位的止盈离场，然后将剩余仓位（如果有的话）的止损单移动到盈亏平衡点的位置。

16. 交易初学者应当考虑以波段方式参与股票交易，而不是在 Emini 上进行短线或波段交易，这是因为股票的走势图通常更加易于理解，并且趋势性较好，Emini 股指期货或者债券期货在交易者的资金量上一个台阶后，重要性会提升，这是因为随着你交易的资金量增大，期货相比股票可以提供更好的成交流动性。

17. 在起步阶段，你应当考虑交易 SPY（股指 ETF）而不是 Emini（股指期货）。一手 Emini 大约等于 500 手 SPY，而交易 300 ～ 500 手 SPY 能够令你在波段交易中增减仓位，不至于承担太多风险。当你渐渐能够扩大仓位，交易 1000 ～ 1500 手 SPY 的时候，如果你还想继续扩大仓位，那就切换到 Emini 上去交易。在这个资金体量上，你已经可以对 Emini 进行增减仓，（在 Emini 上）你可以大幅增加持仓量，不会引发成交流动性的问题。

18. 当你觉察到自己连续好几次都不敢对 Emini 中好的交易机会下手，很可能此时对你来说，持仓风险已经成为一个突出问题。你应该回去交易 100 ～ 300 手 SPY，并且至少参与波段持仓 20 ～ 50 美分。虽然这样交易不会令你很快变富，但是你至少可以赚点钱，并且逐渐积累信心。

19. 寻求低点买入、高点卖出，除非处在清晰且强有力的趋势行情里（参见关于趋势的篇章）。在上涨趋势中，在 H2 开多结构买入，即便这些结构位于日内走势的高点，而在下跌趋势中，在低位的 L2 结构卖出。不过，市场在大部分时间里都是处于横盘区间内部。比如，市场已经好几天维持了上行走势，现在在这一段上行段的高点出现了一个买入的信号，现在问问自己是否相信市场仍然处于（本书中所描述的）清晰且强力的上行趋势中，如果你无法确信这一点，那就不要在高点买入，哪怕短期的动能看起来非常强劲，你在此被套住的概率也是很大的。

20. 每一张走势图的每一部分走势段，都可以被归结为不止一种形态。通常这些不同的形态都会指向相同的方向。你只需要看到其中一种形态，以此来设置开仓点。比如，下跌趋势中最后的旗形结构的下破失败，也可以构成上涨趋势中的双底旗形形态，同时这也可以是一个对短期的下行通道线和更大级别的上涨趋势线射击过头以后，构造的向上冲击和横盘区间组合而成的反转上行结构，它可以演变为以冲击和通道方式上行的趋势。如果你能识别出其中任意一种走势结构，即便你看不出其他所有的形态结构，你都可以据此开仓。

21. 好的成交价格往往意味着糟糕的机会。如果市场令你在一个比你预期好得多的价格进场或者出场，你应当总是对此保持怀疑。但如果开仓结构本身质量不错，那就接受它。但是反过来说，也就是糟糕的成交价格意味着好的交易机会，这样的推论并不靠谱。

22. 趋势中总是不断地形成回调走势，看起来像是糟糕的顺势进场点，但有利可图，而反转结构看起来不错，往往却导致亏损。绝大多数趋势中的回调会表现得有点像高潮，令交易员怀疑趋势是否已经结束，并且踏空回调中顺势进场的机会。而反转结构往往看起来很不错，能吸引并且诱捕逆势交易员进场。如果你总是进行逆势交易，你就是在赌博，或许你常常能赢，并感觉饶有趣味，但是概率对你不利，你也必然将会逐渐造成账户亏损。绝大多数强力趋势中的逆势结构将会失败，最终演变为绝佳的顺势开仓结构。在 1 分钟走势图上，情况就更是如此。

23. 一天中最容易赚钱的时间段是开盘后的 90 分钟里，其中最容易把握的交易机会是突破的失败以及对前一天的形态进行突破后的回调交易机会。初学者应当避免在当天走势区间的中部位置以及当天的中间时间段开展交易。

24. 每当你要开仓之前，先问问自己这个结构是不是当天最好的交易结构。这个结构是不是机构交易员耐心等了一天才终于等到的机会？如果答案不是肯定的，你显然还不是一个稳定盈利的交易员，那么这个机会显然也是不值得参与的。如果你在短短的 15 分钟里连续亏损了两次，问问自己这个机会是不是机构交易员耐心等了几个小时才等到的机会。如果答案不是肯定的，那么你应该是过度交易了，你需要更多的耐心。

25. 知者不言，言者不知。不要在交易时间看电视或者阅读新闻。那些忙着赚钱的交易员不可能抽空上电视。问问自己，如果你只想在 Emini 走势中，用大头寸赚两个点的波动，你还会关心电视里在播什么新闻吗？既然如此，何必还要在意电视里那些坐而论道的专家信口开河呢？交易是一门生意，而不是宗教活动，不要再徒劳地寻求交易的救世主。

26. 每一根K线，或者每一组K线结构，要么是趋势，要么是横盘结构。在一天当中，尤其是早上8时30分，你应当仔细决定这一天的形态结构是否类似于本书中出现过的任何一处形态结构。如果你发现它像一个结构，你决定开仓，你应当坚持顺势交易。在你已经充分利用了所有的顺势开仓结构之前，不要考虑逆势交易的机会。

27. 质量最好的信号K是那些顺着你交易方向的K线。十字星则是一根K线时长的横盘结构，因此是很糟糕的信号K。如果你在下跌趋势中对着横盘区间的高点买入，或者在上涨趋势中对着横盘区间的低点卖出，这都是注定要亏钱的操作。

28. 在你戒除了参与短线逆势交易的习惯以后，你才有机会实现稳定盈利。或许你短线逆势交易的胜算较高，这支持你持续这样做来提升交易技术，但是稍加时日，这种做法的有害性会逐渐体现出来。

29. 在你开始交易顺势的回调结构以后，你才会懂得稳定盈利是什么感觉。

30. 交易反转结构很难盈利，除非你已经等到了对主要趋势线的突破，然后在回测原有趋势极限点时，等到了反转结构。

31. 只有当你真正理解你交易的是什么，你才能开始赚钱。你应当每天都打印出你所交易的品种的5分钟走势图，然后标记出你所看到的每一个进场结构。每当你看到一些价格行为的特点，就在图中写下来。这个习惯你应当经年累月地坚持下去，直到有一天你能够看一眼走势图就马上理解市场中正在发生什么。

32. 如果你连续发生了两到三笔交易的亏损，或者这一天你没有实现整体交易盈利，那么你很可能已经陷入过度交易的状态，并且耐心不足。或许你自欺欺人地在1分钟走势图或3分钟走势图里寻找"低风险"的进场机会，或许你在不断地进行逆势交易，又或者你在对着铁丝网形态开仓。这些坏习惯总是能对你的交易账户造成更大的破坏，抹去盈利的贡献。你正在走向账户的爆仓，虽然进度可能缓慢，但最终你会到达这个地步。

33. 你要想长期实现交易盈利，只有在你充分了解自己的性格特点，并且已经找到了与之相匹配的交易方式时才有可能。你需要能够自在地遵循你设定的交易规则，能够以最低程度的不确定感或焦虑感实现开仓和平仓。当你已经掌握了一种交易方法，如果在实际交易时还是感到有压力，那么你可能还没有找到适合自己的交易风格。

34. 要记住，主动留意两段式的走势，并且如果市场尝试两次要做某事，但两次都没有成功，这就是一个很可靠的市场要做完全相反的事情的信号。

35. 永远不要去尝试猜测顶底位置，因为你总是会猜错顶底，最终造成亏损。要么参与波段交易，只参与这一天中最好的两三次交易结构，要么进行短线交易。不过第二种思路难度要大得多，只适合极少数天赋异禀的交易员（承认吧，大多数交易员只是普通人）。

36. 新手应当仅仅专注于胜算最大的少数交易机会，要么短线交易，要么波段交易。盯盘两三个小时，但是什么也不干，确实是一件非常困难的事情。但对新手而言，这就是赚钱的最佳途径。如果你的最终目标是赚钱，那么这就是你必须要做的事情。如果你办不到这一点，那么显然你在市场中还有其他的目标，这些目标已经干扰了你本应当坚守的唯一合理的目标——赚钱。

37. 自律是交易赢家最重要的品性。交易是典型的知易行难。规则虽然简单，遵循规则却困难重重，即便是偶尔的自我放纵，也会构成最终输赢的分水岭。在单独一笔交易面前，每个人都能做到像泰格·伍兹那样心如磐石。但极少有人能够在整个交易日都那样坚韧，更不用说在各自的交易生涯中经年累月保持这样的状态。人人都能理解精神上的强度和自律对于交易的重要性，并且每个人都能够在每一天的部分环节做到精神上的坚韧和自律，但是很少有人真正懂得，内心究竟需要坚毅冷酷到何种程度，才能成为一个伟大的交易员。你应当培养这种自律，仅仅参与最佳的交易机会。

38. 伟大的交易员第二重要的特质是，拥有在几个小时里什么也不干的能力。不要因为感觉无聊就觉得似乎距离上一次开仓已经太久了。

39. 你交易的目标应当是致力于逐渐扩大交易的头寸规模，而不是盲目增加你交易的次数或者增加对你管用的开仓结构的种类。你要想在交易中取得成功，只需要在 Emini 交易中实现 1 个点的利润（一天 1 个点，100 张合约已经足以帮你实现一年七位数的利润了）。

下列概念属于我的特有定义，将帮助读者理解本书体系，可能会与其他分析师或理论体系有不同之处。

2HM 市场连续两小时以上没有触碰到 EMA 均线，这是强力趋势的表现，不一定发生在交易日的头两个小时。

Bar Pullback K 线回调 在上涨波段中，是指跌破前一根 K 线低点的 K 线，在下跌波段中，是指上破前一根 K 线高点的 K 线。

Barb Wire 铁丝网形态 三根以上大致重叠的 K 线构成的横盘区间，至少有一个是十字星。此时最好在靠近它上下端点的位置参与小 K 线的"否定式"交易，顺势方向的交易会加分（比如在 EMA 均线之下，只考虑卖出的机会），或者参与突破铁丝网形态后的回调交易。

Bear Reversal 下跌反转 趋势由上涨转为下跌。

Breakout 突破 当前 K 线的高点或低点，向外延伸越过了某个重要的价格，比如波段高点或低点、前期某根 K 线的高点或低点、趋势线或通道线等。

Breakout Bar（或 Bar Breakout）突破 K 指当前的 K 线突破了前一根 K 线的高点或低点。

Breakout Pullback 突破回调 指一种小型回调走势，由 1～5 根 K 线构成，在突破后的几根 K 线中出现。这也叫作失败再失败，因为它突破失败的企图，再次遭到了失败。在连续两次失败以后，市场通常会产生可靠的交易结构。

Breakout Test 突破回测 是指突破以后，回调靠近之前突破位置的进场点。它可能会射击过头或射击不足，只差了几跳。它可以发生在进场后的一两根 K 线里，也可以在走势延伸一段时间后发生回调（5 分钟走势图中甚至有突破几小时后才回调的案例）。

Bull Reversal 上涨反转 趋势由下跌转为上涨。

Candle 蜡烛图 实体是由开盘价和收盘价构成的。收盘价在上，就是阳线，本书中用白色蜡烛图表示，收盘价在下，就是阴线，本书中用黑色蜡烛图表示。实体上下两端的竖线叫作影线。

Chart Types 图表类型 有线形图、竹线图、K 线图、单位成交量图、闪电图，等等。

Climax 高潮式 是指一段运行速度太快、距离太远的价格走势，接下来的反转方向，要么进入横盘区间，要么进入反向趋势。绝大多数的高潮式走势，会以通道线射击过头然后形成反转结构而告终。

Countertrend 逆势 是指交易的方向和当前趋势方向相反。一般来说，最近的 5 分钟信号 K 的方向应该是趋势的方向。此外，如果最近的 10 根或 20 根 K 线位于 EMA 均线之下，当前趋势可能是向下的。

Day Trade 日内交易 是指以日内平仓为目的的进场开仓。

Doji 十字星 指实体很小或没有实体的 K 线。在 5 分钟走势图中，十字星的实体可能只有一两跳那么长，但在日线图中，实体可能会长达 10 多跳，但看起来仍然很不起眼。十字星代表多空双方都没有获得对这根 K

线的主导权。

Double Bottom 双底结构 指当前 K 线的低点和之前的波段低点差不多处于同一位置。前一个波段低点可能位于 1 根 K 线之前，或者 20 多根 K 线之前。之前的低点不一定是日内的最低点，这种双底结构通常会构成牛旗结构（双底牛旗结构）。

Double Bottom Bull Flag 双底牛旗结构 在上涨趋势中出现的停顿或旗形形态，其中有两次向下冲击走势，在差不多的价格水平止跌反弹，然后反转向上继续回到上涨趋势中。

Double Bottom Pullback 双底回调结构 双底结构之后，产生深度的回调走势，构成了"稍高的低点"，形成买入结构。

Double Bottom Twin 双 K 底部 在强力的下跌趋势中，存在连续两根 K 线，它们最低价相同，影线很小或几乎不存在。

Double Top 双顶结构 当前 K 线的高点和之前波段高点一致。之前的波段高点可能位于 1 根 K 线或 20 多根 K 线之前。之前的高点不一定是日内的最高点，这种双顶结构通常会构成熊旗结构（双顶熊旗结构）。

Double Top Bear Flag 双顶熊旗结构 在下跌趋势中出现的停顿或旗形结构，其中有两个顶部，位于差不多的价格位置，然后反转向下进入下跌趋势。

Double Top Pullback 双顶回调结构 双顶结构之后，产生深度的回调走势，构成了"稍低的高点"，形成卖出结构。

Double Top Twin 双 K 顶部 在强力的上涨趋势中存在连续两根 K 线，它们最高价相同，影线很小或几乎不存在。

Down Up Twin 阳包阴结构 是指由两根实体大小差不多的 K 线（第一根是阴线，第二根是阳线）构成的反转上行结构。

Early Longs 急于进场的多头 是指在构成多头反转结构的 K 线形成的过程中进场开多，而不是等它收线再在高点涨破时进场。

Early Shorts 急于进场的空头 是指在构成空头反转结构的 K 线形成过程中进场开空，而不是等它收线再在低点跌破时进场。

EMA 指数型移动平均线 本书走势图中用到的均线是 20 周期的指数型移动平均线。

EMA Gap Bar EMA 缺口 K 线 在横盘或下行走势中，是指低点位于 EMA 均线之上的 K 线，而在横盘或上涨的走势中，是指高点位于 EMA 均线之下的 K 线。

Entry Bar 进场 K 实际发生进场开仓的 K 线。

Fade 否定式 指进行逆势的交易（比如，在向上突破时做卖出开仓，你预期的是上破失败，引发反转下行）。

Failed Failure 失败再失败 是指走势失败以后再次失败，从而恢复了原先突破的方向，由于这是二次开仓的信号，因此可靠性会高一点。

Failure 失败 是指走势在实现短线收益之前，先触发了止损条件单，由于被困住的趋势交易者不得不止损离场，因此通常会导致反向走势的出现。当前市场环境下，在 Emini 的短线交易中，盈利目标是 4 跳的话，就需要 6 跳的波幅，而在 QQQQ 中，盈利目标是 10 跳的话，就需要 12 跳的波幅。

Five-Tick Failure 5 跳突破失败 指在 Emini 的交易中，在出现信号 K 后，价格触及 5 跳的位置，随后马上反转（比如，对上涨趋势中的旗形结构向上突破，但仅仅触及 5 跳，并且当 K 线收线时，下一根 K 线就走出了更低的低点）。通常这种走势会构成反向的开仓结构。

Gap 缺口 缺口可以指代走势图中两个价格中间的空间。开盘出现缺口是很常见的现象，是指当日第一根 K 线位于前一根（昨日最后一根）K 线的高点之上或低点之下，或者位于昨日价格区间以外。EMA 均线缺口 K 线是指 K 线的低点位于横盘或下行的 EMA 均线之上，或者 K 线的高点位于横盘或上行的 EMA 均线之下。

Gap Reversal 缺口反转 缺口反转是指当前的 K 线尝试突破前一根缺口 K 线，并进入缺口的现象。

Gap 2 第二缺口 是指第一次缺口反转失败，第二次出现缺口反转现象，并尝试填补缺口。

High 1,2,3 or 4 第一、第二、第三或第四高点 第一高点是指在上涨或横盘的趋势里出现的调整走势中，第一次发生 K 线突破前一根 K 线高点的现象。如果接下来出现了高点低于前高的 K 线（可以发生在第一高点之后任何位置），再出现高点越过前面 K 线高点的现象就称为第二高点。第三次、第四次出现这种现象，就称为第三高点和第四高点。对于高点的计数，还存在一些变体。

High/Low 1 or 2 第一高点或低点或者第二高点或低点 指第一高点、第一低点、第二高点、第二低点中任意一种情况的出现。

Higher High 稍高的高点 指当前的波段高点高于前期的波段高点。

Higher Low 稍高的低点 指当前的波段低点高于前期的波段低点。

Higher Time Frame 更长的时间周期图 指单位 K 线所包含的时间长度长于当前走势图的图（比如，对 59 分钟走势图或更短的时间周期图来说，60 分钟走势图就是更长的时间周期图，而月线图是最长的时间周期图）。

ii 结构 连续出现的孕线，第二根孕线位于第一根孕线之内，通常它出现在趋势过分延展后的反转结构中。ii 结构还有一种可靠性稍微低一点的版本，那就是第二根 K 线的实体位于第一根 K 线的实体之内，而第一根 K 线的实体又位于前面的 K 线实体之内（忽略上下影线）。

iii 结构 连续出现三根孕线，这比 ii 结构的可靠性要高一点。

Inside Bar 孕线 指 K 线的高点低于前一根 K 线的高点，而低点高于前一根 K 线的低点。

ioi 结构 指吞没形态的 K 线后面跟一根孕线的 K 线组合。这通常会构成突破结构，交易员会在后面的孕线中寻找下破卖出或上破买入的机会。

Leg 走势段 指之前突破了趋势线（可大可小的趋势线）的小型走势，走势段这个概念通常是在图中至少有两段以上走势才会用到。它是用以指代大趋势中的小趋势结构，走势段可以指代趋势中的回调（反向运行的趋势），也可以指代趋势中或横盘中的波段走势，或者用于指代趋势中夹在两段回调中间的顺势走势段。

Long 多头 指市场中买入持有的人，或者指这个买入的头寸本身。

Lot 手 指市场中可以被交易的最小单位，如果是股票，就是一手，如果是期货，就是一张合约。

Low 1,2,3 or 4 第一、第二、第三或第四低点 第一低点是指在下跌趋势中的调整走势或横盘走势中，K 线的低点低于前一根 K 线的低点。如果接下来出现了更高的低点（可以发生在下一根或数根 K 线之后），再出现低点低于前一根 K 线的低点的现象就称为第二低点。第三次和第四次出现这个现象便称为第三低点和第四低点。关于这个结构还存在一些变体。

Lower High 稍低的高点 指波段的高点低于前一次波段的高点。

Lower Low 稍低的低点 指波段的低点低于前一次波段的低点。

M2B and M2S 指第二次回调到 EMA 均线的结构，M2B 在上涨趋势中是 H2 结构，并且是买入结构，而 M2S 在下跌趋势中是 L2 结构，并且是卖出结构。

Major Trendline 主要趋势线 指走势图中可以容纳大部分 K 线运行的趋势线，它通常是以相距 10 多根或 20 多根 K 线的高点或低点的连线得到的。

Micro Trendline 迷你趋势线 在任意时间周期图中，对 2 ～ 10 根 K 线所做的趋势线，其中大部分 K 线都能够触碰或靠近这条趋势线，接着会有一次对迷你趋势线的突破失败，这个突破失败就构成了一次顺势 H1

或 L1 进场的机会。如果这个进场点在一两根 K 线里再度失败，接下来
通常会有一次反向交易的机会（此时构成突破趋势线后的突破回调的进
场点）。

Money Stop 资金止损 根据固定金额推算的止损点，比如在 Emini 中，两
个点的止损。

Opening Reversal 开盘后的反转结构 是指在开盘后一个小时里形成的反
转结构。

Opposite Twins 一对方向相反的 K 线 阴包阳或阳包阴结构。

Outside Bar 吞没形态 是指 K 线的高点高于前一根 K 线的高点，并且低
点低于前一根 K 线的低点。

Overshoot 射击过头 指价格越过前一个价格或某个重要位置，比如波段
的高点或低点、趋势线或通道线。

Pause Bar 停顿 K 线 指没有延伸趋势的 K 线。在上涨趋势中，停顿 K 线
是高点等于或低于前一根 K 线，或者如果前一根 K 线是强力的趋势 K
线时，当前是一根小幅 K 线，高点仅仅突破了前高一跳。

Price Action 价格行为 指任意时间周期任意走势图上的价格变动行为。

Pullback 回调 回调是指暂时出现的逆势走势，是趋势、波段、段走势的
一部分，并且不会回测超过趋势、波段、段走势的启动点。比如，上涨
中的回调是指在上涨趋势、波段、段走势中，出现的横向或下行走势，
接下来至少会出现对前高的回测。

Pullback Bar 回调 K 是指 K 线反转了前一根 K 线至少一跳。比如在上涨
趋势中，出现 K 线的低点低于前一根 K 线的低点。

Reversal 反转 对趋势的反转，进而形成横盘区间或反向的趋势。

Reversal Bar 反转 K 是指趋势中反方向的 K 线。比如在下跌趋势中，出
现一根阳线，下方有下影线，收盘价高于开盘价并且接近 K 线的顶部。
而下跌方向的反转 K 恰恰相反，上方有上影线，收盘价低于开盘价并

且接近 K 线的底部。

Scalp 短线交易 指一笔交易以极少的利润出场，通常在回调走势出现以前便已经出场。对 Emini 交易来说，盈利的目标只有 4 ~ 8 跳，或者仅仅是对原有极限点的一次回测。对 SPY 或股票交易来说，可能盈利的目标只有 10 ~ 20 美分。对一些价格比较高的股票来说，可能是 1 ~ 2 美元的盈利。

Scalper 短线交易员 指那些主要参与短线交易，以较小的盈利为目标的交易员，通常他们会使用非常窄幅的止损单。

Scalper's Profit 短线交易的利润 指短线交易员通常会平仓进行锁定的利润水平。

Scratch 平推 指一笔交易在盈亏平衡点附近平仓，可能会伴随小盈或小亏。

Second Entry 二次进场点 是指在第一次进场点后，几根 K 线里，出现了和前一个逻辑差不多的进场点。

Setup 开仓结构 指一组被用来作为交易开仓基础的 K 线形态。如果进场条件单成交，则 K 线组合结构中，最后一根 K 线就成为信号 K，很多开仓结构都是由单一 K 线构成的。

Shaved Body 光头光脚 K 线 是指 K 线在其中一端或上下两端都没有影线。光头就是没有上影线，光脚就是没有下影线。

Short 开空或空头 作为动词，指卖出开仓股票或期货；作为名词，指参与做空的交易员或者空头仓位本身。

Shrinking Stairs 收缩阶梯形态 指在上涨趋势中，连续出现至少三次高点；在下跌趋势中，连续出现至少三次低点，每一次突破创下新的极限点的幅度，都比前一次突破的幅度小一些，这表示趋势的动能正在衰弱。收缩阶梯形态也可以是三重推动形态，但它不一定会有楔形的结构，可以是趋势中任意形态的大幅波动。

Signal Bar 信号 K 指发生实际进场的 K 线之前的 K 线，这是构成开仓结构的最后一根 K 线。

Smaller Time Frame 更短的时间周期 是指在单位时间内，比当前的走势图所展示 K 线的数量更多的走势图。如果走势图中的 K 线是以时间为划分依据的，那么每根 K 线所包含的时间要更短一些（举例来说，3 分钟走势图相较于 4 分钟乃至更长时间周期的走势图来说，就是更短的时间周期图，而闪电图，也就是每根 K 线仅仅代表一笔成交的走势图，则是最短的时间周期图）。

Stairs 阶梯式 是指连续三个以上的波段走势，形成了类似以区间方式构成的趋势，并且大致处于同一个通道内部。此时，多空双方来回控盘，但其中一方稍占优势，造成整体形态方向的倾斜。

Swing 波段 指突破了任意尺度的趋势线的走势；当用到波段这个概念时，意味着图中出现了至少两个波段走势，波段走势可以发生在更大幅度的走势中，或者发生在横盘走势中。

Swing High 波段高点 指 K 线的高点高于相邻两根 K 线。

Swing High/Low 波段高点或低点 指波段高点或波段低点。

Swing Low 波段低点 指 K 线的低点低于相邻两根 K 线。

Swing Point 波段点 波段高点或波段低点。

Swing Trade 波段交易 对于使用日内图，比如 5 分钟走势图的日内交易员来说，波段交易是指持仓时间超过一次短线交易，并且持仓过程中可能要经历一次以上回调走势的交易。对于使用更长时间周期图的交易员来说，波段交易的持仓可能长达数小时乃至数天。一般来说，至少有部分仓位是一直持有、不主动止盈的，因为交易员期待出现延伸的趋势。

Test 回测 指靠近前期关键价格的价格行为，接下来可能突破成功，也可能突破失败然后反转。这种突破的失败可以表现为射击过头或射击不足。

Three Pushes 三重推动 指连续三个抬升的波段高点或连续三个下降的波

段低点，这种形态的处理思路和楔形结构完全一样，因此应该被视作楔形结构的一种变体。

Tick 一跳 是指价格变动的最小单位。对大多数股票来说，一跳是一美分，对美国的 10 年国债期货来说，一跳是一个点的 1/64，对于 Emini 来说，一跳是 0.25 点。在闪电图中，不论成交量大小，哪怕其中没有价格变动，一跳就代表实际发生的一笔交易。如果你观察成交明细表，每一笔成交都能对应软件绘制的闪电图中的一跳。

Tight Trading Range 窄幅横盘区间 指任意时间的横盘运行走势，其中至少两根 K 线大幅重叠，此时多空双方处于大致均衡的状态。

Time Frame 时间周期 指走势图中一根 K 线所包含的时间长度（在 5 分钟走势图中，每根 K 线包含 5 分钟）。它也可以用来指代不基于时间而是基于成交量或成交笔数的图表 K 线。

Tradable 可交易性 指价格走势运行的距离，至少足够实现一次短线收益。

Trading Range 横盘区间 指横向运行的走势，其中多空双方都无法控盘。

Trap 陷阱 指进场后，在实现一次短线收益之前，就发生了走势的反转，新开仓的交易员就被困在了其中，最终他们被迫平仓止损。有时候，陷阱走势也会将交易员震出一笔好仓位。

Trapped in a Trade 进场被套 指交易员在开仓进场后，在出现短线盈利之前，就先产生了浮亏，接下来若有回调走势反向突破了进场 K 或信号 K，可能引发交易员的止损动作。

Trapped Out of a Trade 震仓出场 指回调走势令交易员担惊受怕，平仓离场，但最终回调没有持续下去，市场很快恢复了趋势的运行，这使得交易员在情感上很难接受以更差的价格进场的局面，后续不得不追逐价格开仓。

Trend 趋势 指一连串的价格变动，要么向上（上涨趋势），要么向下（下跌趋势），市场中大致有三种更小级别的趋势版本：波段、段和回调。

一幅走势图最多只会有一两个主要趋势，如果趋势数量超过两个，或许我们最好用其他概念来表达走势的划分。

Trend Bar 趋势 K 是指 K 线具备明显的实体，收盘价高于或低于开盘价，表明这根 K 线所覆盖的时间里，存在明显的价格波动。

Trend Channel Line 趋势通道线 指倾斜方向与趋势运行方向相同，但是位于趋势线的另一侧的通道线。上涨趋势中的通道线位于高点之上，向右上方倾斜，而下跌趋势中的通道线位于低点之下，向右下方倾斜。

Trend Channel Line Overshoot 趋势通道线射击过头 指 K 线穿破通道线的现象。

Trend Channel Line Undershoot 通道线射击不足 指 K 线逐渐靠近通道线，但在触碰到通道线之前先发生了走势的反转。

Trend from the Open or First Bar 自开盘或第一根 K 线启动的趋势 指交易日的第一根或第二根 K 线启动的趋势，延续了很多根 K 线，当中没有出现明显的回调走势，这个趋势的启动点成为当日走势的一个端点。

Trending Closes 以趋势方式运行的收盘价 指连续三个以上的处于趋势状态的收盘价。在上涨趋势中，收盘价连续走高；在下跌趋势中，收盘价连续走低。若趋势延伸的时间比较长，中间也可以允许几个收盘价不呈现趋势状态。

Trending Highs or Lows 趋势方式运行的高点或低点 和以趋势方式运行的收盘价类似，只不过换成了高点或低点。

Trending Swings 以趋势方式运行的波段走势 指三次以上的波段走势，其中高点或低点均抬升（上行的波段走势），抑或高点或低点均下跌（下行的波段走势）。

Trendline 趋势线 指与趋势同向的线，在大多数情况下，可以用波段高低点画出，不过也可以基于线性回归得到，或仅仅用肉眼做最佳拟合得到。

Trend Reversal 趋势反转 指趋势改变运行方向，自上涨转为下跌或下跌转为上涨，或者自趋势状态转为横盘区间状态。

Twin 双 K 连续两根具有特殊性质的 K 线（比如阳包阴或双底 K 线）。

Undershoot 射击不足 指价格靠近前期价位或像波段高点或低点以及趋势线这样的重要价位，但无法达到。

Up Down Twin 阴包阳结构 指下跌反转结构，连续两根大部分重叠的 K 线，尺寸相当，其中第一根是阳线，第二根是阴线。

Wedge 楔形结构 通常情况下，是指三重推动的走势，每一次推动都走得更远一些，这个结构的趋势线和通道线至少会有轻微的收敛形态，这就产生了上升三角或下降三角，或者楔形结构。对交易员来说，楔形结构增大了交易的胜算，不过任何具备三重推动形态的结构，都可以用楔形结构的思路来处理，因此可以被视作同一种结构。

With Trend 顺势 指顺着趋势方向的进场开仓。一般来说，最近五分钟 K 线的交易信号就可以看作当前趋势的方向。另外，如果过去的 10 根或 20 根 K 线位于 EMA 均线之上，此时更有可能出现买入方向的开仓信号。

艾尔·布鲁克斯（Al Brooks），硕士，56 岁，具有 20 年个人账户全职交易的经历。生于美国新英格兰地区工薪阶层家庭，毕业于三一学院（康涅狄格州），本科学习过通识和数学方向的荣誉课程，之后前往芝加哥大学医学院，获得眼科住院医生的资格认定。在芝加哥期间，总是在考虑是否退学去获取芝加哥商品交易所场内交易的工作机会，但终究不敢跨出这一步。在获得行医资格认定时，被评为医学会士，这是美国赋予顶尖新晋眼科医生最高的荣誉称号。接下来，在埃默里大学医学院从事教学工作一年，在洛杉矶行医十年。在他的学术生涯中，他发表过 30 余篇科研论文，并多次在国际性眼科学术会议中展示研究成果。在洛杉矶，他建立了加州首批获得医疗保险批准的眼科手术中心之一，并在他的手术室进行了数千例手术。

1988 年，大女儿出生 15 个月后，他喜迎了双胞胎老二和老三的诞生，这给了他很充分的理由告别医疗行业（照顾三个不到 15 个月大的女儿显然很费精力）。于是他变卖了诊所，搬到了萨克拉门托外围的小镇上，居家养育下一代，并开始交易。他的爱女们现在都已进入高校深造（两个在加州大学伯克利分校，一个在耶鲁大学），他相当满意，独自生活，低调地从事着自营交易。尽管离群索居，但他与家庭成员关系亲密，有几个飞绳钓鱼和打网球的好友，还有一个女朋友，不过他大多数时间还是喜欢独处，进行交易，分析图表，看新闻节目和政治脱口秀，参与运动或观看比赛（特别热衷于田径和高校橄榄球运动）。

在他参与交易的第一个 10 年里，他耗费了 1 万个小时来编写和测试指标及交易系统，这使得交易复杂化。如果早点用逻辑来思考，就不会如此大费周章了。大约在 10 年前，他决心将一切理论建构推倒重来，决定仅仅依靠价格行为来交易，当时想的是以后在觉得有必要时再增加指标。不过后来他发现仅仅依靠在单一的走势图中阅读价格行为，就足以使他获得交易的成功，因此他最终决定避开指标，在交易上采取极简的思路。

作为短线交易员，他要非常专注地聚焦在价格的每一跳波动里，他不想有任何干扰。他的交易室光线昏暗，百叶窗都被关上，仅仅靠一台笔记本电脑的屏幕开展交易。他的桌子上还有另一台电脑，配备了两个 21 寸的显示器，不过这台电脑在交易中处于关闭状态，从不用于交易。他发现自己在没有干扰的不带指标（除了一条 20 周期的 EMA 均线）的价格行为图里，且没有多余的显示器时，能够取得最佳的交易业绩。他现在使用 TRADESTATION 交易软件来显示图表，大多数交易通过价格阶梯来实现，能够自动产生止盈条件单和止损条件单的其他前端软件对他来说没有吸引力。他以前短暂地试用过这类前端软件，不过使用这种产品违背了他极简主义的生活原则，因此他选择了放弃。他乐于承认他易于犯错，而犯错有时候代价高昂，因此当他越简化自己的生活，他需要为错误付出的代价就越少。在交易时间里，他从不看电视新闻，对于各种经济报告和其他专家的观点也毫无兴趣。他也从不看新闻报纸，他的全部资讯来源于互联网。他交易的对象是受这些报告驱动的价格行为本身，他也很少关心这些报告的具体数值是多少。虽然他才智过人，但他还是认为他无法一边快速理解报告中的各种矛盾事项，一边观察 5 分钟走势图，同时正确地开仓下单。他坚信如果仅仅交易 5 分钟走势图本身，忽视其他的信息和观点，他能够获得更好的交易收益。他不关心市场明年的走向，甚至也不关心下一个小时的走向。他唯一关心的问题是在接下来的 1 ～ 10 分钟里，他有没有机会以八成的把握，冒着较小的风险赚取收益。由于他坚持只用条件单来开仓，也就是价格运行符合他的开仓方向时他才有机会进场，因此他认为自己是纯粹的趋势交易者。他喜欢参与"否定式"的交易（即突破失败），因为对他来说，参与压力最小的交易机会，出现在他坚信有交易员突然因交易错误方向而被套住，并不得不离场的时候。不过，在趋势的回调里，他也会考虑进场。但如果趋势的强度没那么大，就存在在回调中过早进场的风险。相比于参与否定式交易，它能够在几分钟里更快地提供短线利润，并且市场价格在走向盈利目标位的过程中，没有太多的反复，他觉得上述这种在趋势回调时进场的操作压力明显更大一些。

　　他每周抽出几天时间跑步、举重、打网球。他也喜欢骑自行车、飞钓、登山和滑雪，这就是他把家安在距离太浩湖 90 英里[⊖]的原因（距离纳帕仅 75 英里，距离旧金山仅 100 英里，这也令他十分满意）。

　　⊖　1 英里 = 1609.34 米。

推 荐 阅 读

序号	中文书名	定价
1	敢于梦想：Tiger21创始人写给创业者的40堂必修课	79
2	通向成功的交易心理学	79
3	价值投资的五大关键	80
4	比尔·米勒投资之道	80
5	趋势跟踪（原书第5版）	159
6	巴菲特的嘉年华：伯克希尔股东大会的故事	79
7	巴菲特之道（原书第3版）（典藏版）	79
8	短线交易秘诀（典藏版）	80
9	21条颠扑不破的交易真理	59
10	巴菲特的投资组合（典藏版）	59
11	短线狙击手：高胜率短线交易秘诀	79
12	格雷厄姆成长股投资策略	69
13	行为投资原则	69
14	炒掉你的股票分析师：证券分析从入门到实战（原书第2版）	79
15	格雷厄姆精选集：演说、文章及纽约金融学院讲义实录	69
16	与天为敌：一部人类风险探索史（典藏版）	89
17	驾驭交易（原书第3版）	129
18	大钱细思：优秀投资者如何思考和决断	89
19	投资策略实战分析（原书第4版·典藏版）	159
20	巴菲特的第一桶金	79
21	股市奇才：华尔街50年市场智慧	69
22	交易心理分析2.0：从交易训练到流程设计	99
23	金融交易圣经II：交易心智修炼	49
24	经典技术分析（原书第3版）（下）	89
25	经典技术分析（原书第3版）（上）	89
26	大熊市启示录：百年金融史中的超级恐慌与机会（原书第4版）	80
27	市场永远是对的：顺势投资的十大准则	69
28	行为金融与投资心理学（原书第6版）	59
29	蜡烛图方法：从入门到精通（原书第2版）	60
30	期货狙击手：交易赢家的21周操盘手记	80
31	投资交易心理分析（典藏版）	69
32	有效资产管理（典藏版）	59
33	客户的游艇在哪里：华尔街奇谈（典藏版）	39
34	跨市场交易策略（典藏版）	69
35	对冲基金怪杰（典藏版）	80
36	专业投机原理（典藏版）	99
37	价值投资的秘密：小投资者战胜基金经理的长线方法	49
38	投资思想史（典藏版）	99
39	金融交易圣经：发现你的赚钱天才	69
40	证券混沌操作法：股票、期货及外汇交易的低风险获利指南（典藏版）	59
41	外汇交易的10堂必修课（典藏版）	49
42	击败庄家：21点的有利策略	59
43	超级强势股：如何投资小盘价值成长股（典藏版）	59
44	金融怪杰：华尔街的顶级交易员（典藏版）	80
45	彼得·林奇教你理财（典藏版）	59
46	日本蜡烛图技术新解（典藏版）	60
47	股市长线法宝（典藏版）	80
48	股票投资的24堂必修课（典藏版）	45
49	蜡烛图精解：股票和期货交易的永恒技术（典藏版）	88
50	在股市大崩溃前抛出的人：巴鲁克自传（典藏版）	69
51	约翰·聂夫的成功投资（典藏版）	69
52	投资者的未来（典藏版）	80
53	沃伦·巴菲特如是说	59
54	笑傲股市（原书第4版.典藏版）	99